BIBLIOTHÈQUE
HISTORIQUE, MONUMENTALE,
ECCLÉSIASTIQUE ET LITTÉRAIRE
DE LA PICARDIE ET DE L'ARTOIS.

BIBLIOTHÈQUE
HISTORIQUE, MONUMENTALE,
ECCLÉSIASTIQUE ET LITTÉRAIRE
DE
LA PICARDIE ET DE L'ARTOIS,

PUBLIÉE PAR

Mr P. ROGER.

MEMBRE DE LA SOCIÉTÉ DES ANTIQUAIRES DE PICARDIE,

AVEC LA COLLABORATION

de **M.** le Comte d'**ALLONVILLE**, Conseiller d'État, ancien Préfet de la Somme ; de **M.** le Baron de **HAUTECLOCQUE**, ancien Maire d'Arras ; et de **M. H. DUSEVEL**, Inspecteur des Monuments Historiques de la Somme.

AMIENS,
TYPOGRAPHIE DE DUVAL ET HERMENT.
1844.

AVANT-PROPOS.

L<small>E</small> goût des études historiques fait chaque jour de nouveaux progrès. On ne fut jamais plus soigneux de rassembler les documents qui peuvent porter la lumière sur les temps encore obscurs des âges passés. A Paris et dans les provinces, les sociétés savantes, l'école des chartes, les archivistes, les bibliothécaires et les gens de lettres appliquent leurs efforts à cette noble tâche. Le clergé de France ne reste pas étranger à l'heureuse impulsion qui s'opère. Dans plusieurs diocèses, on rassemble avec soin les éléments d'une statistique de tous les monuments religieux. Le caractère de leur construction, les légendes ou les pèlerinages des anciens temps qui se rattachent à ces édifices, sont l'objet d'investigations multipliées. Enfin, des cours d'archéologie chrétienne sont professés dans plusieurs séminaires par des ecclésiastiques pleins de savoir.

Un recueil où les travaux de ce genre pourraient être successivement reproduits, ou au moins mis en lumière, manquait encore à la Picardie et à l'Artois. Telle est la destination réelle de la *Bibliothèque Historique* dont nous avons entrepris la publication avec le concours de quelques hommes dont le nom fait autorité dans les deux provinces, pour les questions qui touchent aux sciences historiques.

L'illustration artistique de notre publication nous a paru se recommander aux hommes éclairés. Plusieurs ouvrages historiques sur l'Artois ou sur diverses parties de la Picardie ont été imprimés depuis vingt ans; nous aurons l'occasion, en publiant ce livre, de rendre hommage aux laborieux travaux dont ils sont le résultat. Leurs auteurs toutefois se sont toujours bornés, lorsqu'ils ont joint des planches au texte, à la représentation des monuments. Cathédrales, beffrois, hôtels-de-ville ont été souvent reproduits; on n'avait point tenté encore de mettre en relief les scènes les plus dramatiques de notre histoire locale, de cette histoire si fertile en évènements. Il y avait donc un progrès à faire sous ce rapport et nos efforts s'y sont appliqués; ceux qui verront ce livre diront s'ils ont été heureux. Le dessinateur choisi nous a paru se recommander surtout par une connaissance exacte des figures historiques et par l'étude consciencieuse des costumes, conditions indispensables pour reproduire avec fidélité les scènes empruntées à l'histoire.

DESSEIN

DE

L'HISTOIRE DE PICARDIE,

PAR DU CANGE.

> « Quel puits de science que Du Cange !
> » On en est presque épouvanté. »
> (M. DE CHATEAUBRIAND.)

Les travaux de Du Cange ont rendu son nom immortel. Pleins de correction et de clarté, qualités trop rares chez les érudits, ses écrits révélèrent à la fois le savant historien, le géographe exact, l'antiquaire éclairé, le numismate judicieux. Du Cange sut élever son style à la hauteur de sa pensée; il allia la philosophie de l'histoire à l'étude des lois féodales; « il savait presque toutes les lan-
» gues, dit Roquefort; Du Cange avait puisé dans un nom-
» bre infini de manuscrits et de pièces originales des con-
» naissances sur les mœurs et les usages des siècles les plus
» obscurs. Les savantes préfaces de ses glossaires font en-
» core preuve d'un génie philosophique et sont, en leur
» genre, ce qu'on peut lire de meilleur pour le fond et
» pour le style. »

L'éloge de Du Cange n'est plus à faire et nous n'entreprendrons point de raconter sa vie. Les académies et les biographes y ont pourvu. Du Cange, toutefois, eut un peu le sort de ces écrivains dont les savants travaux restent à l'état de manuscrits dans les poudreux rayons des bibliothèques publiques ; ignorées du grand nombre, ces œuvres laborieuses sont rarement consultées ; le plagiat littéraire est le seul honneur qui leur soit quelquefois réservé. Plusieurs ouvrages de Du Cange ont été imprimés ; ils devaient suffire pour sa gloire ; mais le grand nombre ne sait pas quels immenses travaux Du Cange a laissés ; il ignore en général que beaucoup de ces travaux ne sont point publiés encore.

On sent que ceci ne saurait s'appliquer aux gens éclairés, à ceux qui fréquentent nos bibliothèques, aux amis des études historiques. Nous n'avons rien à leur apprendre sur Du Cange. Comme nous ils l'ont consulté, comme nous ils se sont émerveillés d'un génie si fécond, d'une érudition si profonde, de cette concision savante qui rappelle quelquefois la grande manière de Tacite.

Du Cange, né à Amiens, voulait écrire une histoire de la Picardie ; l'amour du sol natal et le rôle brillant qu'eut toujours cette province dans les fastes de la vieille monarchie durent révéler ce dessein au génie de Du Cange. Le plan du travail fait partie de ses manuscrits. Nous le donnons ici. Il fut publié en décembre 1749 dans le *Journal des Savants* auquel nous en empruntons le texte.

LIVRE PREMIER.

Division des Gaules en général. — De la Gaule Belgique. — Division de la France sous les rois de la première et deuxième races. — Division de la France sous les rois de la troisième race, en *Langue d'Oui*, *Langue d'Oc* et *Langue Picarde*. — Du nom de Picardie. — Gouvernement de Picardie, son étendue, sa division et la suite des gouverneurs et lieutenans du roi. — De la généralité de la Picardie, et la liste des villages de chaque élection. — De la bonté et fertilité de la Picardie, de ses rivières et des anciens chemins romains par la Picardie.

LIVRE SECOND.

Du bailliage d'Amiens, son étendue, ses sept prévôtés, et la liste des villes, bourgs et villages de chaque prévôté. — Suite des baillis d'Amiens et, par occasion, de l'origine et institution des baillis et sénéchaux. — De la ville d'Amiens, ses noms anciens et modernes, sa description topographique, etc. — De ses édifices publics anciens et modernes, de l'ancien château, de la citadelle, etc. — Des églises, et premièrement de la cathédrale. — Des églises paroissiales. — Des abbayes, prieurés et monastères de religieux et de religieuses enclos dans l'enceinte de la ville d'Amiens.

LIVRE TROISIÈME.

Histoire et état de la ville d'Amiens sous les Gaulois, les Romains, la première et deuxième races des rois de France.

LIVRE QUATRIÈME.

Histoire des comtes d'Amiens.

LIVRE CINQUIÈME.

Des châtelains d'Amiens, leur généalogie. — Suite des capitaines et gouverneurs d'Amiens.

LIVRE SIXIÈME.

Établissement de la commune d'Amiens; la suite des maïeurs avec les remarques de ce qui s'est passé de plus mémorable sous chacun d'iceux; et, par occasion, des hommes illustres d'Amiens.

LIVRE SEPTIÈME.

Histoire ecclésiastique de la ville d'Amiens et, premièrement, de l'évêché d'Amiens, son étendue, et le pouillé des bénéfices en dépendant. — Suite des évêques d'Amiens avec des remarques concernant l'histoire ecclésiastique.

LIVRE HUITIÈME.

Histoire ou traité historique de la translation du chef de saint Jean-Baptiste. (Ce traité a été publié à Paris en 1665.)

LIVRE NEUVIÈME.

De la seigneurie temporelle des évêques d'Amiens, et, par occasion, d'où procèdent les biens des évêques. — Des vidames et avoués institués pour la conservation des biens des prélats. — De la seigneurie des vidames dans la ville et dans l'étendue de l'évêché. — Suite généalogique des vidames d'Amiens des maisons de Picquigny et d'Ailly.

LIVRE DIXIÈME.

Des sept prévôtés et villes dépendantes du bailliage d'Amiens. — De la prévôté de Montreuil, de la ville de Montreuil, etc. — De la prévôté de Beauquesne, etc. — De la prévôté de Saint-Riquier et de la ville et abbaye de Saint-Riquier. — De la prévôté de Doullens ou Dourlens. — De la prévôté de Fouilloy, de la ville et abbaye de Corbie. — De la prévôté de Vimeu.

LIVRE ONZIÈME.

Du comté de Ponthieu, son étendue, ses démembremens. — Suite des comtes de Ponthieu.

LIVRE DOUZIÈME.

Sénéchaussée du Ponthieu. Liste des villages en dépendant. — Suite des sénéchaux. — De la ville d'Abbeville et de ses antiquités. — Établissement de la commune d'Abbeville. Suite des maïeurs avec la remarque de ce qui s'est passé de mémorable sous chacun d'iceux en la ville d'Abbeville.—De la ville de Rue et ses antiquités.—Du Marquenterre et des autres lieux les plus considérables du comté de Ponthieu.

LIVRE TREIZIÈME.

Du comté de Boulenois, son étendue, bonté et fertilité du pays; du pays des Morins. — Histoire des comtes de Boulogne. — Sénéchaux de Boulogne, gouverneurs de Boulogne.

LIVRE QUATORZIÈME.

De la ville de Boulogne, ses antiquités, sa description, etc. — De l'évêché de Boulogne. Pouillé des bénéfices. — Suite des évêques de Thérouanne et de Boulogne. — Des villes d'Estaples, de Wissan, et, par occasion, de l'*Icius Portus*, de Monthulin et autres lieux remarquables du comté de Boulenois.

LIVRE QUINZIÈME.

Du Pays Reconquis. — De la ville de Calais, ses antiquités, ses gouverneurs. — De la ville d'Ardres et des seigneurs d'Ardres. — De Guines, des comtes de Guines. — De Hames, des seigneurs de Hames. — Des autres lieux remarquables du Pays Reconquis.

LIVRE SEIZIÈME.

Du pays de Santerre; du gouvernement de Péronne, Montdidier et Roye; suite de ses gouverneurs et baillis. — De la ville de Péronne, ses antiquités. Des anciens seigneurs et des châtelains de Péronne. — De la ville de Montdidier, de ses seigneurs, etc. — De la ville de Roye, des seigneurs de Roye. — Des autres lieux remarquables dudit gouvernement.

LIVRE DIX-SEPTIÈME.

Du comté de Vermandois, son étendue, etc. — Suite des comtes de Vermandois. — Sénéchaux et baillis de Vermandois. — De la ville de Noyon et de ses évêques. — De la ville de Saint-Quentin, gouverneurs de Saint-Quentin, etc. — De la ville de Ham, seigneurs de Ham. — Du Câtelet. — De Nesle, des seigneurs de Nesle. — Des autres lieux dudit comté.

LIVRE DIX-HUITIÈME.

Du pays de Thiérache et son étendue. — De La Fère, ses seigneurs. — De Guise, ses seigneurs et ducs. — De la Capelle, de Vervins. — De Ribemont, ses seigneurs. — De Marle et ses seigneurs. — Des autres lieux dudit pays.

LIVRE DIX-NEUVIÈME.

Du pays de Beauvais. — De la ville de Beauvais. — Des comtes de Beauvais. — Des évêques de Beauvais. — De Clermont. Comtes de Clermont. — De Breteuil, des comtes, seigneurs et abbés de Breteuil. — Des autres places et lieux considérables du Beauvaisis.

LIVRE VINGTIÈME.

Du pays de Soissonnois, Tartenois, Laonois. — De la ville de Soissons, ses comtes et ses évêques. — Des villes de Chauny et de Braine. — De la ville de Fère. — De la ville de Laon, des comtes et évêques de Laon. — Des autres places de ces pays.

LIVRE VINGT-ET-UNIÈME.

Ce livre et quelques suivans contiendront les généalogies des plus illustres familles de Picardie, dont la connaissance est nécessaire pour l'intelligence de l'histoire.

A la fin seront placées les preuves de cette histoire, les chartes, titres et autres pièces manuscrites qui y seront rangées selon l'ordre des temps.

P. Roger.

JOYEUSE ENTRÉE

DE

FRANÇOIS I.er A AMIENS.

DENIERS PAIEZ PAR LE GRANT COMPTEUR DE LA CHARGE ET PAR ORDONNANCE A LUY FAICTE PAR MESDICTS SIEURS LES 17, 18 ET 19.e JOUR DU MOIS DE JUING, L'AN DE CE COMPTE 1517-1518, A LA JOYEUSE ENTRÉE DU ROY NOTRE SIRE ET DE LA ROYNE QUI FUT FAICTE EN CESTE VILLE.

A esté paié par le grant compteur aux six trompettes du roy nostre sire, le lendemain du joyeulx advenement et entrée faicte par ledict seigneur et la royne en ceste ville d'Amiens, la somme de. . . . . 12 livres.

   Item, aux trois heraulx d'armes dudict seigneur, assavoir : *Moirie*, *Normandie* et ......, à chacun ung escu d'or qui font. . . . . . . 6 livres.

   Item, aux trois heraulx de la royne, assavoir : *Bretaigne*, *Vannes* et *Hennebourg*, trois escus . . . . 6 livres.

   Item, aux fourriers dudict seigneur a esté donné 8 escus soleil de 16 livres.

   Item, aux fourriers de la royne aussi deux escus de . . . . . 4 livres.

   Item, aux sergens de monsieur le pruvost de l'hostel dudict seigneur, assavoir Jehan Trenneçon et Jehan Leuret, deux escus de. . . . . . . 4 livres.

   Item, aux huissiers de la chambre dudict seigneur, assavoir Rostain, Marguerite et Michellet, quatre escus de. . . . . 8 livres.

   Item, aux huissiers de la chambre de la royne, Jacques de Ponty et Lagarde, quatre philipus d'or de. . . . . 105 sols.

   Item, aux laquayes (sic) du roy, quatre escus soleil de . . . . . 8 livres.

   Item, au laquaye de la royne, quatre philipus de. . . . . . . 105 sols.

   Item, aux portiers du roy, Georget, Mongeront et Estienne de Lagrange, autres quatre philipus de. . . . . 105 sols.

   Item, aux portiers de la royne, Jehan Guillonet et Jacques Pignart, ung escu soleil de . . . . 40 sols.

   Item, à Andrieu Galtois et ses compaignons, huissiers d'armes du roy, quatre philipus de. 105 sols.

   Item, à Pierre Ryot et Guillaume Quielletot, conducteurs de la lictière de la royne, deux philipus de . . . . 52 sols 6 deniers.

Item, à Guyant Chenniaulx pour luy et trois autres ses compaignons, huissiers de salle de la royne, un escu soleil de . . . . 40 sols.

Oultre a esté paié à Pierre Obin la somme de quatre livres pour seize grans penniers ou caiges qu'il a livrés pour mettre les oiseaux, cignes, hérons, faisans et plusieurs autres volilles présentés au roy nostre dict seigneur le lendemain de sa dicte entrée, pour ce . . . . 4 livres.

A esté pareillement paié à Quentin Coppin, herault d'icelle ville, pour avoir esté par trois jours à Corbie, à Daours, à Querrieu et autres lieux pour savoir et apporter nouvelles du grant compteur qui estoit en court pour les affaires de la dicte ville à l'occasion de l'entrée du roy et de la royne qui le 17.ᵉ jour de juing ariverrent en ceste dicte ville [1], par mandement icy 36 sols.

Audit grant compteur..... pour avoir esté par diverses foys à Corbie faire advertir le roy, par monsieur le grant-maistre et autres, ad ce que son plaisir fut de venir et arriver en ceste dicte ville par la porte de *Montrescu* et savoir se son plaisir seroit de, à son entrée, faire descharger artillerie sur la muraille d'icelle ville.. . . . . 9 livres 12 sols.

Aux cœulleuvriniers qui ont servi à eulx habiller de nœuf à ladicte entrée du roy, la somme de 25 livres pour aidier à supporter les frais et mises quilz ont fait à l'entrée. 25 livres.

A Jehan Davesnes potier d'estain, la somme de 14 livres pour 35 petis potz à pied quil a fait, esquelz ont esté presentez les vins dont ont esté fais les présens du roy, à la royne, à Monsieur et autres princes et seigneurs du sang, à leur nouvelle et joyeuse entrée faicte en ceste dicte ville . . . . 14 livres.

A Guillaume Arthus, paticher, 13 livres 11 sols à luy deus pour despence faicte par mesdicts seigneurs maïeur, eschevins, advocatz, procureurs et autres officiers d'icelle ville le jour que le roy et la royne feirent leur nouvelle et joyeuse entrée en ceste dicte ville, auquel jour chacun de mesdicts seigneurs se trouvèrent ensemble par récreacion, et pour donner ordre aux affaires. . . . . . 13 livres 11 sols.

Audit Arthus la somme de 6 livres 9 sols à luy deue pour despence faicte par mesdicts seigneurs à ung disner le lendemain que le roy et la royne feirent leur entrée en icelle ville, auquel jour mesdicts seigneurs feirent faire au roy et à ladicte dame les présens qui avoient esté advisez estre fais à leur nouvelle et joyeuse entrée. . . . . 6 livres.

Audit Arthus 4 livres tant pour despence faicte en sa maison que viande par luy livrée durant le temps que les fourriers du roy et de la royne ont vaquié à faire les logis desdicts seigneurs et dame et de leur train en la ville d'Amiens; à faire lesquelz logis ont assistez deux des eschevins d'icelle ville pour prendre garde que les habitans ne fussent trop *foulez* et pour les conduire icy. 4 livres.

.... A esté paié à Jehan Revelois, tavernier, la somme de 70 sols pour cincq

---

[1] Le père Daire s'est trompé en avançant dans son *Histoire de la ville d'Amiens*, tom. 1.ᵉʳ pag. 257, que le roi, la reine, etc. auraient fait leur entrée à Amiens le 29 mai, puisqu'ils n'y arrivèrent que le 17 juin, d'après le registre aux comptes que nous transcrivons.

ponchons de vin qu'il a livrés à monsieur de Vendosme, à monsieur le grant-maistre, deux aultres, et ung à monsieur le prince de Thalemont, à leur entrée avec le roy en ceste ville d'Amiens, icy. . . . . 70 sols.

.... A esté paié à Guillaume Arthus et à maistre Jehans, patichers, la somme de 50 livres a eulx due pour avoir esté quérir hérons, signes, faisans et autres volilles du pays de Flandres, pour faire présens au roy nostre dit seigneur à sa joyeuse entrée faicte en ceste dicte ville, ci . . . . 50 livres.

.... A Mahieu Gauguier la somme de 40 sols à luy deue pour avoir livré les custodes de cuir couvert de velours où les chiefs saint Jehan, qui ont esté donnez et presentez assavoir à la royne, à madame d'Angoulesme et à madame d'Allenchon, ont esté mys, icy . . . . 40 sols.

A esté paié à Pierre Leroy et Jehan Tategrain, bouchers, la somme de six vingt livres tournois, en tant moins de 12 vingt livres seize sols à eulx due pour les bœufs et moutons par eulx livrez et qui ont esté présentez au roy nostre sire à sa nouvelle et joycuse entrée, etc. . . . . 6.^{xx} livres.

A sire Simon Sauvage, prebtre, la somme de dix livres tournois que mesdicts seigneurs ont ordonné luy estre paiée pour ses peines et salaires d'avoir *composé plusieurs mistéres et histoires* à la joyeuse entrée du roy et de la royne en ceste dicte ville d'Amiens. . . . . 10 livres.

.... A Andrieu de Moncheaux, paintre, la somme de cent solz tournois pour avoir, de la charge et commandement de mesdicts sieurs, paint d'or et d'asur les huit bastons qui ont servy à porter les poilles du roy et de la royne à leur nouvelle et joyeuse entrée. . . . . 100 sols.

A Noël Dupuiche, maistre des archiers de ceste dicte ville, la somme de 25 livres pour luy et ses dicts compaignons archiers, pour aidier à susporter la despence et frais de leurs habillemens par eulx fais à la joyeuse et nouvelle entrée du roy et de la royne . . . . 25 livres.

A Jacques Lefeure, huchier, 50 sols pour les cassis et bastons des deux poilles qui ont servi au roy et à la royne à leur dicte entrée . . . 50 sols.

Aux maire et clers de ceste ville d'Amiens la somme de 8 livres que mes dicts seigneurs ont ordonné leur estre paiée pour aidier à supporter les mises et frais quilz ont faictz *aux jeux des barres quilz ont soustenus* par ordonnance de mes dicts sieurs durant le tamps que le roy et la royne estoient en ceste dicte ville, icy . . . . 8 livres.

A Acard Pecoul, maistre des archiers du petit serment, la somme de 20 livres pour luy et ses compaignons archiers, pour supporter aux habillemens par eulx faits à ladite entrée du roy et de la royne . . . . 20 livres.

(*Extrait du registre aux comptes de la ville d'Amiens du 28 octobre 1516 au 27 octobre 1517, côté 91.° 7. 3.* — Communiqué par M. H. Dusevel.)

LE CHAPITRE
DE LA CATHÉDRALE D'AMIENS
PRÉSENTÉ A LOUIS XIV.

Louis XIV vint souvent à Amiens dans les premières années de son règne. Les registres de l'échevinage et divers manuscrits parlent avec détail des réceptions solennelles faites à ce prince. Il était à Amiens le 3 juin 1646, fête du Saint-Sacrement. Par ses ordres un reposoir s'éleva devant son hôtel du *Logis du Roi*. Louis XIV et Anne d'Autriche suivirent la procession jusqu'à l'église de Saint-Remy.

L'hôtel du sieur Vaillant, trésorier de France, fut choisi pour recevoir Louis XIV en 1657[1]; ce prince avait alors dix-neuf ans. La reine-mère descendit à l'évêché. Le dimanche de l'octave du Saint-Sacrement, Anne d'Autriche voulut assister aux vêpres de la cathédrale; mais les prérogatives épiscopales étaient telles alors qu'il fallut entamer une négociation préalable à l'occasion du dais et du tapis de pied disposés pour l'évêque dans le chœur de l'église; Mr François Faure, qui gouvernait le diocèse, pria la reine-mère d'agréer qu'il se plaçât à ses côtés ou

---

[1] L'hôtel où Louis XIV logea s'appela d'abord l'hôtel du *Blanc Levrier* et appartint, au xve siècle, à Adrien de Hénencourt, doyen du chapitre. En 1653, Monsieur, frère du roi, descendit dans cet hôtel. Le cardinal Mazarin logeait, cette année-là, au *Bureau des Trésoriers de France*.

(1657.)

LE CHAPITRE DE LA CATHÉDRALE D'AMIENS PRÉSENTÉ A LOUIS XIV.

vis-à-vis d'elle sous un dais, *pour ne pas se trouver dans l'obligation de s'absenter pendant les vépres*. Anne d'Autriche répondit au prélat qu'elle ne prétendait point déroger aux usages de l'Église et prit place dans le chœur en face de l'évêque.

La réception du roi dans la cathédrale s'accomplissait alors avec beaucoup de solennité. Les manuscrits de la Bibliothèque Publique d'Amiens fournissent les détails du cérémonial d'usage, dont nous allons rapporter le texte : « M.^{sr} l'évêque, vestu pontificalement, tenant la
» vraie croix, se transporte d'abord à la porte de l'église,
» précédé de tout le clergé de la cathédrale en chappes,
» où estant il reçoit le roy ou la reine qui se mettent sur
» un quarreau et, ce disposé, révèrent la vraie croix à
» genoux, reçoivent l'eau bénite puis, se relevant, sont
» harangués par M.^{sr} l'évesque ou, en son absence, par
» M. le doyen. Après le compliment ou oraison faite,
» l'on va processionnellement au chœur; la croix et les
» chandeliers précèdent avec l'eau bénite ; l'orgue joue
» pendant la marche; toutes les cloches sonnent. Chacun
» de messieurs les ecclésiastiques occupent leurs stals en
» chappes, et M.^{sr} l'evesque monte en son trône, le roy
» et la reine à genoux sur un quarreau posé sur le priez-
» Dieu au milieu du sanctuaire; M.^{sr} l'evesque entonne
» alors le *Te Deum* après avoir été commencé par le pré-
» chantre; la musique alternativement avec l'orgue con-
» tinue à la fin duquel M.^{sr} l'evesque dit les oraisons por-
» tées par le cérémonial, puis donne la bénédiction. Le
» roy ou la reine sont alors conduits à la portière de
» leurs carosses ou dans l'eveschez. »

Les chanoines de la cathédrale étaient ensuite présentés au roi. Lorsqu'il logeait à l'évêché ou dans le voisinage

de l'église, les chanoines venaient avec le surplis et l'aumusse; dans l'autre cas, ils avaient la robe, le bonnet carré et la cornette ou chaperon. L'hôtel où Louis XIV descendit en 1657 était assez éloigné de la cathédrale; mais les manuscrits nous apprennent que les chanoines *vinrent en habit d'église, la maison du trésorier Vaillant étant de la dépendance du chapitre.* Voici comment s'accomplit la présentation : « On avoit pris ordre du mestre
» des cérémonies de l'heure et commodité pour aller sa-
» luer leurs Majestés. A l'heure compétente, la cloche
» du chapitre sonna et Messieurs étant tous assemblés avec
» les officiers, le chambellan en robe et en masse [1], les
» sergents avec leurs bastons, et le meusnier du moulin
» du roy portant un gasteau d'un septier de bled, la com-
» pagnie marcha en ordre, suivant le temps de la ré-
» ception. M. le doyen en teste, vestu de robe rouge,
» précédé du meusnier tenant le gasteau enveloppé d'un
» fanayolle, deux autres officiers portant l'un deux dou-
» zaines de pains dans une corbeille, revestue de nappes,
» l'autre deux douzaines de bouteilles remplies de vin,
» Messieurs suivant; et à la queue, un sergent ou deux
» pour empêcher la foule. On alla ainsi dans la salle des
» gardes où l'on attendit que le mestre des cérémonies
» introduisît la compagnie laquelle estant entrée salua le
» roy et la reine, assis, d'une inclination profonde sans
» fléchir le genouil; puis M. le doyen parla au nom de la
» compagnie; après la réponse de leurs Majestés, on laissa
» le gasteau, le pain et le vin; puis le chapitre se retira. »

[1] « La robe du chambellan du chapitre est en velours violet de brun tannée,
» laquelle il sera tenu avoir neufve une fois chaque année ou au moins tous les
» deux ans, au jour de la Nativité de la Vierge. Ses gages sont de deux sols
» par jour et par an dix-huit livres cinq sols (vers 1645). » (*Manuscrits de la Bibliothèque Publique d'Amiens.*)

Le gâteau d'un setier de blé était dû au roi chaque fois qu'il venait à Amiens. L'origine de cette redevance remontait à la donation faite par les rois de France à la cathédrale du *Moulin de Baudry*, appelé plus tard *Moulin du Roi*.

P. ROGER.

CORRESPONDANCE DES MINISTRES DE LOUIS XIV
AVEC M. DE BRETEUIL,
INTENDANT DE PICARDIE ET D'ARTOIS.

(Manuscrits de la Bibliothèque Publique d'Amiens.)

A Saint-Germain, 16 mars 1681.

Monsieur,

Le Roy faisant marcher en Flandres plusieurs compagnies du régiment de ses gardes françaises, son intention est que vous fassiez payer à leur passage dans les places d'Arthois dix sols à chaque sergent et cinq sols par soldat des dites compagnies pour leur subsistance dans les dites places.

Je suis, Monsieur, votre etc.

LOUVOIS.

Versailles, 12 mai 1681.

Monsieur,

J'ai reçu avec la lettre que vous avez pris la peine de m'écrire le 9.ᵉ de ce mois l'estat des ornemens qui sont nécessaires à la chapelle de la citadelle de Doullens. Le Roy aprouve que vous les fassiez achepter et que vous en preniez les fonds sur celuy de l'extraordinaire de la guerre.

Je suis, Monsieur, etc.

LOUVOIS.

Versailles, 18 mai 1681.

Monsieur,

Je suis bien ayse que vous ayez trouvé la manufacture d'Abbeville en bon estat, et comme cette manufacture est très-considérable, je vous prie de donner tous vos soins et toute votre application à convertir *Van-Robais* parce que par ce moyen au lieu que cette manufacture est entre les mains d'huguenots nous parviendrions à faire convertir tous ceux qui y travaillent et à la transmettre par ce moyen aux catholiques.

Je suis, etc.

COLBERT.

Fontainebleau, 22 août 1681.

Monsieur,

J'ai reçu votre mémoire concernant l'augmentation de l'impost sur le sel.

A l'égard de Van-Robais, d'Abbeville, je crois que vous lui debvez permettre d'envoyer son vaisseau à Bilbao et qu'il suffira de mettre ses marchandises à l'évent à son retour, sur quoy vous debvez observer qu'il n'y a point de mal contagieux en Biscaye, et pourvu qu'il n'envoye qu'à Bilbao il n'y a aucun risque.

Je suis, Monsieur, etc.   COLBERT.

Paris, 4 novembre 1681.

Monsieur,

Le sieur Richer s'en allant en Picardie pour y faire observer les réglemens sur les manufactures, je vous prie de lui donner toutes les assistances qui pourront dépendre de vous.

Je suis, Monsieur, etc.   COLBERT.

ESTAT DES LIEUX DU DÉPARTEMENT DE PICARDIE OU LE SIEUR RICHER DOIT FAIRE EXÉCUTER LES RÉGLEMENS GÉNÉRAUX DES MANUFACTURES.

Premièrement : Amiens. — Abbeville. — Montreuil. — Desvres. — Samer. — Arras. — Grandvilliers, Feuquières, Lignières et villages dépendant de la prevosté, montant à près de 120 villages. — Wailly. — Tilloy. — Conty. — Beaucamp. — Coupegueule. — Saint-Aubin.

Paris, 28 novembre 1681.

Monsieur,

Le Roy m'ayant ordonné de reprendre les mesmes soins des manufactures que S. M. avoit cy devant ordonnés et qui ont esté un peu suspendus pendant le temps de la guerre, j'ai examiné particulièrement la manufacture de bas de laine au tricot et je vous envoye le mémoire du nombre de personnes que le sieur Camuset qui en a fait l'establissement prétend qui travaillent à cette manufacture dans la généralité d'Amiens. S. M. veut que vous fassiez examiner ce mémoire par les maires et échevins des villes de la généralité.

Je suis, Monsieur, etc.   COLBERT.

ESTAT DE L'ESTABLISSEMENT FAIT PAR LE SIEUR CAMUSET POUR LA MANUFACTURE DE BAS DE LAINE AU TRICOT DANS LA GÉNÉRALITÉ D'AMIENS.

Il y a cinquante-quatre paroisses depuis Amiens jusqu'à Beauvais où il y a dix mille ouvriers qui travaillent. Le sieur Camuset y a esté en 1666 pour y apporter la perfection.

Saint-Germain, 1.er décembre 1681.

Monsieur,

Le Roy ayant appris que le nommé Jacques Boffle, maître de gribanne d'Abbeville, a fait embarquer depuis peu au lieu du Crotoy plusieurs gens de la religion prétendue réformée pour les passer en Angleterre, S. M. veut que vous vous informiez si cet advis est véritable, et que vous examiniez quelle facilité les religionnaires ont de s'embarquer en ce port. Prenez la peine de me faire sçavoir ce que vous apprendrez sur ce sujet afin que je luy en puisse rendre compte.

Je suis, Monsieur, etc.   Seignelay.

          A Saint-Germain, 24 décembre 1681.
Monsieur,

Le Roy est si mal satisfait de ce qui s'est passé à Abbeville à l'establissement du régiment royal italien et de la conduite qu'ont tenue le mayeur et le premier échevin, que S. M. a résolu de les interdire des fonctions de leurs charges, et parce que S. M. ne veut pas que le régiment demeure logé comme il est, elle donne ordre au commissaire Mirabon de faire en présence des officiers de l'hostel-de-ville, à leur refus luy seul, un nouveau logement dans lequel les officiers et soldats soyent chez les plus riches habitans, en sorte que s'il y a tant de maisons dans la ville qu'elles ne puissent pas estre toutes occupées, ce soyent celles des pauvres qui demeurent exemptes. S'il y avoit quelque bourgeois qui refusât de recevoir des officiers ou soldats sur le billet dudit commissaire, il y en enverra vingt pour vivre à ses dépens jusques à nouvel ordre du Roi ; et parce que l'intention de Sa Majesté n'est pas que le mayeur et le premier eschevin qui ont esté interdits demeurent exempts de logement, elle ordonne de commencer par eux, de quoi j'ai jugé à propos de vous informer afin que vous teniez la main, dans ce qui dépend de vous, à ce que la volonté de S. M. soit exécutée.

Je suis, Monsieur, etc.   Louvois.

XIV.ᵉ SIÈCLE.

CARTEL

ENVOYÉ PAR

GILLES DE CAULAINCOURT.

Gauthier du Belloy, Je Gilles de Collincourt ay sceu par Gérard et Huet mes escuiers ce que derrenièrement messire Gillebert d'Aboval, Simon de Hongrefort, Jehan d'Ailly et toi avés fet en l'éritaige de monsieur mon père et de madame ma mère et le mien pour le grand dommaige de notres vassals, et le contempte de notre honneur. Se veuilles savoir que je n'ai daigné deffier nuls, fors les dis Aboval et Hongrefort qui sont assez gentilshommes de part père et de part mère pour estre dignes de me combattre ; et quant à toy tu n'es pas homme à cuy je doye riens fere en armes contre mon honneur de ne aucun de mon linaige. Je te trouveray homme de ton estat et de mellouer qui t'accomplira tout ce que tu en voudras dire.

Donné soubs mon propre scel, le IX.ᵉ jour de juin mil CCC soixante-trois.

Avec sceau. (*Archives de* M. LE DUC DE VICENCE).

COLLÉGIALE

DE

SAINT-VULFRAN D'ABBEVILLE.

APRÈS la cathédrale d'Amiens et l'église de Saint-Riquier, Saint-Vulfran est le temple le plus majestueux qui existe dans le département de la Somme. Son portail offre un aspect grandiose, un coup-d'œil imposant, et si le reste de l'édifice répondait à sa magnificence, Saint-Vulfran jouirait d'une réputation européenne justement méritée.

Mais cette église a éprouvé le sort de la plupart des grands monuments commencés à la fin du xv.ᵉ siècle. Le pieux enthousiasme qui, au xiii.ᵉ, enfanta tant de merveilles, n'existait plus alors, et le manque de fonds n'a point permis d'achever cet édifice d'après les plans primitifs.

Quoiqu'il en soit, l'église de Saint-Vulfran est fort remarquable. On chercherait vainement dans le nord de la France un édifice dont la façade fût plus riche, plus ornée, plus digne, en un mot, de fixer les regards de l'antiquaire et de l'ami des arts.

La première pierre de cette façade fut posée le 7 juin 1488, par le maïeur Antoine Postel, au nom du comte de Ponthieu, des trois états de la ville et du Roi, et par le doyen au nom du Chapitre. Ce magnifique portail se divise dans le bas en trois porches-ogives dont les faces sont décorées de hautes statues supportées par des consoles, ornées de figures grotesques. Plusieurs de ces statues ont été offertes à l'église par le clergé des anciennes paroisses d'Abbeville et par les marchands drapiers, tondeurs, bouchers, orfèvres et autres corporations de métiers de cette ville qui se plurent à décorer un monument aussi admirable des images de leurs saints patrons.

On distingue parmi celles qui ornent le porche central *St-Jean*, *St-Eloi*, *St-Nicolas*, *St-Paul*, *St-Pierre*; on y voit aussi un lion accroupi tenant une bannière et couvert d'un riche manteau fleurdelisé. Ce lion passe pour le symbole de l'alliance contractée entre la France et l'Angleterre en 1514, par suite du mariage de Louis XII avec Marie, sœur d'Henri VIII. On sait que cet hymen, célébré à Abbeville le 10 octobre, fut de courte durée. On remarque aussi sous ce même porche la statue de *St-Germain l'Ecossais* ayant à ses pieds le dragon à sept têtes dont, suivant la légende, il purgea les environs du village de Saint-Germain-sur-Bresle où l'on voit encore son tombeau; et enfin, celle de St-Firmin, premier évêque d'Amiens, l'apôtre de la Picardie. Son martyre est figuré, selon l'ancien usage, sur un petit bas-relief.

Les principaux traits de *la vie de Jésus-Christ* décorent les bandeaux de la voussure de ce porche; malheureusement plusieurs groupes ont disparu : les iconoclastes de 1793 ne les ont pas épargnés.

Des sculptures dans le goût de la Renaissance, mais un peu lourdes, ornent les ventaux de la porte qui est en bois et couverte d'une peinture grossière. Ces sculptures représentent, entr'autres sujets, plusieurs traits de l'*histoire de la Vierge et du Nouveau Testament*. On peut citer cette porte comme une des boiseries les plus curieuses qui restent en France. A l'extérieur on lit cette inscription :

Vierge aule humaine la porte d'amour estes.

C'est un refrain faisant allusion au nom de Gilles d'Amourette, qui était maître d'une confrérie religieuse et littéraire existant autrefois dans l'église de Saint-Vulfran, et qui donna cette porte en 1550.

Le porche à droite est également riche, également orné. On y voit les statues de *St-Jacques*, de *Ste-Marie-Madeleine* et de *la Sainte Vierge* ou de *la Charité*. Cette dernière statue attire l'attention par la singularité de son costume et ses divers attributs.

Le porche à gauche est aussi décoré de statues de saints. Celles de *St-André*, de *St-Jean-Baptiste* et de *St-Thomas-d'Aquin* fixent les regards; mais ce qui semble surtout piquer vivement la curiosité, c'est un groupe représentant un navire enrichi de plusieurs écussons et sur lequel paraissent quatre personnages dont deux se battent avec une sorte d'acharnement, tandis que les deux autres demeurent spectateurs tranquilles de cette lutte. Ce groupe allégorique, qui jusqu'à présent n'a pas été expliqué d'une manière satisfaisante, surmonte un petit pilastre orné de moulures placé presqu'à la naissance de l'arc-ogive.

Chaque porche ou portique est terminé par un fronton à jour sommé d'un écusson.

L'écusson du porche central était décoré des armes de Louis XII; celui du portique à droite offrait les armes du cardinal d'Amboise qui fut chargé par le monarque de surveiller la construction du monument; et l'écusson du porche à gauche, les armes des maïeurs d'Abbeville. Dans un moment d'effervescence politique, on a gratté impitoyablement ces écussons sans respect pour les souvenirs historiques.

Au haut du fronton central paraît Dieu le Père présentant son fils crucifié aux hommes. Cette représentation mystique est fort commune en Picardie; presque partout le Père Éternel porte, comme à Saint-Vulfran, les vêtements d'un pape et tient la croix entre ses genoux : c'est un fait qui méritait d'être signalé en passant, pour l'histoire de la sculpture ou plutôt de l'iconographie dans cette province.

Une galerie règne au-dessus du fronton qui est de forme triangulaire; les balustrades à jour de cette galerie exigent de promptes et importantes réparations.

La fenêtre placée au centre de la façade et que surmonte une rose ne date probablement que du XVII.° siècle. On est au moins porté à le penser, en examinant cette fenêtre avec quelque attention.

Une seconde galerie, décorée d'une balustrade à entrelacs, se trouve un peu plus haut.

Le pignon n'est pas nu, comme celui de beaucoup d'églises du même temps; des ornements d'une grande variété et plusieurs statues de saints, placées dans des niches, l'enrichissent de toutes parts. Ces statues représentent *la*

Vierge, *St-Nicolas* et *St-Vulfran*, pour lesquels les Abbevillois ont toujours eu une grande vénération. Cette partie de l'édifice est très-détériorée par les vents de mer.

À droite et à gauche de la façade que nous venons de décrire, s'élèvent deux tours quadrangulaires qui la flanquent et lui servent de soutien. Les escaliers se trouvent dans ces tours qui, de loin, produisent un effet pittoresque et merveilleux. Leur hauteur est d'environ 50 mètres. Elles se terminent en plate-formes bordées, comme le reste du monument, d'une riche balustrade à jour; deux tourelles de forme octogone et pyramidale ornent les angles de ces tours ; les toits pointus qui les surmontent, et qui ont été faits pour abriter les guetteurs, leur donnent une grande légèreté et permettent de les apercevoir de fort loin.

De vieilles maisons, construites en partie sur le terrain de l'ancien cimetière de la paroisse où Henri IV toucha les malades atteints d'écrouelles en 1585, enserrent de tous côtés ce précieux édifice. Ce n'est qu'en pénétrant dans les cours de ces hideuses baraques, ou bien en parcourant, non sans quelque danger, les galeries pratiquées l'une au-dessus des voûtes des chapelles, l'autre au bas du grand comble, qu'on peut examiner ses dehors. Leur état délabré afflige l'ami des arts; on dirait des ruines échappées à quelque récent désastre. La tour dite de *St-Firmin*, qu'on voit à gauche de la croisée où s'est arrêtée la construction entreprise au xv.ᵉ siècle, menace de crouler ; il serait important de la réparer sans délai.

Le chœur, beaucoup plus bas que la nef, n'est à proprement parler qu'une longue chapelle, qu'un prolongement appliqué après coup à l'édifice. On le reconnaît aisément dès qu'on pénètre dans l'église. Ce chœur qui ne répond, d'ailleurs, ni à la magnificence du portail ni à la beauté de la nef ne fut terminé qu'en 1633. Aussi voit-on au premier coup-d'œil que le monument est resté incomplet. Il ne consiste en quelque sorte qu'en une nef, deux bas-côtés et plusieurs chapelles. Il a 68 mètres environ de longueur, 32 de largeur, 30 de hauteur sous clefs de voûte.

Les piliers qui supportent les voûtes de la nef sont à nervures prismatiques; ceux du chœur sont ronds et peu remarquables.

Les clefs ciselées des voûtes de la nef offrent plusieurs images de saints, telles que celles de *St-Vulfran* et de *St - Georges*, et divers écussons aux armes de *France*, de *Louis* XII, d'*Anne de Bretagne*, de la *ville d'Abbeville* et du *comté de Ponthieu*. Quelques-uns de ces écussons rappellent que des rois, des princes, des princesses contribuèrent à la construction de cette église, aujourd'hui si déchue de sa splendeur primitive.

Les fenêtres de la nef à meneaux flamboyants et en partie détruits ont perdu leur plus riche parure, depuis l'explosion du magasin à poudre d'Abbeville, arrivée le 2 novembre 1773; presque toutes sont dépouillées des vitraux peints qui les ornaient et qui retraçaient aux yeux des fidèles ici de pieuses légendes, là des emblêmes choisis pour armes par les corps d'arts et métiers de la ville. Une seule fenêtre, celle qu'on voit au fond du sanctuaire, a conservé presque intacte sa verrière représentant *la création du monde;* mais cette verrière ne remonte guère qu'au XVII.ᵉ siècle, temps où les vitraux peints avaient déjà perdu beaucoup de leurs brillantes couleurs. Alors les peintres-verriers d'Abbeville, si renommés au moyen-âge, ne se distinguaient plus, comme aux siècles précédents, par la pureté, la grâce et la correction du dessin.

Deux statues en marbre blanc, de grandeur naturelle, représentant l'une *St-Bernard*, sous les traits d'un ancien abbé de Valoires, l'autre le vénérable évêque d'Amiens, M. de la Motte, sont les seuls objets remarquables qui décorent l'entrée du sanctuaire.

Le maître-autel est fort simple ; un baldaquin en bois, couvert de dorures insignifiantes, sert de retable ou plutôt de couronnement à cet autel. On y expose la chasse de St-Vulfran à l'époque de sa fête. L'usage était autrefois de déposer cette chasse, le jour de l'Ascension, dans une chapelle de fleurs et de verdure élevée au milieu du marché d'Abbeville où elle restait jusqu'au lendemain. Lorsqu'elle sortait de l'église, un massier du chapitre appelait à haute voix et à trois reprises différentes le sire d'*Hallencourt*. Ce seigneur et plusieurs autres vassaux étaient tenus de la garder en armes pendant toute la nuit. Le roi Louis XIII avait une grande dévotion envers St-Vulfran ; ayant visité l'église sous son invocation, après avoir voué son royaume à la Vierge, il demanda à François Faure, évêque d'Amiens, une parcelle du bras de St-Vulfran qui lui fut accordée par le chapitre et le prélat. Il conserva, dit-on, précieusement cette relique jusqu'à sa mort et ne consentit jamais à s'en dessaisir, même en faveur des églises de Paris.

Les principaux miracles du saint archevêque de Sens étaient représentés sur l'ancienne chasse et sur une curieuse tapisserie dont on parait autrefois le chœur de l'église, le jour de la fête du saint.

Le coffre de l'autel de *Retro*, où se trouve maintenant la chasse de St-Vulfran, est décoré d'une peinture sur fond doré qui date, dit-on, du xiv.ᵉ ou du xv.ᵉ siècle; elle représente plusieurs scènes du *Jugement dernier* et peut fournir des renseignements d'un haut intérêt sur l'état de l'art à cette époque.

Les bas-côtés de la nef contiennent chacun trois chapelles dont on restaure en ce moment le pavé avec une magnificence qui n'est pas en harmonie avec l'ensemble de ces chapelles. Celles du bas-côté droit sont aujourd'hui sous l'invocation de *la Croix*, de *St-Michel* et de *St-Victor*.

Cette dernière chapelle est sans contredit la plus curieuse pour l'ami de notre histoire et de nos antiquités nationales. Elle a probablement été construite par les libéralités de la famille Lessopier, dont les armes ornent les clefs de voûte. L'épitaphe en pierre noire, incrustée dans le mur au haut du confessionnal, doit avoir été rapportée après la démolition de l'ancienne église de Saint-Vulfran qui eut lieu au commencement de l'année 1531; cette épitaphe semble, en effet, remonter au xv.ᵉ siècle; celui dont elle rappelle la mémoire n'est autre que ce Jean Levasseur qui fut *robé* et *détroussé* près du Pont-à-Vendin, par le célèbre chroniqueur Enguerrand de Monstrelet.[1] Jeanne Lessopier, sa femme, dont l'épitaphe fait également mention, descendait de ce fidèle châtelain de La Broye qui reçut Philippe de Valois dans son gothique manoir en 1346, après la sanglante bataille de Crécy. L'histoire a conservé la réponse faite par le monarque au *qui vive* du vieux châtelain de La Broye; mais cette réponse a été mal rapportée par la plupart des écrivains modernes. Philippe ne dit point au châtelain: *Ouvrez,*

---

[1] (*Bulletin de la Société de l'Histoire de France*, tom. II, pag. 226.)

c'est la fortune de la France; mais bien : *C'est l'infortuné roi de France*[1]. La première réponse eut été trop orgueilleuse pour un roi vaincu; la seconde convenait parfaitement à un monarque accablé par le cruel revers qu'il venait d'essuyer.

A l'entrée du *bas-côté gauche* et contre le mur de face, on remarque un caïman ou crocodile qui a donné lieu à mille contes ridicules. Le peuple, toujours crédule, suppose que ce caïman (rapporté, dit-on, d'Amérique par un navigateur abbevillois) aurait été tué dans l'une des tours de Saint-Vulfran où il s'était blotti. Il y faisait, ajoute la tradition, un bruit effrayant; les cloches sonnaient d'elles-mêmes au milieu de la nuit, et les chanoines, tout étonnés de ce vacarme, n'osaient plus quitter leurs demeures pour venir chanter matines dans l'église.

Les chapelles de ce bas-côté sont dédiées à *St-Louis*, *St-Jean-Baptiste* et *St-Firmin;* toutes renferment divers objets d'art dignes de l'attention des amateurs.

La chapelle *St-Louis* est décorée d'un bas-relief en pierre représentant *la Crèche* ou la Nativité; il fait voir quel était le talent de ces imagiers du xvi.ᵉ siècle qui ont légué tant de beaux et excellents ouvrages à nos églises.

Dans la chapelle de *St-Jean-Baptiste* on remarque un grand retable d'autel, ayant pour sujet *le Jugement dernier*. L'exécution de ce bas-relief, pleine à la fois de hardiesse et de naïveté, prouve le rare mérite de M. Louis Duthoit, sculpteur d'Amiens. Au fond d'une niche, sous la fenêtre de cette chapelle, on distingue un beau groupe en pierre représentant l'un des principaux traits de *la vie de*

[1] (Voy. les Froissart ms. des Bibliothèques Publiques d'Amiens et d'Arras.)

St-Gengoul. Le saint est près d'une fontaine, avec son épouse adultère; il l'engage à plonger son bras dans l'eau de cette fontaine, pour se justifier des reproches qu'il lui adresse et des soupçons qu'il a conçus sur sa fidélité. La femme obéit, comptant bien sortir sans danger de cette facile épreuve; mais des flammes vengeresses paraissent tout à coup sur la surface de l'eau, lui brûlent les chairs, et viennent convaincre Gengoul de son malheur.

Ce groupe charmant a été en butte au mauvais goût qui régnait naguère encore. Un pinceau vandale l'a couvert d'une épaisse couleur à l'huile; et pour couronner l'œuvre, on s'était imaginé de placer à la ceinture du saint un énorme pistolet qu'un jeune prêtre, choqué de ce bizarre anachronisme, fit disparaître pendant qu'il exerçait les fonctions de vicaire à Saint-Vulfran.

La troisième et dernière chapelle renferme un tableau sur lequel St-Vulfran est représenté guérissant ou bénissant des malades. Ce tableau est d'un grand effet, mais mal éclairé; l'obscurité règne presque partout dans cette chapelle.

Contre le mur du bas-côté gauche du chœur, on remarque un autre tableau représentant *Jésus-Christ au Jardin des Oliviers;* il a été donné par le gouvernement à l'église de Saint-Vulfran en 1834, sur la demande de M. Renouard, alors député de la Somme.

Les chapelles qui existent au fond des aîles du chœur sont sous l'invocation de *la Sainte Vierge;* elles n'offrent rien de remarquable. Celle qui se trouve à gauche est décorée d'un tableau, peint par Rey, ayant pour sujet *l'Assomption*.

Dans le bas-côté droit du chœur, près de la porte de la sacristie, est un petit bas-relief peint et doré qui fixe particulièrement les regards. Il représente le *supplice de St-Eustache et de ses enfants*. Tous sont plongés dans le ventre d'un vaste taureau d'airain sous lequel des bourreaux mettent le feu.

Les arcades qui séparent le chœur de ce bas-côté sont ornées de clefs sculptées sur lesquelles on voit des balances et des bourses, attributs distinctifs de la corporation des merciers d'Abbeville. On dit qu'il fut construit avec leurs dons au commencement du xvii.e siècle. Un cartouche portant la date de 1622 vient, au reste, confirmer cette tradition.

Le chapitre de Saint-Vulfran a produit plusieurs personnages distingués; mais les bornes de cette notice ne nous permettent de citer ici que Jean Alegrin, qui fut cardinal et patriarche de Constantinople. Les chanoines jouissaient, autrefois, d'un privilége bien étrange; ils s'emparaient de l'autorité municipale pendant l'octave de la Pentecôte. « Le mayeur-chanoine, élu par ses collègues
» sous le nom de *prévôt*, dit M. Louandre dans son *his-*
» *toire d'Abbeville*, sortait accompagné des officiers de sa
» compagnie, des bedeaux, des sergents, des huissiers du
» chapitre, pour annoncer son élection au corps de ville
» dont les fonctions cessaient à l'instant même. Le nou-
» veau maire, au bruit des instruments de musique et re-
» vêtu des marques distinctives de sa magistrature, se
» rendait au *Bourdois* pour y tenir audience et faire su-
» bir les diverses peines qu'il infligeait pour les délits de
» police municipale. Lorsque le fait comportait la pri-
» son, les condamnés étaient conduits dans une grange,
» près de l'hôtel de la Gruthuse où les chanoines pla-
» çaient les vingt mille gerbes de blé que leur valait la
» dîme; et comme leur juridiction temporelle leur don-

» naît le droit de justice, ce bâtiment nommé *Grange du*
» *Chapitre* leur tenait lieu de prison. Lorsqu'il s'agissait
» de peines plus graves, les instruments de supplice des
» maïeurs étaient à leur disposition. »

C'est dans l'église de Saint-Vulfran que l'on exposa en 1765, à la suite d'une procession solennelle, le crucifix dont la mutilation fut imputée au jeune chevalier de Labarre. Ce déplorable sacrilège, commis pendant la nuit, au milieu d'une ville éminemment chrétienne, plongea les habitants d'Abbeville dans le deuil et la consternation. La peine de mort fut prononcée contre Labarre. L'évêque d'Amiens n'ayant pu obtenir sa grâce du roi Louis xv, il fut conduit au supplice en chemise, la corde au cou, tête et pieds nus, et fit amende honorable, en passant, sur la première marche du parvis de Saint-Vulfran. L'exécution de Labarre excita l'indignation de Voltaire; il publia une foule d'écrits pour venger sa mémoire et peut-être aussi pour se venger lui-même, car le bourreau avait brûlé un exemplaire de son *dictionnaire philosophique* avec les restes du condamné.

H. DUSEVEL,
MEMBRE DU COMITÉ HISTORIQUE, DE LA SOCIÉTÉ
ROYALE DES ANTIQUAIRES DE FRANCE, ETC.

MÉMOIRE

ADRESSÉ A COLBERT EN 1681, SUR LES MANUFACTURES DE LA VILLE DE SAINT-QUENTIN.

« On veut ycí ruiner deux manufactures considérables par le prétexte de religion et pour cela quelques officiers de justice qui espèrent en tirer du proffit se sont faict présenter requeste par quelques ouvriers affin d'ériger en maîtrize les dictes manufactures pour en priver ceux de la religion P. R. qui les ont établies avecq beaucoup de temps, de peine et de despence, et par ce moyen faire retourner ces manufactures dans les pays étrangers d'où elles ont esté tirées.

L'une est de toiles qui se nomment toiles de batiste et demi Holande lesquelles ont eu ce nom de demi par ce qu'au commencement elles n'imitoient qu'à moittié celles de Holande; mais à présent elles les égalent, de sorte qu'on n'en tire presque plus de Holande. Ce sont nos pères qui ont apporté en France cette manufacture; ce sont eux et leurs descendans qui l'ont soutenue et mise dans la perfection où elle est, ny en ayant point de pareille en toute l'Europe si ce n'est en Holande et Flandre. Grand nombre de personnes subsiste par ce moyen, les uns s'occupant à aprester le lin, d'autres à le filer, d'autres à faire la toile et d'autres à la blanchir comme on faict en Holande.

L'autre manufacture est de toile de soye et gaze de soye que nous avons icy établie depuis 35 ans. Elle n'étoit auparavant cognüe qu'en Angleterre. Jacques Léger, marchand de cette ville, qui y avoit des habitudes y fut en ce temps-là et en tira plusieurs familles entières de ces ouvriers qu'il amena à Saint-Quentin ce qui a eu un tel succès par les instructions qu'on en a tirées qu'un nombre infini de personnes, mesme de petits enfans y gaignent leur vie, des demoiselles indigentes si apliquans aussi parce qu'on peut estre proprement en faisant ce mettier qui est honneste, les femmes et les enfans s'apliquans à dévider et aprester la soye pour les ouvriers qui en font des toiles et gazes.

Si le desseing de la maîtrize avoit lieu et que suivant iceluy un maître ne pust prendre qu'un apprenti en cinq ans, ce seroit réduire plusieurs personnes à la misère, car dans la liberté dont on jouit à présent les pauvres gens sont deschargés de nourrir leurs enfans dès l'aage de neuf ans puisqu'à cet aage on les met en apprentissage et qu'un mois après ils gagnent trois ou quatre sols par jour et au bout de six mois quatorze ou quinze sols, au lieu que perdant ceste liberté ils seroient en apprentissage cinq ans sans rien gaigner et faudroit qu'ils fussent nouris et entretenüs par leurs parens. Et d'ailleurs ceux qui proposent ce desseing n'ayant ni la conduicte ni les moyens nécessaires pour soustenir ces manufactures comme ont ceux qui en sont les autheurs et que l'on en veut aujourd'hui priver, elles se réduiroient à néant.

Plaise à Monseigneur qui est intendant des manufactures de France ayant égard à ce que dessus maintenir la liberté des manufactures.

(Manuscrits de la Bibliothèque Publique d'Amiens.)

PROSPECTUS

DE L'HISTOIRE DE PICARDIE,

PROJETÉE PAR DOM GRENIER [1].

> *Multo sibi unusquisque arbitretur gratius excidia Patriæ repulisse, quàm propria pericula : præstantiusque esse existimet, quòd operam suam Patriæ impenderit, quam si in otio positus, tranquillam vitam voluptatum copiis functus egisset.*
> (S. Ambros. de Officiis, L. III. cap. 3.)

L'ouvrage sera divisé en trois parties. La première, précédée de l'introduction générale, comprendra *les Belges, la Gaule Belgique, la seconde Belgique, les Cités* et *la Picardie* proprement dite, les Comtés du second rang, les Palais des Rois. Les *Villes* qui n'ont point d'autres titres entreront dans la deuxième. La troisième sera pour les Bourgs, les Villages, les Hameaux.

A la tête du premier volume sera placée une carte géographique de la seconde Belgique, avec ses forêts antiques, ses rivières, la capitale des Cités, des *Pagi*, les voies romaines, les stations les plus connues sur ces routes, les ponts bâtis sur les rivières, avec les camps romains de la plupart desquels les dimensions existent presque en entier sur les lieux. Ceux-ci, pour la meilleure partie, ont été gravés dans les Mémoires de l'Académie des Inscriptions et Belles-Lettres; les dessins sont entre nos mains. Les frais d'une nouvelle gravure augmenteroient le prix de ce premier volume. Il sera orné d'ailleurs de plusieurs planches servant à faire connaître les armes des Belges à époques différentes; quelques-unes de leurs Divinités lorsqu'ils étoient sous l'empire des Romains; leurs tombeaux, les urnes cinéraires, les inscriptions, les vases et autres ustensiles qui pouvoient être renfermés dans les tombeaux. On donnera à l'article de certaines Cités, le plan de la capitale sous le Bas-Empire pour faire connaître la bâtisse romaine en ces temps-là; le dessin des monnaies particulières à différents Comtés et à quelques villes; d'anciens sceaux des Comtes et des communes, autant que nous en aurons pu découvrir; quelques

---

1 Le titre développé de l'ouvrage devait être ainsi conçu: *Notice historique du premier royaume des Francs nommé ensuite* PICARDIE, *ou Histoire détaillée de la plus grande partie de la Seconde Belgique au premier et au moyen-âge avec un coup-d'œil sur le moderne.*

restes de bâtisse carlovingienne; plusieurs vignettes d'Amiens manuscrites, pour faire voir l'état du dessin et de la peinture dans des siècles où les arts étoient accablés par la barbarie. Le comté de Corbie offrira un monument de Blason le plus ancien peut-être qui existe sinon dans l'Europe du moins en France; ce sont des armoiries travaillées à l'éguille sur des panetières en soie à l'usage de quelques chevaliers du *Corbiois* croisés au xiii.ᵉ siècle.

M. l'abbé Lenglet disoit que les histoires particulières ne lui ont jamais paru meilleures que quand il y a beaucoup de chartes et de pièces anciennes. Nous distribuerons donc à la fin de notre Introduction Générale et à la suite de chacun des articles de notre Notice les pièces justificatives qui y sont relatives.

Il nous reste à gémir du peu d'attention qu'on a eu jusque vers le milieu du siècle dernier de recueillir avec soin les antiques de toute espèce qui se trouvoient dans la Belgique à mesure que la découverte s'en faisoit. Cette négligence laisse un vide dans notre Histoire. On ne peut apprécier les pertes qu'elle a faites par l'ignorance, le peu de goût, l'avarice, ou même le zèle peu éclairé des personnes qui en étoient les dépositaires. On fondit les bronzes et les médailles. On cassa, on tailla, on défigura les pierres, les marbres, les statues, pour les employer dans la construction des bâtiments; et ce qui est encore pis, ce qui ôte toute ressource, on en fit de la chaux. Il est vrai que le temps a changé et qu'on marche à présent sur des pas tous différents. Il reste néanmoins une chose à désirer c'est que MM. les Intendants des provinces veuillent bien veiller à la conservation des découvertes qui sont faites dans l'étendue de leurs départements. Le fruit qu'on pourroit tirer de la collection de ces monuments pour l'histoire seroit d'un prix infini.

En donnant la préface de notre Notice historique de Picardie pour *Prospectus*, nous suivons l'exemple de dom Bouquet qui en a agi de même pour la grande collection des écrivains de l'Histoire de France. Nous avons préféré le format in-4.º pour la commodité des lecteurs; et nous croyons que cinq ou six volumes pourront suffire.

Nous avions pensé que nous pourrions publier notre ouvrage par livraisons. Des personnes éclairées nous ont fait observer que le temps nécessaire pour l'impression d'un volume in-4.º n'étant pas très-long, le Public n'auroit pas lieu de se plaindre que le premier tardât trop à paraître, après que le nombre de souscripteurs nécessaire auroit été rempli; que d'ailleurs il seroit difficile de diviser l'Introduction qui doit former la meilleure partie de ce volume; que quand cette division pourroit avoir lieu, certaines parties contiendroient grand nombre de planches tandis que d'autres pourroient n'en avoir aucune.

Dociles à ces avis dictés par la raison, nous nous sommes déterminés à faire paraître l'ouvrage volume par volume. Après avoir fait un calcul exact de la dépense, tant pour l'impression du discours que pour la gravure des planches, ne voulant pas faire payer le premier volume plus cher que le dernier nous avons fixé le prix des uns et des autres à DOUZE livres pour les souscripteurs et à SEIZE pour ceux qui n'auront pas souscrit.

Tous les volumes seront imprimés avec les mêmes caractères et sur le même papier que ce prospectus.

M. *Pierres* ne négligera rien pour ce qui concerne la partie typographique.

Il ne sera tiré que cent exemplaires au-delà du nombre des souscripteurs. Les trois premiers volumes sont en état d'être livrés à l'impression.

La Notice historique de la Picardie que nous annonçons présente aux Français en général la plus grande étendue du domaine du premier roi chrétien jusqu'en 496; et aux Picards, en particulier, le titre qui a mérité à leur province le premier rang parmi les autres provinces de France.

Nous avons fait et nous faisons encore tous les jours ce qui peut dépendre de nous pour cette portion importante de l'histoire nationale; c'est au public à nous mettre en état de l'en faire jouir.

On souscrit à Paris chez dom GRENIER, *bénédictin de l'abbaye de Saint-Germain-des-Prés; chez* M. MORISSEAU, *commis du régime de la congrégation de Saint-Maur, en la même abbaye; et chez* M. PIERRES, *premier imprimeur du roi, etc., rue Saint-Jacques.*

Imprimé en 1786.

LETTRE DE DU CANGE

A DOM LUC D'ACHERY.

(*Manuscrits de* DOM GRENIER *à la Bibliothèque Royale.*)

Mon révérend père,

Quand j'envoyai à Monsieur d'Hérouval les généalogies de Baudouin d'Avesnes, ce fut à dessein de vous en faire présent et pour les insérer dans votre *Spicilegium*, si vous le jugiez à propos. Un de mes amis m'a autrefois donné cette copie sans que j'aye pû sçavoir d'où il l'avoit tirée. Vous sçavez que Monsieur Duchesne la cite souvent dans son Histoire de *Luxembourg* et autres, et que c'est de là que l'auteur du *Lignage de Coucy*, que j'ai leu autrefois dans un des volumes de M. de Peiresc, a fait la compilation de ses généalogies qu'il a augmentées jusqu'à son temps c'est-à-dire vers l'an 1300. J'ai lu une chronique françoise Ms. du mesme Baudouin d'Avesnes que je cite en quelques endroits de mon histoire de *Constantinople* et qui me fut communiquée par mondit sieur d'Hérouval.

Je souhaiterois d'être assez heureux et assez riche pour pouvoir contribuer à vos beaux desseins et dont le public vous aura une éternelle obligation; vous devez être persuadé que je le ferois avec la même passion que je suis, mon révérend père, votre très-humble et très-obéissant serviteur,

DU CANGE.

PHILIPPE DE VALOIS

AU CHATEAU DE LABROYE.

Le courage dont Philippe de Valois fit preuve dans la funeste journée de Crécy et la valeur de la chevalerie de France méritaient un meilleur destin. Lorsque la victoire se fut déclarée pour les Anglais et pendant que le vieux roi de Bohême, fidèle allié de la France, s'était jeté dans la mêlée avec la principale noblesse du royaume, pour rallier les fuyards ou mourir, Philippe de Valois, désespéré, résolut de ne pas survivre à sa défaite. On le vit ramener au combat les chevaliers de son escorte et se précipiter à leur tête dans les rangs ennemis. Jacques de Bourbon et le sire d'Aubigny, voyant sa perte certaine, saisirent les rênes de son cheval et l'entraînèrent, malgré sa résistance, loin du champ de bataille. La nuit était venue, et la plaine retentissait encore des clameurs victorieuses de l'armée anglaise auxquelles venaient se mêler les cris de douleur des soldats de Philippe dont les corps avaient comblé les fossés et couvraient les chemins voisins des champs de Crécy. Le roi s'éloigna enfin de cette sanglante scène et prit son chemin vers l'Authie, suivi de messire Jean de Hainaut, des sires de

(1346)

PHILIPPE DE VALOIS AU CHATEAU DE LABROYE.

Montmorency, de Beaujeu, d'Aubigny, de Monsault [1] et d'environ soixante chevaliers. « Il faisoit, dit Froissart, » moult brun et moult épais » lorsque Philippe de Valois arriva sous les murs du château de Labroye. Les portes de ce manoir étaient fermées ; on tenait le pont-levis baissé, et les hommes d'armes veillaient aux meurtrières, car les premiers fuyards avaient déjà raconté les malheurs de la journée et tout indiquait que les Anglais ne tarderaient pas à se répandre dans le pays. Les chevaliers de la suite du roi demandèrent à entrer ; le châtelain, Robert de Grandcamp, parut sur les créneaux et leur dit : « Hommes d'armes, qui êtes-vous ? Si vous » ne servez monseigneur de Valois, vous n'entrerez onc- » ques dans mon chastel. » Le roi ému s'écria alors : » Ouvrez, ouvrez, châtelain ! c'est l'infortuné roi de » France ! » [2] Robert de Grandcamp, reconnaissant la voix de Philippe, donna l'ordre aussitôt de faire baisser le pont-levis, d'ouvrir les portes et alla recevoir le roi. On dit que le châtelain ne put vaincre l'excès de sa douleur à l'aspect de son malheureux maître et que le prince dut oublier ses maux pour consoler ce serviteur fidèle.

» Le roi, dit Froissart, et toute sa route (troupe) fu- » rent là jusques à mie nuit. Si but un coup et aussi

---

[1] Les récits des historiens offrent des variantes. Quelques-uns ne parlent pas du comte de Hainaut, mais du comte de la Marche ; d'autres remplacent le sire de Montsault par le sire de Montfort.

[2] On altéra le texte en imprimant Froissart: les mots : *c'est la fortune de la France* sont dans toutes les éditions connues ; mais le manuscrit de Breslau, regardé comme la meilleure copie de l'original, ceux des bibliothèques publiques d'Amiens et d'Arras, celui de Berne et plusieurs autres s'accordent pour les mots : *c'est l'infortuné roi de France !*

» firent ceux qui avec lui étoient, et puis s'en parti-
» rent et issirent du châtel, montèrent à cheval et pri-
» rent guides pour eux mener qui connoissoient le pays.
» Si entrèrent à chemin environ mie nuit et chevau-
» chèrent tant que, au point du jour, ils entrèrent dans
» la bonne ville de Amiens. Là s'arrêta le roi et se lo-
» gea en une abbaye et dit qu'il n'iroit plus avant tant
» qu'il sut la vérité de ses gens, lesquels estoient de-
» meurés et lesquels estoient échappés. »

P. Roger.

LETTRE DU DUC DE CHAULNES
AU MAIEUR DE LA VILLE DE SAINT-QUENTIN.

Monsieur le Mayeur,

Je vous asseure que j'ay faict tout ce que j'ay peu en ma puissance pour rompre le desseing qu'avoit mons.gr de Longueville; graces au ciel il est résolu de ne bouger de la province où il attend les Reytres qui doibvent estre avec nous mecredy ou jeudy. Quant nous serons tous ensemble notre troupe fera plus de deux mil cincq cens chevaulx et quelques quatre à cinq mil harquebuzes. Mon filz de..... est allé hazarder la fortune avec deux cens bons chevaulx pour joindre le Roy où il n'esperre faire guerres long séjour, et fera tout ce qu'il poura pour persuader le Roy à passer en deçà. Sa Majesté est en armes devant Dours en résolution, si le duc de Mayenne passe la rivière, lui donner la bataille. Son armée est fort belle, et n'est croiable la quantité de noblesse qui y est, il ne se soucie nullement de son ennemy, sous sa cause si juste qu'il s'asseure que son avant garde est forte assez pour les faire tous fuir. Il a plus de deux mil cincq cens chevaux : je vous fais juge, quant ceste troupe sera ensamble, sy ce sera pour avoir la raison des ligueurs.

Monseigneur de Longueville a avec lui monsieur de La Noue; je feray tout ce que je pourray affin que notre armée passe en notre pays et qu'à ceste fois nous le puissions mettre en liberté et eslargir nos villes. Nous n'espérons pas estre ung seul jour inutil. Vous croiez qu'en tout ce que j'auray moien de servir à la patrie et à votre ville qu'incontinent je m'y emploieray et ma vie et moiens. Il est très nécessaire qu'il y ait toujours icy quelqu'ung pour avoir en recommandation ce qui nous touche.

Assurez messieurs de la ville que je suis à leur service et commandement. Si quelque chose se présente où puissions atraper Luc Firon de Ballaigny, ne soiez paresseux de nous en donner advis; je vouldrois fort qu'il eust ataqué quelque place. Vous n'avez affaire, ny tous vos voisins, que de vous garder de surprise, car de siège nous vous en exemptons. Notre rendez vous est pour demain à Crespy en Vallois pour rester plus près des Reystres. Voila ce que je puis vous mander sinon que je suis de tout à votre service et commandement vous donnant le bonsoir et prie Dieu, Monsieur le Mayeur, vous donner santé, heureuse et longue vye. De Compiègne ce lundy au soir XII mars 1590.

Vostre obéissant voisin et meilleur amy à vous obéir,
CHAULNES.

Toute la noblesse qui est sortie de S.ᵗ-Quentin se porte fort bien, sinon mons.ʳ de S.ᵗ-Simon qui trouve point le hareng bon ou ne désire point retourner à S.ᵗ-Quentin, craignant que la moluc ne lui face mal a l'estomac. Je vous assure que nous sommes une troupe d'enfans sans soucy qui désirons fort revoir ung petit en face le s.ʳ de Balaigny. Mélencolie n'est qu'ennuy!

(*Communiqué par M. de Chauvenet, Juge d'instruction à Saint-Quentin.*)

CERCAMP.

'ABBAYE de Cercamp fut fondée en 1137, sur la rivière de la Canche, en expiation des crimes de Hugues de Camp-d'Avesne, comte de Saint-Pol. Les revenus de l'abbé s'élevaient à 30,000 livres à la fin du siècle dernier; il siégeait aux états d'Artois. L'église de Cercamp devint le lieu de sépulture des comtes de Saint-Pol. Les beaux noms de Châtillon et de Luxembourg étaient gravés sur les tombeaux érigés dans ce saint édifice. On voit encore à

Cercamp les magnifiques jardins de l'abbaye, les cellules des religieux, les ruines de leur église et quelques restes d'anciennes constructions.

Damp Pierre de Laderierre, prieur de Cercamp au XVI.ᵉ siècle, nous a laissé un mémorial manuscrit qui traite de la fondation de ce monastère, des abbés qui l'ont gouverné et des nombreuses épitaphes placées dans l'église ou dans les cloîtres. On conserve ce manuscrit aux archives départementales du Pas-de-Calais, et les extraits qui vont suivre sont dus à l'obligeance de M. Godin, archiviste, dont le zèle et l'aptitude pour le classement du dépôt confié à ses soins sont au-dessus de nos éloges.

On lit sur le premier feuillet du manuscrit :

Damp Pierre de Laderierre, relligieux demeurant à Cercamp et prêtre indigne. — 1590. — DE LADERIERRE.

Je prie celluy de mes confreres quy aura ce livret que en mémoire de mes..... (s'il est prêtre) me dise une messe apres mon trespas. — 1591. — DE LADERIERRE.

EXTRAIT ET MÉMORIAL

DU COMMENCHEMENT ET FONDATION DE LA MAISON DE CERCAMP, ENSEMBLE LES ÉPITAPHES DE PLUSIEURS FONDATEURS ET LES NOMS DES ABBÉS REGNANT SUCCESSIVEMENT L'UN APRES L'AULTRE.

PRIMES.

L'an mil cent trente quattre et trois
Pour avoir gloire souveraine
Regnant Loys sur les Franchois
Et Innocent en court Romaine
Le noble conte Hugues Candavaine
Alla querir en Auxerroys
Abbé, couvent qu'il amaine
Chy servir Dieu le Roy des Roys.

L'ORAISON DUDIT SEIGNEUR CONTE PRÉSENTANT L'ABBAYE, L'ÉGLISE ET MAISON A LA VIERGE MARIE, PATRONNE ET ADVOCATTE DICELLE.

Reyne des cyeulx, vierge et mere,
Ceste eglise je vous presente
Et vous faicz tres humble priere

Qu'en soyez patronne et regente
Jamays ne luy soyez absente
De gloire dame et tresoriere
Et m'octroyes tenir et sente
Dont jaye votre grace planiere.

RÉPONSE.

Ta priere mest agreable
Noble conte, scace de vray,
Soys constans, ferme et stable
Et ton desir accompliray.

TILTRES D'HONNEUR DES ABBÉS.

JORDANUS PRIMUS ABBAS.

En grant labeur et penitance
Premier prelat je gouvernay
Mais pour mourir en ma naissance
A Pontigny m'en retournay.

HUGO SECUNDUS.

Douze ans fus abbe en ce lieu
Quant on commencha ceste eglise
Puis je rendis mon ame a Dieu
Car mort me frappa de main mise.

URBANUS TERTIUS.

Quinze ans d'abbe portant le tiltre
Cestuy regit courtoisement
Puis fust inhumée en chapitre
Querant le jour du jugement.

HELSELMUS QUARTUS.

Ce lieu aulcuns temps gouvernay
En vertueuse discipline
Puys à Pontigny retournay
Ou javois prins mon origine.

ALBANUS QUINTUS.

Quant jeus aulcuns temps milité
Selon ma fragile nature
En la fin je fus invité
En terre prendre sépulture.

PETRUS SEXTUS.

Sept ans fut ce lieu en mes mains
En prouffiter je desirois
Mais de la mort je fus attainct
Beaucoup plustost que ne pensoye.

ARTANDUS SEPTIMUS.

Cestuy cy l'abbaye resigna
Que avoit tres bien gouverne
Puis à Pontigny retourna
Notre mère eglise nomma.

HUGO OCTAVUS.

Quant jeux regy ceste abbaye
A Pontigny fis mon retour
Puis fus abbe en Honguerie
Ou jattendye mon dernier jour.

URBANUS NONUS.

Aux religieux d'Arouaige
Beaulieu, Berchofles, Vacquerye
Acheplaye dont j'eus du malaise
La bourse en fut fort desgarnye.

ROBERTUS DECIMUS.

Cil decora tres fort leglise
Grand docteur en théologie
Vint ans dura en bonne guise
Puis apres termina sa vie.

ARNALDUS UNDECIMUS.

Quatorze ans en bonne simplesse
Cestuy eslent devotion
A Dieu, fut tout son adresse,
Mort en feisant séparation.

ADAM DUODECIMUS.

La guere en mon temps fust bien dure
Besoing fut davoir patience
A resigner je mis ma cure
Pour descharger ma conscience.

ROBERTUS 13.

Quant jeus regy dix-sept ans
En tristesse et adversité
Je vis revenir le beau temps
Mais subit la mort m'a cité.

VEDASTUS 14.

Fol est qui se donne louenge
Mais en mes jours bien prosperay.
Graces à Dieu quy tous maux venge
Subject à luy surs et seray.

JOANNES 15.

Vingt et deulx ans fus en l'office
Desirant faire mon debvoir.
Ne scaye sestoye anes propice
La mort enfin me vœult avoir.

WUILLARDUS 16.

L'an mil deux cent soixante deulx
Fust ceste eglise consacrée.
Je me reputay bien heureux
Sur elle en fust moult honorée.

GERARDUS 17.

Sy mon tamps fus translation
De corps sainct et beaux sanctuaires

Que plusieurs par dévotion
Ontz requis en leurs graves affaires.

MARTINUS 18.

De Longpons fus relligieux
Et préférée en ce saint lieu
Mais quant jeus faict d'ans vingt deulx
La mort vint quant pleust à Dieu.

JOANNES 19.

Licentier en theologie
Fut jadis et regis quinze ans
Mais la mort quy ne nous oublye
De vivre me couppa le temps.

NICOLAUS 20.

Homme de belle vie et saincte
Fut en son temps ce bon prélat
Il servit Dieu en grande crainte
Mais la mort le coucha tout plat.

JOANNES 21.

Dix ans exercay mon office
A mon pouvoir certainement
Puis resignay le benefice
Car languoureux fus longuement.

JOANNES 22.

En chapre souz ung mabre
Fut ma charnue sepulturée
Sy jay bien fait ichy en terre
Mon ame aux cieulx est bien heurée.

GUILLELMUS 23.

Je fus natif de Nœuvillette
Ny scai sy fis bien mon acquit
Néantmoings ma pense fut nette
Quant mort me visita subit.

INGERRAMUS 24.

Seize ans eus domination
De ce tres devot monastere
Je deboutay tentation
Dont je remerchie Dieu mon pere.

JOHANNES 25.

Bien gouverna ce bon pasteur
Et en ce lieu fructifia
Mais en la fin à grand doleur
L'ame du corps se deslia.

ROBERTUS 26.

En paix en bonne tranquillité
Passay la plus part de ma vie
Mais en la fin infirmité
Me print et longue maladie.

ALBANUS 27.

Cestuy sagement gouverna
Et grand honneur feist à l'eglise.
Puis du benefice ordonna
Et fust sa chair en cloistre mise.

JOHANNES 28.

Qui vauldroit les biens tous escrire
Que jadis florirent en loy
Il nest langue qui le puist dire
En tins un très honneste arroy.

JOHANNES 29.

A Paris pour ung grand affaire
En parlement me transportay
Mais il fut sy long à deffaire
Qu'en la fin mort y demouray.

JOHANNES 30.

En la chapelle Notre-Dame
Fus inhumé à mon trespas
Luy priant que elle ait receu l'ame
Quant de mort je passay le pas.

ROBERTUS 31.

De Rome entreprins le voyage
Quand j'eus la crosse résignée.
Mais ce fut la fin de mon eaige
En Italie fut terminée.

JOHANNES 32.

Nœufz ans dura en ce repaire
Large, courtois et gracieux vertueulx;
Le beau clocher ordonna faire
A tous biens estoit curieulx.

INGERRAMUS 33.

La bassecour feist en son temps
Et gouverna tres saigement
Aprez qu' eust fait vingt huit ans
Il ceda volontairement.

JOHANNES 34.

Boucquemaison jay acheté
Aussy la croix prés de la porte
Le beau sépulchre fort bien paré
Quy de soy dévotion porte.

LUDOVICUS 35.

En dix ans que maintins ce lieu
Ung molin a vent eslevay;
Puis je rendis mon âme a Dieu
Marys que mieulx ne profitay.

PETRUS 36.

Tout inutile je me voye
Dieu de lassus pardon me fache

Sy vons regniers, pries pour moy
Qu'en paradis jaye ma place.

JOHANNES 37.

Si grand labeur et grosse guerre
Fus parteur indigne en ce lieu
La mort mon corps feist mectre en terre
Et je rendis mon âme à Dieu.

PHILIPPUS DE SAULTY 38.

La foudre ayant réduict en cendre de ce temple
Tout le comble et aprez que je l'aye rafublé
D'un beau comble ardoisé, la... caterre ma l... ple
Foudroyant a mon corps de terre aussy comblé.

GERMANUS PISCATOR 39.

Le trouble du pays envijeux du repos
Dont ma santé rioit d'une rougeatre flame
Me brusla lestomach dont pergneant mon ame
A mon Dieu, le cercœul tient mon corps en depos.

(*Ici s'arrête la chronique rimée des abbés de Cercamp.* Titres de l'abbaye. Archives départementales du Pas-de-Calais.)

DOCUMENTS
RELATIFS AUX OTAGES POUR LE ROI JEAN
ET A LA RANÇON DE CE PRINCE.

(*Manuscrits de* DOM GRENIER *à la Bibliothèque Royale.*)

« La ville d'Amiens avoit deux de ses bourgeois en ostage pour le roi Jean
» en Angleterre. Il en coustoit beaucoup à Amiens pour les y entretenir. Le
» roi Jean ordonna que tant que ces ostages resteroient en Angleterre, Corbie
» paieroit chacun an 200 livres, Saint-Riquier 100 livres, Montreuil 200 livres,
» Doullens 100 livres, et Amiens fourniroit le reste. Cet ordre adressé au bailli
» d'Amiens est du 21 mai 1361. Le parlement réduisit ces contributions à 320
» francs du coin du Roi. Cet arrêt est de la même année. »

REÇU DU ROI JEAN
POUR QUATRE CENTS DENIERS D'OR AU MOUTON FOURNIS PAR LA VILLE
DE SAINT-QUENTIN.

Jehan, par la grâce de Dieu roi de France, savoir faisons nous avoir eu
et reçeu de noz très chers et féaulx et bien amez les bourgeois et habitans de

nostre ville de Saint-Quentin la somme de quatre cens deniers d'or au mouton de nostre coing par la main Jaque Jaquomme, marchand de Florence, de laquelle somme nous tenons pour bien paiés et en quittons les dessus dis et tous autres à qui quittance en peut appartenir.

Donné à Londres, le XXVII.e jour de juing l'an de grâce mil trois cens soixante, soubz notre scel secret. Par le Roi, signé ROYER avec paraffe.

(*Petit scel en cire rouge rompu. Il paroit encore cependant un écû chargé de fleurs de lys sans nombre. Il pend à une languette de parchemin faisant partie de la pièce. Archives de l'Hôtel-de-Ville de Saint-Qeuntin, layette titres communs. N.º 87.*)

La ville et les environs de Saint-Quentin donnèrent *six mille vingt écus de Phelippe* pour le rançon du roi Jean. Voici les noms de ceux qui furent préposés à la répartition et à la perception de la somme : Jacques Le Convers, maïeur de Saint-Quentin; Jean de La Mollaye, chanoine de la collégiale; Jean Priere et Jean de Ribemont, bourgeois.

FUNÉRAILLES DE LOUIS D'HALLUIN

GOUVERNEUR DE PICARDIE.

(*EXTRAIT D'UN ANCIEN MANUSCRIT 1.*)

L'ORDRE QUI A ÉTÉ TENU AUX OBSÈQUES ET FUNÉRAILLES DE FEU TRÈS-EXCELLENT CHEVALIER SANS REPROCHE, LOUIS D'HALLUIN, SEIGNEUR DE PIENNE, CONSEILLER CHAMBELLAN ORDINAIRE DU ROI, CHEVALIER DE SON ORDRE, LIEUTENANT-GÉNÉRAL ET GOUVERNEUR EN PICARDIE ; LEQUEL RENDIT SON AME A DIEU LE 12 DÉCEMBRE 1519 A 9 HEURES DU SOIR EN SON CHATEAU DE MAIGNELAY.

Et premier, en ladite nuit à une heure après minuit, fut faite la barbe du dit feu seigneur en son lit d'honneur paré richement d'un ciel et dossier de satin blanc tanné et semé de paillettes d'or en broderie, et les courtines de même.

Sur ledit lit fut mis le bon feu seigneur richement et honorablement vêtu d'un pourpoint de satin cramoisi, les chausses de fin lin blanc et les souliers

---

[1] Ce manuscrit appartient à M. le Curé de Maignelay en Santerre. La narration relative aux funérailles du duc d'Halluin a été récemment adressée à la *Société des Antiquaires de Picardie* par M. l'abbé Santerre, vicaire de la cathédrale de Beauvais.

de velours; un manteau de drap d'or frisé bordé de toile d'or en feuillage fait en broderie, une robe de velours cramoisi fourrée de fine martre zébeline, une toque noire, les gants aux mains, le grand ordre du roi au col, sous sa tête deux carreaux de drap noir frisé et sous ses pieds un carreau de velours cramoisi; à l'entour du lit quatre gros cierges brûlant, et au pied du lit la croix de la paroisse et le bénitier d'argent, et ainsi demeura le reste de la nuit, et tout le jour en suivant jusqu'à deux heures de la nuit où plusieurs gens de bien le vinrent voir en faisant à Dieu prières pour lui.

Le mardi fut célébré en l'église paroissiale de Maignelay vigiles, commandaces, trois hautes messes et vingt basses, et fut ordonné par père en Dieu monseigneur d'Amiens, fils dudit défunt, de continuer lesdits services jusqu'au jour de son enterrement, c'est à savoir lesdites vigiles, commandaces et trois hautes messes par les chanoines, vicaires et chapelains dudit feu seigneur de Maignelay après le service qu'ils ont accoutumé de faire du vivant dudit feu seigneur, et les messes basses par les cinq mendiants qui ont été mandés, comme Minimes, Cordeliers, Jacobins et Augustins d'Amiens et Carmes de Montreuil; de chaque ordre quatre prêtres et un novice qui célébrèrent chacun jour lesdites vingt messes à l'intention dudit feu seigneur, et demeuroient jour et nuit quatre à quatre autour du corps faisant prières et oraisons pour ledit défunt, en continuant jusqu'au samedi deuxième janvier en suivant que l'enterrement et le service se feroient en l'église dudit Maignelay.

Le mercredi à minuit, les médecins dudit feu seigneur et les chirurgiens l'embaumèrent, et après le mirent sur une table en ladite chambre, couvert d'un drap et la croix sur lui, où tout le jour il demeura et de plusieurs eut prières et oraisons, et fut ordonné jours et nuits quatre hommes d'église disant leur service auprès du corps et les quatre cierges toujours brûlants.

Le jeudi suivant, fut porté le corps fort révéremment par les quatre gentilshommes de sa maison, en la chapelle haute de l'église dudit Maignelay. En ce jour fut mis dans un cercueil de plomb et là demeura jusqu'au samedi, dernier jour de décembre, qu'il fut porté par lesdits gentilshommes en la chapelle de son château de Maignelay où lesdits mendiants ont fait le service qui leur a été ordonné comme dessus.

Ladite chapelle étoit tendue de drap noir, et autour du corps quatre gros cierges brulèrent durant tout le temps que le corps fut en la chapelle de l'église.

Les curé, chapelains et paroissiens de Montigny vinrent en procession chanter en ladite église de Maignelay vigiles, commandaces et trois hautes messes pour l'âme du feu bon seigneur; qui fut le jeudi 15 décembre.

Le vendredi en suivant, les curé, chapelains et paroissiens de Royaucourt vinrent en procession en ladite église de Maignelay et chantèrent les vigiles, commandaces et messes comme dessus. — Le samedi, vinrent les religieux de S^t.-Martin-au-Bois en procession, et firent un service, vigiles, commandaces et trois hautes messes comme dessus. — Le mardi, les curé et chapelains de Ferrières vinrent et firent vigiles, commandaces et trois hautes messes comme dessus. — Le mercredi, les curé et chapelains de Crévecœur firent le service comme dessus. — Le vendredi vinrent les curé et paroissiens de Dompierre qui firent un service comme dessus. — Après les fêtes de Noël, vinrent les curé et chapelains de Coivrel qui firent un service comme dessus. — Le samedi vinrent les curé et habitants de Roolo qui firent un service de trois hautes messes, vigiles et commandaces comme dessus. — Et dudit jour samedi fut apporté le corps en la chapelle du château, comme dessus est dit; laquelle était tendue en noir; la grande salle d'auprès pareillement, les tables, le buffet et la chambre d'auprès aussi pareillement tendus de drap noir; la table, le buffet et le lit, parce que c'étoit la chambre du deuil; les fenêtres étoient fermées, et sur le buffet deux flambeaux de cire allumés, et lesdites fenêtres n'ont point été ouvertes depuis le commencement des vigiles jusqu'au lendemain après les services.

L'église paroissiale de Maignelay avoit la ceinture par dedans et par dehors peinte de noir de la largeur assise au dessous des vitres; et au long de la lizière d'en bas desdites peintures, étoient les platelets où l'on mettoit les cierges de cire qui étoient de pied et demi en pied et demie, par dedans ladite église, jusqu'au nombre de quatre cent soixante quinze du poids de quartron et demie chacun, et au dessous lesdits cierges joignant la peinture étoit toute ladite église tendue de drap noir; le tour des piliers et du pupître ou jubé tendus de drap noir, et fournis de cierges à proportion de ladite église. Le grand autel richement paré d'un grand drap de velours noir et au milieu d'une croix de damas blanc, les parements par haut et par bas de drap d'or noir, la nappe de l'autel avec la serviette pour chanter l'Évangile et par terre devant ledit autel un drap noir.

Au chœur de ladite église étoient préparés plusieurs bancs tous couverts de drap noir où se mirent les gentils-hommes durant le service.

Au milieu du chœur étoit la représentation du corps de feue madame de Pienne, épouse dudit feu seigneur que Dieu absolve, couverte d'un grand drap de velours noir, une croix de satin blanc en travers, avec quatre gros cierges de cire brûlante autour.

En la nef de ladite église étoit un refend de bois et des bannières; depuis le portail jusqu'au refend tout étoit teint en noir; dedans ledit refend étoit une chapelle de cinq pieds de large et de neuf pieds de long, sous laquelle le corps fut mis, en laquelle il y avoit neuf croix doubles, sur chacune croix neuf cierges à cinq étages de cierges sur ladite chapelle qui étoient au nombre de deux cent cinquante cierges du poids d'un quartron et demi pièce; à l'entour de ladite chapelle y avoit par haut et par bas une largeur de velours tout autour, sur lequel velours étoient attachés les écussons timbrés aux armes dudit feu seigneur, et aux quatre coins d'icelle chapelle y avoit quatre gros cierges pesant quatre livres chacun où étoient fichés les écussons des quatre côtés, dont un a précédé ledit feu seigneur; chacun desdits cierges portant l'un desdits écussons.

Dans ledit refend il y avoit un banc du côté droit tout tendu de drap noir par haut et par bas, où s'assoioit le deuil, chacun son carreau noir; et du côté gauche étoit un autre banc couvert de drap noir pour les seigneurs qui menoient le deuil avec chacun leur carreau de même.

Devant ledit deuil, il y avoit un banc de travers couvert de drap noir où étoient les maîtres d'hôtel dudit feu seigneur au nombre de quatre, et audit côté gauche étoient les bancs des seigneurs qui portoient les quatre coins du drap de velours qui étoit sur le corps et au milieu la chaire du prédicateur couverte de noir.

A travers de ladite chapelle étoit un banc couvert de drap noir où étoient assis ceux qui portoient les offices, et aux deux côtés de ladite chapelle étoient deux bancs couverts de drap noir pour les porteurs du corps et au long du refend un banc pour les quatre valets de chambre.

Du côté du deuil et du côté des seigneurs meneurs du deuil, un banc pour les officiers de la terre de Maignelay et les médecins.

En la nef d'icelle étoient vingt-deux autels, le tour d'en bas et les parements d'en haut étoient de bouracan noir et au milieu une croix blanche de futaine.

Sur chacun autel deux cierges de cire chacun pesant trois quarterons, et au milieu un blason des armes dudit feu seigneur.

Sur le grand autel quatre cierges de cire blanche, deux de chacun deux livres et deux autres de chacun une livre, où étoient attachés aux deux grands les armes timbrées dudit défunt, et aux petits les blasons sans timbres.

Au portail de ladite église un drap noir et les blasons timbrés.

Le dimanche, premier jour de janvier, le corps dudit feu seigneur qui étoit en la chapelle du château fut couvert d'un grand drap de velours noir et une croix de satin blanc au travers, et sur un carreau de velours cramoisi violet l'ordre de St.-Michel que ledit défunt avoit porté comme chevalier de l'ordre du roi, et furent en ladite chapelle célébrées plusieurs messes par les mendians et les autres gens d'église.

Ce jour à quatre heures après midi, furent dites vigiles à basse voix par les mendians en la chapelle où étoit le corps et par monseigneur de Beauvais furent dites vigiles en la paroisse en son habit pontifical, les cierges d'autour le chœur seulement allumés et ceux du grand autel.

Le lundi deuxième jour de janvier au matin fut apporté le corps à la porte du château, laquelle étoit tendue de drap noir haut et bas, et de la paille semée devant ladite porte jusqu'à l'église et pareillement par toute l'église, et point en la chambre du deuil.

Ensuite l'ordre qui a été tenu du château à l'église à porter le corps pour plus grande révérence et dévotion considérée la distance du lieu:

Le deuxième jour de janvier 1520 premièrement furent allumées cent torches, chacune pesant deux livres garnies de blason, dont soixante-seize furent assises au partir du château jusqu'à l'église en deux côtés par compas et mesure, c'est à savoir la moitié du côté des fossés, et l'autre du côté de la basse cour, qui ne bougèrent de leur place jusqu'à ce que tout le deuil fut dans l'église, et après furent dans la nef et dans l'église, moitié d'un côté et moitié de l'autre, et fut donné à chacun porteur trois sols et ses dépens; et les autres vingt-quatre torches furent portées par vingt-quatre hommes pauvres auxquels fut donné chacun une robe et chaperon de drap noir, lesquels marchoient douze d'un côté et douze de l'autre à l'entour du corps, leur chaperon en tête, revêtus de leur robe de deuil.

Après lesdites soixante-seize torches marchoient les mendians avec chacun leurs croix.

Les Minimes deux à deux de rang et la croix par le milieu d'eux.

Après marchoient les Cordeliers et les Jacobins en l'ordre que dessus.

Après marchoient les gens d'église des paroisses d'autour de Maignelay avec leurs croix et chacun en leur ordre à savoir : Ferrières, Tricot, Ravenel, Godinvillers, Royaucourt et Montigny.

Après marchoient les serviteurs dudit seigneur deux à deux, vêtus de deuil, les chaperons à la gorge, l'un d'un côté et l'autre de l'autre.

Par le milieu marchoit monseigneur de Beauvais en son pontifical, la mitre blanche en la tête et la crosse devant lui.

Après marchoient les quatre maîtres d'hôtel, chacun le bâton noir à la main, deux à deux, le chaperon en la tête et suivoient le prélat jusques dans l'église.

Item par le milieu desdits maîtres d'hôtel passoient les mendians deux à deux rangés à deux côtés, depuis le portail de l'église jusqu'au pont du château.

Après marchoient les officiers le chaperon en tête l'un après l'autre. Le guidon porté par Monseigneur de Reniscourt, l'enseigne portée par Monsieur d'Ais, les éperons par Monsieur de Trelon, les gantelets par Monsieur de Rabaudenge, le heaume par Monsieur de la Tour, l'écu double par le bâtard d'Halluin, l'épée par Monsieur Duplessis, la bannerolle par Monsieur de Guillain, la bannière par Monsieur de Vuelly, la cotte d'armes par Monsieur Courteville, l'ordre de St.-Michel sur un carreau de velours cramoisi par le bâtard de Pienne, lequel le prit sur le corps, et le porta en l'ordre que dessus depuis le château jusqu'à l'église où il fut mis dans la fosse.

Après fut pris le corps par les gentilshommes ordonnés à le porter lesquels marchoient avec ledit corps et à l'entour les quatre valets de chambre et au milieu d'eux les deux médecins tous en robe de deuil et chaperon en tête.

Les seigneurs qui portoient les quatre coins du drap, Messieurs de Bernieux, de Hames, de Hemeviller et de Vassenac.

Après marchoient le grand deuil et les meneurs l'un après l'autre en l'ordre qui suit :

Premier Monseigneur d'Amiens, mené par le maître d'hôtel de Monsieur de Vendôme représentant ledit Monsieur; Monsieur Delbecq par Monseigneur de Noyon; Monsieur de Buguenoy par Monseigneur de Beauvais; Monsieur de Vuelly par Monseigneur de Soissons; Monsieur de Rambures par le comte de Nelle; Philippe de Huqueville par Monsieur de Mouy.

Après ledit deuil marchoient les abbés de St.-Josse, de St.-Martin-au-Bois et de St.-Just.

Après marchoient les chevaliers, capitaines et gentilshommes de Picardie au nombre de deux à trois cents et de six cents chevaux.

Et quand ladite compagnie eut ainsi marché jusqu'à l'église nul ne prit sa place jusqu'à ce qu'il fut dit par le capitaine de Montdidier et le seigneur de Châtillon, maître des cérémonies.

Le service du jour et office fut fait :

La première messe par Monseigneur de Soissons, la seconde par Monseigneur de Noyon et la troisième par Monseigneur de Beauvais, où le deuil vint en ordre que dessus.

Les offices de diacre et de sous-diacre par messieurs les abbés de St-Josse et de St-Just.

A l'offrande après que le diacre et le sous-diacre eurent baisé les doigts du prélat, partirent les maîtres d'hôtel de leurs places, le premier fit une révérence bien basse au deuil, le bâton noir en la main, puis s'en alla devant le prélat qui fesoit l'office auquel il fit une pareille révérence sans baiser l'offrande, et le prélat lui donna sa bénédiction, puis s'en revint en sa place; son bâton à la main.

Après partit le second maître d'hôtel qui fit le semblable; après le troisième et le quatrième aussi.

Après marchoient les officiers par ordre comme ils étoient venus à l'église et firent pareilles révérences au deuil et au prélat, leurs offices en leurs mains, sans baiser l'offrande et s'en retournèrent à leurs places jusqu'à la fin du service et attendirent l'un après l'autre à partir que chacun d'eux en son ordre fut revenu en sa place.

Après lesdits officiers, un des maîtres des cérémonies fit une révérence bien basse au premier grand deuil, une chandelle de cire vierge d'une livre en la main brûlant à laquelle il avoit fiché par le milieu un écu-soleil, puis fit au premier meneur une pareille révérence, lequel meneur partit de sa place et vint prendre le premier deuil en sa place et le mena jusqu'au prélat officiant, les maîtres des cérémonies derrière eux avec lesdits cierges et après que le premier grand deuil eut baisé l'offrande, lesdits maîtres des cérémonies baillèrent icelle chandelle audit deuil qui la bailla au chapelain du prélat à ce député et lui demeura; puis s'en retournèrent lesdits deuil et meneurs en leur siége icelui deuil ramené.

Après vint prendre le maître des cérémonies une autre chandelle pareille à l'autre, et un écu fiché comme dessus, puis vint faire une révérence bien basse au second deuil, plus à son meneur, lequel meneur partit de sa place et vint quérir ledit second deuil, et le mena à l'offrande comme dessus, et lui de retour on les conduisit chacun en sa place; ensuite le maître des cérémonies vint quérir les autres du grand deuil chacun en leur ordre, qui firent chacun comme les sus-nommés.

Après que les six du grand deuil eurent offert, le provincial des Cordeliers vint faire son sermon fort dévot et pitoyable à émouvoir les cœurs du peuple de prier Dieu pour l'âme dudit défunt seigneur de Pienne.

Item après le *requiescat in pace* de ladite messe, les quatre maîtres d'hôtel, deux à deux avec leurs bâtons, marchoient après lesdits maîtres des cérémonies autour de la fosse; après, les offices chacun en leur ordre; après, le corps qui étoit porté par lesdits gentilshommes et en pareil ordre qu'il avoit été porté à l'église.

Après, marchoit le deuil avec les meneurs et le prélat. Dès que le corps fut dans la fosse, le premier maître d'hôtel jeta son bâton dedans ladite fosse; le deuxième, le troisième et le quatrième semblablement et prirent chacun de l'eau bénite et la jetèrent sur ladite fosse; après, le porteur de guidon mit son guidon sur ladite fosse en travers, prit de l'eau bénite et la jeta dessus.

Après, le porteur d'enseigne fit le semblable et ainsi des autres; après, l'ordre de la croix fut mis en l'étui et ne fut plus porté.

Après, ledit grand deuil fit une grande révérence bien bas, prit de l'eau bénite et la jeta sur la fosse.

Après, en tel ordre que l'on étoit venu en l'église chacun s'en retourna au château suivant la croix de la paroisse et l'eau bénite, c'est à savoir :

Les Minimes les premiers; après, les Cordeliers, les Jacobins, les Augustins, les Carmes, les sept paroisses, les prélats, les quatre maîtres d'hôtel sans bâtons, les porteurs d'offices sans rien rapporter et un à un comme ils étoient allés.

Après, les porteurs du corps, les valets de chambre et les deux médecins.

Après, le deuil un à un avec les meneurs.

Après, les chevaliers, capitaines et autres gentilshommes.

Puis chacun se retira aux salles préparées pour le diner qui fut fait aux dépens dudit feu seigneur, lequel diner fut ordonné par les maîtres d'hôtel qui fut comme il en suit :

Premier, quatre salles, quatre cuisines. — La première salle tendue de deuil, pour les prélats, le deuil, les chevaliers et capitaines, servis à une table de dix plats, et tout de la première cuisine. — La deuxième salle pour les seigneurs gentilshommes, une table de seize plats, servie de la deuxième cuisine. — La troisième salle pour les dames et demoiselles; deux tables de sept plats chacune servies de la troisième cuisine. — La quatrième table pour les gens d'église, justiciers, officiers, en trois tables de dix plats chacune servies de la quatrième cuisine; et à chacune table trois maîtres d'hôtel et des aides, deux cuisiniers et des aides, deux sommeliers et des aides à servir les vaisselles de cuisine et de buffet, et sans empêchement les uns des autres.

Pour le coucher desdits seigneurs, les maîtres d'hôtel avoient chacun leur quartier dans le château pour les faire servir par leurs officiers, pourquoi il n'y eut nulle confusion en cela, ni en toutes les autres choses susdites.

Tous ceux qui vinrent aux service et enterrement dudit feu seigneur ont été défrayés de tout; la maison ouverte; tous ceux qui demandoient viande crue et cuite, pain, vin et autres vivres n'étoient pas refusés.

Et après le diner qui fut fait à loisir et bien servi furent dites grâces par Monseigneur de Beauvais. — Après, plusieurs chevaliers et seigneurs s'en retournèrent chacun en leur logis. — Chaque homme d'église qui dit messe ce jour là pour ledit feu seigneur eut chacun cinq sols qui furent au nombre de six cent vingt deux messes en ce jour. — Fut faite une aumône générale de pain et d'argent qui monta à treize muids de bled, et neuf vingt livres d'argent, et à chacun pauvre fut donné six deniers et un pain de deux deniers tournois, qui ont été au nombre de six mille pauvres. — Après a été ordonné un annuel service solennel, vigiles, commandaces et haute messe à diacre et sous-diacre chantées en l'église de Maignelay, et deux basses messes par chacune semaine fondées à toujours à l'intention dudit feu seigneur et de madame de Pienne sa compagne.

Ainsi sont finis les jours et funérailles du bon chevalier sans reproches le seigneur de Pienne et de Maignelay auquel Dieu fasse merci et pardon.

Amen.

CHRONIQUES ARTÉSIENNES.

 n fait historique qui ne sera jamais éclairci, et qui longuement débattu a fourni une ample matière aux explications les plus diverses, est assurément la mort du comte de Vermandois, amiral de France, fils naturel de Louis XIV et de Madame de la Baume de la Vallière, enterré à Arras en 1683.

Quelques historiens et des mémoires secrets ont assuré que ce malheureux prince fut le prisonnier qui a tant et si long-temps occupé les esprits à cause du masque de fer qu'il dut supporter pendant sa captivité, et dont la mort annoncée comme ayant eu lieu à Courtrai, par suite de blessures qu'il aurait reçues au siége de cette ville en 1683, n'aurait été que feinte ; évènement politique que quelques écrivains ont expliqué en supposant que ce prince aurait donné un soufflet à M.gr le dauphin, ce qui fut considéré alors comme un si grand attentat qu'il fut arrêté, enfermé à Pignerol, puis transféré aux îles Sainte-Marguerite, dont Louvois, qui l'avait été voir en 1698, le fit extraire pour le mettre à la Bastille où il mourut en 1703.

L'auteur des *Mémoires de Perse*, imprimés en 1749, et d'autres historiens ont adopté cette explication qui a fourni le sujet d'une multitude d'ouvrages fort répandus.

Sans examiner ici cette question, nous nous contenterons de faire observer qu'à l'époque de la mort de ce prince, l'idée d'une supercherie n'était venue à personne et que l'invention des explications adoptées a été bien postérieure à cet évènement. On doit donc y ajouter peu de foi et d'ailleurs, outre l'extrême difficulté d'exécuter à Courtrai cette supercherie, peut-on raisonnablement admettre que Louis XIV qui, pendant toute la durée de son règne, témoigna un si grand respect pour tout ce qui tenait à la religion eût ordonné ou permis qu'on abusât des cérémonies sacrées pour tromper le public? « Comment a-t-on » pu imprimer une pareille fable, disait un homme d'es- » prit. Le dauphin avait alors 22 ans; on ne donne des » soufflets à un dauphin à aucun âge, et c'est en don- » ner un terrible au bon sens que de publier de pareils » contes. » Il est difficile aussi de se persuader qu'on eût osé faire l'éloge du comte de Vermandois dans son épitaphe et vanter en lui la maturité du jugement, s'il était vrai que sa mauvaise conduite et ses emportements l'eussent fait enfermer pour le reste de ses jours.

Quoiqu'il en soit de la mort vraie ou feinte de ce prince, ses funérailles ayant eu lieu à Arras, nous croyons intéresser nos lecteurs en leur retraçant le détail des cérémonies qui eurent lieu à cette occasion.

Le 19 [1] novembre 1683, Louis xiv écrivit au chapitre d'Arras la lettre suivante ; nous la reproduisons telle qu'elle se trouve transcrite dans les registres capitulaires :

« Très-chers et bien aimés : ayant appris avec un très-
» sensible déplaisir que nostre très-cher et très-amé fils,
» le duc de Vermandois, amiral de France, est décédé
» depuis peu en la ville de Courtray, en Flandre, et dé-
» sirant qu'il soit mis dans l'église cathédrale de notre ville
» d'Arras, nous mandons au sieur évêque d'Arras de re-
» cevoir le corps de nostre dit fils lorsqu'il sera porté dans
» la dite église, et de le faire inhumer dans le chœur de
» la dite église avec les cérémonies qui s'observent dans
» l'enterrement des personnes de sa naissance.

» Ce que nous avons bien voulu vous faire savoir par
» cette lettre et vous dire que notre intention est que
» ayez à vous conformer à ce qui est en cela de notre vo-
» lonté, et assister en corps à cette cérémonie ainsi qu'il
» est d'usage en pareille occasion ; et nous assurant que
» vous y satisferez nous ne vous faisons la présente plus
» longue ni plus expresse ; n'y faites donc faute : car tel
» est notre plaisir. Donné à Versailles le xix novembre
» 1683. Signé : Louis ; et plus bas : Le Tellier. »

Suivant les registres de l'hôtel-de-ville et ceux du chapitre, les maïeur et échevins ayant à la main des flambeaux de cire blanche sortirent le 24 novembre par la porte de Méaulens, pour aller attendre le corps du comte de Vermandois à cinquante pas de la contrescarpe où se

---

[1] Nous pensons qu'il y a erreur dans cette date, et que l'on doit lire le 21. Sur les registres capitulaires cette date était exprimée en chiffres romains, et l'on suppose qu'un copiste maladroit aura interverti l'ordre des lettres et aura mis xix au lieu de xxi. La concordance des époques et les expressions même de la lettre du roi l'indiquent suffisamment.

trouvaient aussi les gouverneurs de la ville et de la citadelle, les autres officiers de l'état-major, le clergé des paroisses et les religieux des ordres mendiants. Le corps arriva de Lens vers midi et fut reçu au bruit du canon et au son des cloches. Les restes du prince étaient dans un carrosse drapé, escorté par toute la cavalerie de la garnison qui avait été assez loin à sa rencontre. L'infanterie était en haie depuis l'entrée de la ville jusqu'à la cathédrale. L'évêque en habits pontificaux et tout le chapitre s'étaient rendus processionnellement à la porte du cloître où ils reçurent le corps qui fut porté à l'église par des chanoines, tandis que d'autres chanoines soutenaient les quatre coins du poêle; ensuite marchaient les officiers du Conseil d'Artois, ceux de la Gouvernance ou du bailliage et tous les autres dignitaires.

Après qu'on eut fait dans le chœur les prières ordinaires, le cercueil fut déposé dans la chapelle de St.-Vaast où il resta jusqu'au samedi 27, jour fixé pour le service et l'enterrement. Outre les messes qui, durant ce délai, se succédèrent sans interruption dans la chapelle depuis six heures jusqu'à midi, les chanoines y étaient tour à tour en oraison pendant le jour et les chapelains pendant la nuit. Le régiment du Roi gardait les portes de l'église. Le chapitre après avoir conféré avec l'évêque et le marquis de Montchevreuil, gouverneur du feu comte de Vermandois, et réglé tout ce qui avait rapport aux funérailles de ce prince, résolut de l'inhumer au milieu du chœur, près de l'ange, *ad angelum*, cette place ayant été regardée comme la plus distinguée qu'on pût choisir. Elle parut convenir d'autant mieux qu'elle avait servi à la sépulture d'Élisabeth de Vermandois, femme de Philippe d'Alsace comte de Flandre, laquelle descendait en ligne di-

recte d'Henri 1.er roi de France. Son tombeau découvert fortuitement en l'an 1600, à l'occasion d'une fosse que l'on creusait pour l'évêque Mathieu Moulart, fut connu par cette inscription qu'on trouva sur une lame de cuivre, parmi les cendres de la princesse : « Anno domini
» m.c.l.xxxii. vi° kalendas, aprilis, obiit Elisabetha,
» Flandr. et Veromand. comitissa uxor Philippi Flandr.
» comitis filia vero Radulphi comites Veromand. in pre-
» senti sepulchro requiescit. »

L'on a dit sans fondement que Louis XIV avait lui-même désigné pour le tombeau de son fils celui de la comtesse de Flandre, Élisabeth ; la lettre même de ce monarque, que nous avons rapportée, prouve de reste que c'est une erreur puisqu'elle exprime seulement la volonté du roi relative au chœur. Louis XIV et ses ministres ignoraient probablement qu'Élisabeth y eût été enterrée. On voit d'ailleurs que ce fut le chapitre qui, de concert avec le gouverneur du jeune prince, fixa le choix de cet emplacement. Le chœur et la nef furent entièrement tendus de noir, avec des bandes de velours chargées d'écussons d'argent aux armes du prince. L'évêque officia au service qui fut chanté en musique avec la pompe la plus magnifique ; tous les corps y assistèrent en grand deuil. On lit dans un manuscrit du temps : « que le marquis de
« Montchevreuil, les quatre gentils-hommes du feu prince,
» et tous les gens de suite paraissaient profondément af-
» fligés et témoignaient vivement les regrets que leur
» causait sa mort. »

En vertu des ordres du roi, M. de Chauvelin, intendant de la province, passa le 24 janvier 1684 avec quatre commissaires du chapitre un acte devant notaire pour la fondation perpétuelle d'un service anniversaire.

Cet acte portait : « qu'informé des témoignages publics
» de zèle qu'a donnés le chapitre, tant par la pompe
» des obsèques du *duc* de Vermandois, décédé à Cour-
» tray le 18 novembre précédent, que par le choix du
» lieu de la sépulture, dont Sa Majesté a été très satis-
» faite, » désirant donner des preuves de son affection
pour ce prince, et voulant que les chanoines et leurs successeurs puissent continuer à jamais leurs prières pour le
repos de son âme, le roi a résolu de leur procurer les
moyens d'y subvenir. En conséquence il était stipulé :
« que les prélat, doyen et chanoines diraient tous les
» jours, chacun à son tour et pendant l'année de l'inhu-
» mation, une messe basse de requiem dans la chapelle
» ardente préparée et tendue de deuil à cet effet; que
» le 18 novembre de chaque année ou autre jour pro-
» chain, en cas d'empêchement, il serait célébré à per-
» pétuité dans leur église un service solennel précédé
» de vigiles à neuf psaumes et neuf leçons : que le cha-
» pitre ferait distribuer annuellement à 50 pauvres qui
» devront assister à ces offices cinq sols chacun et un
» pain de huit livres; qu'il serait aussi donné tous les
» ans par le chapitre, le jour du service, une somme
» de dix livres aux pauvres Clairisses de la cité d'Arras,
» afin que leur communauté prie pour le salut du comte
» de Vermandois. On ajoute que toutes les cloches seront
» sonnées le jour et la veille comme il est d'usage aux
» obits des évêques : que l'autel sera décoré d'une ma-
» nière funèbre et avec les ornemens des trépassés ou
» ceux que S. M. donnera à l'église, si elle le juge à
» propos, etc... »

M. de Chauvelin promit ensuite au nom du roi de faire
payer au chapitre, avant le 18 novembre 1684, la somme

de 10,000 livres pour être employée à l'acquisition d'un fonds de terre, de concert avec le procureur-général du Conseil d'Artois qui serait présent au contrat.

Cette somme, à laquelle a été joint un supplément de fonds fourni par le chapitre, a servi à acquérir une ferme au village de la Contaie, près Béthune, appelée la ferme du Grand-Rault et depuis désignée sous le nom de *Ferme du Vermandois*. Par lettres-patentes du mois de février 1687, enregistrées au Conseil d'Artois, le roi fit remise au chapitre de tous droits seigneuriaux ou autres qui pouvaient être dus pour l'acquisition de ce domaine qui était seigneurial et relevait directement du roi.

Louis XIV fit présent à cette occasion à la cathédrale d'Arras, au mois de mars 1684, d'un ornement noir complet fort riche avec un poêle et un dais, le tout chargé de 38 cartouches en broderie d'or et d'argent, aux armes du feu comte de Vermandois.

Avant la Révolution, l'obit s'acquittait chaque année conformément à l'acte de fondation, et les aumônes prescrites se distribuaient. Les pauvres filles de Ste.-Agnès (orphelines) percevaient celles de 5 sols et des pains de 8 livres.

Le service se faisait ordinairement le 25 novembre et les magistrats et officiers municipaux y assistaient, ainsi que le lieutenant du roi qui était spécialement chargé d'en constater l'exécution.

Tels sont les détails relatifs à la sépulture du comte de Vermandois ; nous les avons puisés dans des manuscrits renfermant des extraits des registres capitulaires.

Toutes ces circonstances peuvent d'ailleurs détruire les systèmes bizarres accrédités à l'occasion de la mort du prince dont nous venons de parler.

LE BARON DE HAUTECLOCQUE, ancien maire d'Arras.

AVIS DU PÈRE DAIRE
A LA NOBLESSE DE PICARDIE.

D'après le dépouillement général des archives dans l'étendue du bailliage d'Amiens on se trouve naturellement plus en état que personne de donner des éclaircissemens souvent utiles tant à la noblesse qu'à la roture. On cède même aux vives sollicitations de plusieurs gentilshommes qui désireroient un nouveau nobiliaire de la province.

En effet, le chanoine La Morlière n'a traité que les familles principales et avec autant de confusion que d'obscurité. Haudiquez de Blancourt passe depuis longtemps pour ne s'être pas attaché à la vérité; le sieur Devillers de Rousseville a gratuitement annobli des personnes qui ne s'y attendoient pas; on voudroit tacher de faire mieux.

Pour y parvenir, on a indispensablement besoin du concours de la noblesse. Elle est priée de fournir une généalogie suivie depuis son origine jusqu'au aujourd'huy.

M.rs les curés et les seigneurs dans l'étendue seule du diocèse sont également priéz.....

(La copie s'arrête ici. *Manuscrits de la Bibliothèque Publique d'Amiens.*)

A MESSIEURS
LES MAYEUR ET ESCHEVINS
DE LA VILLE DE PÉRONNE.

M.M. J'ay tout à ceste heure eu nouvelles que la royne[1] est grosse d'enffant... dont vous vœulx bien advertir, sachant que en serez tres joeulz. Desquelles nouvelles devons tous louer Dieu, par quoy vous prie que faictes faire proucession generalle et que faites aussy faire les feuz de joye. Je escriptz aux doyen et chappitre de l'eglise St-Foursi de ainsi le faire, et sur ce je vous dis a Dieu Mess. qui vous ayt en la saincte garde.

Abbeville, le dernier jour de juingt 1507.

Le tout votre   De la Grutuse[2].

(*Archives de l'hôtel-de-ville de Péronne*, fol. 172. v.º Communiqué par M. de La Fons, baron de Mélicocq.)

[1] Anne de Bretagne, femme du roi Louis XII.

[2] Louis de Bruges la Gruthuse, lieutenant-général pour le Roi dans le gouvernement de Picardie.

AVIS AUX NATURALISTES

ET AUX ANTIQUAIRES

DE LA PROVINCE DE PICARDIE.

(Manuscrits de dom Grenier *à la Bibliothèque Royale.)*

Les bénédictins de la congrégation de Saint-Maur, occupés sérieusement sous les auspices de M. Bertin, ministre et secrétaire-d'État, de l'histoire de Picardie, ou pour parler plus clairement de la partie de la Seconde Belgique habitée par les peuples connus des Romains sous les noms d'*Ambiani, Bellovaci, Morini, Suessiones, Silvanectes, Viromandui*, etc., auroient besoin dans le moment présent des connaissances suivantes :

POUR L'HISTOIRE NATURELLE.

1.° Les productions de chaque canton non seulement en grains de toute espèce mais aussi en plantes rares.

2.° Les mines d'or, d'argent, de cuivre, de fer, de vif-argent ou mercure, de cinnabre, de sel, de charbon de terre et autres minéraux.

3.° Les carrières de pierre, d'ardoise, de marbre; la nature et la qualité de ces productions.

4.° Les terres propres aux engrais, à la fayance, à la porceleine, à la peinture.

5.° Les pétrifications, les crystallisations, les congellations, les cailloux, les coquillages.

6.° Les eaux minérales et pétrifiantes.

7.° Les fontaines intermittentes, etc.

POUR LES ANTIQUITÉS GAULOISES ET ROMAINES.

1.° Les restes d'anciennes bâtisses, soit enceinte de ville, soit temple, soit maison; la nature des matériaux employés; la forme extérieure et intérieure des bâtimens.

2.° Les ruines d'amphithéâtres, d'arènes, de bains particuliers ou publics, d'aqueducs.

3.° Les voies romaines appelées plus communément dans la Picardie *Chaussées de Brunehaud;* leur ancienne direction en traversant cette province, les changemens qui y ont été faits; si elles sont formées de divers lits de pierre, de cailloux et de sable, ou seulement de pierrettes que Vitruve appelle *Gla-*

reola et Bergier *Arène;* leur largeur et leur épaisseur; leur proximité de quelques camps romains assez fréquens en Picardie.

4.° Les vestiges de ces camps, leurs positions, leur forme et leur étendue.

5.° Les tombeaux. On en voit de plusieurs sortes dans cette province; les uns sont élevés hors de terre et ont la forme d'un pain de sucre; on les appelle *Tombelle* en certains cantons de la province et *Motte* en d'autres. Les autres sont de pierre dure et enterrés; les autres enfin sont pratiqués dans la terre ou taillés dans le roc. Il faut examiner avec bien de l'attention ces derniers tombeaux; on y trouve des armes, des lampes, des bouteilles de verre, des fioles nommées improprement *Lacrymales*, des assiettes, des armures, des brasselets, des médailles, quelquefois même des figures de divinités que l'on appelle *Amulettes*. Ces tombeaux deviennent plus précieux encore quand on en peut découvrir l'inscription.

6.° Les médailles gauloises et romaines qui sont très-communes dans la province; le lieu où la découverte a été faite.

7.° Les endroits où l'on peut apercevoir des vestiges de poterie et de briqueterie romaines. Ces débris de pots, d'assiettes, d'urnes, de briques, de tuiles surtout, que l'on distingue par leur largeur, leur épaisseur et leur rebord, telles que l'on en trouve dans les environs de Soissons, de Breteuil, etc. annoncent aussi que ces lieux ont été habités par les Romains.

8.° Les Druides faisoient leur séjour ordinaire dans les forêts. La tradition n'auroit-elle pas transmis jusqu'à nous la connaissance de quelques endroits de la Picardie habités par ces dépositaires du sacerdoce et des lois?

9.° Une de leurs principales cérémonies consistoit à aller, le premier jour de l'an, cueillir le gui de chêne. Il paroit que ce cri usité dans notre province *Au-gui-l'an-neuf* ou par corruption *Aguilanneuf, Aguilleneu, Aguilloneu, Guilenleu, Haguirenleu*, etc., pour annoncer la nouvelle année, est un reste de cette ancienne solennité. Quels sont les lieux où ce cri est défiguré? N'y a-t-il point d'autre manière de le rendre?

10.° La fête des Brandons est encore une de ces pratiques superstitieuses dont les traces ne se sont point effacées absolument dans la province malgré le zèle des pasteurs; on les aperçoit non seulement dans les anciennes dénominations de *Brandons*, de *Bures*, de *Behoudic*, données au premier dimanche de carême, mais aussi dans l'usage où sont en ce jour les jeunes gens de la campagne de danser en rond autour des arbres, de courir dans les rues, dans les champs, avec des torches de pailles allumées, et dans d'autres divertissemens de cette espèce, vrais restes des bacchanales.

Nous prions ceux qui voudront bien avoir la bonté de nous instruire de ces usages conservés dans leurs cantons de ne rien omettre des circonstances; et par rapport aux découvertes d'antiquités de donner un détail de chacune, d'y joindre les conjectures qu'ils auroient pu former et de nous indiquer les personnes qui en auroient en leur possession. Nous les supplions aussi de vouloir bien adresser leurs paquets par la poste, au défaut de commodités moins onéreuses, à dom Grenier, bénédictin de l'abbaye de Saint-Germain-des-Prés, à Paris.

Nous nous ferons un devoir de rendre à chacun le tribut de reconnaissance que son travail pourra mériter.

Vu et approuvé par nous, supérieur-général de la congrégation de S. Maur et président-né du Bureau de Littérature, en l'abbaye de Saint-Germain-des-Prés, ce 27 mars 1767.

Fr. Pierre-François Boudier, supérieur-général.

ANCIENNES ÉPITAPHES

EN LANGUE PICARDE

RECUEILLIES DANS LA VILLE D'AMIENS.

(*Manuscrits de* dom Grenier, *à la Bibliothèque Royale.*)

Chy gist Simon Croquet,
En son vivant capon croquoit,
Et si capon il n'eust croqué
La mort ne l'auroit pas croqué.

ÉPITAPHE D'UN PÈRE QUÊTEUR DES CORDELIERS D'AMIENS
PLACÉE DANS LEUR ÉGLISE.

Cy gist entre les deux pilliers
Le franc questeur des Cordeliers
Qui, combien qu'il soit trépassé,
Ne cesse de rompre la teste
Aux passans, faisant la queste
D'un *Requiescat in pace.*

Cy gist Colin et seu varlet
Tou dy armé, tou dy tout prest.
Chetoit cun brave a cheulle bataille
Quant avint alle quemise de maille
Il fut tapé et se tapa.
Il fut tué et se tué.
Il fut tué d'un Bourguignon
Qui estoit bien maois garchon;
D'une maoise epée erouillée
Il eut la chervelle epeutrée.
Si or volés sçavoir le saisons
L'an mil chon chen et un quarteron.

COMPTE RENDU PAR DOM GRENIER
DE SON VOYAGE DIPLOMATIQUE
EN PICARDIE ET EN ARTOIS.

> « Je voudrais voir revivre la congrégation de Saint-Maur et de Saint-Vannes dans l'abbatial de Saint-Denis, à l'ombre de l'église de Dagobert, auprès de ces tombeaux dont les cendres ont été jetées au vent au moment où l'on dispersait la poussière du Trésor des Chartes. »
> (M. DE CHATEAUBRIAND.)

Dom Grenier, né à Corbie, moine de l'abbaye de Saint-Germain-des-Prés, nous a laissé de nombreux manuscrits sur les pays de Picardie et d'Artois. Ces documents sont déposés à la Bibliothèque Royale et offrent une source presque inépuisable aux antiquaires, aux numismates, aux amis de l'art héraldique, à tous ceux en un mot qui aiment à recueillir les souvenirs historiques des deux provinces. Dom Grenier associa à ses explorations le célèbre dom Caffiaux et plusieurs moines de Saint-Germain-des-Prés. Nous devons à leurs communs efforts la riche collection de chartes, diplômes, mémoires, chroniques, notes de toutes sortes qui composent le *fonds de dom Grenier*.

Les voyages du savant bénédictin furent fréquents en Picardie et en Artois. Il visita les archives des abbayes, celles des cathédrales, des châteaux et des hôtels-de-ville. Presque tous les cartulaires des chapitres, les vieux chartriers des monastères, les généalogies conservées dans les gothiques manoirs furent livrés aux flammes dans les mauvais jours de la Révolution ; mais dom Grenier et ses patients collaborateurs, semblant prévoir l'orage qui bientôt devait tout emporter, avaient pris des copies ou de nombreux extraits de ces poudreux documents que les moines et les clercs écrivaient sur le velin dans les siècles du moyen-âge.

Les rapports faits par dom Grenier pour établir les résultats de ses explorations étaient lus dans un comité historique présidé par le garde des sceaux et dont faisaient partie MM. le marquis de Paulmy et Bertin, anciens ministres et secrétaires-d'État ; Moreau, historiographe de France ; le savant de Bréquigny, de l'académie des Inscriptions et Belles-Lettres ; de doms Clément, Labat, Poirier, Turpin et Lieble, bénédictins de la congrégation de Saint-Maur.

Voici quelques-uns des rapports lus par dom Grenier au comité historique :

SÉANCE DU 6 DÉCEMBRE 1780.

Avant que j'aie l'honneur de rendre compte à Monseigneur le garde des sceaux et à l'assemblée des observations que j'ai pu faire sur les dix-huit chartes du dépôt royal qui m'ont été envoiées par ordre de Monseigneur, le 20 novembre, qu'il me soit permis de faire un exposé succinct du travail diplomatique que j'ai fait dans la province de Picardie depuis le mois de juillet jusqu'au mois de novembre inclusivement.

Arrivé à Noyon sous les auspices de Monseigneur, et accueilli favorablement par messieurs du chapitre de l'église cathédrale, j'ai dépouillé leurs archives presque en entier ; deux personnes occupées actuellement à mettre en ordre le chartrier qui en avoit grand besoin m'ont secondé dans ce travail. Je dis l'avoir dépouillé presque en entier, les fraîcheurs de la fin du mois de septembre ne m'ayant pas permis de tenir dans un local humide et mal sain. Il me reste peu de layettes à parcourir. C'est l'affaire d'une quinzaine de jours au plus.

Les archives de l'église de Noyon m'ont fourni très peu de chartes du x.ᵉ siècle, neuf du xi.ᵉ, quarante-deux du xii.ᵉ, davantage pour le xiii.ᵉ Je n'ai recueilli, pour les siècles suivants, que ce que j'ai jugé pouvoir intéresser l'histoire et le droit public.

De là j'ai passé aux archives de Saint-Jean-des-Vignes de Soissons, abbaye particulière de chanoines réguliers de l'ordre de Saint-Augustin. J'ai suspendu ce travail pour profiter de la communication d'un cartulaire de l'abbaye de Saint-Bertin à Saint-Omer que M. Mercier, célèbre bibliographe, abbé de Saint-Léger de Soissons, entre les mains duquel il était tombé par hazard, a bien voulu m'en donner.

J'ai fini à Laon, soit sur les titres de Mgr l'évêque soit sur ceux de l'abbaye de Saint-Vincent, le travail de cette année. J'aurai l'honneur d'observer que ces deux chartriers, ainsi que celui de Saint-Jean-des-Vignes de Soissons, ne sont pas entièrement dépouillés et ne pourront l'être que l'année prochaine.

Ces dépôts et le cartulaire de Saint-Bertin m'ont procuré plusieurs chartes de nos rois, grand nombre de chartes d'évêques, d'abbés, de comtes, savoir comtes de Vermandois, comtes de Soissons; des vidames de Laon et autres seigneurs titrés; sans parler de plusieurs lettres de papes qui ne sont imprimées ni dans le cinquième volume des écrivains de l'histoire de France de Du Chesne, ni dans le tome second du Thrésor des anecdotes de D. Martenne, qui renferme la collection des lettres des papes Urbain IV, Clément IV, Jean XXII, Innocent IV et autres, ni dans les portefeuilles de D. Ursin Durant qui sont, je crois, entre les mains de D. Labat.

Le total de la collection que j'ai l'honneur de présenter à Monseigneur le garde des sceaux monte à deux cents pièces copiées sur les originaux ou, à leur défaut, sur des cartulaires des XIe, XIIe et XIIIe siècles. Chacune de ces pièces est accompagnée de notes historiques et géographiques que j'ai faites sur les lieux.

J'en attends une pareille quantité de l'associé que j'ai à Senlis, M. Afforti, chanoine-doyen de Saint-Rieul, qui a servi utilement le *Gallia Christiana*, qui travaille encore à l'âge de 75 ans à enrichir le dépôt avec la même ardeur qu'il y a dix ans. Un coopérateur aussi zélé ne mériteroit-il pas quelque droit aux bontés de Monseigneur et avoir un sort plus avantageux que celui qui lui a été fait jusqu'ici ?

Les deux collections dont je viens d'avoir l'honneur de parler augmenteront donc le dépôt du Roi de 400 chartes qui, tous frais faits, ne reviennent qu'à cent pistoles.

SÉANCE DU 17 JANVIER 1782.

J'aurai l'honneur, Monseigneur, s'il veut bien l'avoir pour agréable, de lui rendre compte et à l'assemblée des recherches diplomatiques que j'ai faites dans la province de Picardie depuis le mois de juin jusqu'en octobre inclusivement de l'année 1781.

J'ai achevé le dépouillement des archives de l'église de Noyon. Le travail est fini absolument dans les autres dépôts de chartes de cette ville, si l'on en excepte vingt-neuf registres aux délibérations de l'hôtel-de-ville dont le premier commence au 22 février 1388. Il s'y peut rencontrer des lettres de nos rois, des gouverneurs de la province et d'autres grands seigneurs qui sont des objets intéressants pour l'histoire. Je ne parle point d'une suite d'anciens comptes de dépense faite par la ville depuis 1307 jusqu'aujourd'hui, dont quelques chapitres, particulièrement celui de la dépense pour l'entrée des princes, peuvent piquer la curiosité. L'hôtel-de-ville de Chauni conserve pareillement une suite de ses anciens registres aux délibérations et de ses comptes de dépenses.

J'ai continué mes recherches dans le Vermandois, le Soissonnois et le Laonois. Le dépouillement du chartrier de l'évêché de Laon n'étoit point achevé. Le second travail m'a produit une cinquantaine de chartes assez importantes; la mort de D. Brillet, notre confrère, suite d'un travail opiniâtre dans les archives de l'abbaye de Saint-Vincent de Laon, a suspendu celui qu'il m'y restoit à faire.

L'abbaye de Saint-Nicolas de Ribemont m'a procuré un assez bon nombre de chartes; il est dans le nombre, à commencer au onzième siècle, des chartes de nos rois, des comtes et comtesses de Vermandois. Il n'y a plus à revenir sur ce dépôt, ni sur celui de Saint-Jean-des-Vignes de Soissons, abbaye de chanoines réguliers de l'ordre de Saint-Augustin. Les chartes que je n'avois pas vues sont la plupart des anciens comtes de Soissons. L'ample moisson que j'ai faite en cette abbaye doit suppléer à la stérilité des archives de Monseigneur le duc d'Orléans, engagiste du comté de Soissons. Je n'y ai aperçu que des copies informes de titres très mal copiés. L'archiviste de S. A. pense que les originaux se pourroient trouver au Palais Royal, à Paris.

Les archives de ce comté devoient être le terme du travail que j'avois à faire dans la ville de Soissons, savoir au palais épiscopal, au chapitre de l'église cathédrale, dans les abbayes de Saint-Crépin-le-Grand, de Saint-Médard, de Notre-Dame, de Saint-Jean-des-Vignes, de Saint-Léger, de Saint-Crépin-en-Chaye, dans les chapitres de Saint-Vast, de Notre-Dame-des-Vignes, de Saint-Pierre, à l'hôtel-Dieu, à l'hôtel-de-ville, au bureau des finances; mais il reste à parcourir les dépôts qui sont répandus tant dans le Soissonnois que dans le Valois, à l'exception du chartrier de l'abbaye de Chézy dont le dépouillement est fait.

Cinq mois de travail m'ont procuré deux cents chartes, tant lettres des rois, bulles des papes, actes publics, d'évêques, de chapitres, cathédrales, d'abbés et abbesses, de comtes et comtesses, de seigneurs particuliers, de communes de villes, qu'autres pièces importantes, savoir 4 du dixième siècle, 12 du onzième, 70 du douzième, 88 du treizième, 21 du quatorzième, les autres des siècles suivans, autant qu'elles m'ont pu paraître intéressantes.

Ces différentes pièces ont été transcrites ou sur les originaux ou sur les cartulaires, lesquels cartulaires ont été rédigés aux XIII.e et XIV.e siècles. A chacune sont jointes des notes géographiques travaillées sur les lieux où je résidois et des observations diplomatiques autant que les secours des livres ne m'ont pas manqué.

Le zèle dont je suis plein pour tout ce qui concerne la collection des chartes ordonnée par Sa Majesté, sous l'inspection de Monseigneur, a conduit mes pas vers Saint-Omer, aux sollicitations de M. l'abbé de Saint-Bertin. Il étoit bien aise que je visse le travail qu'il avoit fait faire sur toutes les chartes de son abbaye jusqu'au commencement du xvi.ᵉ siècle afin que je pusse avoir l'honneur d'en rendre compte à Monseigneur. Je suis chargé par M. d'Halleine de représenter très respectueusement à Monseigneur qu'il n'avoit pas perdu de vue les engagements pris avec M. Bertin, ministre et secrétaire-d'État ; que les embarras dans lesquels son abbaye s'est trouvée depuis quelques années et une longue maladie du religieux archiviste de Saint-Bertin l'avoient mis dans l'impossibilité de les remplir ; que Monseigneur le garde des sceaux rendroit un service très important à sa maison si, dans les circonstances où Sa Majesté se propose de donner à la nation une collection des chartes de toute la France, Monseigneur vouloit agréer la copie de celles de l'abbaye de Saint-Bertin pour tenir lieu de ce qu'il avoit promis ; que par une sorte de compensation de la dépense qu'exigeroit l'impression des titres de Saint-Bertin en particulier, M. l'abbé prenoit la liberté d'offrir à Monseigneur la copie de chacun de ces titres, copie accompagnée de notes historiques et topographiques avec le dessin du sceau ou des sceaux dont la charte seroit revêtue.

Si les offres de M. l'abbé de Saint-Bertin pouvoient être agréables à Monseigneur, le travail qui nous occupe y trouveroit, ce me semble, de très grands avantages. Premièrement, les religieux de cette abbaye sont plus en état que personne de débrouiller l'histoire et la géographie du pays des Morins au moyen-âge ; deuxièmement combien de sceaux tirés de l'obscurité ajouteroient au mérite du Rymer François. L'arrêt du conseil de 1775 ne fait pas mention de ces deux objets intéressants.

SÉANCE DU 5 FÉVRIER 1783.

Le compte que j'ai à rendre à Monseigneur du voyage diplomatique que j'ai fait l'année dernière par ses ordres dans les Pays-Bas Autrichiens ne sera pas long malgré l'importance de son objet, puisqu'il ne s'agit de rien moins que de mettre en activité un travail qui doit rapporter au dépôt des chartes du Roi dirigé par les ordres de Monseigneur les copies d'environ deux mille pièces originales, en un mot de toutes les chartes de l'abbaye de Saint-Bertin en la ville de Saint-Omer.

Je dois à M. de Witte, religieux de cette maison, la justice d'exposer à Monseigneur et au comité qu'il est rare de trouver un homme aussi laborieux. Quand je suis arrivé à Poperinghes tous les titres de l'abbaye de Saint-Bertin, depuis le vii.ᵉ siècle jusqu'au xv.ᵉ exclusivement, étoient copiés de sa main. Il ne s'est agi que de les collationner, ce que nous avons fait en partie. Il avoit même commencé à faire tirer des copies des premières chartes pour le dépôt royal ; mais n'ayant pas fait attention à ce que j'avois eu l'honneur de lui mander que ces copies devoient être faites sur des feuilles de papier séparées et de la grandeur que je lui indiquois, il a fallu recommencer.

M. de Witte trouvoit le séjour de Poperinghes agréable ; il s'y plaisoit beaucoup ; mais il ne consultoit pas aussi volontiers les intérêts de sa maison. Après lui avoir représenté plusieurs fois qu'il est des risques à faire circuler des pièces originales et fondamentales des possessions, de Saint-Omer à Poperinghes, de Poperinghes qui est en terre étrangère à Saint-Omer qui est en France, après avoir insisté sur la nécessité où il étoit de consulter des livres imprimés qu'il n'avoit pas sous la main mais qu'il trouveroit dans la bibliothèque de Saint-Bertin ; sur la difficulté de rencontrer dans ce pays un bon dessinateur ; M. de Witte s'est rendu enfin aux désirs de M. l'abbé et de ses confrères en prenant le parti de retourner absolument à Saint-Omer.

Ce religieux âgé de 58 ans est chargé d'infirmités, fruit d'un travail opiniâtre sur les chartes, travail toujours fort nuisible quand il n'est pas fait avec certaines précautions. M. l'abbé, doué d'une âme bienfaisante et voulant conserver les jours prétieux de son confrère, lui a associé deux jeunes religieux qui sont tout pleins d'envie de bien faire. L'un se nomme De Neuville, l'autre Coviller. Mais le dernier a essuié une fièvre maligne durant mon dernier séjour à Saint-Bertin, accident qui l'a empêché de participer au travail que je faisois avec ses deux confrères. J'ai conseillé aux deux adjoints, pour se familiariser avec la lecture des anciennes chartes, de travailler sur les originaux et d'avoir à côté les copies de M. de Witte pour y recourir en cas de nécessité. M. de Witte continue la transcription des titres depuis le xv.ᵉ siècle jusqu'à présent, se charge, en outre, de collationner les copies de ses associés qui seront envoyées au dépôt et d'y joindre les notes nécessaires.

M. l'abbé a trouvé dans la ville de Saint-Omer une personne très en état de dessiner les sceaux et les monogrammes. Monseigneur n'ayant pas encore été à portée de juger du travail, parce que les copies que le dépôt a reçues jusqu'ici ont été faites non sur les originaux, ils n'existent plus, mais sur un cartulaire du x.ᵉ siècle, je me suis chargé d'échantillons pour être mis sous les yeux de Monseigneur.

Tandis que la besogne est en bon train à Saint-Bertin, je pense qu'il seroit à propos d'avoir accès en même temps dans les archives de l'église de Saint-Omer, abbaye dans l'origine et ensuite collégiale, et dans le dépôt des titres de l'hôtel-de-ville. Je me chargerois volontiers, si Monseigneur l'avoit agréable, de ce double travail et même du dépouillement d'archives de quelques abbayes voisines de Saint-Omer telles que Clermarais, Blandecques et autres.

Rentré dans la province de Picardie j'y ai glané, chemin faisant, une centaine de chartes, dont deux de la fin du ix.ᵉ siècle, trois du xi.ᵉ, le reste des xii.ᵉ et xiii.ᵉ siècles. Je revenois à Paris bien content avec ce surcroît de travail, mais ma joie a été convertie en douleur la plus amère, en arrivant à Saint-Germain... (Le manuscrit s'arrête là.)

(*Cartons de* DOM GRENIER *à la Bibliothèque Royale.*)

DÉVOUEMENT
DES
BOURGEOIS DE CALAIS.

APRÈS la funeste bataille de Crécy, les Anglais résolurent de se rendre maîtres de Calais, et le 30 août 1346 Édouard III en commença le siége. La présence de sa flotte ne permettait guères que la place fût secourue par mer ; et les habitants ne pouvaient espérer que le roi de France pût réunir assez de troupes pour venir dégager Calais. Cependant le siége se prolongeait ; la famine s'était déclarée dans la place ; déjà le désespoir gagnait les Calaisiens et bientôt les horreurs de la faim allaient être plus fortes que leur courage lorsque, une nuit, ceux qui gardaient les remparts aperçurent de nombreux hommes d'armes qui s'approchaient en ordre de bataille. La joie fut grande parmi les assiégés lorsque, à la clarté de la lune, on reconnut les bannières et les pennons aux armes de France. C'était toute une armée d'archers et de communiers rassemblée à Amiens par Philippe de Valois pour secourir Calais. Tout ce qu'il restait de noblesse échappée au désastre de Crécy et aux guerres de Gascogne et de Guienne avait voulu répondre à la *semonce* royale ; la France, vaincue à Crécy, voulait

(1347)

DÉVOUEMENT DES BOURGEOIS DE CALAIS.

une fois encore se mesurer avec Édouard et venait tirer son dernier coup d'épée sous les murs de Calais.

Philippe ne tarda pas à dépêcher un message au roi d'Angleterre pour lui offrir le combat ; voici, selon Froissart, ce que répondit celui-ci aux envoyés du roi de France : « Dites à votre maître, s'il vous plaît, que je
» suis ci endroit, et y ai demeuré près d'un an, ce a-t-il
» bien sçu, et y fût bien venu plus tôt s'il eût voulu ;
» mais il m'a laissé ici si longuement demeurer que j'y
» ai grossement dépendu du mien, et y pense avoir tant
» fait que assez brièvement je serai sire de la ville et du
» châtel de Calais. Je ne suis mie conseillé de tout faire
» à sa devise et à son aise, ni éloigner ce que j'ai tant
» désiré et comparé. » Si l'on en croit une lettre écrite par Édouard à l'archevêque de Cantorbéry et rapportée par Bréquigny dans ses savants mémoires, le roi d'Angleterre accepta le défi, et le combat ne devint impossible que par le départ précipité de Philippe de Valois. Quoiqu'il en soit, ce dernier donna l'ordre de la retraite dans la nuit du 2 août 1347 ; il congédia les communiers et la plus grande partie des hommes d'armes, abandonnant ses chars et ses prisonniers. Les Anglais trouvèrent dans son camp des chevaux et des vins dont ils firent leur profit.

La douleur des assiégés fut vive lorsqu'ils virent l'armée de Philippe plier ses tentes et se préparer au départ. La famine faisait dans Calais de tels progrès et les habitants
« estoient en si grande douleur et détresse que le plus
» grand et le plus fort se pouvoit à peine soutenir ; »
aussi quelques bourgeois se déterminèrent-ils à aller trouver le gouverneur, Jean de Vienne, le suppliant au nom de l'humanité d'entrer en négociations avec Édouard.

Jean de Vienne était brave ; il l'avait prouvé pendant le siége ; mais la pitié l'emporta dans son cœur et il consentit à négocier. C'est alors qu'Édouard dit à Gautier de Mauny, l'un de ses chevaliers : « Vous en irez à ceux de
» Calais, et direz au capitaine que la plus grand'grâce
» qu'ils pourront trouver ni avoir en moi c'est que ils
» partent de la ville de Calais six des plus notables bour-
» geois, en purs leurs chefs et tous déchaux, les hars
» au col, les clefs de la ville et du châtel en leurs mains ;
» et de ceux je ferai ma volonté ; et le demeurant je
» prendrai à merci. »

Jean de Vienne attendait sur les remparts la décision du roi d'Angleterre. Lorsque Gautier de Mauny eut accompli son message, le gouverneur fit sonner la cloche du beffroi ; aussitôt, femmes, enfants et vieillards se rassemblent à la halle échevinale ; Jean de Vienne leur fait part de ce qu'exige le roi ; mais le silence accueille ses paroles, car Édouard demande six victimes... Puis, la douleur éclate parmi ces infortunés ; « ils commencèrent
» tous à crier et à pleurer si amèrement qu'il n'est si
» dur cœur au monde, s'il les eût vus ou ouïs eux dé-
» mener, qui n'en eût pitié. Et n'eurent pour l'heure
» pouvoir de répondre ni parler ; et mêmement messire
» Jean de Vienne en avoit telle pitié qu'il larmoyait
» moult tendrement. »

Bientôt, cependant, le plus riche bourgeois de Calais se présente ; il se nomme Eustache de Saint-Pierre ; « Sei-
» gneurs, s'écrie-t-il, grand'pitié et grand meschef se-
» roit de laisser mourir un tel peuple que ici a, par fa-
» mine ou autrement, quand on y peut trouver aucun
» moyen ; et si seroit grand'aumône et grand'grâce en-
» vers Dieu qui de tel meschef le pourroit garder. Je, en

» droit moi, a si grand'espérance d'avoir grace et pardon
» envers Notre-Seigneur, si je muir pour ce peuple sau-
» ver, que je veuil être le premier; et me mettrai volon-
» tiers en pur ma chemise, à nud chef, et la hart au
» col, en la merci du roi d'Angleterre. — Quand sire
» Eustache, ajoute Froissart, eut dit cette parole, chacun
» l'alla *aouser* (adorer) de pitié, et plusieurs hommes et
» femmes se jetoient à ses pieds pleurant tendrement ;
» et étoit grand'pitié de là être, et eux ouïr, écouter et
» regarder. »

Jean d'Aire, *très-honnête bourgeois et de grand'affaire, qui avoit deux belles damoiselles à filles ;* Jacques de Wissant, *riche homme de meubles et d'héritage ;* et Pierre de Wissant, son frère, se dévouèrent comme Eustache de Saint-Pierre pour le salut des Calaisiens. Deux autres bourgeois, dont les noms sont restés ignorés, suivirent leur exemple. L'admiration de la postérité a dédommagé ces derniers de l'oubli de l'histoire.

C'était une chose touchante que le spectacle de ces six bourgeois marchant en chemise, la tête découverte, les pieds nus, la corde au cou, portant en cet état au roi d'Angleterre les clefs de la ville de Calais. Jean de Vienne, exténué par les fatigues du siége et monté sur une petite haquenée, les conduisit à Gautier de Mauny et dit en se séparant d'eux : « Messire Gautier, je vous
» délivre, comme capitaine de Calais, par le consente-
» ment du povre peuple de cette ville, ces six bour-
» geois ; et vous jure que ce sont et étoient aujourd'hui
» les plus honorables et notables de corps, de chevance
» et d'ancestrerie de la ville de Calais. »

On sait qu'Édouard impitoyable ordonna qu'ils fussent décapités et que les supplications de la reine purent

seules le fléchir. Enfin la grâce fut accordée « et la bonne
» dame dit à Édouard : Monseigneur, très grans mercis !
» Puis elle fit lever les six bourgeois et leur ôter les
» chevestres d'entour leur cou, et les emmena avec li
» en sa chambre et les fit revêtir et donner à dîner tout
» aise ; puis donna à chacun six nobles et l'ordre de les
» conduire hors de l'ost à sauveté. »

Édouard fit ensuite son entrée triomphale dans la ville désolée ; la famine avait décimé les habitants ; leur misère et leur douleur profonde formaient un triste contraste avec la brillante escorte du vainqueur composée de barons et de chevaliers, de *menestrandies*, trompes, tambours, *muses* et *chalemies*. L'antique possession du toit paternel ; les héritages, les objets de négoce, les meubles mêmes, furent ravis aux malheureux Calaisiens. « Tous ces grands bourgeois et ces nobles bourgeoises
» et leurs beaux enfans, qui d'estoch et d'extraction
» avoient demeuré et leurs devanciers dans Calais » furent condamnés à l'exil. Édouard repeupla la ville avec des Anglais. L'ère d'une domination étrangère commençait pour Calais ! Elle dura plus de deux siècles et ne prit fin qu'en 1558 lorsque le duc de Guise, après un siége habilement conduit, « ravit à l'Angleterre, selon
» l'expression d'un chroniqueur, la plus belle rose de
» son chapeau qu'avec honneur et gloire elle avait ac-
» quise après la grande bataille de Crécy. [1] »

L'authenticité du récit de Froissart, résumé dans les pages qui précèdent, a été mise en doute ou niée par quel-

---

[1] Le texte qui précède est extrait des *Archives Historiques et Ecclésiastiques de la Picardie et de l'Artois*, publiées à Amiens en 1843, tome II, page 188.

ques historiens. D'autres gardent le silence sur les principaux faits que Froissart rapporte. Nous citerons Voltaire et Bréquigny parmi les premiers ; Thomas de La More Knighton, Avesbury ne disent rien du dévouement des six bourgeois. On a même affirmé qu'Eustache de Saint-Pierre s'était vendu à Edouard ; qu'il empêcha une dernière sortie contre l'ennemi et livra la place aux Anglais. On s'appuie en ceci sur les lettres d'Édouard qui accordent une pension à Eustache et lui restituent ses biens. Mais en pesant la valeur réelle de l'argument on reconnaît qu'il n'a rien de décisif ; ces lettres mêmes établissent que les biens d'Eustache furent confisqués après la prise de Calais ; il n'eût pas été dépouillé s'il s'était vendu aux vainqueurs ! Eustache pouvait rendre des services dans Calais et le roi voulut, à la fois, l'employer à y maintenir l'ordre et récompenser son courage. Il convient d'ailleurs de remarquer que la rentrée d'Eustache à Calais n'eut lieu qu'après le 28 septembre 1347, jour où la trève fut conclue entre les rois d'Angleterre et de France. Philippe de Valois, selon les termes de cette trève, laissait la ville aux Anglais. Beaucoup de Calaisiens y rentrèrent alors ; Eustache de Saint-Pierre revint lui-même le 8 octobre 1347. Les lettres d'Édouard sont de cette date. La première [1] concède à Eustache une pension provisoire de 40 marcs

---

[1] LETTRE D'ÉDOUARD, ROI D'ANGLETERRE.

« Pro Eustachio de Sto-Petro (8 oct. 1347.)

» Rex omnibus ad quod etc... Salutem. Sciatis quod de graciá nostrá speciali,
» etc... pro bono servicio nobis, pro Eustachium de Sancto Petro, pro custodiá
» et boná disposicione ville nostre Calesii impendendo, concessimus ei, pro
» sustentacione suá, quadraginta marcas sterlingorum percipiend. singulis annis,
» ad scaccarium nostrum, ad festa Pasche et sci Michaelis, per equales por-
» ciones, quousque de statu ejusdem Eustachii aliter duxerimus providend. In
» cujus et Teste rege apud Cales, vııı die octob. — Per ipsum regem. »

sterlings, récompense des services qu'il pourra rendre au roi d'Angleterre pour la garde et le bon ordre de la ville de Calais.

L'éclaircissement de ce point historique fut mis au concours en 1835 par la *Société des Antiquaires de la Morinie;* le mémoire de M. Clovis Bolard qu'elle couronna continuait le système de Bréquigny, appuyé par des recherches qui déposent d'une érudition réelle. Une réfutation de ce mémoire ne pouvait toutefois se faire attendre. Celle qu'a publiée, il y a quatre ans, la *Société d'Agriculture et des Arts de Calais* nous paraît de nature à dissiper tous les doutes. L'auteur, M. Auguste Lebeau, examine et compare tous les textes ; il en discute la valeur et appuie ses assertions sur un grand nombre de pièces justificatives peu connues jusqu'à ce jour. Ce travail, très-remarquable en tout point, se termine par l'énumération des manuscrits et des historiens qui n'ont point mis en doute la véracité du récit de Froissart. Nous donnons ici cette nomenclature :

MANUSCRITS DE LA BIBLIOTHÈQUE ROYALE.

Histoire de France n.° 8311 ; *Chronique de France*, fonds Saint-Germain n.° 1536 ; *Chronique de Flandre*, n.° 8340 ; Chroniques de Waurin, n.° 6746 et 47.

HISTORIENS.

Sauvage (*Chronique de Flandre*), Paul Émile, Meyer, Sleidan, Paradin de Cuyseaulx, Étienne Pasquier, Du Tillet, Claude Larcher, Nicolas Vignier, de Serres, du Haillan, Scipion Dupleix, Oudeghcrst, Ferry de Locres, Vinchant, Emmanuel Sueyro, André Du Chesne, Mézeray, Duval, de Bussières, de Choisy, Labbe, Guillaume Marcel, de Riencourt, Daniel, Bernard, Le Gendre, Claude Chalons, Boulainvilliers, Montfaucon, Bossuet, Rapin de Thoiras, Moréri, Duport du Tertre, Expilly, Millot, de Lewarde, Le Febvre, Villaret, de Belloy, Gaillard, de Sainte-Foix, Percheron de la Galezière, de Sacy, dom Clément, l'Art de vérifier les dates, Lacurne de Sainte-Palaye, Lelong, Anquetil, Bertrand de Molleville, de Marchangy, de Ségur, Petitot, Ladvocat, Villenave, Eyriès, de Sismondi, Des Michels, Abel Hugo, Roujoux, Michelet, Châteaubriand.

HISTORIENS ANGLAIS.

Polydore Vergile, Grafton, Raphaël Holinshed, William Martin, John Speed, Richard Baker, John Strype, Joshua Barnes, Francis Sandfort, James Tyrrell, Samuel Daniel, Bevil Higgons, Laurence Echard, Nicholson, Smollett, Barrow, Goldsmith, John Wesley, Nic. Tindal, Robert Henry, William Rider, Charles Horne, Thomas Dibdin, Henry Hallam, Sharon Turner.

P. ROGER.

PRINCES ET CHEVALIERS

DE PICARDIE ET D'ARTOIS

DONT LES BLASONS SONT PLACÉS DANS LES SALLES DES CROISADES DU MUSÉE DE VERSAILLES.

GRANDE SALLE.

ÉCUSSONS PLACÉS SUR LES PILIERS.

PREMIÈRE CROISADE.

1. Godefroi de Bouillon. Il appartenait à l'illustre maison de Boulogne et fut élu roi de Jérusalem après la prise de la ville sainte. Son écu ne porta plus alors les armes de la maison de Boulogne. Godefroi adopta celles que le pape Pascal II donna au royaume de Jérusalem en 1100 : *d'argent, à la croix potencée d'or, cantonnée de quatre croisettes de même.*

2. Hugues-le-Grand, comte de Vermandois. Mort au combat de Tarse en Cilicie. Armes : *échiqueté d'or et d'azur, au chef d'azur, chargé de trois fleurs de lis d'or.*

14. Baudouin de Boulogne, frère de Godefroi de Bouillon et roi de Jérusalem après la mort de Godefroi. Armes : *d'argent, à la croix potencée d'or, cantonnée de quatre croisettes de même.*

18. Eustache de Boulogne, frère de Godefroi et de Baudouin. Armes : *d'or, à trois tourteaux de gueules.*

27. Hugues de Payens, né à Montdidier, premier grand-maître de l'ordre du Temple. Armes : *d'argent, à la croix patée et alesée de gueules.*

TROISIÈME CROISADE.

40. Raoul I.ᵉʳ comte de Clermont en Beauvoisis. Tué au siége d'Acre en 1191. Armes : *de gueules, semé de trèfles d'or, à deux bars adossés de même.*

43. Dreux de Mello, connétable de France. Armes : *d'or, à deux fasces de gueules, à un orle de six merlettes de même.*

SIXIÈME CROISADE.

55. Robert de France, comte d'Artois, second frère de Saint-Louis, mort à la Massoure. Armes : *semé de France, au lambel de gueules à quatre pendants, chargés chacuns de trois châteaux d'or.*

SEPTIÈME CROISADE.

73. Philippe de Villiers de l'Isle-Adam, grand-maître de l'ordre de Saint-Jean de Jérusalem. Armes : *écartelé aux 1 et 4 de la Religion, aux 2 et 3 d'or, au chef d'azur, à un dextrochère d'hermine brochant sur le tout,* qui est de Villiers de l'Isle-Adam.

ÉCUSSONS PLACÉS SUR LES FRISES.

PREMIÈRE CROISADE.

82. Drogon, seigneur de Nesle-Soissons. Armes : *burelé d'argent et d'azur.*

87. Thomas de Marle, sire de Coucy. Sa valeur éclata au siége de Nicée et à la prise de Jérusalem. Armes : *fascé de vair et de gueules.*

98. Gérard de Créquy, de la maison des sires de Créquy. Armes : *d'or au créquier de gueules.*

102. Raimbaud Creton, sire d'Estourmel. Il entra le premier dans Jérusalem au témoignage d'Orderic Vital. Armes : *de gueules, à la croix engrelée d'argent.*

104. Arnoul II, baron d'Ardres. Armes : *d'argent, à l'aigle éployée de sable.*

106. Hugues de Saint-Omer. Il se fixa dans la Terre-Sainte et eut en partage la seigneurie de Tibériade. Armes : *d'azur, à la fasce d'or.*

109. Gérard de Bournonville, chevalier du Boulonnais. Il partit pour la croisade avec ses six enfants et périt dans un combat. Armes : *de sable, à trois cuillers ou louches d'argent.*

112. Adam de Béthune. Il eut en partage la baronnie de Bessan en Galilée dont le titre resta à ses descendants. Armes : *d'azur, à trois bandes d'or.*

119. Gérard de Chérisy, chevalier du Vermandois. Albert d'Aix parle de lui avec éloges. Armes : *d'or, à la fasce d'azur.*

124. Gauthier et Bernard de Saint-Valery, en Ponthieu. Il est question d'eux dans Orderic Vital. Armes : *d'azur, fretté d'or, semé de fleurs de lis de même.*

129. Hugues de Saint-Pol, dit *l'Ancien*, de la première maison des comtes de Saint-Pol Camp-d'Avesne. Armes : *d'azur, à la gerbe d'avoine d'or.*

130. Anselme de Ribemont, chevalier de la Tiérache. Tué au siége d'Archas. Armes : *de gueules, fretté d'or, au canton d'or chargé d'un léopard de sable.*

132. Manassés de Guînes, comte de Guînes. Armes : *vairé d'or et d'azur.*

136. Renaud de Beauvais. Tué au siége d'Acre où il commandait les archers. On l'inhuma sur le Mont-Thabor. Armes : *d'argent, à la croix de sable, chargée de cinq coquilles d'or.*

140. Clairambault de Vendeuil. Il suivit dans la croisade Hugues de Vermandois. Armes : *d'azur, au lion naissant d'or.*

148. Gauthier de Breteuil, chevalier du Beauvoisis. Il consentit à servir d'ôtage lorsque l'armée chrétienne, manquant de vivres, implora le secours de Nicétas, prince des Bulgares. Armes : *d'or, à la croix d'azur.*

149. Dreux ou Drogon de Monchy, chevalier de Picardie. Armes : *de gueules, à trois maillets d'or.*

DEUXIÈME CROISADE.

177. Gui II, comte de Ponthieu. Mort à Ephèse. Il fut inhumé devant le porche de l'église, selon la chronique de Guillaume de Tyr. Armes : *d'or, à trois bandes d'azur.*

195. Manassés de Bulles, chevalier du Beauvoisis. Armes : *gironné d'or et de sable.*

199. Hugues Tyrel, sire de Poix. Armes : *de gueules, à la bande d'argent, accompagnée de six croisettes, recroisettées et fichées d'or.*

TROISIÈME CROISADE.

204. Gui IV de Senlis, grand-bouteiller de France. Armes : *écartelé d'or et de gueules.*

209. Jean I.er, seigneur de Saint-Simon. Armes : *d'argent, au chef emmanché de sable.*

212. Florent de Hangest, mort au siége d'Acre. Armes : *d'argent, à la croix de gueules, chargée de cinq coquilles d'or.*

214. Dreux de Cressonsart, chevalier du Beauvoisis. Armes : *de vair, au lion de gueules, armé, lampassé et couronné d'or.*

216. Aléaume de Fontaines, maïeur d'Abbeville, mort dans la croisade. Armes : *d'or, à trois écussons de vair.*

224. Enguerrand de Crévecœur, chevalier du Santerre. Armes : *de gueules, à trois chevrons d'or.*

QUATRIÈME CROISADE.

231. Guillaume d'Aunoy. Armes : *d'or au chef de gueules.*

233. Odon de Ham. Ce fut lui qui porta à Constantinople en 1205 la nouvelle de la bataille d'Andrinople. Armes : *d'or, à trois croissants de gueules.*

234. Nicolas de Mailly, l'un des plus puissants seigneurs de son temps. Armes : *d'or, à trois maillets de sinople.*

235. Baudouin d'Aubigny, chevalier d'Artois. Armes : *d'argent, à la fasce de gueules.*

237. Bernard de Moreuil. Il rapporta de la Terre-Sainte une relique vénérée, appelée la *Sainte-Larme*, qu'il donna à l'abbaye de Selincourt, au diocèse d'Amiens. Armes : *d'azur, semé de fleurs de lis d'or, au lion naissant d'argent.*

240. Anselme et Eustache de Cayeux, seigneurs du Ponthieu. Armes : *d'or, à la croix ancrée de gueules.*

241. Enguerrand, sire de Fiennes, en Boulonnais. Armes : *d'argent, au lion de sable.*

242. Eustache de Canteleu, seigneur de Picardie. Mort à Constantinople en 1204. Armes : *losangé d'or et de sable.*

SIXIÈME CROISADE.

258. Mathieu, sire de Roye en Santerre. Armes : *de gueules, à la bande d'argent.*

263. Henri de Boufflers, chevalier du Ponthieu. Armes : *d'argent, à trois étoiles à six rais de gueules, accompagnées de neuf croisettes de même, recroisetées, posées 3, 3, 2 et 1.*

264. Jean d'Aumont, chevalier du Beauvoisis. Armes : *d'argent, au chevron de gueules, accompagné de sept merlettes de même, quatre en chef, trois en pointe; ces dernières posées 1 et 2.*

270. Jean de Beauffort, chevalier d'Artois. Armes : *d'azur, à trois jumelles d'or.*

273. Philippe II de Nanteuil, chevalier du Valois. Armes : *de gueules, à six fleurs de lis d'or.*

283. Henri de Roucy. Il se croisa en 1248. Armes : *d'or, au lion d'azur.*

SEPTIÈME CROISADE.

286. Anselme de Thorotte, seigneur d'Offémont. Il suivit Saint-Louis en Egypte. Armes : *de gueules, au lion d'argent.*

291. Raoul d'Estrées, maréchal de France. Armes : *d'azur, à la quintefeuille d'argent et à l'orle de huit merlettes de même.*

297. Gui de Châtillon, comte de Saint-Pol. Armes : *de gueules, à trois pals de vair, au chef d'or, chargé d'un lambel de trois pendants, d'azur.*

302. Philippe, sire et ber d'Auxy. Saint-Louis l'arma chevalier dans la croisade. Armes : *échiqueté d'or et de gueules.*

306. Aubert et Baudouin de Longueval, chevaliers de l'hostel du roy. Armes : *bandé de vair et de gueules.*

SECONDE CROISADE.

41. Philippe de Naplouse, grand-maître du Temple en 1168. Originaire de Picardie. Armes : *de l'Ordre*.

TROISIÈME CROISADE.

62. Henri et Renaud de Chérisy, chevaliers du Vermandois. Armes : *coupé d'or et d'azur, au premier chargé d'un lion naissant de gueules*.

71. Raoul de Riencourt, chevalier de Picardie. Il emprunta à des marchands de Pise une somme d'argent dont l'évêque de Beauvais se porta garant par acte daté de Saint-Jean d'Acre, 1191. Armes : *d'argent, à trois fasces de gueules, frettées d'or*.

87. Simon de Wignacourt. L'un des quatorze chevaliers auxquels Raoul de Soissons donna sa garantie pour prix des joyaux, livres et autres objets qu'il avait reçus d'eux. Armes : *d'argent, à trois fleurs de lis de gueules, au pied nourri*.

DEUXIÈME SALLE CARRÉE.

88. Pons ou Poncet d'Anvin, chevalier d'Artois. Armes : *de sable, à la bande d'or, accompagnée de six billettes de même, posées en orle*.

95. Haimfroy de Biencourt, chevalier du Ponthieu. Armes : *de sable, au lion d'argent, couronné d'or, armé et lampassé de gueules*.

104. Guillaume de Gaudechart, chevalier du Beauvoisis. Armes : *d'argent, à l'orle de neuf merlettes de gueules*.

106. Renaud de Tramecourt, chevalier d'Artois. Armes : *d'argent, à la croix ancrée de sable*.

114. Gilles d'Hinnisdal. *De sable, au chef d'argent, chargé de cinq merlettes de sable*.

QUATRIÈME CROISADE.

128. Guillaume de Dampierre. Armes : *d'argent, à trois losanges de sable*.

131. Philippe de Caulaincourt, chevalier du Vermandois. Une charte dépose qu'après la prise de Constantinople il s'associa avec Guillaume de Dampierre, Guillaume de Straten et d'autres chevaliers pour fréter un vaisseau qui les ramènerait en France. Armes : *de sable, au chef d'or*.

133. Hugues de Beaumetz, chevalier d'Artois. Il était de la *chevauchée* d'Andrinople au témoignage de Ville-Hardouin. Armes : *de gueules, à la croix engrelée d'or*.

136. Gilles de Landas. Sa maison, originaire de Flandre, se fixa en Artois et y eut beaucoup d'illustration. Il mourut à Jadres dans un combat entre les chevaliers de France et les Vénitiens. Armes : *coupé, endenté, d'argent et de gueules*.

CINQUIÈME CROISADE.

141. Gui de Hauteclocque, chevalier d'Artois. Prêt à partir pour la Terre-Sainte, il obtint avec quelques autres chevaliers la garantie de Bernard, doyen d'Arras, pour un emprunt de 130 livres tournois.

143. Barthélemy de Nédonchel, chevalier d'Artois. Armes: *d'azur, à la bande d'argent.*

144. Robert de Maulde, chevalier d'Artois. *d'or, à la bande de sable, frettée d'argent.*

146. Gilles de Croix, chevalier d'Artois. Étant au camp devant Damiette, Gilles contracta un emprunt à des marchands italiens; la charte qui en dépose existe encore. Armes: *d'argent, à la croix d'azur.*

147. Jean de Dion, chevalier d'Artois, d'origine brabançonne. Armes: *d'argent à l'aigle éployée de sable, becquée et membrée de gueules, ayant sur l'estomac un écusson d'azur, chargé d'un lion d'or et bordé d'une engrelure de même.*

149. Jean de Hédouville, chevalier de Picardie. Armes: *d'or, au chef d'azur, chargé d'un lion léopardé d'argent, lampassé de gueules.*

150. Guillaume de Saveuse, chevalier de Picardie. Armes: *de gueules, à la bande d'or, accompagnée de six billettes de même.*

160. Adam de Sarcus, chevalier de Picardie. Armes: *de gueules, au sautoir d'argent, cantonné de quatre merlettes de même.*

TROISIÈME SALLE CARRÉE.

223. Enguerrand de Bournel, chevalier de Picardie. Armes: *d'argent, à l'écusson de gueules, accompagné de huit perroquets de sinople.*

QUATRIÈME SALLE CARRÉE.
SEPTIÈME CROISADE.

296. Ferry de Verneuil, maréchal de de France. Il accompagna Saint-Louis dans la croisade de Tunis. Son blason ne se retrouve pas.

302. Jean III, Jean IV et Raoul de Nesle, chevaliers de Picardie. Armes: *burelé d'argent et de gueules.*

303. Simon de Clermont, II.ᵉ du nom, seigneur de Nesle et d'Ailly. Armes: *de gueules, semé de trèfles d'or, à deux bars adossés de même, au lambel de trois pendants d'azur.*

317. Jean de Chambly, chevalier de Picardie. Armes: *de gueules, à trois coquilles d'or.*

338. Enguerrand VII, sire de Coucy. Mort en Bithynie. Armes: *fascé de vair et de gueules.*

340. Jacques de Milly, grand-maître de Rhodes. Armes: *écartelé aux 1 et 4 de l'Ordre, aux 2 et 3 d'or, à la fasce de gueules.*

347. Claude de la Sangle, grand-maître de Malte, issu de la maison des Montchenard en Beauvoisis. Armes: *écartelé aux 1 et 4 de la Religion, aux 2 et 3 d'or, au sautoir de sable, chargé de cinq coquilles d'argent.*

Les trois derniers ont vécu dans des temps postérieurs à la dernière croisade de Saint-Louis. Enguerrand de Coucy fut fait prisonnier à Nicopolis;

Jacques de Milly gouverna l'ordre de Rhodes dans le xv.ᵉ siècle; Claude de la Sangle était grand-maître de Malte en 1553.

Les salles des Croisades du Musée de Versailles renferment les écussons de plusieurs chevaliers de Champagne, du Vexin Français, de Guienne, de Normandie et du Dauphiné, dont les descendants se fixèrent en Picardie ou en Artois. Nous citerons : GUILLAUME Iᵉʳ, vicomte de MELUN, surnommé *le Charpentier*. Il prit part à la première croisade. Armes : *d'azur, à sept besants d'or, posés 3, 3 et 1, au chef d'or*. — GUILLAUME DE TRIE qui accompagna Louis-le-Jeune en Orient où il mourut. Armes : *d'or, à la bande d'azur.* — GUILLAUME III, vicomte de MELUN, qui combattait dans la croisade de Tunis avec trois bannières et douze chevaliers. — GUILLAUME DE MORNAY, de la maison des Mornay-Montchevreuil. Étant au camp devant Damiette, il emprunta sous la garantie de St-Louis 500 livres tournois à des marchands italiens. Armes : *burelé d'argent et de gueules, au lion morné de sable.* — CARBONNEL et GAILHARD DE LA ROCHE DE FONTENILLES. Maison originaire de Guienne. Armes : *d'azur, à trois rocs d'échiquier d'or.* — JEAN MALET, chevalier de Normandie; plusieurs de ses descendants s'établirent en Artois où leurs branches sont encore connues sous les noms de *Malet de Coupigny, d'Hénu,* etc..... Armes : *de gueules, à trois fermeaux d'or.* — GEOFFROI DE CLERMONT, des seigneurs de Chaste, branche de la maison des Clermont-Tonnerre. Armes : *de gueules, à deux clefs d'argent passées en sautoir.*

EXTRAIT D'UN MÉMOIRE

DU COMTE DE PROVENCE (DEPUIS LOUIS XVIII),

SUR QUELQUES PLACES DE L'ARTOIS.

.....*St-Venant* est la première place qu'on trouve en remontant la Lys : cette place est petite, les eaux lui forment cependant une bonne défense.

Aire qui vient après St.-Venant est d'une autre conséquence; les ouvrages qui l'entourent sont excellens et parfaitement bien entendus, en sorte qu'Aire peut passer pour une place du *second ordre*. Il n'était pas si bon qu'il est aujourd'hui lors du fameux siége qu'il a soutenu en 1710. Il y a au-dessous d'Aire le fort *St-François* situé très près de la place dans un terrain marécageux et impraticable pour y ouvrir la tranchée; il s'ert à former des inondations au-dessous de la ville.

.....*St-Omer* est une assez grande ville. Les eaux sont la plus grande partie de sa défense étant, dans les deux tiers de son enceinte, entouré de marais impraticables. Du côté de terre les fortifications ne sont pas mauvaises, mais elles sont dans un grand délabrement et il serait à propos d'y faire quelque augmentation.

.....*Calais* est bien fortifié. Il est surtout recommandable par le *Fort Nieulay*, qui contribue essentiellement à la déffense de la place. On peut aussy former des inondations qui réduisent l'attaque de la ville à un seul point qui est le front de Gravelines et assurent la communication de la place avec le fort Nieulay, de manière qu'elle ne peut pas être interrompue. Le port et le chenal sont deffendus par un fort de bois armé de batteries, de canons et de mortiers; mais le chenal et le port assèchent à toutes les marées et il ne peut y entrer que de très petits batimens.

.....*Ardres* est une place extrêmement petite, mais dont les fortifications sont en bon état. Il sert aussi à assurer la communication de Calais à St-Omer, sans passer par Watten.

Béthune est une place de troisième ordre. Les eaux sont sa principale deffense, mais les approches du front susceptibles d'être attaquées sont très faciles. Il a soutenu en 1710 un siège assez long. On est obligé de faire un grand détour pour communiquer d'Aire à Lille, et Béthune se trouve sur cette communication: il est d'ailleurs fort utile pour couvrir une partie de l'Artois.

Fait à Compiègne le 10 aoust 1773.
Signé **LOUIS-STANISLAS-XAVIER.**

(Ce curieux document fait partie des papiers de M. le lieutenant-général comte de Vault, conservés au château de Bertangles (Somme); et nous a été communiqué par M. le comte de Betz, petit-neveu du général.)

LETTRE DU PÈRE DAIRE
A DOM GRENIER.

Monsieur et cher amy,

Savez-vous le nom et la patrie de Jacques Bavo, chronographe religieux de Corbie; en quel temps écrivoit-il?

Avez-vous des renseignemens sur Pourcelle, né à Corbie, grand-maître du collège du cardinal Lemoine? a-t-il écrit?

Les religieux de Corbie ont élevé à la mémoire de Guillaume Ducaurel Detagny, leur abbé en 1522, un monument qui passe pour la merveille du pays.

Pierre Pilaguet, né à Corbie, doct. et prof. en droit dans l'univ. de Paris, vivoit en 1529; ne savez-vous rien de plus sur son compte. N'a-t-il pas composé une chronique?

Christophe Vrayet, prêtre, né à Corbie, a fait en vers latins l'an 1629 l'éloge de Henri Delovaine, pour lors abbé et une pièce sur Ste-Colette. Est-ce tout?

Vauquet, curé de St.-Etienne de Corbie, bon antiquaire, nous a laissé des mémoires m.s. contre les caritables. En quel temps vivoit-il ?

Mon général arrive sans être attendu. Je pars le 10. Si vous avez quelque chose pour moy je le prendray chez vous à mon retour.

Tuus ex animo.   Daire R. C.

Amiens, ce 8 juin 1763.   (*Manuscrits de la Bibliothèque Royale.*)

HOMMAGE DU COMTÉ DE BOULOGNE
FAIT PAR LOUIS XI A LA VIERGE.

La puissance de la maison de Bourgogne commençait à décliner. Déjà une partie considérable de l'Artois lui avait été enlevée par l'habile et astucieux Louis XI, lorsque ce monarque résolut de réunir encore à la couronne de France le vaste comté de Boulogne. Pour y parvenir, il fit d'abord restituer ce comté à Bertrand de La Tour, comte d'Auvergne, qui le lui céda ensuite en échange de la terre de Lauraguais.

Ce n'était pas assez pour Louis XI; comme le comté de Boulogne était depuis quelque temps sous la suzeraineté des ducs de Bourgogne, le monarque chercha encore à s'affranchir des devoirs que cette suzeraineté pouvait lui imposer, devoirs peu compatibles avec la dignité royale.

Pour atteindre ce but, Louis déclara que le comté de Boulogne ne releverait plus désormais que de la Vierge, et se décida à en faire hommage à son image miraculeuse révérée dans l'église de Notre-Dame de Boulogne.

En conséquence, en l'année 1478, le roi de France, accompagné de toute sa cour se rendit dans cette belle et antique église. Arrivé derrière le chœur des chanoines, Louis se mit à genoux dans la chapelle de la Vierge devant sa sainte image, placée au haut de l'autel ; là, sans ceinture, sans éperons, la tête nue, il fit hommage à la reine du ciel, entre les mains de l'abbé, d'un cœur d'or du poids de 13 marcs, tandis qu'un de ses secrétaires, lisait à haute voix un acte conçu en ces termes :

« Louis par la grace de Dieu, roy de France, nous es-
» tant venus présentement en nostre ville de Boulogne,
» pour la grande et singulière dévotion que nous avons à
» la glorieuse vierge Marie et à son église fondée en ladite
» ville, en laquelle par l'intercession de la mesme dame,
» se font chacun jour de beaux et grands miracles ; consi-
» dérans aussi les très grandes et singulières grâces que
» nostre Seigneur nous a fait le temps passé, par l'inter-
» cession de sa glorieuse mère ; désirant de tout nostre
» cœur, en reconnaissance de cela, revérer, élever et aug-
» menter en honneurs, prérogatives et dignités ladite église
» de Nostre-Dame de Boulogne, nous avons de nostre
» propre mouvement, pleine puissance et autorité royale,
» donné, cédé, transporté et délaissé, cédons, transpor-
» tons et délaissons à ladite dame, reverée en l'église de
» Boulogne, le droit, titre et fief qui nous competoit et
» appartenoit, pour raison, et à cause de nostre comté
» d'Artois. Lequel fief et hommage de la comté de Boulo-
» gne, nous et nos successeurs roys de France et comtes d'i-
» celle comté, serons tenus doresenavant perpétuellement
» quand le cas y escherra, de rendre ledit hommage devant
» l'image de ladite dame en son église, ès mains de l'abbé
» comme procureur, abbé et administrateur d'icelle, et

(1478).

LOUIS XI FAISANT HOMMAGE DU COMTÉ DE BOULOGNE À LA SAINTE VIERGE.

» de payer les reliefs, tiers de chambellage et autres droits
» seigneuriaux, pour ce deus à muance de vassal. Et en
» outre pour l'honneur et révérence de Nostre-Dame,
» nous et nos dits successeurs serons tenus en faisant ledit
» hommage, d'offrir et présenter nostre cœur, en espèce
» et figure de métail d'or fin, de la pesanteur de treize
» marcs d'or. Donné à Hesdin au mois d'avril, l'an mil
» quatre cens soixante et dix huit, etc. »

Le cœur offert par Louis xi à la Vierge, resta long-temps attaché à sa statue ; « elle étoit faite, dit un ancien écrivain,
» de bois en relief, d'une excellente sculpture, d'environ
» trois pieds et demi de haut et tenant Jésus enfant sur
» son bras gauche. »

L'hommage du dévot monarque fut renouvelé par plusieurs de nos rois : Charles viii, Louis xii et François i.er s'en acquittèrent successivement.

Les Anglais s'étant emparés de Boulogne en 1544, dévastèrent la chapelle de la Vierge, « lieu si saint, si au-
» guste, ajoute Arnoul Leferon, où sept lampes dont qua-
» tre d'argent et trois d'or brûloient incessamment devant
» l'image de Marie et dont les piliers ou colonnes environ-
» nant l'autel étoient revêtus de lames d'argent » ; ils transportèrent cette précieuse image en Angleterre d'où Henri ii la fit revenir en 1550. Malheureusement la nouvelle chapelle élevée par les soins du même monarque fut pillée et saccagée en 1557 ; dans leur stupide fureur, les Huguenots, ces nouveaux iconoclastes, précipitèrent la statue dans le puits du château d'Honnevault où elle resta jusqu'en 1607.

Quarante-six ans après, en 1653, la chapelle de la Vierge de Boulogne commença à recouvrer son premier lustre, tout son éclat, grâce aux libéralités des rois Louis xiii et

Louis XIV qui se firent représenter derrière l'autel offrant eux-mêmes leurs cœurs à la reine des anges. Les savants auteurs du *Voyage Littéraire en France*, nous ont conservé l'inscription qui accompagnait cette curieuse représentation des deux monarques ; elle était ainsi conçue :

« *Cet autel et clôture furent commencez l'an 1653 et achevez en l'an 1656 de la somme de douze mille livres adjugée par nôtre Roy Louis XIV à présent régnant, aux doyen, chanoines et chapitre de cette église, à l'instance de monsieur le maréchal d'Aumont, gouverneur de Boulogne et du païs de Boulonois, par arrêts du conseil des 9 mars 1644 et 12 juillet 1645, verifiez et enregistrez en Parlement le 3, et en la chambre des comptes le 15 juillet 1647. Pour l'estimation de deux hommages d'un cœur d'or chacun d'eux en ladite église, à cause du comté de Boulogne, l'un par le feu Roy de très glorieuse mémoire Louis XIII et l'autre par Sa Majesté; ensuite de l'inféodation que le roy Louis XI fit de ce comté à Nostre-Dame de Boulogne, par ses lettres-patentes du mois d'avril 1478, enregistrées audit Parlement le 18 août de la même année.* »

La statue de la Vierge, témoin de tous ces pieux hommages et devant laquelle vinrent se prosterner tant de monarques, tant de grands seigneurs, tant de condamnés par la justice civile et ecclésiastique au pélerinage si célèbre de N.-D. de Boulogne, n'existe plus depuis le siècle dernier. Un représentant du peuple la fit jeter au feu en 1793 pour plaire à une faction sacrilége, ennemie de Dieu, des monuments et des souvenirs.

H. DUSEVEL.

MÉLANGES HISTORIQUES

SUR AMIENS.

Le roi François I.ᵉʳ et la reine passèrent à Amiens au mois de juin 1520 pour se rendre au camp du Drap-d'Or. Le maire et les échevins firent tapisser plusieurs bateaux pour mener la cour jusques à Abbeville. Les voiles étoient peintes et parsemées des armes du roy et de la ville. (*Manuscrit de* De Court.)

Louis XI fit son entrée à Amiens avec la reine et une cour considérable au mois de février 1463; les maire et échevins firent des présents magnifiques à toute la cour: au roi quatre bœufs gras la tête ornée de fleurs de la saison; à la reine deux drageoires de vermeil doré, avec six fourchettes de même, le tout pesant 20 marcs. (De Court.)

Le roi Charles VII vint à Amiens le dernier décembre 1437. Il y fut reçu avec joie par les habitans qui firent des feux de joie et illuminations, surtout dans la cathédrale. (Dom Grenier.)

Peu de jours après les fêtes de Noël 1363, le roi Jean repassa à Amiens pour aller en Angleterre. Le roy de Chypre, Pierre de Lusignan, vint l'y trouver. (Dom Grenier.)

On fabriqua dans la monnoie d'Amiens, en 1596, une espèce de monnoie de cuivre qu'on appeloit des doubles, parce qu'ils étoient baillés pour deux deniers à l'hotel des monnoies, mais on ne voulut les prendre que pour un, ce qui fut cause que les pauvres moururent de faim. (De Court.)

Le roi Henri II fit son entrée à Amiens le 15 d'août 1547; les quatre compagnies des privilégiés furent au devant de sa majesté. Les maire et échevins lui présentèrent à la porte un dais de velours mi-parti de noir et de blanc qui étoit sa couleur et parsemé de croissans d'argent qui étoient sa devise à cause de Diane de Poitiers, sa maîtresse. Les anciens maires en robe de damas noir portèrent le dais; les autres échevins qui suivoient étoient en robe de tafettas. (De Court.)

REVUE
HISTORIQUE ET ARCHÉOLOGIQUE
DES ÉGLISES DE PICARDIE ET D'ARTOIS.

I.er ARTICLE. — DIOCÈSE D'AMIENS.

Des hommes laborieux et savants ont décrit un certain nombre d'églises du diocèse d'Amiens; mais il en reste un plus grand nombre encore dont on n'a fait jusqu'à présent nulle mention. Nous avons cherché à réparer cet inconcevable oubli. La bienveillance si connue de M.gr Mioland, évêque d'Amiens, et l'obligeance M. l'abbé Lucas, secrétaire de l'évêché, nous sont venus puissamment en aide. Grâce aux nombreux renseignements que nous avons obtenus, sur les recommandations de M.gr l'évêque, de presque tous les ecclésiastiques du diocèse, nous pouvons aujourd'hui faire connaître aux amis de nos antiquités nationales l'intérêt qu'offrent beaucoup de monuments religieux complètement ignorés ou sur lesquels on n'avait eu jusqu'à présent que des notions vagues et inexactes.

Voici l'analyse des principaux documents qui nous sont parvenus:

I. *Eglise d'Acheux* (arrondissement d'Abbeville.) — La forme de ce monument est assez étrange et ressemble à celle d'un bâteau. Les voûtes du chœur et du clocher sont en ogive avec nervures arrondies, terminées par des rosaces. La corniche de la nef est décorée de feuillages entre lesquels on aperçoit plusieurs têtes d'animaux. Les bouts de solives représentent des saints et des apôtres. Sur le milieu de l'église s'élève un clocher, carré dans le bas, puis en dôme dans le haut et surmonté d'une flèche. Une tour en briques bâtie près de ce clocher renferme l'escalier.

L'église d'Acheux est sous l'invocation de Ste-Madeleine; elle passait pour une des plus anciennes du Vimeu, avant sa reconstruction. Les habitants de Boursville et de Cayeux y venaient autrefois à la messe [1].

II. *Eglise de Bellencourt et chapelle de Monflières.* — La statue de St-Christophe, qu'on ne voit plus que très-rarement dans nos églises, décore le principal porche de celle de Bellencourt. Les stalles de cette église sont en bois sculpté. La chapelle de Monflières placée sous le vocable de *l'Annoncia-*

---

[1] Renseignements communiqués par M. l'abbé Monchy, desservant d'Acheux.

tion de la *Sainte Vierge* passe pour avoir été bâtie en 1100. L'abbesse de Berteaucourt donna, dit-on, le terrain nécessaire à l'époque où l'on trouva dans le tronc d'un vieux arbre l'image miraculeuse de la Vierge revérée à Monflières. Les grands jours de pélerinage à la chapelle de Monflières sont : la fête de *l'Annonciation*, le lundi de *Pâques*, le lundi de *la Pentecôte* et le mardi qui suit *l'Assomption*. Le second lundi de chaque mois, on dit une messe solennelle avec exposition du St-Sacrement. Elle a été fondée en 1809 par Mgr de Mandolx, alors évêque d'Amiens [1].

III. *Eglise de Brutelle.* — On y voit des fonts baptismaux qui semblent remonter à une époque fort reculée. Ces fonts sont ornés de huit colonnes entre lesquelles existent des animaux, reptiles bizarres dont les queues se terminent en feuilles et en fleurs. Des amateurs d'antiquités en ont offert, dit-on, une somme assez considérable [2].

IV. *Eglise de Chépy.* — Ce monument est de forme oblongue. Le chœur se termine par trois faces planes. La nef et le clocher actuel ne remontent guère qu'au xvie siècle, et cependant presque toutes les fenêtres sont en plein cintre. Une des fenêtres de la nef a conservé quelques restes de vitraux coloriés. On y reconnait deux anges et, dans le fond, une de ces somptueuses habitations gothiques que les peintres verriers du moyen-âge aimaient tant à placer à l'extrémité de leurs brillants tableaux. La chaire est ornée d'un bas-relief représentant St-Pierre. On l'a un peu mutilé pendant les jours orageux de la Révolution. Une ancienne pierre sépulcrale assez curieuse existe dans cette église ; elle est entourée de diverses sculptures, de sentences tirées des livres saints et de cette épitaphe :

> Icy devant le corps gist et repose
> d'honneste fils nommé François Hermel
> là haut ès cieulx son âme soit enclose
> avec les saints louant Dieu éternel :
> il fut occis en l'an cinquante et sept,
> au mois de mars, le jour penultième,
> Et ne pensoit en aulcun mechant faict
> Quant envers lui fuct commis ung tel crisme.
> *Priez Dieu pour luy, ses amis vivans et trespassez* [3]. »

V. *Eglise de Crécy.* — L'église de Crécy forme la croix latine. Elle a deux rangs de piliers taillés en octogone. Les stalles du chœur offrent quelques sculptures. Sur des débris de vitraux peints, on distingue plusieurs esprits bienheureux exécutant un concert et adorant l'Éternel. Une grosse tour carrée

---

[1] Renseignements communiqués par M. l'abbé Fourdrinier, desservant de Bellencourt-Monflières.

[2] Id. par M. Boistel, desservant de Brutelle.

[3] Id. par M. Douillet, desservant de Chépy.

surmonte le portail. Cette tour se termine en plate-forme. Au centre s'élève une grande croix en fer. Une cheminée que l'on voit encore dans la même tour fait supposer qu'on y montait autrefois la garde. On sait qu'au mois d'août 1635 les habitants de Crécy se distinguèrent par leur valeur contre les Espagnols qui ravageaient les environs; c'est peut-être à cette époque que les plus braves se tinrent dans cette tour, pour y veiller à la sûreté commune[1].

VI. *Eglise de Miannay-Lambercourt.* — Cette église a appartenu, dit-on, aux moines de l'abbaye de St.-Valery; elle était autrefois beaucoup plus grande qu'elle n'est aujourd'hui. On voit encore la place qu'occupait l'ancienne église; elle se trouvait au milieu du village et avait St.-Denis pour patron. L'église actuelle est dédiée à St.-Pierre. Elle offre peu de parties anciennes, à l'extérieur. On remarque seulement quelques débris de corniche sur lesquels sont sculptés des feuillages et des animaux monstrueux. Les fenêtres se terminent en ogive, à l'intérieur; elles étaient ornées de verres peints, dans l'origine, et l'on y voit encore deux personnages qui jouent d'un instrument semblable à une guitarre. Ces personnages sont sur un fond d'architecture d'un assez bel effet. Il existe dans la même église, une grande dalle en marbre de Boulogne qui attire les regards des étrangers. Elle est décorée de la figure d'un gentil-homme portant le costume du xvi.e siècle. L'épitaphe qui l'entoure fait connaître le nom de ce gentil-homme; elle est ainsi conçue:

>   CI GIST MESSIR GVILLAUME
>   DE BOURS, CHEVALIER. SEIGNEUR
>   DE LAMBERCOURT, FRIAUCOURT,
>   ONIVAL........ LEQUEL TREPASSA,
>   LE XI DE NOVEMBRE LA. MIL.
>   V CENS LI.

Sur une des poutres du chœur on lit cette inscription qui n'est pas sans importance pour l'histoire de l'art en Picardie:

>   LA. V CENS. ET DIX HVIT. CHE
>   COBLE CHI. FVT ACOPLI. PAR J.
>   PARMETIER.

VII. *Eglise de Noyelles-sur-Mer.* — On remarquait autrefois dans cette église onze chapelles presque toutes magnifiquement décorées. Il n'en reste maintenant qu'une seule servant de sacristie. Cette chapelle a une voûte en ogive divisée par quatre cordons réunis à une clef pendante sur laquelle sont représentées les armes des comtes de Ponthieu. La construction de l'église de Noyelles remonte, dit-on, au commencement du xiii.e siècle; après la destruction de ce village par l'ennemi vers la fin du xv.e, elle resta long-temps abandonnée. Elle est placée sous l'invocation de la Sainte-Vierge; c'était avant la Révolution une collégiale assez importante; Guillaume III, comte de Ponthieu, l'avait fondée en 1217 [3].

---

[1] Renseignements communiqués par M. l'abbé Nicolle, curé-doyen de Crécy.
[2]   Id.   par M. Flet, desservant de Miannay Lambercourt.
[3]   Id.   par M. Dufourny, desservant de Noyelles-sur-Mer.

VIII. *Eglise de Quend.* — L'église de Quend passe pour avoir été bâtie au xi.ᵉ siècle. Il n'existe à l'intérieur que deux piliers. Le premier qui est carré supporte deux arcades ; le second, de forme octogone, en soutient un pareil nombre. Le chapiteau de ce dernier pilier est orné de sculptures curieuses, représentant des feuilles de vignes et de chêne sur lesquelles paraissent des oiseaux. La tour, placée à l'extrémité de la nef, est carrée et renferme un escalier. On rapporte qu'un détachement des troupes du duc de Bourgogne, Charles-le-Téméraire, qui ravageait le Marquenterre, s'étant rendu à Quend, pour mettre le pays à contribution, fut assailli par les habitants de ce village. Forcés bientôt à la retraite, ces habitants se réfugièrent dans le clocher de leur église d'où ils firent feu sur les soldats bourguignons ; l'officier qui commandait ces derniers en fut si courroucé qu'il ordonna de brûler tout le village. On se rend en pèlerinage dans l'église de Quend le 15 juillet, jour de la fête de St-Vast, son patron. On y amène alors un grand nombre d'enfants pour être placés sous la protection du saint et obtenir, par son intercession, qu'ils soient préservés des maladies les plus ordinaires à leur âge. *Dans ce double but, on fait toucher à la statue du saint des petits gâteaux*, destinés aux enfants et on promène plusieurs fois ces derniers autour de l'édifice, en récitant une courte prière pour eux.

IX. *Eglise de Quesnoy-le-Montant.* — La flèche en pierre de cette église fait l'admiration des connaisseurs. C'est un des plus beaux clochers du xvi.ᵉ siècle. Dans le cimetière voisin se trouve une chapelle dédiée à *St-Sulpice*. On y vient en pèlerinage pendant les deux dimanches qui suivent le 27 août. Lors de ce pèlerinage, on tient près du cimetière et de la chapelle une espèce de foire où l'on vend différents objets à l'usage des villageois.

Une autre chapelle, connue sous le nom de *chapelle d'Hymmeville*, existe dans le voisinage. Elle est construite, de place en place, en petites pierres carrées et en cailloux taillés, avec assises de grandes briques plates. On regarde ce monument comme l'un des plus anciens édifices religieux de la contrée. Ses fenêtres ont conservé une partie de leurs vitraux coloriés. On y distingue *le Père Eternel, le Christ en croix, St-Martin à cheval faisant l'aumône au pauvre d'Amiens*, etc. [1] Ces débris de verrières sont très-curieux, et nous engageons M. le desservant de Quesnoy à les conserver avec soin.

X. *Eglise de Regnière-Ecluse.* — On croit que cette église date du xvi.ᵉ siècle. Sur la voûte du chœur, qui se termine au dehors à pans coupés, on remarque en effet, le millésime de 1506. Cet édifice est construit en pierres. Le soubassement offre plusieurs compartiments de cailloux, arrangés en damiers. A l'extérieur, la porte est décorée d'un groupe représentant la Vierge tenant le Christ sur ses genoux. On remarque, à l'intérieur, quelques bas-reliefs en bois qui ont pour sujet diverses scènes de l'écriture-sainte. Les deux fenêtres

---

[1] Renseignements communiqués par M. Cagé, desservant de Quend.

[2] Id. par M. l'abbé Fayez, desservant de Quesnoy-le-Montant.

du sanctuaire sont ornées de vitres de couleur. Les personnages se détachent sur des fonds d'architecture et de paysages. Les arêtes de la voûte du chœur se terminent à leur point de jonction par des rosaces et des écussons. Le dossier de la chaire à prêcher présente quelques figures grotesques et d'autres sculptures [1].

XI. *Eglise* d'*Agenville* (arrondissement de Doullens.) — Cette église est peu remarquable sous le rapport architectonique ; mais elle jouit d'une certaine célébrité dans les environs, à cause d'un pèlerinage qui y a lieu en l'honneur de *Saint-Sauveur*. Lors de ce pèlerinage, il est d'usage de présenter à la statue du saint quelques morceaux de pain que les cultivateurs emportent et conservent soigneusement dans leurs maisons, pour en donner à leurs bestiaux quand ils sont malades [2].

XII. *Eglise de Barly.* — L'église de Barly n'est pas tournée vers l'orient comme la plupart des monuments consacrés au culte catholique, mais tout à fait au nord. La partie la plus curieuse de cette église c'est la belle arcade qui sépare la nef du chœur. Le retable d'autel a aussi quelque mérite. Dans une espèce de fronton cintré se trouve un ange de grandeur naturelle tenant une épée et une croix renversée. On croit voir dans cette représentation les emblêmes du martyre de *St-Pierre* et de *St-Paul*, qui sont les patrons de l'église de Barly. Plus bas, sous la corniche, est un tableau représentant la pêche miraculeuse. Des insignes religieux tels que *la tiare, les clefs de St.-Pierre, la mitre épiscopale, le ciboire* et *l'encensoir* décorent également ce joli retable. Trois superbes statues en bois, hautes de deux mètres au moins, fixent aussi les regards dans cette église. L'une représente *St-Pierre* ; l'autre *St-Paul* ; la troisième *St-Antoine* ; elles sont l'œuvre de J. B. Carpentier, très-habile sculpteur qui les exécuta en 1760. Le 17 janvier, on vient dans l'église de Barly prier St-Antoine pour la conservation des bestiaux. On a coutume de tourner, dans cette circonstance, trois fois autour de l'édifice et de faire toucher à la statue du saint des petits pains qu'on garde, avec le plus grand soin comme à Agenville, pour la guérison des vaches ou chevaux malades [3].

XIII. *Eglise de Berneuil.* — Elle possède une espèce de tribune qu'on a prise pour le reste d'un ambon. L'ornementation de cette tribune est fort curieuse. Les pièces de bois qui soutenaient le plancher attirent surtout les regards. On y voit représentés des anges et d'autres figures ; on les regarde, dans la commune, comme des morceaux précieux sous le rapport de l'art [4].

XIV. *Eglise de Bus.* — Rien d'intéressant dans cette église, quant à l'architecture ; mais la chapelle érigée en l'honneur de *Saint-Jean-Baptiste* est

---

[1] Renseignements communiqués par M. Botte, desservant de Regnière-Écluse.

[2]   Id.   par M. l'abbé Chausson, desservant d'Agenville.

[3]   Id.   par M. Carnoy, desservant de Barly.

[4]   Id.   par M. l'abbé Letierce, desservant de Berneuil.

fréquentée par de nombreux pélerins. Le jour de la nativité du saint-précurseur, on les voit arriver par troupes, dès le lever de l'aurore, pour prier devant la relique du saint conservée dans cette chapelle. Le même jour, les jeunes gens allument un grand feu sur la place de Bus [1].

XV. *Eglise de Canaples.* — La grandeur et la beauté de l'ancienne église de Canaples étaient proverbiales autrefois. On disait dans tous les environs *Canaples belle église*, pour désigner ce curieux monument. L'édifice actuel n'a point, sans doute, la même magnificence, mais il mérite toutefois d'être vu. La tour carrée qui surmonte le portail et qui se termine en plate-forme fixe surtout les regards [2].

XVI. *Eglise de Fieffes.* — Peu de monuments offrent autant d'intérêt que cette église. On n'a rien de certain sur son origine ; on sait seulement que sa construction est antérieure à l'année 1574. Le chœur se termine carrément. Il est entouré de deux chapelles ; la plus remarquable, celle dite des *Commandeurs*, à une voûte en pierre très-curieuse. Sur l'une de ses nervures on lit d'un côté ces sortes de sentences :

CA ESTÉ CE QVE DIEV A VOVLV.
CE SERA CE QVE DIEV VOVDRA.
JANVARIVS ANNO 1574.

De l'autre côté se trouve cette inscription :

MAJISTER MAJISTRUM TOTIUS ORDINIS
S. LAZARI HIEROSOLIMI
CITRA ET VLTRA MARE.

Les fenêtres offrent quelques restes de verres coloriés. On y distingue encore une *Trinité*, le *Père Eternel* tenant le globe du monde sur un doigt, un *Agneau Pascal* portant un étendard rouge surmonté d'une croix blanche, et une autre croix de forme grecque environnée de flammes. Dans plusieurs endroits on remarque les armes des chevaliers de Malte, un lion et une croix. La corniche du côté du midi mérite d'être vue. Elle est soutenue par de petites pierres carrées représentant chacune un sujet différent, tels que coquillages, vases, fleurs, etc. [3].

XVII. *Eglise de Grouches.* — L'église de Grouches est construite en belles pierres. On voit au-dessus de l'autel un fort bon tableau représentant une descente de croix ; c'est une copie de celui de Rubens. La chasse contenant les reliques de St-Martin, patron de cette église, est très-élégante.

La chapelle de *Luchuel* qui se trouve aux environs, remonte à l'an 1331. On s'y rend avec les enfants qui ne parlent pas facilement afin d'obtenir, par l'intercession de St-Brice, la cessation de cette infirmité [4].

---

[1] Renseignements communiqués par M. l'abbé Dubos, desservant de Bus.
[2] Id. par M. l'abbé Félix, desservant de Canaples.
[3] Id. par M. Petin, desservant de Fieffes.
[4] Id. par M. Viart, desservant de Grouches.

XVIII. *Eglise d'Havernas.* — Elle a conservé pendant longtemps une de ces arcades qui, dans les anciennes églises, séparaient ordinairement la nef du chœur. La lanterne du clocher reposant sur deux piliers carrés, à l'extrémité de la nef, est assez remarquable; elle couronne le toit de l'église d'une manière pittoresque. St-Georges est le patron de l'église d'Havernas [1]. On voit les armoiries du seigneur de St-Delis-Heucourt et de ses alliances, au bas de quelques niches existant dans le chœur; mais ce qui attire surtout les regards, c'est un curieux bas-relief en bois représentant le *prince des prêtres* frappé de mort, pour avoir osé porter la main sur le drap funèbre qui couvre le cercueil de la Vierge [2]. On remarque aussi dans le chœur une belle piscine et l'écusson de la famille Du Biez.

XIX. *Eglise d'Humbercourt.* — La tour et la flèche de cette église sont les seuls objets qui méritent de fixer l'attention. La tour a dix-sept mètres de hauteur; elle se trouve au fond de l'église; une flèche en pierre la surmonte. Cette flèche, haute de douze mètres environ, est de forme octogone dans le bas et percée à jour par des ouvertures ovales. La galerie qui l'entoure a 1 mètre 36 centimètres; elle est ornée de losanges et d'entrelacs aussi à jour. Par malheur, un architecte vandale, comme on en voit encore, a cru devoir boucher toutes les ouvertures qui donnaient un aspect aérien à cette belle flèche, lorsqu'il la répara en 1833. L'église d'Humbercourt a été, dit-on, construite à la fin du xii.⁰ siècle; mais on n'a conservé qu'un fragment de muraille du premier édifice. On remarquait autrefois dans l'intérieur les douze apôtres superposés les uns aux autres. Ces statues sont maintenant déposées au presbytère [3]. On devrait les replacer dans l'église où la religion et l'art ont marqué leur place.

XX. *Eglise de Pernois.* — Cette église dont le chœur se termine en hémicycle a pour toute décoration au-dessus du portail une tête d'évêque avec une crosse. M. de la Motte, prélat si connu par ses réparties fines et spirituelles, fit ajouter à l'église les deux chapelles latérales qu'on y remarque [4]. Le possesseur du fief de *la Mule l'Évêque* avait autrefois la place d'honneur, dans cette église, en l'absence du prélat. On sait que c'était ce vassal qui, à l'entrée des évêques d'Amiens, les aidait à descendre de leur mule, au bas du parvis de la cathédrale; il avait droit de s'emparer de la monture, après avoir accompli ce service féodal.

XXI. *Eglise de Becourt-Becordel.* (Arrondissement de Péronne.) — C'est un bien pauvre monument surmonté d'une tour carrée bâtie dans le dernier siècle; mais le tableau du maître-autel attire les regards de tous les connaisseurs. Ce

---

[1] Renseignemens communiqués par M. l'abbé Vilbett, desservant d'Havernas.
[2] Note de M. H. Dusevel.
[3] Renseignements communiqués par M. Fresnoy, desservant d'Humbercourt.
[4] Id. par M. Rinuy, curé de Pernois.

tableau représente St-Vaast guérissant un aveugle, un sourd et un boiteux dans un voyage à Reims où il accompagnait Khlovigh qui allait recevoir le baptême des mains de St-Remy. On apporte ordinairement les petits enfants des environs dans cette église, et l'on invoque St-Vaast afin qu'il les aide à marcher. Les bonnes mères, dans leur pieuse croyance, font toucher le linge de ces enfants à la statue du saint, persuadées qu'il en résultera un grand bien pour ces faibles et innocentes créatures [1].

XXII. *Église de Buire-Courcelles.* — Dans l'église de Buire est une copie du tableau de Rubens, représentant *la Compassion de la Vierge*, exécutée avec un rare talent. C'est à peu près là tout ce que cet édifice construit en briques et pierres, offre de plus curieux [2].

XXIII. *Église de Chaulnes.* — L'église de Chaulnes ne date que de 1745, mais elle passe pour l'un des plus beaux monuments religieux du diocèse. On la doit à la munificence de l'ancienne et illustre maison de Chaulnes, si connue en Picardie et en Artois. Elle est construite en pierres et en briques. Ces briques offrent à l'intérieur une symétrie très-remarquable; elles commencent à se faire voir au-dessus des chapiteaux des piliers qui sont carrés, et se développant à droite et à gauche au haut des archivoltes, des arcades et des fenêtres, elles forment une large frise au-dessous de la corniche. Le portail est en pierre de taille et présente trois entrées. On voit aux deux côtés de la principale porte quatre colonnes doubles, répétées au-dessus de la corniche jusqu'au fronton où se trouve un cadran, et à l'entrée de l'église une belle tribune soutenue également par des colonnes assez élégantes; cette tribune attend qqu'un homme riche et généreux y fasse placer un buffet d'orgues en harmonie avec la richesse de l'édifice [3].

XXIV. *Église d'Ennemain.* — C'est un édifice fort simple et qui n'offre rien de remarquable sous le rapport de l'architecture. Le chœur et les chapelles latérales peuvent remonter à la fin du xv.ᵉ siècle, mais la nef ainsi que la tour qui surmonte le portail sont de construction moderne. Il est facile de le reconnaître, quoiqu'on ait incrusté dans les murs extérieurs des fragments d'architecture romane, provenant de la première église d'Ennemain. De riches boiseries décorent le chœur, le sanctuaire et les chapelles de l'édifice actuel. Les étrangers les examinent avec plaisir, lorsqu'ils visitent ce monument [4].

XXV. *Église d'Irles.* — L'église d'Irles, placée sous l'invocation de St-Martin, offre un coup-d'œil agréable. Sa flèche domine majestueusement la colline sur laquelle est bâti le village; mais l'édifice ne répond point, à l'intérieur, à la

---

1 Renseignements communiqués par M. l'abbé Charlot, desservant de Bécourt-Bécordel.
2 id. par M. l'abbé Vignon, desservant de Buire-Courcelles.
3 id. par M. l'abbé Devillers, curé-doyen de Chaulnes.
4 id. par M. l'abbé de Cagny, desservant d'Ennemain.

bonne idée que la vue de l'extérieur en pourrait faire concevoir. Le toit du chœur paraît plus élevé que celui de la nef, cependant le chœur est moins haut que cette partie du monument. La voûte en bois est peinte. On y a représentés entr'autres sujets : *la naissance de Notre Seigneur*, *son baptême et et l'expulsion des marchands du Temple*. Ces peintures ont été exécutées en 1773 [1].

XXVI. *Eglise de Manancourt.* — Quoique cette église n'ait été bâtie que vers 1720, elle contient de grandes dalles de pierre provenant sans doute de l'ancienne église et qui offrent un certain intérêt. On y voit des figures d'hommes, de femmes et de chevaliers [2]; les inscriptions de ces dalles étant lisibles, nous regrettons que M. le desservant de Manancourt ne nous en ait point adressé une copie exacte.

XXVII. *Eglise de Miraumont.* — Comme l'église de Chaulnes, celle de Miraumont est tout à fait moderne, puisqu'elle ne remonte qu'à l'année 1765. Son architecture signale l'ordre ionique, si en vogue alors. Les deux rangs de colonnes qui soutiennent les voûtes offrent une grande délicatesse; leurs chapiteaux sont ornés de sculptures en spirale ou volutes. Plusieurs tableaux appendus autour du chœur fixent l'attention des amateurs. La sonnerie de l'église de Miraumont était, avant la révolution de 1789, la plus remarquable des églises voisines. Cette église avait aussi une horloge avec carillon. La famille de Penthièvre, qui possédait le château dont on voit encore quelques ruines tout près de l'église, l'avait enrichie de ses dons. Chaque année, le 25 mars, il s'y fait un pélerinage pour honorer la Sainte-Vierge sous le nom de *Notre-Dame Marsette* ou *Marchette*. Les mères y amènent les enfants qui ne peuvent marcher ; ordinairement il y a foule, lors de cette pieuse solennité [3].

XXVIII. *Église de Montauban.* — La tour seule de cette église est ancienne ; le reste n'offre que des constructions modernes. La porte extérieure de la tour qui lui sert de porche est en arc surbaissé, surmonté d'une niche. Les fenêtres de cette tour ne sont à proprement parler que des meurtrières. Les habitants s'y retiraient, en temps de guerre, pour repousser les partisans ennemis qui portaient la dévastation dans nos campagnes. Cette tour renferme un escalier en spirale remontant au 15.ᵉ ou au 16.ᵉ siècle. La paroisse de Montauban, aujourd'hui du canton de Combles, était la seule de ce canton qui fut, avant le concordat, du diocèse d'Amiens. Toutes les autres églises dépendaient de l'évêché de Noyon [4].

XXIX. *Eglise de Suzanne.* — Les piliers de l'église de Suzanne sont d'une

---

[1] Renseignements communiqués par M. l'abbé de Sachy, curé-desservant à Irles.
[2] id. par M. l'abbé Joron, desservant de Manancourt.
[3] id. par M. l'abbé Lenglet, curé-desservant de Miraumont.
[4] Id. par M. l'abbé Lecteux, desservant de Montauban.

délicatesse remarquable. La chapelle seigneuriale, qui existe dans un côté du chœur, renferme des pierres tumulaires de la famille d'Estourmel remontant au 16.ᵉ siècle. Le prince de Condé visita cette église en 1788. De temps en temps, des personnes pieuses y viennent en pélerinage à *St-Druon*, pour obtenir la guérison de certaines infirmités qui affligent les enfants [1].

XXX. *Eglise de Tincourt et chapelle de Notre-Dame de Moyen-Pont.* — L'église de Tincourt n'offrant rien de remarquable sous le rapport de l'architecture, ni sous celui de son antiquité, nous ne parlerons dans cette notice que de la *chapelle de Moyen-Pont*. Cet oratoire, si célèbre dans le pays, a pris son nom de sa situation entre deux bras de la petite rivière de Cologne qui formaient, au 13.ᵉ siècle une sorte d'île à laquelle on arrivait par un pont composé d'une simple planche. On attribue sa fondation à plusieurs seigneurs voisins qui déposèrent dans cette chapelle une image de la Vierge, miraculeusement découverte au temps des croisades. Les guérisons merveilleuses opérées en ce lieu attirèrent bientôt un grand nombre de pélerins à *Moyen-Pont*. Aujourd'hui encore ce pélerinage est fort en vogue et l'on y vient non seulement des pays voisins, mais même de Cambrai, Valenciennes et autres villes du département du Nord. Près de la chapelle se trouve une fontaine dans laquelle se baignent les malades, et comme la piscine de Siloé, elle rendait, dit-on, la santé à ceux qui se montraient dignes de la recouvrer, par une foi sincère et vive. Un Hermite est chargé de la garde de la chapelle de *N. D. de Moyen-Pont*. On remarque, dans l'intérieur, une poutre transversale sur laquelle est peint de main de maître un Christ avec tous les insignes de la Passion. On y voit la colonne à laquelle il fut attaché, les verges avec lesquelles on le flagella, les trente deniers comptés au traître Judas, etc. — L'image de la Sainte-Vierge, en bois fort pesant, est couverte d'un voile de soie avec franges dorées; la Vierge porte l'enfant Jésus sur le bras droit et se trouve au-dessus d'un autel très-bien sculpté [2].

XXXI. *Eglise de Bouchoir.* (Arrondissement de Montdidier.) — Comme plusieurs autres églises, celle de Bouchoir offre un mélange confus de divers styles d'architecture. Il est facile de reconnaître, en l'examinant avec un peu d'attention, que le sanctuaire, le chœur et la croisée sont d'une époque, et la nef d'un autre temps. Le chœur remonte au commencement du 16.ᵉ siècle et se termine, au dehors, en hémicycle. Ses fenêtres étaient autrefois ornées de verres de couleur. Il en reste seulement deux panneaux sur lesquels sont représentés un *évêque* et *St-Hubert*. Le fond du dernier panneau laisse apercevoir une forêt et un petit château gothique [3].

XXXII. *Eglise de Cayeux-en-Santerre.* — La construction de l'église de Cayeux est très-remarquable; le pied des murs est en grès et le reste se

---

[1] Renseignements communiqués par M. l'abbé Molien, desservant de Suzanne.
[2] Id. par M. l'abbé Brochard, desservant de Tincourt.
[3] Id. par M. l'abbé Colléatre, desservant de Bouchoir.

composé de belles pierres qui présentent de distance en distance une saillie ornée de moulures. On voit près du clocher une petite tour de forme octogone, renfermant l'escalier. Cette tour n'a point de fenêtres ; elle est éclairée par quelques rares créneaux. A l'entrée du chœur, se trouvent quatre gros piliers ronds. Deux de ces piliers forment, de chaque côté, les ouvertures des chapelles latérales. Six petites colonnes dont les nervures s'entrecoupent et semblent se jouer au milieu de la voûte, règnent aussi autour du chœur. Les connaisseurs admirent la beauté de cette voûte. Celle de la chapelle du nord est également remarquable. Les nervures anguleuses qui la sillonnent sont ornées d'armoiries à leur point de jonction. La chapelle du sud mérite aussi une mention particulière : on voit au milieu de la voûte une superbe rosace à laquelle viennent aboutir les cordons en pierres qui la soutiennent. La chaire, aux panneaux décorés de branches de laurier, la dalle existant sous le lutrin et les magnifiques corbeilles de fleurs, en bois sculpté, qu'on aperçoit dans le chœur, excitent vivement l'attention des visiteurs [1].

XXXIII. *Eglise de Faverolles.* — On voit dans cette église plusieurs pierres sépulcrales sur lesquelles sont représentés divers personnages en costume de chevaliers. Sous la chaire se trouve une tombe recouverte de carreaux vernissés et ornés d'inscriptions. L'église de Faverolles possédait naguère un superbe retable d'autel en bois de chêne, de la fin du 15.e siècle ; la fabrique s'est imaginé de le céder, en 1839, à l'un des membres de la Société Royale des Antiquaires de France. Après avoir descendu le retable du maître-autel, on l'avait placé dédaigneusement dans la chapelle des fonts baptismaux, quoiqu'il offrît des restes intéressants. « Il représentait *la Passion de Jésus-Christ* et portait le triple cachet du temps de Charles VIII dans son ornementation, dans le fusil que tenait un des soldats gardiens du sépulcre, dans le long et étroit panneau qui dépendait de sa base, et dont les décorations n'étaient autre chose que des fleurons en enroulements appartenant aux premiers temps de la Renaissance [2] ». L'église de Faverolles avait pour patron le Val-de-Grâce de Paris, à cause de l'abbaye de Saint-Corneille de Compiègne. Les uns prétendent qu'elle date du 12.e siècle, d'autres ne la font remonter qu'au 15.e Elle forme la croix latine ; son portail est assez bien décoré. Les statues de *St-Pierre* et de *St-Paul* surmontent les deux piliers-butants qui flanquent ce portail. La corniche intérieure est sculptée avec soin. Parmi les diverses sculptures qui ornent cette corniche, on distingue des feuillages, des grappes de raisin, des rubans tors, des animaux fantastiques et deux énormes têtes grimaçantes. On vient implorer dans l'église de Faverolles, pour les maux d'yeux et le mal caduc, *Ste-Claire* et *St-Deffendant* dont cette église possède des reliques [3].

---

1 Renseignements communiqués par M. l'abbé Viltart, desservant de Cayeux.

2 *Note sur un retable qui se trouve dans l'église de Faverolles*, par M. Charles de l'Escalopier. Mémoires de la Société Royale des Antiquaires de France, tome V, page 375.

3 Renseignements communiqués par M. l'abbé Bourgeois, desservant de Faverolles.

XXXIV. *Eglise de Fransart.* — Elle a été presque entièrement rebâtie à neuf et l'on n'a conservé que peu de restes de ses anciennes constructions. Les piliers qui supportent la voûte de l'édifice actuel sont gros, massifs et irréguliers. A l'intérieur, on aperçoit çà et là quelques statues en bois, peu remarquables, à l'exception de celle de la Vierge qu'on considère comme un excellent morceau. Deux médaillons en bois, représentant l'un *la prise du Sauveur au Jardin des Oliviers* et l'autre *la Résurrection* sont également regardés comme d'assez belles sculptures. Dans le côté gauche du chœur se trouve la chapelle seigneuriale ; elle offre quelque intérêt. L'église de Fransart est dédiée à la *Sainte-Vierge* ; et contient de vastes souterrains ou cryptes qui furent probablement creusés à l'époque où les guerres cruelles qui désolaient nos campagnes forcèrent les habitants à chercher un refuge sous terre ou au milieu des bois. On voit à l'extrémité de Fransart une chapelle sous l'invocation de *Sainte-Philomène*. Sur les voûtes sont représentés : le *Saint-Siége apostolique*, le *Tombeau des Saints Apôtres*, et *celui des Saints Martyrs*. Une autre partie de cette chapelle rappelle le pélerinage fait à Rome en 1841 par le curé actuel de la paroisse, M. l'abbé de Lucheux [1].

XXXV. *Eglise de Fresnoy-lez-Roye.* — Le portail de cette église a été défiguré par des réparations modernes qui contrastent d'une manière choquante avec le style de l'édifice. Le chœur se termine en hémicycle à cinq pans. Deux rangs de piliers existent dans la nef, mais le chœur n'en a point. Les fenêtres de cette partie du monument sont très-hautes, en forme de lancettes et munies de meneaux en pierres. Les impostes des anciennes voûtes, qui étaient également en pierre, offrent de beaux dessins tels que des guirlandes de fleurs de lis géminées. Les stalles du chœur ont conservé quelques médaillons sculptés, malgré le vandalisme auquel elles semblent avoir été en butte. La chaire, du style de la Renaissance, présente une masse imposante et a quelque analogie avec celle qui décore l'église du Saint-Sépulcre à Montdidier. Le cimetière, voisin de l'église de Fresnoy, renferme une croix gothique en pierre extrêmement curieuse ; on peut en voir le dessin dans un ouvrage récemment publié par MM. H. Dusevel et A. de La Fons [2].

XXXVI. *Eglise de Laucourt.* — Les amis de nos antiquités chrétiennes visitent toujours avec un plaisir nouveau cette église et l'antique chapelle qui existe dans la même commune. L'extérieur de l'église de Laucourt n'a pourtant rien de bien remarquable, mais l'intérieur offre une foule d'objets curieux qu'on ne se lasse point d'examiner. Ici c'est un groupe représentant *la Cène* qui vient frapper les regards ; là se trouvent les quatre évangélistes avec leurs symboles ou attributs ; plus loin on voit les pierres sépulcrales de quelques honnêtes cultivateurs qui passèrent leur vie à faire du bien ; et, en-

---

[1] Renseignements communiqués par M. l'abbé de Lucheux, desservant de Fransart.

[2] Id. par M. l'abbé Clavier, desservant de Fresnoy-lez-Roye.

fin, à l'entrée du temple, de magnifiques fonts portant la date de 1565. Les fenêtres du chœur et celles des chapelles dédiées à la Sainte-Vierge et à St-Nicolas, se font surtout remarquer par la beauté de leurs vitraux peints. On distingue sur ceux du chœur *la fuite en Egypte, les vertus de la Vierge, Marie se consacrant au Seigneur, l'Annonciation* etc. Sur les vitres de la chapelle de la *Sainte-Vierge* sont représentés : *Adam et Eve devant l'arbre, le Christ en croix, la Vierge et St-Jean ;* enfin, on voit sur celles de la chapelle de *St-Nicolas : J. C. expirant sur la croix, le soleil, la lune* et divers personnages. L'église de Laucourt est sous l'invocation de *St-Martin* qu'on a représenté sur les fonts. La voûte principale de cette église était autrefois décorée d'un *ciel étoilé* ; on a eu la maladresse de blanchir cette ancienne peinture ; il ne reste plus au haut du sanctuaire qu'une image de la *Ste-Trinité.* Elle est d'une bonne exécution [1].

XXXVII. *Eglise de Liancourt.* — On croit que l'église de Liancourt a été construite, à la fin du 15.ᵉ siècle, par les soins de la famille d'Amerval ; elle semble, en effet, enclose dans les jardins de l'ancien château qui appartenait à cette noble famille. L'extérieur n'a de remarquable qu'une tour carrée en grès qui se trouve à l'entrée de la nef et sert de clocher. A l'intérieur, les deux piliers qui soutiennent l'arcade, séparant le chœur de la nef, fixent l'attention. Du côté du chœur les chapiteaux des piliers sont surmontés d'un ornement en ogive resté incomplet ; on dirait qu'on s'est arrêté tout à coup, effrayé par la dépense que l'agrandissement de l'édifice devait occasionner. Les fenêtres sont très-élevées et peu larges. Elles rappellent, en quelques endroits, le style flamboyant du commencement du 16.ᵉ siècle. On voit dans cette église deux pierres sépulcrales assez curieuses. La première, placée en face de l'autel de la Sainte-Vierge, représente un chevalier avec cette inscription :

Ci dessoub gist le corps de fev
ANTHOINE D'AMERVAL,
en son vivant, escuyer, baron de L.......
seigneur dudit Amerval en Hainaut,
de ceste ville de Liancourt sur...
et decedda le 8.ᵉ jour de juillet 1506.

Cet Antoine d'Amerval était, dit-on, l'aïeul de Nicolas d'Amerval, mari de la belle Gabrielle qu'Henri IV vint plusieurs fois visiter à Liancourt. Une rue voisine du château où l'on prétend que logea ce prince, porte encore le nom de *quartier du Roi.* Sur la seconde pierre placée sous le lutrin, on voit un prêtre revêtu de ses ornements sacerdotaux ; l'inscription qui la décore est conçue en ces termes :

---

[1] Renseignements communiqués par M. l'abbé Gontier, desservant de Laucourt.

Cy dessoubz gist le corps de feu
M.ᵉ Nicolle Carette, *en son vivant*
curé de Liencourt........
Priez Dieu pour son âme et les
tous amis trespassez [1].

XXXVIII. *Eglise de Méharicourt.* — L'église de Méharicourt, autrefois simple chapelle, n'est aujourd'hui assez vaste pour contenir les fidèles, qu'au moyen de l'addition de deux bas-côtés plus larges que la nef, ce qui rend cette église irrégulière. Le quatrième dimanche après Pâques, on s'y rend en pèlerinage pour vénérer les reliques de *St-Candide* et de *St-Flamidon*, martyrs de la légion thébaine. En 1688, le comte de Marcellus rapporta de Rome ces reliques et en gratifia M. de Blicourt, comte de Tincourt, qui en fit présent à cette église [2].

XXXIX. *Eglise de Sourdon.* — La corniche est portée sur des bouts de solives terminées par des figures d'hommes de forme monstrueuse. On aperçoit en entrant dans l'église un écusson renfermant un arbre chargé de fruits. Cet écusson est d'un travail remarquable [3].

XL. *Eglise de Villers-lez-Roye.* — Il en est de l'église de Villers, comme de beaucoup d'autres temples chrétiens qu'on croit avoir conservé des idoles du paganisme, parmi les figures qui ornent les voussures de leurs porches. « Sous le portail de cette église — dit, en effet, M. le desservant de Villers dans ses réponses à notre questionnaire — se trouvent de petites statues dont l'origine pourrait remonter au temps des *Romains et qu'on croit être de leurs divinités.* » Nous ne pouvons partager une pareille opinion ; car, l'église de Villers est trop moderne pour que les statues qui la décorent datent de l'ère gallo-romaine. Elle est construite en briques et sa forme offre celle d'une croix latine. Elle était jadis desservie par un doyen ; le patron est *St-Lemis*. Une chapelle bâtie dans l'étendue de la paroisse, près d'une vaste ferme, à l'endroit connu sous le nom de *Biencourt*, attire tous les ans un grand concours de personnes pieuses. Le premier dimanche de septembre, on y voit arriver des pèlerins par milliers ; tous viennent y prier *St-Leu*, pour éviter le mal que cause *la peur* [4].

XLI. *Eglise d'Andainville* (arrondissement d'Amiens.) — Une inscription placée sur la muraille de ce temple excite l'intérêt de ceux qui le visitent ; elle rappelle la mémoire d'un prêtre généreux et bienfaisant qui consacra tout son avoir au soulagement et à l'éducation du pauvre. Cette inscription est ainsi conçue :

---

[1] Renseignements communiqués par M. Bourbier desservant de Liencourt.
[2] Id. par M. Mansart, desservant de Méharicourt.
[3] Id. par M. Melin, desservant de Sourdon.
[4] Id. par M. Sévin, desservant de Villers-lez-Roye.

> Ici gist M.ᵉ Jacques Roger, prêtre et curé
> d'Andainville et de Fresnoy, lequel après avoir
> gouverné ladite paroisse l'espace de soixante
> ans, est décédé le 31 juillet 1711, ayant
> fondé l'Ecole des pauvres de ladite paroisse
> et donné tout son bien à iceux.
> Priez Dieu pour son âme.
> *Requiescat in pace.*

On prétend que l'église d'Andainville remonte à l'an 1179 ; une date inscrite sur une poutre qui longe la tour le fait au moins supposer ; mais l'édifice a été reconstruit presque en entier de 1742 à 1829 [1].

XLII. *Eglise de Cachy.* — Le portail de cette église s'ouvre en ogive très-large. La dentelle qui l'ornait a été impitoyablement brisée. Sous sa voussure profonde se trouve la porte en anse de panier, décorée de moulures prismatiques. La première travée de la nef paraît plus ancienne que le reste de l'édifice. Le plafond de forme presque ogivale a des poutres saillantes en pendentif. La corniche est parcourue par un cep de vigne dans toute sa longueur. On remarque plusieurs statues en pierre et en bois dans cette église. Celle qui offre le plus d'intérêt représente un personnage revêtu du costume du xv.ᵉ siècle et portant un faucon sur le poing. Le tableau qui a pour sujet *l'adoration des bergers* passe pour un assez bon morceau. On voit aussi avec plaisir les restes d'une belle grille en fer, exécutée, dit-on, par l'habile ouvrier à qui l'on dût la clôture du sanctuaire de la cathédrale d'Amiens. Le buffet d'orgues, provenant d'une ancienne église de Roye, mérite d'être vu ; il est couronné par un écusson d'or à trois fleurs de lis d'azur, surmonté d'un globe en cœur et d'une croix. L'église de Cachy dépendait du célèbre monastère de Corbie ; elle est sous l'invocation de *la Nativité de la Sainte-Vierge* [2].

XLIII. *Eglise de Croy.* — Le dehors du chœur de cette église qui est tétragone peut être étudié avec fruit. Deux statues en pierre et de grande dimension, représentant *la Vierge tenant l'enfant Jésus* et *Saint-Jean-Baptiste*, décorent l'entrée du chœur. Ces statues, ainsi que deux anges adorateurs en bois, appartenaient autrefois à l'abbaye du Gard ; on les regarde comme de très-belles sculptures [3].

XLIV. *Eglise de Fourdrinoy.* — La voûte du chœur qui est en pierres avec nervures angulaires, décorées aux arêtes de quelques rosaces ; les chapiteaux de ses deux rangs de colonnes, ornés de feuilles de vigne et de palmettes ; enfin, le clocher carré en pierre qui s'élève au-dessus du toit, sont les seules parties remarquables de ce monument [4].

---

[1] Renseignements communiqués par M. Cauchy, desservant d'Andainville.
[2] Id. par M. Retourné, desservant de Cachy.
[3] Id. par M. Hamonet, desservant à Croy.
[4] Id. par M. l'abbé Moilon, desservant de Fourdrinoy.

XLV. *Eglise d'Hangest.* — Le clocher consistant en une tour de forme carrée, a conservé quelques traces du style roman. Les ouies se composent de pleins cintres en retraite, soutenus par des colonnettes [1]. Le portail est moins ancien ; il semble de la Renaissance. Le contour de sa voussure est décoré de feuillages, entremêlés de petits génies, d'une belle exécution. Malheureusement plusieurs niches sont maintenant vides, et le temps a beaucoup altéré ces charmantes sculptures. Dans l'intérieur, on remarque, à l'entrée de la nef, une crêche en fil de fer, ornée d'arabesques et de rosaces enroulées ; cette crêche se trouvait avant la Révolution dans l'église du faubourg St.-Pierre d'Amiens. On lit, au-dessous, cette inscription formée de lettres percées à jour dans la tole :

*Ladite créche donnée par Charles Lejeune
et Marie Briaut, sa femme, tous deux de
la dite paroisse, pour lesquels on chante les
dimanches et fêtes le* TE DEUM, *jusqu'à
la Purification, tous les ans, et tant que
la dite crèche durera.* 1734.

La cuve baptismale mérite d'être vue ; elle est enrichie de dentelures et de masques et soutenue par huit dauphins. Le confessionnal, au fond du bas-côté droit, est très-beau ; le médaillon qui décore le devant d'autel, et sur lequel paraissent deux anges en adoration, fixe aussi les regards. Ste-Marguerite est la patronne de l'église d'Hangest [2].

XLVI. *Eglise de Querrieux.* — L'extérieur de l'église de Querrieux est peu remarquable ; il n'offre qu'un amas de constructions de différentes époques. Autour du chœur, sont les restes d'une *litre* ou *ceinture funèbre*, avec les armes du seigneur à la mort duquel on la fit peindre. Au haut d'un pilier, à gauche de la nef, on voit un bel écusson aux armes de la maison Brimeu-d'Humbercourt qui posséda pendant long-temps la terre de Querrieux. Sur un pilier, vis-à-vis la chaire, se trouve l'épitaphe d'un ancien curé de cette église, décorée d'une grande croix en bosse. Dans la muraille du bas-côté droit, on lit une inscription contenant des détails sur la fondation de quelques obits faite par un habitant du village, avant sa mort ; au bas est sa représentation sous les traits d'un cadavre.

XLVII. *Eglise de Saint-Gratien.* — Cette église n'a rien de remarquable sous le rapport de l'architecture, mais elle a été élevée sur le tombeau du saint qui a légué son nom à cette commune. Elle était autrefois le but d'un pélerinage fort en vogue dans tous les environs. Ce pélerinage avait lieu le 23 octobre, jour où St-Gratien, qui souffrit le martyre sous Rictiovare, préfet des Gaules, reçut la sépulture dans cette église, par les soins de quelques chrétiens [3].

---

[1] Renseignements communiqués par M. Ségard, desservant d'Hangest.

[2] Notes de M. H. Dusevel.

[3] Renseignements communiqués par M. Dheilly, desservant à St.-Gratien.

XLVIII. *Eglise de Saint-Maulvis.* — A côté de cette église s'élève un énorme clocher en pierre de taille bâti, dit-on, par les Templiers quelque temps avant la destruction de leur ordre en France. L'église passe pour avoir été également construite par leurs soins, vers l'an 1211. On ajoute qu'en 1300, la foudre étant tombée sur ce temple le brûla presque entièrement et que dès lors disparurent pour toujours les beautés architecturales qu'on y admirait. On remarque à l'intérieur huit piliers d'une grosseur démesurée. Les chapiteaux de ces piliers étaient ornés de curieuses sculptures, représentant divers personnages ; mais les Vandales qui furent chargés de réparer cette église en 1776, les ont fait tomber sous leur stupide marteau. La boiserie du chœur est vraiment magnifique ; le pavé offre encore de grandes dalles sous lesquelles sont inhumés les corps de plusieurs ecclésiastiques et commandeurs de l'ordre de St-Jean de Jérusalem qui succédèrent aux Templiers [1].

XLIX. *Eglise de Villers-Bocage.* — Sur une des colonnes en grès qui soutiennent les retombées des voûtes en ogive de cette église, on remarque la date de 1539 ; une poutre du chœur laisse apercevoir celle de 1504. De grandes restaurations auront probablement été faites alors à l'édifice, qui remonte à plusieurs époques. On y voit une belle statue de *St-Georges* à cheval, terrassant un énorme dragon, à la prière d'une femme que le monstre semble vouloir dévorer, et une pierre sépulcrale sur laquelle est représenté un prêtre tenant un calice, surmonté d'une hostie. La coupole cylindrique à cul-de-lampe, couverte en plomb, qui existe à l'extrémité du sanctuaire, mérite de fixer l'attention des antiquaires, par la singularité de ses ornements ; des ouvriers qui les ont vus de près prétendent que ces ornements ne consistent point en fleurs, comme on l'a dit, mais qu'ils représentent des serpents enlacés montant et descendant alternativement [2].

L. *Eglise de Villers-Campsart.* — L'église de Villers-Campsart fut, dit-on, fondée par un seigneur de la maison de Rivière. Elle est en forme de croix latine. A droite se trouve une chapelle dédiée à la *Sainte-Vierge*, et à gauche, une autre chapelle servant aujourd'hui de sacristie. Cette dernière servait, autrefois de *chapelle seigneuriale*. On y voit une cheminée fort ancienne et un autel tout en pierre consacré à *Ste-Marie-Madeleine*. Sur cet autel existe un tombeau en bois de cette sainte, décoré de bas-reliefs admirablement sculptés. Ils représentent, entr'autres sujets, *la forêt et le château-fort d'Arguel*. On y lit ces consolantes paroles des saintes écritures : *vous qui péchez, ne vous désespérez pas*. Les portes de cette sacristie, en forme de grille, font l'admiration des étrangers. Elles sont en bois de chêne bronzées et couvertes d'élégantes sculptures ; elles décoraient jadis l'abbaye de *la Sainte-Larme* ou de Selincourt. Les fenêtres en ogive ont conservé la plupart de leurs vitraux peints. On y distingue : *St-Joseph*, la *Ste-Vierge* et *l'En-*

---

[1] Renseignements communiqués par M. Bellard, desservant de St.-Maulvis.

[2] Id. par M. Bacquet, curé-doyen de Villers-Boccage.

fant Jésus; St-Firmin; un beau *Christ* accompagné de *la Vierge* et de *la Madeleine;* des anges sonnant la trompette et appelant les morts au jugement dernier, etc. On voit aussi dans la même église une grande dalle de marbre sur laquelle est représenté François De Larivière. Les dignités et les exploits de ce chevalier sont rappelés dans une longue épitaphe dont nous donnons le texte ici :

    Cy git icy Francois De Lariviere
    Par mort cruelle estaint et assopy
    Cy git icy des armes la lumière,
    Jadis nomé cappitaine Chépy.
    Cy git icy la barre et ferme appvy,
    Ov le Piedmont avoit son espérance,
    Cy git icy la fleur, le bourgon et epy
    Dhome des armes et des soldatz de France.

    Cy git icy qvi par mort et envie
    A cy redvict son cvevr soubz ceste lame
    Cy git icy qvi longtemps de sa lame
    A exercé de la mort la pvissance :
    Cy git icy qvi en sa vie sans blasme
    Est mort cent fois povr l'honnevr de la France.

    Cy git icy qvi de sa grande jevnesse
    A ensvivy le natvrel de Mars.
    Cy git icy qvi n'a doubté la presse
    Ny la rigueur des machines et dards.
    Dessoubz sa charge sont mortz plvsieurs soldatz
    Povr soustenir de France la qverelle.
    Cy git icy qui par bresches et rampartz
    S'est conquestè covrone immortelle.

    Cy git icy dvqvel l'expèrience
    Lui a donné à la fin tel crédit
    Qve rois chrestiens ont ev la cognaissance
    De sa vigveur et martial edit.
    Renom publicq ne lui ainterdict
    Son grand mérite mais par les moins produict
    A faict acroistre son honnevr et arroy.
    Qvil a été sans avcun contredict
    Faict gentilhome de la chambre du Roy.

    Puis en après evt cent chevaulx legiers
    Maistre de camp fut faict en Italie
    En cest estat a passé mains dangiers
    Povr donner loy et honnevr en sa vie
    Fortune adverse et notre ennemie
    Qui sy longtemps d'honnevr l'avoit muny

Le fit aler de fallace fournie
Finir ses jours en l'assavt de Cavgny.

Ce fut en l'an cinq cens cinqvante sept
Precedant mil vingt cinq de ı vin,
Que ..... et brvit et son credit parfaict
Finit par mort par un vouloir divin
Novs prirons Diev clément dovlx et begnin
Qvy tout regit par sa sevlle puissance
Qve pardonne dv peché le venin
Ayant dv ciel la gloire et joissance [1].

Ici se borne la tâche que nous nous étions imposée dans ce premier article ; en signalant les richesses monumentales d'un certain nombre d'églises du diocèse d'Amiens, peu connues encore, nous avons voulu contribuer à assurer leur conservation. Peut-être parviendrons-nous à ce but ; car, on l'a dit avec raison, le plus sûr moyen d'appeler la sollicitude du gouvernement sur les anciens édifices religieux qui existent en France, c'est de les étudier et de les décrire.   P. ROGER.   H. DUSEVEL.

QUITTANCE DES GAGES
DE BROUGNIARS DE HAUTECLOCQUE
POUR LA JOURNÉE DE SAINT-OMER.

Le dépôt des anciennes chartes d'Artois, aujourd'hui conservé dans les archives départementales du Pas-de-Calais, renfermait autrefois un grand nombre d'actes et quittances du paiement des gages des gens d'armes qui furent à la chevauchée de St.-Omer en 1340 ; comme ces rôles peuvent donner une idée du mode de paiement des hommes de guerre au moyen-âge, et avant l'organisation des troupes réglées qui commença à s'accomplir sous

[1] Renseignements communiqués par M. Hénocque, desservant de Villers-Campsart.

Charles VII, nous croyons devoir reproduire ici une de ces quittances, en faisant observer qu'autrefois, dans les Pays-Bas comme dans beaucoup de provinces, l'année ne commençait qu'à Pâques et après la bénédiction des fonts, et que ce fut dom Louis de Requesens, gouverneur-général des Pays-Bas sous Philippe II, qui fixa par un placard de 1575 le commencement de l'année au premier janvier, remarque essentielle pour la vérification des dates des chartes. Déjà, par un édit de 1568 Charles IX avait pris la même mesure dans le royaume de France.

QUITTANCE.

Scachent que nous Brougniars de Aulteclocque, chevalier, sires de Sinenghem, connaissons avoir eu et reçu paiement de Mons. Guilbert de Nydonchel, chevalier, bailleus de St-Omer, de diis-sept livres parisis, en rabast de plus grosse somme que on nous pooit devoir pour cause de service avec monseigneur le duc de Bourgoigne comte d'Artois. Si comme il appert par cedule dudit monseigneur sous lequel le dit payement est escript sous le dos desquels diis-sept liv. dessus dicts nous quittons le dit Bailleus et tous cheaus a qui quittance en peut ou doibst appartenir. Temoing de che nous avons mis no sceel a ceste presente quittance qui fut faicte le Xe jour de janvier lan de grace mil trois cent quarante [1].

Au bas se trouve le sceau dudit Brougniars de Hauteclocque sur queue de parchemin. Ce sceau est en cire verte et consiste en une croix chargée de cinq coquilles sans qu'on puisse distinguer les émaux.

(Collationné sur l'original reposant en la chambre des chartes du pays et comté d'Artois, et trouvé y concorder par nous conseiller du roi, trésorier desdites chartes, soussigné; à Arras le 13 juin 1753, signé Binot avec paraphe.)

LETTRE DE CATHERINE DE MÉDICIS.

(Archives de M. le duc de Vicence.)

Monsr de Caulincourt, le roy, mon Seigneur, est très bien informé du bon devoir et des très notables efforts que vous et les s.^{rs} de Tremecourt et Damerval et autres, vos bons parens et amis, avez fait pour éloigner les en-

---

[1] (Vieux style, c'est-à-dire 1341.)

royaume et conserver la ville de Saint-Quentin sous son obéis-
uoi encore que la fortune soit de présent malheureuse je ne veux
... de vous assurer l'extrême contentement que j'ai eu de ce témoignage
de votre affection au service du roi mondit Seigneur, espérant que l'aide de
Dieu et la vertu et valeur des bons serviteurs tels que vous nous donneront en
bref consolations et reconfort. Ce qui m'oblige vous augmenter ma bonne
volonté et affection et mon desir de conforter celle du roi mondit Seigneur
en votre endroit, laquelle en toutes occasions qui se présenteront je vous la
ferai connaître par effet comme le desire

Votre bonne amie,
CATHERINE.

NOTIONS
SUR LE SCULPTEUR BLASSET.

(D'après les Manuscrits de DOM GRENIER *à la Bibliothèque Royale.)*

NICOLAS Blasset, l'un des meilleurs artistes du règne de Louis XIII, était originaire de l'Amiénois. Le père Daire affirme qu'Abbeville fut le lieu de sa naissance ; cette opinion n'a point été partagée par dom Grenier qui cependant ne pense pas que Blasset soit né à Amiens. On sait qu'Amiens dispute à Abbeville l'honneur d'avoir vu naître cet habile sculpteur. Quoiqu'il en soit, Blasset passa presque toute sa vie à Amiens et remplit cette ville de ses chefs-d'œuvre ; il y mourut en 1659. Le tombeau élevé à sa mémoire fut placé dans l'église de Saint-Firmin-le-Confesseur.

Blasset réunissait au génie de la sculpture, les talents de l'architecte, l'art de la gravure, les connaissances du fondeur ; ce fut lui qui fondit en 1628, sur l'échafaud même, la grosse pomme du clocher de la cathédrale d'Amiens. On lui confia l'ordonnance et la décoration des théâtres et des arcs de triomphe que la ville d'Amiens fit construire en 1625 pour la réception solennelle d'Henriette de France, reine d'Angleterre.

Le graveur Lenfant, né à Abbeville, exécuta le portrait de Blasset et l'a représenté à demi-corps, couvert d'un manteau, avec l'inscription suivante :

Nicolaus Blasset, Ambianensis architectus et sculptor regius.

L'art fait presqu'en cette gravure
Vivre Blasset une autre fois
Mais l'art est ici cette fois
Moindre qu'en lui n'est la nature.

Lenfant abbavilleus sculpsit, Parisiis 1658.

NOTIONS
SUR LES DIVERS OUVRAGES DE BLASSET RECUEILLIES DANS LES MANUSCRITS DE DOM GRENIER.

A AMIENS.

« On voit à un des piliers de la nef d'Amiens, à gauche, un tableau d'un
» fond de jaspe avec un cadre de marbre noir, sur lequel est représenté en
» bas-relief une Annonciation. La Vierge et l'ange sont de marbre blanc et
» presque de grandeur naturelle, et au-dessus dans un cartouche aussi en
» bas-relief et de marbre blanc la figure du Père Éternel. Ce dessin est très-
» bien représenté. Le tableau fut donné en 1655 par Antoine Piece, ancien
» échevin.

» Un des chefs-d'œuvre de Blasset est un *ecce homo* au-dessus de la prin-
» cipale porte du cimetière de St-Denis. Il écrase le serpent. A côté du
» piédestal sont deux têtes d'anges pleurants. C'est un ouvrage admirable par
» son attitude. C'était l'ouvrage favori de Blasset ; car on tient que, plusieurs
» années après qu'il fut placé et afin de le rendre parfait il monta à l'échelle,
» y travailla plusieurs jours. C'est un don de Gabriel de Sachi, sieur du
» Coudrai, et de Marianne de Villers, son épouse, en 1628. François Cressent
» y a ajouté en 1711 les deux bras qui avaient été cassés.

» Les trois figures de la Vierge de grandeur naturelle qui sont à gauche
» dans la nef de la cathédrale d'Amiens, sont de marbre blanc et posées cha-
» cune sur une colonne de marbre noir de six pieds de haut non compris
» le piédestal et le chapiteau. La première représente la Vierge qui écrase le
» serpent et un squelette. L'autre est une Assomption. La Vierge est accom-
» pagnée de deux anges de chaque côté et au-dessus est le Père Éternel qui
» la reçoit. Le tout de marbre blanc. La troisième est toute simple tenant le

» petit Jésus dans un tableau avec le cadre de marbre noir, ainsi que les
» deux autres figures. Quoique les deux dernières soient d'un travail exquis,
» cependant les connaisseurs préfèrent la première qui est sans contredit la
» plus belle pièce que Blasset ait jamais faite, soit en cette ville soit à Paris.
» On ne peut se lasser de regarder la délicatesse du travail. Tout y est fini,
» notamment la tête de mort et le squelette et surtout le serpent qui est
» inimitable. Les deux petits anges qui voltigent au-dessus de la tête de la
» Vierge et du petit Jésus, jetant des fleurs, sont d'une attitude, d'un goût,
» d'un travail admirables.

» Tombeau de François Hémart, mort en 1635, fait par Blasset. Il est
» placé sur un des portiques du cloître qui conduit à l'église des Jésuites. Ce
» mausolée est composé au moins de 25 figures de pierre, dont huit ou neuf
» grandes comme nature, détachées de la pierre. Le reste en bas-relief presque
» isolé où Notre-Seigneur est représenté ressuscitant le Lazare. Toutes les fi-
» gures sont dans une attitude admirable. On dirait, en les considérant, qu'elles
» sont animées et que le sculpteur les a rendues susceptibles de différentes
» passions. On y voit une perspective inimitable. Les objets y sont d'une
» manière surprenante et agréable à la vue.

» Les principaux SS. de l'ordre de St-Dominique, dans l'église des Jacobins
» d'Amiens, ont été sculptés par Blasset. Ils décorent le chœur (Histoire
» d'Amiens, tome 2 page 280.) N'aurait-il pas fait aussi ceux de Compiègne ?

» Un mausolée fait par Blasset placé sous un des portiques du cloître de
» Saint-Denis, voisin de celui d'Hémart, et qui sert d'ornement à l'épitaphe
» de Jacques Mouret, décédé en 1641. C'est une Vierge tenant son fils Jésus,
» l'un et l'autre de pierre; mais ce que l'on regarde comme un chef-d'œuvre
» en sculpture est un cadavre qui est au pied de cette vierge se développant
» de son suaire et levant la tête pour regarder le petit Jésus et lui offrir
» d'une main une couronne et de l'autre une branche de laurier, pour marque
» de la victoire qu'il devait remporter sur la mort. On y distingue les veines,
» les artères, les muscles, les nerfs, les os, tous placés suivant les règles de
» l'anatomie. Cette pièce et le mausolée d'Hémart ont été trop exposés à
» l'injure du temps, de l'air, et qui plus est à la pétulance des écoliers pour
» avoir été conservés intacts.

» Le tombeau de Guillain Lucas, dans la cathédrale d'Amiens, est tout en
» marbre; la Vierge tenant le petit Jésus y est représentée grande comme
» nature devant laquelle la figure du chanoine est à genoux. Tout y est bien
» travaillé; mais ce qui fait l'admiration des connaisseurs ce sont trois têtes
» d'anges qui pleurent en attitudes différentes. Elles sont de pierre au-dessus
» du tombeau; ensuite un ange entre la Vierge et le chanoine assis et pleu-
» rant. Il a le coude droit appuyé sur une tête de mort et la main gauche
» est posée sur un sablier; le tout est en marbre blanc. C'est un des plus
» rares morceaux de sculpture qu'il y ait en Europe tant pour son attitude
« que pour l'exécution du dessin.

» Un des beaux morceaux de sculpture de la cathédrale d'Amiens, quoique
» de pierre, est placé à l'un des piliers de la croisée presque vis-à-vis la
» chapelle de N. D. du Puy. On le prendrait pour un groupe par la liaison
» des figures. On y voit la Vierge de grandeur naturelle tenant de la main
» le petit Jésus posé sur un prie-Dieu où un prêtre en surplis à genoux
» s'avance et se dispose à baiser un de ses pieds que le prêtre soutient de
» la main droite couverte d'un linge. Derrière lui est Saint-Claude son patron
» qui le présente. Toutes les figures paraissent animées.

» Un frère de Saint-Jean d'Amiens nommé Norbert ayant prédit au prince
» de Condé étant à Amiens qu'il serait victorieux à Rocroy comme il le fut
» en effet le 19 de mai 1643, ce prince le fit venir et lui donna une somme
» d'argent pour faire l'image de N. D. des Victoires qu'il lui avait promis.
» Elle fut exécutée par Blasset. Elle est de marbre, de grandeur naturelle,
» très délicatement travaillée. Les armes du prince sont au bas accolées de
» celles de la princesse son épouse. Elle est placée dans la nef à un pilier
» vis-à-vis la chaire du prédicateur.

» Dans la cathédrale d'Amiens on voit deux autels de Blasset adossés aux
» gros piliers de la nef. Ils sont décorés l'un et l'autre de cinq figures de
» grandeur naturelle, savoir à l'un St.-Roch et St.-Louis; cette statue attache
» les regards; la Justice et l'Abondance, deux vertus analogues au saint roy,
» et St.-Sébastien au-dessus. L'autre est orné de quatre figures de l'ancien
» testament qui sont Moyse, David, Esther, Judith, et une Vierge miracu-
» leuse au-dessus.

» Le mausolée de Nicolas de Lannoy, connétable héréditaire du Boulon-
» nais, dans l'église des Cordeliers. Il est de marbre et fut travaillé en 1632.
» (Voir l'Histoire d'Amiens du père Daire tome II, page 284.)

» Autres ouvrages de Blasset : un *Ecce Homo* dans l'église de Saint-Ger-
» main. — Un Saint-Fiacre aux Augustins. — Un Saint-François de Paule à
» Saint-Firmin-le-Confés qui vaut bien celui des Minimes d'Abbeville. — Plu-
» sieurs petits mausolées à Saint-Firmin. — Quelques figures et un buste aux
» Prémontrés. — Huit figures de religieux et religieuses aux Jacobins ; elles
» étaient en pierre et décoraient la chaire. — Un Christ en bois sur la balus-
» trade du sanctuaire des Jacobins. — Le pupitre de l'église de l'abbaye de
» Saint-Jean d'Amiens. — Des ébauches de bas-reliefs aux stalles des Jacobins
» représentant la vie et la mort de J. C. Ils sont très-estimés.

A ABBEVILLE.

» Le tombeau et la chapelle de Rambures dans l'église des Minimes d'Ab-
» beville. (Voir l'Almanach de Picardie de 1757 page 89.)

» On voit dans la même église, au sanctuaire près la porte de la sacristie,
» une colonne sur laquelle est la statue de Saint-François de Paule à genoux.
» Cette figure est de Blasset. »

LETTRE

DE M. DE HAUSSY DE ROBÉCOURT [1],

RELATIVE AU SIÉGE DE PÉRONNE.

(*Archives de la Maison de Sarcus.*)

4 juin 1782.

« .... Quant à ce que vous a dit M. le baron d'Aimeval de l'éloge de
» M.ʳˢ d'Estourmel et de Sarcus au discours du 11 septembre de chaque
» année, en l'église de Saint-Furcy, comme ayant secondé le courage d'une
» certaine Marie Ferré qui s'est distinguée pendant le siége ;

» La bravoure et le patriotisme des officiers-supérieurs qui se sont trouvés
» au siége de Péronne, tels que M. le m.ᵃˡ de La Marck de Bouillon, 1.ᵉʳ
» commandant du siége, de M. le comte de Dammartin, gouverneur de la
» place, de MM. le commandeur d'Humières, Sarcus, Saisseval, Créquy,
» d'Estourmel, reçoivent effectivement un juste tribut de louanges de la part
» du prédicateur pour tout ce que ces officiers ont fait de mémorable au
» service de la ville et du royaume qui étoit alors en grande détresse ; vous
» sentez que cela dépend tout-à-fait du plus ou moins d'éloquence et de
» sensibilité de l'orateur.

» Quant à ce qui concerne la prétendue Marie Ferré, le fait qui lui est per-
» sonnel n'influe en rien sur la bravoure des officiers et n'ajoute ni ne di-
» minue rien aux sentiments de reconnaissance que nous devons à ces géné-
» reux militaires ; la gloire leur en appartient tout entière.

» C'est une fausse indication que ce nom de *Marie Ferré*. L'héroïne qui
» a concouru à la libération de notre ville, en s'emparant de l'étendard d'un
» ennemi qui montait à l'assaut dans un endroit indéfendu et renversant cet
» ennemi dans le fossé avec ceux qui le suivaient sur les différents degrés de
» l'échelle, s'appelait *Catherine de Poix* et étoit la fille ou la femme d'un
» élu. Cette famille n'existe plus.

» Pour revenir à M. de Sarcus, celui qui s'est trouvé au siége de Péronne
» s'appeloit Jean, sire de Sarcus et de Mauny, capitaine-général de la légion
» de Picardie, et encore capitaine de 50 hommes d'armes des ordonnances du
» roi, gouverneur d'Hesdin. Je crois qu'il a épousé Marguerite de Chabannes.

» Le nobiliaire de Picardie de M. d'Haudiquez de Blancourt, de 1699,

---

[1] Adj.ᵗ du roi honoraire au bailliage de Péronne.

» page 492, sous le nom de Saisseval, porte qu'en reconnaissance du secours
» donné à Péronne en 1536 par MM. de Saisseval et de Sarcus qui comman-
» daient chacun 1,000 hommes de pied de la légion de Picardie, la ville
» garde une bannière qu'elle fait porter en procession tous les ans le 11 sep-
» tembre (et non point le jour de St-Fourcy comme le porte ce nobiliaire)
» sur laquelle d'un côté est représenté le siége avec les attaques et les brèches,
» et aux quatre coins les armes de MM. le maréchal de La Marck-Bouillon,
» comte de Dammartin, Sarcus et Saisseval.

» Cela est exactement vrai; je viens de voir cette bannière à l'hôtel-de-
» ville pour m'en éclaircir. C'est une pièce magnifique relevée tout en soie,
» or et argent en 1705 et dessinée d'après l'ancienne qui étoit toute usée et
» en peinture sur soie.

» J'y ai remarqué les armes dessus dites très bien brodées et notamment
» celles de la maison de Sarcus : elles sont *de gueules au sautoir d'argent*
» *accompagné de 4 merlettes de même.* »

PÉLERINAGES

DES ENVIRONS D'ABBEVILLE.

(*Extrait des Manuscrits de M. de l'Éperon, à la Bibliothèque Royale.*)

N. D. d'Emmont. Eglise seule dans la campagne de la paroisse de Bussu. On dit dans le pays qu'on ne peut pas y mettre de portes. On y a établi une confrairie du Rosaire depuis environ 40 ans (1706); les villages voisins sont de cette confrairie, et c'est près de cette église que l'on prêche la Passion le dimanche des Rameaux, et la Résurrection le jour de Pâques.

Les matelots y apportent un cierge le jour de la Nativité. Attention sur la dévotion aux morts. On y va après l'office.

Saint-Milefort, à Beaulieu. On y va pour les enfants en langueur.

N. D. de l'Heure. Une des cinq au Rosaire, le mardi de Pâques. Au bas de l'église est une fontaine qui forme un ruisseau qui passe et va à l'hermitage à Bouvaque et joint celle de Saint-Riquier au faubourg d'Abbeville. Les fripiers de la rue de la Vieserie portent un cierge le dernier jeudi d'aoust pour la peste. Louis XI y a été en pélerinage.

Saint-Christophe, à Mareuil. On y mange les premières prunes et on y loue des domestiques.

Epagnette. Le jour de St-Michel, les chanoines y nomment, et ce jour-là le prévost y fait le devoir de curé.

Saint-Riquier. Le 1.ᵉʳ may pour S. Marcoul grande affluence pour les escrouelles pendant le mois de may. Ruisseau commun au château, va à Drugy, Neufmoutier, Caours, et se joint avec le ruisseau de l'Heure, à Bouvaque. On dit que cette fontaine de S. Riquier est minérale et qu'elle a les mêmes qualités que celle de Forges en Normandie.

N. D. de Liesses, à Francières. Le jour de la Nativité, les matelots portent un cierge.

S. Marguerite aux Planches. Faubourg d'Abbeville, paroisse de Caubers. Maladerie aux religieux de Rüe. Pour les femmes enceintes.

S. Sylvain, à Montor. En septembre.

N. D. de la Chapelle, faubourg d'Abbeville. Tous les samedis, indulgences. La fête est la Nativité. L'on y va pour avoir des enfants.

S. Nasard. Confrairie dans la Vieserie. Pour les maux de tête le 12 juin. L'on y va encore le dimanche suivant.

N. D. de Monflières. Paroisse de Belencourt; Assomption, le dimanche devant l'Assomption, l'Annonciation. Les voisins de la rue St-Gilles, paroisse de St-Georges, y donnent un cierge de 24 livres le deuxième dimanche d'aoust par vœu pour la peste. — Les tanneurs donnent encore un cierge le jour de St-Laurent pour la misère de 1693. — La paroisse du Petit-Saint-Vulfran ou en Chaussée (*in Calceia*) y vient en procession le premier mardy d'après l'Assomption et donne un cierge. — La rue des Minimes un cierge le jour..... — La rue du Loque un le jour de l'Assomption. — Les prêtres de..... y vont pour le gain d'un procès.

Le Petit S. Valery. Hermitage. On va en avril pour les descentes et à St-Valery.

S. Suppli (S. Sulpice.) En campagne, paroisse d'Ochancourt. Un camp et des tentes. Affluence.

S. Vuin. Au-dessus de Gorenflos.

Bray. Les matelots y vont le 1.ᵉʳ de St-Christophle; ils font un roi et une reine.

Rue. On y va les fêtes de la Pentecôte.

N. D. de Nuemont. Près de St-Riquier, entre Gapennes et St-Riquier, où l'on prétend que l'on a trouvé les reliques de S. Riquier s'étant élevée une nuée qui découvrit les Anglais. C'est une des cinq Vierges. Le jour de Pâques chapelle que l'on ne peut fermer.

N. D. de Foy, à Canchy. Le jour de la Nativité où grande influence.

L'Hermitage. Maison ruinée où est une fontaine à une demi-lieue d'Abbeville qui forme un ruisseau qui se joint à celle de St-Riquier dans le faubourg du Bois au pont des Postes.

VAL, paroisse de Laviers, maladerie. On y va à St-Jean Moreauval.

BONAPARTE, PREMIER-CONSUL,

A AMIENS.

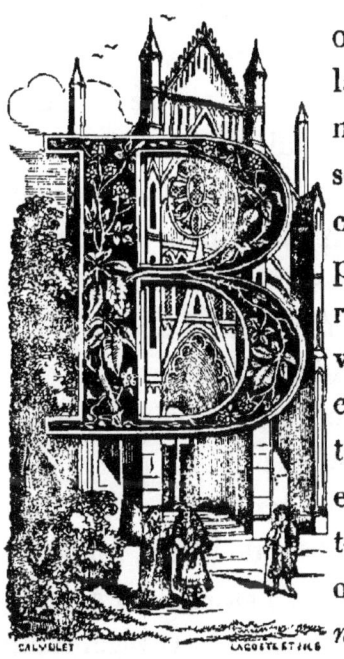

ONAPARTE, premier-consul, visita la ville d'Amiens au commencement de messidor an XI. Sa présence dans nos cités était alors accueillie avec enthousiasme. La prospérité renaissait ; la religion avait retrouvé ses autels, la morale et les vertus publiques reprenaient leur empire ; il ne restait plus rien des temps néfastes qui avaient précédé et qui feront la honte de notre histoire ; temps de délire et d'erreurs où *Dieu même sembla exilé de la nature*[1].

Le peuple, oubliant ses maux, voyait dans Bonaparte le restaurateur de la patrie. L'éclat de ses victoires répandait d'ailleurs sur sa personne un véritable prestige. Sa réception à Beauvais fut marquée par l'allégresse publique. C'est à Beauvais que le maire[2] et une députation du conseil mu-

---

[1] (Proclamation des Consuls sur le rétablissement du Culte. An x).
[2] (M. Augustin Debray).

nicipal d'Amiens vinrent offrir au Premier-Consul l'hommage de leur dévouement et lui demandèrent de venir visiter leur cité. Bonaparte écouta avec bienveillance le discours du maire et prononça ces paroles : « *Je verrai avec plaisir la ville d'Amiens ; elle est intéressante par son industrie ; elle l'est surtout par le bon esprit de ses habitants. Je la compare à une grande famille qui a toujours été unie, parce que tous ses enfants étaient bons.* »

Dans la soirée du 5 messidor, M. Chaptal, ministre de l'intérieur, et le général Moncey arrivèrent à Amiens où ils avaient été précédés par un détachement de la garde des Consuls ; le 6, au matin, M. Quinette, préfet de la Somme, et le général de brigade Musnier, qui commandait alors le département, partirent d'Amiens pour aller recevoir le Premier-Consul ; ils étaient suivis des volontaires à cheval, organisés en garde-d'honneur, et d'un escadron du 20.e de chasseurs. Les populations bordaient le chemin ; les conseils municipaux précédés des maires se groupaient sur le passage du Premier-Consul ; l'un de ces derniers offrit à Bonaparte une colombe tenant au bec un rameau d'olivier. De jeunes filles, vêtues de blanc, semèrent le chemin de fleurs et présentèrent des guirlandes à Joséphine qui accompagnait Bonaparte dans ce voyage. Leur entrée à Amiens eut lieu à six heures du soir, au son de toutes les cloches, au bruit des salves d'artillerie. Le maire présenta les clefs de la ville ; Bonaparte et Joséphine descendirent à la préfecture.

Les rues avaient été parées des produits des fabriques d'Amiens. Les illuminations, les arcs de triomphe, les devises servirent à manifester l'allégresse des habitants.

Une pyramide surmontée d'une étoile s'élevait sur la porte de Noyon ; on y lisait ces mots :

Paix d'Amiens, vi germinal an x.
Au Restaurateur de la Patrie
La ville d'Amiens reconnaissante.

Voici les inscriptions d'un trophée à trois faces établi sur la place Périgord :

1.re face : Paix continentale. — 2.e face : Traité d'Amiens. La modération couronne la victoire. Paix maritime. — 3.^r face : Concordat. La paix des consciences assure le bonheur du peuple. Paix religieuse et intérieure.

Des paroles recueillies en diverses circonstances de la bouche du Premier-Consul se trouvaient reproduites au milieu des trophées disposés à la halle, à l'hôtel-de-ville et au palais de justice. Voici ces paroles : « *Le travail assure à la fois le repos de la société et le bonheur de l'individu.* » — « *L'enceinte d'une grande cité doit être aussi sûre que l'habitation du simple citoyen.* » — « *Le premier appui des états c'est la fidèle exécution des lois.* »

Un portique dressé sur l'esplanade du rempart rappelait aussi ces mots du Premier-Consul : « *Puissent mes derniers regards voir le bonheur de la République aussi assuré que sa gloire.* » — Les devises guerrières se faisaient remarquer par un sentiment d'hostilité profonde contre les Anglais. On lisait sur la porte qui conduit à Calais : « *Chemin d'Angleterre ;* » et ailleurs : « *Un bon vent et trente-six heures !* » Voici l'inscription qui fut placée par un garde-d'honneur sur la façade de sa maison : « *La France l'aime ; l'Angleterre le craint ; l'Univers l'admire.* »

Le dimanche 7 messidor, à six heures du matin, Bonaparte à cheval visita les remparts et la citadelle ; il

s'embarqua sur la Somme à midi. Le maire, selon l'antique usage, lui présenta des cygnes en lui disant : « ci-
» toyen premier-consul, agréez le gage de nos sentiments
» d'admiration, de respect et d'amour en acceptant ces
» cygnes ; c'est celui que nos ancêtres ont offert dans tous
» les temps au chef de l'État ; le sage Louis XII le reçut
» avec bonté ; le vaillant Henri daigna l'accepter. Pour
» nous acquitter envers vous nous en avons doublé le
» nombre. »

Dans la journée du 8, Bonaparte et Joséphine visitèrent les fabriques d'Amiens[1] et l'exposition des produits de l'industrie du département. Ils se rendirent avant leur départ à la cathédrale où ils furent reçus par Mgr Villaret, évêque d'Amiens, accompagné de son clergé. En entrant dans l'église, Bonaparte parut frappé de la majesté de l'édifice, du caractère religieux de son architecture, et on l'entendit prononcer ces remarquables paroles : *les athées ne doivent pas bien être ici !* Lorsqu'il eut visité la cathédrale, l'évêque et le clergé appelèrent sur lui la faveur du Très-Haut et firent des prières pour son heureux voyage. Bonaparte partit quelques instants après et se rendit à Abbeville.

P. ROGER.

---

[1] Le Premier-Consul visita la fabrique de velours de MM. Morgan et Delahaye ; la fabrique de draps de M. Gense-Duminy ; et celle de M. Bonvalet, imprimeur d'étoffes.

(1803)

BONAPARTE, PREMIER-CONSUL, VISITANT LA CATHÉDRALE D'AMIENS.

DOCUMENTS HISTORIQUES

CONSERVÉS DANS LES ARCHIVES DU CHATEAU DE MERLEMONT EN BEAUVOISIS,

ET COMMUNIQUÉS PAR M. LE COMTE DE MERLEMONT.

LETTRE AUTOGRAPHE DU CONNÉTABLE DE LESDIGUIÈRES.

A monsieur de Merlemont, à Merlemont.

Monsieur de Merlemont [1], j'ay appris que avez quelques différents avec le sieur de Bachivillers. Je desire d'en sçavoir le sudject de vostre bouche et que à cest effect, la présente receue, vous me veniez treuver au lieu ou je seray, cependant je vous deffens de vous quereller ny demander aucune chose, à peyne d'encourir les peynes portées par les esdicts de Sa Majesté. Ce que en attendant je suis,

Monsieur de Merlemont,

Vostre bien humble à vous fere service,

LESDIGUIÈRES.

C'est à St-Germain, le 17 juillet 1623.

LETTRE AUTOGRAPHE DU ROI FRANÇOIS PREMIER.

A notre cher et bon ami Loys des Courtilz.

Cher et bon ami. Nous avons entendu qu'êtes tuteur et curateur des personne et biens de la jeune demoiselle Magdeleine de Marigny [3], fille de feu Beaugeois de Marigny et de Philippote Parent, sa femme, et pour autant que nous avons fait....... de l'amener en mariage avec Jehan de Vieuxpont [4] seigneur en partie de [6]....... lequel nous a semblé fort propre et convenable pour tous deux, et que nous escripvons présentement à notre amé et léal..... chambellan et chevalier de nos ordres, le sieur de La Rochepot [6] faire prendre et retirer ladite Magdeleine des mains où elle est de présent et la fasse mettre avec sa femme [7] pour y être nourrie....... ainsi qu'il appartient attendant la

---

1 Jean des Courtils de Merlemont. — 2 Robert de Gaudechart.

3 L'une des plus riches héritières de son temps. Elle était de la maison du célèbre Enguerrand de Marigny. — 4 Le mot est presque illisible. — 5 Peut-être *Morvillers*. — 6 François de Montmorency, sieur de La Rochepot, frère du connétable Anne de Montmorency. — 7 Charlotte d'Humières.

consommation du mariage. A ces causes nous vous en avons pareillement bien voulu escripre en vous priant de notre part y vouloir, en faveur et amour de nous, consentir sans....... y donner ni faire venir aucun empeschement, vous advisant que nous aurons cy après les deux personnages en leur avancement pour singulièrement recommandés, en quoi faisant vous me ferez service très-agréable. Donné à Villers-Cotterets, ce 23 de juillet 1535. FRANÇOIS. Et plus bas : BAYARD.

SENTENCE DU DUC DE LESDIGUIÈRES
SIGNÉE DE SA MAIN ET SCELLÉE DE SES ARMES.

Le duc de Lesdiguières, pair et connestable de France;

Après avoir veu l'assignation donnée au sieur de Merlemont pour comparoir pardevant nous au vingt troisième du présent mois d'aoust, et attendu que le dict sieur de Merlemont s'est présenté et obey à nos commandemens, nous luy avons donné congé et permis de se retirer en sa maison ou ailleurs où bon luy semblera, sauf à se représenter sy par nous luy est mandé.

Donné à Lusarche, le vingt cinquiesme aoust mil six cent vingt-trois. LESDIGUIÈRES. Et plus bas : RUFFIN.

LETTRE AUTOGRAPHE DE LOUIS DE VALOIS
COMTE D'ALAIS ET PLUS TARD DUC D'ANGOULÊME.

A Mess. les assecceurs des tailles de la ville de Melo, à Melo en Beauvoisis.

M.rs les asseceurs des tailles de Melo; ceux qui portent les armes pour le service du roy et particulièrement qui servent dans la cavalerie aïant accoutumés d'estre exemptés de la taille par toutes les villes et aultres lieux de France, je vous ai bien voulu prier de ne point refuser cette faveur à Desmarais, habitant de vostre ville, a quy j'ay donné une place dans ma compagnie avec ordre de se tenir toujours prêt au premier commandement qui luy sera fait de marcher, vous asseurant que je recognoistré la courtoisie que vous lui ferez si l'occasion s'offre de vous témoigner que je suis votre plus asseuré amy,

LOUIS DE VALOIS.

A Paris, ce 26 février 1617.

LETTRE AUTOGRAPHE D'HENRI IV,
ADRESSÉE A JEAN DES COURTILS, SEIGNEUR DE MERLEMONT.

Mons. de Merlemont, ayant sçu la querelle qui est entre vous et le sieur du Fayel[1], et que vous et les sieurs de Bonival et de Rueuil et quelques amis de votre partie estes en délibération d'en venir aux mains, je vous fais la présente pour vous dire que, sur toute l'obéissance que vous devez à votre roy et la crainte que vous avez d'encourir son indignation, vous n'ayez à vous demander aucune chose et que vous me veniez trouver au tems que le sieur de Villiers-Houdan vous fera entendre avec le commandement que je lui ai

---

[1] Nicolas de Gaudechart, seigneur du Fayel et de Bachivillers.

sur ce faict; vous envoyant un archer de mes gardes pour vous faire cette défense de ma part, faisant le semblable au sieur du Fayel, et m'assurant que vous satisferez à cette mienne volonté, je prie Dieu qu'il vous ait, Mons. de Merlemont, en sa saincte et digne garde.

Ecrit à Paris le 19.ᵉ jour de juillet 1607. HENRY.

LAISSER-PASSER SIGNÉ PAR CINQ-MARS.

Je certifie que Nicollas a donné sa carette à Cl. du Pille duquel la carette a esté rompue. Il plaisra à monsieur l'evesque d'Auxerre lui donner passeport avec un cheval qui n'est pas en estat de faire voiage. Fait à Amiens, le quatorzième septembre 1640. Signé FAILLY. — Plus, je certifie de même que dessus pour Pierre Ouarnier de Vuarluy [1] qui a trois chevaux..... FAILLY.

Laissez passer ces deux païsans avec quatre chevaux qui s'en retournent; ce 14 septembre 1640. CINQ-MARS.

S'ENSUIVENT TOUTES LES ŒUVRES
QUE A FAICT M.ᴳᴿ L'ABBÉ DE BACHIMONT,
ABBÉ DU MONASTÈRE DE CERCAMP,
EN 38 ANS QU'IL FUT VIVANT EN LADITE PRÉLATURE.

(Écrit en 1590-1591. Titres de Cercamp. Archives départementales du Pas-de-Calais.)

A ung chacun je fais sçavoir
Quy prendra paine de me lire
Comment jadis fist son debvoir
De beaux édifices construire
Et les lieux caducques réduire
En son temps en bas et amont
A à bien ses frères induire
Monseigneur Pierre de Bachimont.

Des Veignes [1] estant procureur
L'an v.ᶜ douze fus esleu
En febvrier pour estre pasteur
Je prie Dieu que soit à mon salut.

---

1 Warluis, bourg voisin de Beauvais dont le château de Merlemont dépendait.

2 Les mots soulignés et la signature sont de la main de Cinq-Mars.

1 L'abbaye de Saint-Jean-des-Vignes de Soissons.

Aux Bernardins dedans Paris
Fus bénis par monsieur de Grasse
Messieurs de Fromont et chevaliers
Assistées furent de leur grace.

Pour aulx ouvrages commenchier
De cheans estans necessaires
Notre gibet je fis dresser
Car le vice ne valloit guère.

A celle fin d'estre furny
Dherbes dinfantes en plusieurs sortes
Mon jardin a esté muny
De fors murs et de bonnes portes.

De cabinet et galleries
Sy fust paré ledict jardin
Et de paintures bien jolyes
Pour, en esté, boire bon vin.

Aussy pour à dilection
Tous nos relligieux mouvoir,
Je fis à bonne intention
Faire le comble du dorthoir.

Affin d'avoir plus grand'lumières
En notre chœur, dessus l'autel,
Je fis faire en hault trois verrières
Ce quy m'a semblé bon et bel.

Mes sœurs d'Aboval et d'Anvin
Des trois de bas ont donné deulx;
Celle du milieu mes affins
Aye faict faire de cœur joyeulx.

Par Servars, ouvrier exquis
Quy aymoit bien hurter au voyre,
Dardoise recouvrir je fis
Notre nef, ceste chose notoire.

Le grand refectoir feis paver
Aussy lambrouchier les dossas
Après qu'il fut faire rehaulcer
De terre bien trois piedz par bas.

Pour oster la pensée vaine
Fratribus comedentibus
Valentin Hurtan la fontaine
Paindit *de quinque panibus*.

Le parloir et une partie
Paver feis de notre hault cloltre;
Car jay toujours eu bon envye
De ce lieu en tous biens accroistre.

Les dessus de lambroucherie
Audict refectoire bien propices
Et les bancg nœuf de hucherie
Feist ung qui mengea plusieurs miches.

La passion du Redempteur
Au petit refectoir feis paindre
Car nous debvons ung tel seigneur
En tous temps prier sans nous faindre.

Pour une très belle édifice
Notre pepitre feis construire
Quy est une chose propisse
Pour en hault les lechons nous lire.

Dudict pepitre les imaiges
Par Jehan Ha furent composées.
Ung Hurtan, paintre de villaige,
Les a de paintures ornées.

Lenfantement du fils de Marye
En la rememoration
Dessus chuis de la brasserie
En paindit de labbé Vignon.

Et de l'aultre costé auprès
Des trois roys fut painte l'histoire
Affin que lon ayt cy après
Aulcunement de moy mémoire.

Pour nos francq fiefz et acqueste
Données du bâtard de Vendosme
Le Ecce Homo, à sa requeste,
Au cloitre on mist grant comme ung homme.

De Jésus la judicature
Et comment sa croix il porta
Là auprez on mit en paincture,
Quy nostre cloistre fort orna.

Affin que chacun puist ouyr
Collation plus à son aise
Au cloistre les bans fis assir
A deulx costez et aultre ouvraige.

Sur le siége du président
Pour induire à dévotions
Fis paindre le crucifiement
Du roy de toustes nations.

De nostre grand autel la table
Fis du tout par pieches lever
Pour le de fin or moult vaillable
Selon ma devise dorer.

Après grand coust, frais et dépens
De procès par longue saison
Contre messieurs de Doullens
Fis amortir Boucquemaison.

En la Muette, trois jonneulx
Feis planter de veignes vermeil
Nous en debvons estre joyeulx
Car du vin nous font à merveil.

Je edifiaye librairie
De bancq et lambroulx décorer
Et de bons livres bien furnie
Sur long temps l'avoye désirée.

Par le bon seigneur de Berlette
Noz orgues furent racoustrées
Par quoy en ont de voix plus nette
Et toujours trop mieulx entonnée.

Aussy les aye fait desmonter
Depuis la guerre enthierement
Pour les partout mieulx racoustrer;
Ne scaye si tiendront longuement.

Par guerre et fault de froment
Leglise fut fort à l'arrière
Tant quil convinct certainement
D'emprunter trouver la manière.

Messieurs de Loy et Premonstrée
De Rousseauville et Saint Riquier
M'ont grant seigne d'amour monstrée
Me prestant d'escus ung milier.

Sy primes cent livres de rente
Au denier seize de rembours
Car tousjours estoit nostre entente
Au bon temps aprez telz jours.

Jehan de Servins les débroursa
Lequel nous fit plaisir tres grand
Puis aprez ou le remboursa
Trois ans aprez, le tout comptant.

L'an XXXVII, le IX.e de may
Le roy franchois céans fist son entrée
Quy nous cousta ne fault avoir esmay
Veu qu'il avoit sy très puissante armée.

Puis en julliet, en l'an comme dessus,
Vint le dauphin avecq le grand maistre
En Deguillemont mectre leurs tentes sus
Que sans gaster les ablais ne pœult estre.

Le pénultième dudict moys
Pour dix mois fust treve accordée
Entre Bourguignons et Franchois
Attendant paix tant désirée.

Pour trois moys sy fust ralongie
Apres celuy tems revolut
Puis aidant Jésus et Marye
La paix a esté conclue.

BIBLIOTHÈQUES PUBLIQUES

DE

LA PICARDIE ET DE L'ARTOIS.

I.er ARTICLE.

BIBLIOTHÈQUE DE LA VILLE DE CALAIS.

A création de cette Bibliothèque date de 1795 ; les livres des Minimes, ceux des Jacobins de Calais et de quelques émigrés formèrent le premier fonds qui s'élevait à sept mille volumes environ. Pendant le Consulat, beaucoup d'émigrés revenus en France réclamèrent les livres confisqués à leur détriment ; on fit droit à leur demande ce qui appauvrit la Bibliothèque Publique. L'école centrale et divers échanges contribuèrent aussi à diminuer le nombre des volumes ; en 1819 ce dépôt ne comptait plus que deux mille cent quatre-vingt-seize volumes.

Les dons du gouvernement et de quelques personnes éclairées sont venus réparer ces pertes. Le roi et les ministres, à la sollicitation de M. F. Delessert, député ; M. Pigault-Maubaillarcq ; les héritiers de M. Blanquart de Sept-Fontaines ; M. J. Leveux, maire de Calais ; M. Jacques, commissaire de marine, etc. ont successivement contribué à enrichir la Bibliothèque Publique qui renferme aujourd'hui six mille vingt-sept volumes et six cent cinq brochures.

Voici leur classification :

Théologie, 623 volumes 8 brochures; — Jurisprudence, 147 vol. 46 broch.; — Philosophie, Politique, Administration, Commerce, Statistique, 134 vol. 199 broch.; — Belles-Lettres, Classiques, Enseignement, 1345 vol. 51 broch.; — Histoire, Antiquités et Art Militaire, 1295 vol. 33 broch.; — Voyages, Géographie, Hydrographie, 383 vol. 68 broch.; — Histoire Naturelle, Agriculture, 330 vol. 115 broch.; — Physique et Chimie, 271 vol. 10 broch.; — Médecine, Chirurgie, 37 vol. 6 broch.; — Sciences, Mathématiques, Arts et Métiers, Travaux Publics, Architecture, Beaux-Arts, 335 vol. 29 broch.; — Encyclopédies, Journaux, Recueils, 667 vol.; — Romans et Nouvelles, 50 vol; — *Doubles*, 396 ; *à dénommer*, 14 vol. 40 broch.

Nous avons emprunté les détails qui précèdent à l'excellent rapport que Mr H. J. de Rheims, bibliothécaire-archiviste de la ville, a récemment adressé à M. Legros-Devot, maire de Calais. Ce rapport imprimé peut être proposé comme un modèle aux bibliothécaires des dépôts publics : recherches sur les modifications successives que le nombre des volumes a subi ; appropriation du local ; classification des ouvrages ; achats à faire ; livres qu'il conviendrait de demander à la bienveillance du gouvernement ; ouvrages à compléter ; indication des doubles pour lesquels des échanges pourraient être opérés ; règlement de la Bibliothèque ; heures d'ouverture ; allocations annuelles ; reliures ; statistique des lecteurs ; toutes les questions en un mot qui se rattachent à l'organisation des Bibliothèques Publiques se trouvent traitées dans le rapport de M. de Rheims à qui la bibliographie et les études historiques doivent divers travaux justement estimés.

Les manuscrits de la Bibliothèque de Calais sont en petit nombre ; mais plusieurs de ces manuscrits méritent une mention particulière. Nous emprunterons les détails qui s'y rapportent au savant travail de M. de Rheims :

COMPTE DE RECETTE ET DÉPENSE DES CHEVALIERS BAILLIS DE CALAIS, ANNÉES 1307, 1308, 1309, 1312, 1313, 1324, 1326. MANUSCRIT DU TEMPS, PARCHEMIN. UN VOL. GRAND IN-F.°

Les rouleaux qui composent ce volume avaient été, à la faveur de la tourmente révolutionnaire, soustraits des archives d'Artois. Il sont tombés depuis dans les mains d'un historien célèbre, M. A. Monteil, et figuraient à la vente de ses manuscrits. L'amateur qui s'est rendu adjudicataire de ce volume intéressant, indispensable même pour notre localité, l'a cédé à la ville de Calais pour la somme de trois cents francs. Je me bornerai à faire connaître ici les noms des baillis qui ont rédigé ces comptes : « Les ans de grace mil trois » chens et sept et mil trois chens et wit, Willaume de Héronval; — l'an de » grasse mil CCC et noef, Wist : de Cokhove; — 1312, Jean de Waudrin» ghem; — 1313, Pierre Darras, (c'est dans ce compte que j'ai retrouvé le » nom de *Stas de Saint-Pierre*, de glorieuse mémoire.); — 1324, Andrieu » Candaveine; — 1326, Willaume de le Planke. » Que n'avons-nous aussi les manuscrits : « Receptio et expensa ville Calesii, annis 1268, 1289, 1295; — » le Compte du Terroir de Merch, fait par Eskevins, par Cormans et par » ses sept hommes, année 1327; — et onze Comptes de recettes et dépenses » de seigneuries, de villages dont le nom est en tête de chacun, écrits au » XIII.ᵉ et au XIV.ᵉ siècles, » dans lesquels il est question de *March*, de *Le Montoire*, etc., et qui se trouvaient à la même vente. Voyez *Traité des Matériaux manuscrits*, de M. Monteil; 1836. Tome II, pages 271 et suiv., et 287 et suiv.

MANUSCRIT DE PIERRE ANQUIER, NOTAIRE, GARDE-NOTES HÉRÉDITAIRE DU ROI, EN SA VILLE DE CALAIS ET PAYS RECONQUIS.

Journal historique (in-fol. de 54 feuillets) concernant les principaux faits qui se sont passés à Calais depuis le 11 avril 1633 jusqu'au 2 janvier 1644. Je ne m'étendrai pas sur l'intérêt que présente ce recueil original. Depuis plus de deux ans j'en ai extrait de nombreux passages qui ont été insérés dans *l'Industriel Calaisien*, sous le titre d'Éphémérides Locales.

P. Anquier a aussi laissé des Commentaires manuscrits sur les « Coustumes » de la ville de Calais et Pays Reconquis. » Ils se trouvent dans un exemplaire de l'édition de *Paris*, chez Jacques Dupuis, 1634, petit in-4.° de 44 feuillets, qui appartient à la Bibliothèque. Cet exemplaire est interfolié par les notes originales et inédites de P. Anquier; il est précédé de la Congratulation à l'ombre d'Anne Mangot, président de la généralité de Calais, avec l'anagramme par G. Lapostre, telles qu'elles ont été imprimées dans l'édition de « 1603, à Calais, par Bonaventure d'Asseville, libraire, demeurant sur le » marché. »

ANTIQUITEZ ET CHOSES REMARQUABLES DE LA VILLE DE CALAIS, COMTÉ DE GUINES, SANGATE, MERKE, OYE ET PAYS RECONQUIS.

Petit in-fol. de 123 feuillets et demi, écrit vers l'année 1640, donné à la Bibliothèque par M. Pigault-Maubaillarcq. Ce manuscrit autographe de Marin Bailleul, vicaire de Calais et curé de Sangatte, mort le 28 juillet 1639, se compose de six livres et commence par ces mots : « Livre premier, déduisant » l'ancien estat et estendue de la Gaule Belgique. » Le vi.e et dernier chapitre du livre VI termine les *Antiquités de Marin Bailleul* à l'année 1560 par l'affaire des Huguenots de Calais « lesquels en cachete professoient l'hé- » résie. Cependant que la garnison huguenote estoit encore dans Calais, ils » voulurent faire ravage dans les églises de Notre-Dame et ce qui restoit à St- » Nicolas, etc. »

Cette chronique inédite, d'un style précieux, faisait partie de la bibliothèque du président de Thosse, d'où elle passa dans celle de Pigault de Lépinoy. L'auteur y a consacré beaucoup de temps; ses recherches ont dû être très-nombreuses. Pigault de Lépinoy dit avec assez de raison que Bailleul s'est un peu trop attaché à des récits essentiellement fabuleux. Pourtant, on y rencontre parfois des passages fort curieux, dont Bernard et Lefebvre n'ont pas su profiter. A ce titre, il est à souhaiter qu'on entreprenne la publication du manuscrit de Marin Bailleul.

La Bibliothèque de Calais possède aussi une leçon plus moderne de cet ouvrage, in-fol. de 221 pages.

MANUSCRIT AUTOGRAPHE DE PIGAULT DE LÉPINOY, ANCIEN MAIRE DE CALAIS, PÈRE DU CÉLÈBRE PIGAULT-LE-BRUN.

Cette collection en cinq volumes in-fol. a été donnée à la Bibliothèque par M. Pigault-Maubaillarcq, fils de l'auteur.

Le 1.er volume contient l'Histoire des Morins, ou dissertation préliminaire à l'Histoire de Calais et de ses environs, en 65 feuillets. Le xiv.e chapitre est une dissertation sur les Antiquités de Marin Bailleul ; le xvi.e chapitre donne la nomenclature des auteurs qui ont servi à la composition du manuscrit de Pigault de Lépinoy; le xvii.e et dernier chapitre renferme une description de la Gaule Belgique. Après l'Histoire Préliminaire, vient ce que l'auteur appelle *Mémoires*.

Ici le manuscrit se divise en dix époques: la première trace l'histoire de la Morinie sous la domination romaine ; la dernière commence au traité de Vervins, qui rendit Calais à la France, et s'arrête à 1755, époque vers laquelle Pigault de Lépinoy entreprit son ouvrage. La préface finit par ces mots : « Je m'occupais du projet de donner une forme historique à ces mémoires, » lorsque M. Lefebure, prêtre doctrinaire à Paris et natif de Calais, me fit » part de la même idée, et m'engagea à lui envoyer, comme je le fis en 1762, » mes manuscrits pour les fondre dans son ouvrage. »

Ces *Mémoires*, auxquels Pigault de Lépinoy a donné la forme d'un journal historique, commencent vers l'an 700 de Rome (52 ans avant J.-C.) et présentent, année par année, les noms des consuls, des empereurs, des rois, des chefs militaires, civils et ecclésiastiques qui ont possédé ou gouverné le pays, ainsi que les événements remarquables qui se sont accomplis dans le cours de chacune de ces années. En tête de 1755, vers le milieu du quatrième volume, Pigault de Lépinoy a écrit : « J'ai commencé cette année à tenir note des événements intéressants. » Effectivement, c'est là que se termine ce qu'il appelle les *Mémoires;* c'est à dater de 1755 qu'il a cessé de puiser à des ressources étrangères, soit imprimées, soit manuscrites, et qu'il décrit les faits dont il a été témoin jusqu'au 10 thermidor an IV (28 juillet 1796); car c'est à cette époque et à la page 87 du cinquième volume que finit l'ouvrage. Pigault de Lépinoy a su rendre son manuscrit intéressant par ses récits sur la période révolutionnaire et en y insérant le texte d'une quantité de chartes, d'ordonnances et de règlements qui concernent Calais et ses environs. On trouve à la fin du quatrième volume 107 pages de notes supplémentaires ou justificatives, plus un *extraict* sur Calais en 28 pages, tiré du manuscrit de Du Cange, qui a pour titre : « Mémoires pour servir à l'Histoire de Picardie, » page 415; et enfin, la Dissertation du père Le Quien, dominicain, et natif de Boulogne, sur le port Itius (11 pages.) La Dissertation du P. Le Quien n'est pas inédite; elle a été insérée dans les Mémoires de littérature et d'histoire du P. Desmolets. Voyez la Bibliothèque Historique de Fevret de Fontette, t. I, n.° 306.

Pigault de Lépinoy est né à Calais le 12 juin 1726; il est mort dans la même ville le 9 thermidor an V.

DIALOGUES CRITI-COMIQUES AUX CHAMPS-ÉLYSÉES SUR LES ANNALES DE CALAIS ET DU PAYS RECONQUIS; MANUSCRIT IN-4.° OFFERT PAR M. PIGAULT-MAUBAILLARCQ.

Avant les *Annales,* qui ont été tirées à cent exemplaires, *Calais, port Iccien, et ses antiquités,* du « bonhomme L'Apostre », comme l'appelle Bernard, est la seule histoire de la localité qui ait été imprimée. Encore l'œuvre de G. L'Apostre n'était-elle qu'un brochure dans le goût fabuleux de Marin Bailleul. Il est impossible de s'en procurer un seul exemplaire aujourd'hui; c'est peut-être là son seul mérite. Le livre de Bernard, au contraire, est un ouvrage distingué que, sous beaucoup de rapports, nous préférons à la volumineuse histoire de Calais par Lefebvre; Lefebvre avait pourtant le grand avantage de paraître cinquante ans après Bernard.

Malgré l'estime dont il a toujours joui, ce livre a donné naissance aux Dialogues criti-comiques de Mallet de Brêmes. Ici, je ne puis mieux faire que de copier M. Dufaitelle, le spirituel et savant rédacteur de *l'Indicateur de Calais.*

« Les *Annales* furent vivement critiquées dès leur apparition par les habitants d'Ardres, qui avaient à se plaindre de plusieurs endroits de cet ouvrage. Le soin de la vengeance fut remis à un jeune avocat au parlement, J.-B. Mallet de Brêmes, qui, depuis, fut lieutenant de la justice de Calais; son **installation est du 23 septembre 1719**:

» Un clerc, pour deux ecus affrontant le hasard,
» A l'aise, chez Carlier, peut houspiller Bernard;
» Et, quand cet écrivain tombe dans la bévue,
» Lui montrer son bec jaune et le traiter de grue. »

Après avoir ainsi établi ses droits, notre jeune avocat composa son Dialogue criti-comique aux Champs-Élysées, où il mit aux prises l'irritable Bernard et un drapier nommé Laroche, critique sévère mais facétieux.

Plus tard, Mallet abandonna la forme du dialogue et refondit son travail; il lui donna ce nouveau titre : Remarques historiques et critiques sur les Annales de Calais, par un clerc du greffe consulaire de Calais. Cet ouvrage est resté inédit comme le Dialogue. M. Tetut, avocat, en a une copie autographe avec la date de 1753.

DE QUELQUES DROITS
ET DEVOIRS FÉODAUX EN ARTOIS.

Les droits et devoirs féodaux auxquels donnait lieu la possession de certains fiefs en Artois, offrent beaucoup de singularités : les détenteurs du fief de *la prévôté* faisaient le service *à pied, un glaive à la main*, à la cour du seigneur d'Auxi ; ils étaient tenus, en outre, d'ajourner ses hommes pour le service des plaids de la seigneurie. Le sire de Montmorency devait au ber d'Auxi l'hommage de bouche et de mains et une *paire d'éperons dorés* de la valeur de 10 sols chaque année au terme de Pâques, pour son fief de Bours. Le seigneur de Habarcq avait droit de *cœult à court* sur tous les manants qui possédaient des terres à Beaumetz, lorsqu'il séjournait dans son hôtel de Berles. Le même seigneur pouvait prendre plusieurs potages dans la cuisine des religieux de l'abbaye de St-Vaast, et les *mesureurs*, *gaugeurs* et *charbonniers* qui dépendaient du monastère lui devaient six deniers, chaque année, lorsqu'ils renouvelaient leur serment, le jour de St-Jean-Baptiste. Le seigneur de Créquy-Raimboval et ses gens pouvaient porter en la ville d'Aubigny tous *harnas* et *armures*, *pour l'ornement de leur corps*, sans être pour ce fait sujets à l'amende. On ne pouvait prendre *l'œsteuf*, ni jouer d'aucun jeu de souplesse *ès mettes* de la seigneurie de Bertran de Boffle, à moins d'en avoir obtenu la permission de ce seigneur. Le ber d'Auxi avait l'étrange privilége d'accorder à l'homme forain qui se mariait dans ce bourg la permission *d'user des droits du mariage, la première nuit des nôces;* mais cette permission ne pouvait être refusée, *par respect pour le sacrement*. Le même seigneur avait la faculté de se faire livrer dans chaque cabaret d'Auxi un *lot de vin pour son hôtel* à un denier de moins que le prix ordinaire. Gilles de Warin, premier homme du seigneur d'Auxi et possesseur du fief de *Helliers*, pouvait aller avec deux chevaux, ses chiens et *ses oiseaux*, voir rentrer les grains croissants sur ce fief, aux dépens de la maladrerie de St-Riquier. Toutes les fois que l'on renouvelait l'abbesse de Willencourt, le monastère devait 20 sols de reconnaissance au seigneur d'Auxi. Une autre abbaye était tenue de fournir, chaque année, au seigneur de Lens une pelisse fourrée de 50 dos de *conins* ou lapins, une paire de bottines garnies de drap blanc, et lorsqu'il allait à St-Denis, une double portion et deux picotins d'avoine pour son cheval. Le seigneur de Villers-Bruslin avait droit *d'issue* dans toute l'étendue de sa seigneurie, de manière qu'on ne pouvait rien vendre, donner, emporter, ni emmener hors de sa terre sur *chariots*, *charrettes*, *brouettes*, *bras*, *tête* et *épaules*, sans qu'on lui payât pour les brouettes 2 deniers; pour les bras, la tête ou les épaules 1 obole parisis; à peine de 60 sols d'amende et de confiscation de la chose emportée. S'il arrivait qu'un chariot versât sur le territoire de la seigneurie de *Givenchy-le-Noble*, celui à qui il appartenait ne pouvait le relever avant d'en avoir la permission du seigneur, sinon il était passible de 60 sols d'amende. Un pareil accident devait se renouveler assez souvent alors car, au XVI.ᵉ siècle et même au XVII.ᵉ, les chemins étaient en général mal entretenus. Le seigneur y faisait travailler ses vassaux par *escouade* ou *brigade* sous la surveillance de la personne qu'il désignait.

H. DUSEVEL,
MEMBRE NON RÉSIDANT DU COMITÉ DES CHARTES.

VÊTEMENTS ET MEUBLES D'UNE FEMME NOBLE AU XVI.ᵉ SIÈCLE.

I. Une quenouille ouvrée de soye;
II. Une robe d'escarlatte fourée de martes;
III. Un couvertoir de tapisserye;
IV. Six coussins en une pièce de tappisserye où sont figurez 6 paons;
V. Un coussin de velours noir damassé;
VI. Trois autres coussins de tapisserye portans trois cerfz;
VII. Toutes les courtines, gouttières de soye vert, couvertoir, bancqual et pailliot de drap vert servant à ung lit;

VIII. Une couppe d'argent doré et le couvre chief;

IX. Deux cuillers d'argent doré à manches de corail;

X. Deux chaintures, bloucques et morgants d'argent doré sur tissus l'un de soye vert et l'autre tanné damassé;

XI. Une patenostres de geet, garnye de cinq gros enseignaulx d'or;

XII. Une autre patenostres de geet à cincq enseignes d'or, esquelles y a escript *morir me fault;*

XIII. Deux afficquetz à chacune desquelles y a ung rubis, ung dyamant et ung perle;

XIV. Une verge d'or auquel est enchassé ung rubys;

XV. Deux robbes de drap noir l'une semple, l'autre double de taffetas à manches de vellours;

XVI. Deux cottes simples de drap noir;

XVII. Unes heures en parchemin couvertes de vellours noir à deux longs cloans d'argent dorez, ou y a deux ymaiges l'un de Notre-Dame et l'autre de Sainct Cristofle et le sacq de tapisserye y servant;

XVIII. Ung *Agnus Dei* d'or en une petite custode de drap d'argent;

XIX. Deux colliers d'or et une piéce de drap d'argent où y a ung ymage de *Sainct Jehan.*

XX. Ung tableau de bois où est la representacion de la Nativité de Nostre Seigneur à deux manteaulx de bois painctz;

XXI. Ung grand couvrechefz de vellours;

XXII. Ung petit coffre de cuir boully;

XXIII. Ung coffre à bahu doublé de cuyr rouge;

XXIV. Trois cens livres d'estain et 40 livres de tierchain;

XXV. Trois nappes de lin, ouvraige de petite venise, de deux aulnes de large et de huit aulnes de long;

XXVI. Quatre doubliers de lin, ouvraige de grande venise;

XXVII. Quatre douzaines de serviettes de lin, aussy ouvraige de venise;

XXVIII. Deux touailles de lin, ouvraige de petite venise;

XXIX. Quatre couvrechefz de toille de lin.

(*Archives du château de Bertangles. — Donation de meubles faite par Jeanne de May à Clairette du Gard. — Document communiqué par M. le marquis de* CLERMONT-TONNERRE.)

NOTIONS ARCHÉOLOGIQUES
SUR
LES MONUMENTS RELIGIEUX
DE LA VILLE DE ROYE [1].

ÉGLISE SAINT-PIERRE.

Le pape Luce III, dans une bulle datée du 15 avril 1184, prit sous sa protection l'église de Saint-Pierre avec toutes ses dépendances. Voici ses propres expressions : « Dilecti in domino filii, vestris junctis » clementer postulationibus annuentes et prœfatam re- » gensem ecclesiam in quâ divino mancipati estis officio » sub beati Petri et nostrâ protectione suscipimus et » prœsentes scripti comittimus..... »

Le grand portail en plein-cintre brisé est la seule partie encore debout de cet antique édifice qui dut être érigé au commencement du XII.ᵉ siècle.

Le portail du milieu présente trois archivoltes en retraite, ogivo-romanes, supportées par des colonnes qui rappellent l'enfance de l'art. La première archivolte se compose de deux rangs de chevrons brisés, l'un en creux, l'autre en relief; la deuxième de monstres fantastiques d'une conception riche et variée; ils sont séparés par des circonférences en creux, dans le centre desquelles s'enfoncent deux têtes de clous accolées. Une

---

[1] (Voir, pour la partie historique, la notice de MM. Dusevel et de la Fons.)

guirlande de cintres intersectés se glisse entre ces deux voussures; sur la troisième se profile un cordon de crosses végétales. Les chapiteaux, qui mériteraient d'être dessinés sur une plus grande échelle que ne l'a fait M. le baron Taylor [1], sont extrêmement remarquables sous le point de vue archéologique : ce sont des oiseaux qui, bec contre bec, boivent dans le même bassin, des bandelettes croisées, des enroulements, des entrelacs, etc. [2]. Ils ont quelque analogie avec ceux des églises de Namps-au-Val (Somme) et de Trie-Château (Oise) [3].

L'archivolte se compose d'une plate-bande de crochets affrontés et d'un cordon d'oves et de feuillages qui jadis se terminait par deux crapauds dont on ne voit plus que les pattes. L'ancien tympan a été détruit. Au-dessus d'une fenêtre percée en 1667 dans le pignon ancien et restaurée en 1843 par M. Ramée, on voit une petite rosace zodiacale dont les meneaux, partant d'un trèfle central, aboutissent directement à la circonférence. Tout en haut du pignon, exhaussé dans le cours du xvi.ᵉ siècle, on aperçoit à demi-brisée une statuette de St-Florent dans sa barque. Des gargouilles descendent de chaque côté du pignon qui,

---

[1] (Voyage pittoresque et romantique dans l'ancienne France. Picardie.)

[2] « Les savants de nos jours se sont mis l'esprit à la torture pour trouver l'explication de ce langage hiéroglyphique dont l'intelligence était familière aux chrétiens fervents du moyen-âge. Leurs doctes élucubrations n'ont rien produit de satisfaisant et une profonde obscurité continue à dérober à nos regards le mystérieux symbolisme de ces figures. » (M. Goze, *Archives Picardes*, 1841.)

[3] Voyez aussi sur Namps-au-Val un article de M. Goze, inséré dans les *Archives Picardes*, et un article de M. Garnier dans le tome V.ᵉ des *Mémoires de la Société des Antiquaires de Picardie*.

à ses angles inférieurs, est décoré des statues de St-Pierre et de St-Paul.

La porte latérale de droite se compose d'un cintre surbaissé et d'une ogive flamboyante à feuilles de choux frisés. Le sommet de l'ogive est coupé par une anse de panier qui sert d'encadrement à quelques panneaux simulés. L'autre portail latéral, d'une époque un peu moins reculée, étale avec complaisance son arcade à talon et ses gràcieux rinceaux. La galerie est formée de losanges au sud et d'enroulements au nord. Des contreforts terminés par une retraite en larmiers flanquent les murs des deux côtés. Les pignons exposés au nord ainsi que l'extérieur de la tour sont tapissés de rosettes, de médaillons et d'écussons. Une de ces armes, maintenant effacée, était parti de France et parti de Bretagne [1]. Bien que ces armoiries puissent également appartenir au règne de Charles VIII ou à celui de Louis XII, je pense qu'il faut les reporter au temps de ce dernier roi qui, en 1499, épousa Anne de Bretagne. Le caractère *quasi-renaissance* des ornements adjacents me porte à croire que ce côté ne peut dater que du règne de Louis XII, tandis que le côté méridional pourrait être antérieur à Charles VIII.

Le clocher qui surmonte le point de jonction de la nef de la croisée et du chœur est flanqué de quatre tourillons liés entre eux par une balustrade dont les dessins simulent une espèce de fleur de lis. Par une bizarrerie inexplicable, on a bouché la partie supé-

[1] (Manuscrits de M. de Corselles.)

rieure en sorte que le reste forme, découpé à jour, un je ne sais quoi qui n'a point de nom dans la langue archéologique.

INTÉRIEUR.

L'église a la forme d'une croix latine aux bras écourtés. Les bas-côtés se prolongent autour du chœur. Un incident assez récent me porterait à croire qu'il existait une crypte dans l'église primitive. Des maçons travaillaient au dallage de la sacristie ; en creusant la terre ils découvrirent un caveau. Quelques pierres qu'ils y jetèrent rendirent un bruit sonore comme si ces pierres avaient touché un cercueil d'airain. Sans se mettre en peine de leur découverte, ils continuèrent à paver la sacristie et ne parlèrent de ce qu'ils avaient vu que lorsqu'il fut devenu impossible de se livrer à des investigations qui auraient pu avoir d'importants résultats.

Voici les principales dimensions du vaisseau :

Du sol aux voûtes (maîtresses)	14ᵐ 86ᶜ
Largeur de la nef	17 58
Longueur de la nef	35 73
id. du chœur	17 13
Largeur des bas-côtés tournants	58 53
Longueur totale de l'édifice	58 39
Circonférence des piliers	3 22

Quatorze grosses colonnes cylindriques à base octogone soutiennent la maîtresse-voûte. Il y a à peine trente ans qu'on les a coiffées d'un ignoble tore en guise de chapiteaux. Dans les bas-côtés, les colonnes se profilent sous la forme d'arêtes prismatiques qui s'élancent du sol jusqu'à la clef de voûte. Au centre du transept, ainsi que dans le chœur, les piliers sont formés par une agrégation de colonnettes effilées, dont les chapiteaux sont remplacés par des arcs trilobés renfermés dans un plein cintre ou bien par de larges feuilles bizarrement contournées, des espèces de frettes triangulaires, des ceps de vignes, etc. Les trois arcades de l'hémicycle sont frangées d'arcs trilobés, semblables à ceux qu'on voit aux portails du xvi.ᵉ siècle. Les arceaux des croisillons se ramifient et s'ornent de pendentifs élégamment évidés, de clefs de voûte simulées, de fleurons, etc. Les clefs de voûte des bas-côtés tournants sont enrichies de très-jolies ciselures et se détachent presque de la voûte en stalactites sculptés. Ce sont des anges, des saints, des rosettes, des médaillons, des prophètes, Caton d'Utique, la Ste-Vierge, le Père Éternel. Les fenêtres n'ont que les trois meneaux qui se groupent dans le tympan en triangles ou en quadrilatères carvilignes ou dont les jours forment des cœurs et des flammes. La fenêtre du transept sud est la seule qui ait quatre meneaux. Trois œils de bœuf à vitraux coloriés sont percés dans les murs de l'abside.

ORNEMENTS ACCESSOIRES.

Vitraux peints. — M. de Corselles, lieutenant-civil au bailliage de Roye, a donné avec assez d'exactitude la liste des sujets peints sur nos verrières. Grégoire d'Essigny, dans son *Histoire de Roye*, a copié mot pour mot, selon sa louable habitude, les indications manuscrites de M. de Corselles. Cependant à cette époque une grande partie des vitraux peints étaient déjà brisés. Il fallait donc ne mentionner que ceux qui avaient échappé aux ravages du vandalisme et de l'incurie.

Fenêtre de l'abside. — M. de Corselles et par conséquent son éternel copiste, Grégoire d'Essigny, n'ont vu dans cette verrière qu'une *femme moribonde et couchée, assistée de plusieurs personnes*. Je pense que l'artiste a voulu représenter l'agonie de la Sainte-Vierge. Un apôtre lit les prières des agonisants; un autre jette l'eau bénite avec un goupillon. Plus loin on remarque deux vieillards; le premier a déposé son livre et ses lunettes à terre, l'autre souffle dans un encensoir. Sauf les anachronismes, ce vitrail est fort remarquable.

Chapelle de la Vierge. — Martyre de St-Crépin et St-Crépinien. Création du monde. Adam et Eve sous l'arbre du bien et du mal. Sacrifice d'Abel. Meurtre de Caïn et plusieurs autres traits tirés de la Genèse.

Bas-côté. Nord. 1.er *fenêtre*. Arrivée et adoration des Mages. Massacre des Innocents. — 2.e *fenêtre*. Histoire d'un pèlerin de Saint-Jacques. Une bataille des croisades. La mêlée est chaude et sanglante; il y a beaucoup de vie dans les détails et dans l'ensemble du tableau. — 3.e *fenêtre*. Un crucifix. St-Florent.

Bas-côté. Sud. 1.re *fenêtre*. N. S. entre deux personnages. Lazarre ressuscité. Saül converti. St-Pierre sortant de la prison. Héliodore chassé du Temple et poursuivi par un chien. — 2.e *fenêtre*. Un ange. Un animal symbolique de l'Apocalypse. La Samaritaine. St-Crépin. St-Crépinien. St-Cosme. St-Damiens. Ste-Catherine martyrisée. Sacrifice d'Abraham. Décollation de St-Jean. Suzanne devant ses juges. Hérode environné de ses courtisans. — 3.e *fenêtre*. Ascension de N.-S. Descente du St-Esprit sur la Ste-Vierge et les Apôtres. Une Résurrection. J.-C. chassant les vendeurs du Temple. Des groupes de Saints. Des démons rouges et verts qui tourmentent les damnés et les traînent dans des brouettes. Les lymbes. Ablution des pieds. L'Ascension. La Résurrection. La pécheresse chez Simon. Nôces de Cana. J.-C. devant les docteurs. Les armes des donateurs. — 4.ᵉ *fenêtre*. Des anges jouent de divers instruments. Arbre de Jessé; le tronc de l'arbre sort de la poitrine de Jessé qui se tient debout.

Tous ces vitraux, qui datent des xv.ᵉ et xvi.ᵉ siècles, sont remarquables par la richesse, la variété, l'éclat de leurs couleurs. Quelques têtes, certaines draperies sont d'une admirable perfection. Quel irréparable malheur que le vandalisme se soit acharné à détruire les sujets les plus curieux sous le rapport historique, tels que les sacres de St-Louis, de Charlemagne, de Clovis, la cour de Rome, etc., etc.

Pierres tumulaires. — Elles ont été toutes détruites à l'exception de celle de François Cabaille et d'Anne Jobart, sa femme, placée dans la chapelle de Saint-Louis et portant cette inscription :

> Ces deux furent touchés d'une commune flamme
> Dont la sainte vertu fut l'unique flambeau
> Leurs deux cœurs en vivant n'eurent qu'une même âme
> Leurs deux corps en mourant n'eurent qu'un seul tombeau.

Tableaux. — Les tableaux les plus remarquables de l'église Saint-Pierre sont :

1.° St-Jean baptisant dans les eaux du Jourdain. 2.° La femme adultère. 3.° L'aveugle-né. 4.° St-Pierre et le paralytique. Ces quatre grandes toiles appartenaient à Saint-Florent; ce sont de bonnes copies du Poussin. On pourrait peut-être leur reprocher des tons de ciel un peu bizarres et des carnations trop fortes en couleur. 5.° Une Nativité. Ce tableau de l'école française fait l'admiration des artistes. L'un des bergers est fort remarquable dans sa pose et dans l'expression de son humilité. Je crois que ce tableau est dû au pinceau du célèbre Hallé, peintre de Louis XIV. — 6.° J.-C. avec les disciples d'Emmaüs. Sur le second plan paraissent le donateur et la donatrice avec deux petits enfants. Le prie-Dieu sur lequel ils sont appuyés porte deux armoiries. Ce tableau sur bois n'est pas une œuvre médiocre; la tête du donateur accuse un pinceau habile.

On peut encore mentionner l'existence d'un orgue du style de Louis XV, les boiseries des chapelles, une statue de St-Roch et un assez joli autel corinthien où l'on regrette le manque d'unité de style.

ÉGLISE DE SAINT-GILLES.

Il ne reste absolument rien de l'ancienne église romane. Le monument actuel, rebâti dans le cours du XVI° siècle, ne mérite pas une longue description. Des piliers hexaèdres avec des évasements en guise de chapiteaux soutiennent des voûtes en pierre. On aperçoit quatre mascarons au-dessous du couronnement de l'un de ces piliers. Appartenaient-ils aux piliers primitifs, ou n'en sont-ils qu'une imitation fidèle? C'est une question fort embarrassante à laquelle je n'oserais répondre. Quelques vitraux et trois groupes sculptés méritent d'être examinés.

Après avoir décrit les églises de Roye qui existent encore, il nous reste à dire un mot de celles qui furent détruites dans le cours de la Révolution.

CORDELIERS.

L'église des Cordeliers fut fondée en 1222 par Raoulle-Suthur. Une partie de cet édifice fut reconstruite dans le XVII.ᵉ siècle.

MINIMES.

Ce couvent fut fondé en 1633 par Maximilien de Belleforière; l'église était terminée en 1652 [1].

ANNONCIADES.

Le monastère des Annonciades fut fondé sous Charles VIII par les habitants, sous le vocable de Ste-Elisabeth de Hongrie. Après avoir été la proie des flammes, il fut reconstruit aux dépens de la ville d'Amiens en 1560. En 1641, on y réunit les Franciscains de Bray-sur-Somme. Quelques vitraux remarquables existaient dans leur église [2].

SAINT-MÉDARD DE THAULE.

L'église de Saint-Médard de Thaule fut bâtie dans le XII.ᵉ siècle. Après avoir été brûlée en 1472 par Charles-le-Téméraire, elle fut reconstruite et tomba trois siècles après sous le marteau des agioclastes.

SAINT-FLORENT.

La collégiale de Saint-Florent fut fondée pour vingt-un chanoines, l'an 990, par Herbert, comte de Vermandois, et Hermengarde sa femme. Les fondateurs s'étaient réservé la nomination de quatre prébendes; mais en 1185 ce droit passa au roi de France, par l'union du Vermandois à la Couronne. L'église fut bâtie vers l'an 1046 par les libéralités de Hilledebrande, femme d'Herbert IV [3]. Détruite en 1552 par

---

[1] (De Corselles.)

[2] (Daire, histoire manuscrite des doyennés du diocèse d'Amiens.)

[3] Claude Hémeré (August. Veromand) collect.

l'armée de Charles-Quint, elle fut rebâtie dans la dernière partie du xviii.ᵉ siècle.

Cette église, primitivement sous le vocable de St-Georges, ne prit le nom de Saint-Florent qu'après que Hugues-le-Grand, comte de Vermandois, eut fait transporter à Roye les reliques de St-Florent-lez-Saumur [1].

Des difficultés s'étaient élevées entre le doyen de Roye et l'évêque d'Amiens. Il y eut un concordat entre Philippe de Valois, le doyen, le chapitre de Saint-Florent et l'évêque Jean de Cherchemont, relativement à l'élection des doyens de Roye. Ce concordat, cité par Choppin (de re politicâ. lib. 1. p. 33) porte que le doyen élu sera confirmé par l'évêque d'Amiens et qu'il lui jurera obéissance en ce qui concerne la cure.

En 1373, les Anglais, à la tête desquels marchait le duc de Lancastre, assiégèrent Saint-Florent et là, dit Belleforest, « ils séjournèrent six jours et pour ce qu'ils ne purent prendre l'église qui étoit forte, ils brûlèrent la ville et leur *parlement.* »

Louis XI, en 1475, ayant emporté d'assaut la ville de Roye qui était sous la domination du duc de Bourgogne, fit transporter les reliques de St-Florent dans l'abbaye de Saumur. Ce ne fut qu'en 1498 qu'une partie de ces reliques fut restituée au chapitre de Roye [2].

En l'an 1549, Henri II met sous sa sauvegarde les biens de Saint-Florent; ces lettres de garde-gardienne

---

[1] (Voyez la Bibliothèque de l'École des Chartes. 1842.)
[2] (Voyez la Bibliothèque de l'École des Chartes. 1842.)

ont été confirmées en 1636 par Louis XIII et par Louis XIV en 1646. Jean II avait déjà accordé de semblables lettres [1]. Le 27 avril 1740, Mgr G. de la Mothe, évêque d'Amiens, supprime neuf chapelleniers de la collégiale de Saint-Florent et n'en laisse subsister que six.

Parmi les pierres tumulaires de Saint-Florent, on distingue celle de Pierre de Frion (1632), gouverneur de Creil et de Roye. Ses armes étaient écartelé aux 1 et 4 d'une fasce, aux 2 et 3 d'un lion couronné à l'antique, sans désignation de couleurs ni de métaux [2].

Parmi les objets précieux qui appartenaient à Saint-Florent on remarquait :

1.° Une cuve baptismale qui ne servait que pour les premiers-nés des familles nobles. 2.° La châsse de St-Florent couverte de vermeil et de pierreries. 3.° Le buste de St-Florent en argent. 4.° Un calice de vermeil sur lequel on voyait des armes d'azur semé d'étoiles d'or et portant en chef un nuage de sinople. Tous ces riches objets furent livrés à la Convention Nationale le 2 frimaire an 2 [3].

L'église de Saint-Florent était bâtie sur la place et ceinte d'un rang de maisons antiques. Une seule survit encore à l'édifice et puisque j'ai parlé de cette maison, j'en profiterai pour discréditer une tradition inexacte : — On prétend que Jeanne de Bourgogne, femme de

---

[1] (Archives de la ville.)

[2] (De Corselles.)

[3] Goret. Manuscrit sur les principaux événements arrivés à Roye pendant la Révolution. (Voir ma notice sur les Mss. concernant la ville de Roye.)

Philippe-le-Bon, y mourut en 1329 ; mais la seule inscription des bâtiments suffirait pour détruire cette erreur. Le toit en arc Tudor et les divers ornements ne peuvent d'ailleurs laisser aucun doute sur ce point. J'ai voulu en outre consulter les archives de la ville ; j'ai trouvé un acte qui constate que *l'hôtellerie où mourut Jeanne de Bourgogne fut brûlée en 1551 par l'armée de Charles-Quint et qu'en son emplacement fut bâti un autre logis.*

L'abbé J. CORBLET, de Roye,
MEMBRE DE PLUSIEURS ACADÉMIES ET SOCIÉTÉS SAVANTES.

BIBLIOTHÈQUE
D'UN MAGISTRAT PICARD,
AU COMMENCEMENT DU XVII.ᵉ SIÈCLE [1].

Premièrement, un cours du droict civil, impression de Nivelle [2], en 5 tomes couverts de veau rouge, prisé. . . . . XXX l.

Item, Digestum *vetus* in folio et le Digeste *neuf* in-4.° couvert de bazanne, prisés . . . . XL s.

Item, deux tomes des œuvres de Cujas in-folio et un autre in-4.° prisés [3] . . . . XL s.

Item, un tome de Tiraqueau *de Nobilitate* couvert de veau rouge prisé XL s.

Item. Brisonnii *de verborum significatione*, prisé. . . . . . XL s.

[1] Cette sorte de catalogue peut servir à faire connaître, au moins approximativement, quel était le prix des ouvrages de droit, des classiques grecs et latins, de nos meilleurs livres d'histoire et des romans les plus en vogue, au commencement du XVII.ᵉ siècle.
H. D.

[2] Les livres imprimés chez Nivelle étaient ordinairement très-beaux et très-corrects.

[3] Les ouvrages publiés du vivant de Cujas avaient été imprimés en 5 tomes in-folio, chez Nivelle. On les reliait presque toujours en 3 volumes.

Item, les œuvres d'Alciat, en deux tomes, prisées	XL s.
Item, Budei, *in pendectas annotationes*, prisé	X s.
Item, Imperalium constitutionum, prisé	X s.
Item, Cardani, *de subtilitate*, prisé	VIII s.
Item, Molinœus, *in consuetudine parisiense*, prisé	XL s.
Item, les coutumes de Normandie, prisées	V s.
Item, Ragueau, sur les droits royaulx, prisé	X s.
Item, Molinœus, *in regulas cancellariæ*, prisé	XII s.
Item, Zazius, *de verborum obligationibus*, prisé	VIII s.
Item, Hotomani, questionum, illustrium prisé	IIII s.
Item, Caroli magni capitularia, prisés	XV s.
Item, Constitutiones Theodosi, prisées	IIII s.
Item, Bartoli opera, 9 tomes, prisés	XL s.
Item, Institutiones Acurtii prisées	X s.
Item, Stilus parlamenti prisé	XV s.
Item, Tractatus usurarum Molinæi, prisé	V s.
Item, Enchiridion Imberti, prisé	V s.
Item, Rebuffe, *de pacificis possessoribus*, en 2 volumes, prisés.	V s.
Item, Chassanée, prisé	XII s.
Item, Vocabularius [1] juris prisé	V s.
Item, les arrests de Papon, in-8.º, prisés	V s.
Item, Traicté des justices de village, prisé	II s.
Item, les oraisons de Démosthène en français, prisées	V s.
Item, Summa conciliorum pontificum, prisé	IIII s.
Item, Biblia sacra, prisée	L s.
Item, Evangelia prisés	II s.
Item, Psalmi doredis, prisés	III s.
Item, S. Ambrosi opera, prisés	II s.
Item, Lombardi sententiæ, prisées	V s.
Item, Aristoteli dialectica, prisée	IIII s.
Item, Xenophontis opera, prisés	VIII s.
Item, Eliodorus, prisé	II s.
Item, Aristotelis opera, en 4 volumes, prisés	IV s.
Item, Julii Cœsaris opera, prisé	V s.
Item, Plutarchi vitæ, en 3 tomes, prisé	X s.

[1] Nous croyons devoir faire observer ici que nous donnons les titres des ouvrages tels que les indique l'inventaire et sans y faire de corrections; nous avons seulement cherché à mettre un peu plus d'ordre dans la division des matières. H. D.

Item, Ciceronis opera, in-fol. prisé	VI l.
Item, Virgilii Maronis opera	XXX s.
Item, Saturnalia Lipsi, prisées.	III s.
Item, *Plutarchi vitæ*, en 3 tomes prisés.	X s.
Item, Homeri opera, en 2 tomes prisés	XV s.
Item, Macrobius, prisé	V s.
Item, Salustius, prisé	V s.
Item, Catulus, prisé	III s.
Item, Persius cum comentaria, prisé	V s.
Item, les amours d'Ovide, prisé	III s.
Item, Theocriti idilia, prisé.	V s.
Item, Silius Italicus, prisé	V s.
Item, l'Histoire de Judée, prisée	V s.
Item, Gregorum Turonensis, prisé	V s.
Item, Belleforest, en 2 tomes, prisés	IIII l.
Item, les mémoires de Du Bellay, prisé	XII s.
Item, l'histoire de M. de Thou, prisée.	XL s.
Item, du Haillan, de l'histoire de France.	VIII s.
Item, Histoire du roy sainct Louis, prisée	VI s.
Item, Philippe de Commines, prisé.	II s.
Item, la Cosmographie de Mestel, prisée.	LX s.
Item, Itinerarium Benjamini, prisé	II s.
Item, Recœul des Isles de l'Océan, prisé	V s.
Item, *De gentibus septentrionalibus*, prisé.	VI s.
Item, Du royaulme de la Chine, prisé	VI s.
Item, Pomponii Mœli de situ, prisé.	V s.
Item, Hierusalem (Jérusalem) du signor Torquato, prisé . . .	VIII s.
Item, Rolland le Furieux, prisé	III s.
Item, les Amadis de Gaule, prisé [1]	»
Item, le Decameron de Bocase (Bocace), prisé.	II s.
Item, le roman de la Rose, avecq trois livres d'amour, prisé [2].	V s.

(*Archives du château de Bertangles*. Extrait d'un ancien inventaire communiqué par M. le marquis de Clermont-Tonnerre.)

---

[1] Cet ouvrage étant encore fort goûté alors, le rédacteur de l'inventaire n'aura pas osé l'estimer.

[2] Les bibliophiles de nos jours attachent bien plus de prix à ce célèbre roman.

PASSAGE
DU GUÉ DE BLANQUE-TAQUE
PAR L'ARMÉE ANGLAISE.

Le roi d'Angleterre, dit Froissart, estoit moult pensif à Airaines. Si ouist messe avant le soleil levant, lors fit sonner ses trompettes de délogement. Il traversa le pays de Vimeu et s'approcha d'Abbeville. Il brûla un gros village aux environs et vint gîter à l'hôpital d'Oisemont. Philippe, parti d'Amiens, étoit, à une heure de l'après-midi, à Airaines. Il y trouva des *pourveances de chair en hastées, pain et pastes en four, vin en tonneaux et en barils, et moult de tables mises que les Anglois avoient laissées.* Les deux maréchaux d'Édouard, descendus le long de la Somme jusqu'à Saint-Valery, toujours pour s'enquérir d'un nouveau passage, revinrent le soir dire à leur maître qu'ils n'avoient pas été plus heureux qu'auparavant. Si Philippe avoit eu seulement l'avance de quelques heures, ou si le gué de Blanque-Taque eût été mieux gardé, c'en étoit fait des Anglois.

Ce monarque et cette armée, qui avoient causé tant d'épouvante, ressentoient à leur tour la terreur qu'ils avoient inspirée. Perdu de réputation comme général, méprisé comme roi, abhorré comme homme, Édouard alloit finir de la fin d'un aventurier et d'un incen-

(1346)

PASSAGE DU GUÉ DE BLANQUE-TAQUE.

diaire. La défaite en faisoit un chef sans mérite, sans prévoyance, sans courage; le triomphe en fit un capitaine illustre: le succès semble être le génie; un moment sépare la honte de la gloire.

Il étoit nuit; personne, dans le camp anglois, ne dormoit: ceux-ci regrettoient le butin qu'ils alloient perdre; ceux-là pleuroient leurs femmes, leurs enfants, leur patrie. Les soldats qui avoient exploré la rivière en faisoient des récits effrayants; d'autres croyoient entendre déjà les clameurs de l'armée françoise, laquelle s'étoit promis de ne faire aucun quartier à l'ennemi; serment que Philippe avoit prononcé dans la colère, et qu'il eût rétracté dans la victoire.

Les chefs n'étoient pas en de moindres alarmes: acculé à la mer, et retiré sous sa tente comme une bête noire dans sa bauge, Édouard rouloit en silence autour de lui des regards sombres qui s'attendrissoient en tombant sur son fils: ce prince adolescent, destiné à devenir le modèle de la chevalerie, étoit, sans le savoir, à la veille de sa renommée, et déjà comme tout brillant de l'aurore de cette gloire qui s'alloit lever pour lui. Son armure noire, donnant une bonne grâce particulière à sa haute taille et à sa jeunesse, relevoit encore la blancheur de son teint; car il étoit grand et pâle, tel qu'on a représenté depuis le capitaine Bayard; mais il étoit plus beau.

Édouard, pour prendre une dernière résolution, assemble au flambeau son conseil: inspiré par la mauvaise fortune de la France, il fait amener devant lui des prisonniers du pays de Vimeu et de Ponthieu; il s'informe s'ils ne connoîtroient point un gué au-dessous d'Abbeville, promettant à quiconque indiqueroit ce gué la liberté et celle de vingt autres captifs. Parmi ces malheureux se trouvoit un valet Gobin-Agace; l'histoire a retenu son nom ignoble, comme celui d'un de ces hommes de perdition que la providence emploie lorsqu'elle veut châtier les empires.

Ce valet déclara qu'il existoit un gué où douze soudoyers pouvoient passer de front à plusieurs endroits, deux fois par jour, à mer basse. Le fond de ce gué étoit composé d'un gravier blanc et dur, d'où lui étoit venu le nom de Blanque-Taque, ou de Blanche-Tache, ou de Blanche - Cayeux [1]. Le valet ajouta

---

[1] « D'après ce que dit Froissart, il paraîtrait que le passage de *Blanquetaque* n'est pas, comme on le croit dans le pays, entre les villages de Noyelles et de Port, mais bien au Crotoy. L'histoire rapporte que Gondemar de Fay défendit le passage à Noyelles, et Froissart dit que les Anglais se portèrent à Saint-Valery, à l'embouchure de la Somme, où l'on se battit, sans dire si cette ville fut prise. On ne sait plus que penser à ce langage, puisqu'on ne ne pouvait point passer au Crotoy sans être maître de Saint-Valery. Il faut donc s'arrêter à croire *Blanquetaque* entre Noyelles et Port, à moins qu'il ne soit au-dessous du Crotoy, ce qui contredirait les traditions du pays d'autant plus à tort que ce gué existe encore en partie de nos jours, entre ces deux villages. » (Baron SEYMOUR DE CONSTANT. *Revue Anglo-Française*.)

« L'armée anglaise partit à minuit d'Oisemont, guidée par Gobin-Agache, et arriva, vers cinq heures du matin, au gué de Blanquetaque. Cassini s'est trompé en plaçant ce gué à l'embouchure de la Somme, au-dessus du Crotoy. Ce que les marins nomment Blanquetaque, c'est-à-dire tache blanche, est le point le plus apparent de la falaise crayeuse qui forme, au-dessus de Port, une longue bande de couleur blanche. C'est donc à douze ou quinze cents mètres environ, à l'aval de ce village, que nous devons placer l'endroit où se trouvait ce passage. Sur tous les points de la Somme, depuis Port jusqu'au Crotoy, le fond de la rivière est mobile comme ses flots : chaque navire le creuse ou l'exhausse alternativement ; mais le gué de Blanquetaque n'a jamais varié. Dans les longues guerres du moyen-âge, il a toujours servi de passage aux nombreuses armées qui ravagèrent le pays. Aujourd'hui, comme au temps de Gobin-Agache, ce gué est « à gravier de blanche marle, fort et dur, sur » quoi on peut fermement charrier » (FROISSART.) Mais maintenant le fleuve est entièrement guéable depuis Port jusqu'à Noyelles. »

(M. P. C. LOUANDRE. *Revue Anglo-Française*.)

qu'on le pouvoit traverser avec des chariots, et que les hommes n'y avoient de l'eau que jusqu'au genou. « *Compains*, s'écria Édouard transporté de joie, *si je » treuve vrai ce que tu dis, je te quitterai ta prison » à toi et à tous tes compagnons, et je te baillerai » cent escus nobles.* » Et Gobin-Agace lui répondit: « *Sire, oyle en péril de ma teste.* »

Aussitôt Édouard ordonne à ses capitaines de se tenir prêts. A minuit la trompette sonne; *sommiers sont troussés, chars chargés;* on prend les armes. Au point du jour les Anglois quittent Oisemont et commencent à défiler: Gobin-Agace servoit de guide; Harcourt étoit à l'avant-garde: deux François marchoient à la tête de la fuite de nos ennemis. Le soleil se levoit lorsqu'on atteignit le gué. Si la joie des Anglois avoit été grande quand ils s'étoient flattés de franchir la Somme, ils retombèrent dans le désespoir en arrivant sur ses bords: la mer était haute; le flux couloit à pleines rives. De l'autre côté du fleuve, on apercevoit douze mille François rangés en bataille, et commandés par ce brave Godemar du Fay qui avoit si vaillamment défendu Tournay. Philippe, prévoyant que l'ennemi découvriroit le gué de Blanque-Taque, avoit détaché de son armée mille hommes d'armes et six mille archers génois. Ce corps, auquel se réunirent les communes d'Abbeville, passa la Somme à Saint-Seigneur, et descendit à Blanque-Taque.

Quatre longues heures s'écoulèrent avant que le gué devint praticable. Le monarque anglois donne alors le signal, commande aux deux maréchaux Warwick et d'Harcourt de traverser la Somme, *bannière au vent, au nom de Dieu et de Saint Georges, les plus bachelereux et les mieux montés devant*. Édouard, suivi du prince de Galles, se jette dans l'eau l'épée à la main. Les chevaliers françois, au bord opposé, baissant la lance, viennent à la rencontre, et reçoivent chaudement l'ennemi. Un combat s'engage dans le lit même de la rivière. Le péril des Anglois étoit imminent : ils n'avoient plus que deux heures pour accomplir le passage de leurs troupes, chariots et bagages; le flux revenant les eût engloutis. Sur la rive qu'ils quittoient, on commençoit à apercevoir les coureurs de l'armée de Philippe. La nécessité double les forces et le courage des ennemis; leurs archers chassent à coups de flèches les archers génois qui longeoient la rive droite de la Somme. Harcourt et Warwick atteignent le bord avec quelques escadrons, chargent les François, les culbutent, gagnent un terrain où se forme derrière eux l'armée d'Édouard à mesure qu'elle sort de l'eau. Alors les milices commandées par du Fay prennent la fuite, et lui-même est obligé de se retirer.

A peine l'ennemi étoit-il passé que l'avant-garde de notre armée entra au campement abandonné des Anglois; elle s'empara des chariots, et prit trois ou quatre cents traînards. On auroit pu exercer des représailles sur ces brûleurs de chaumières : on leur accorda la vie. Philippe arrive, voit Édouard de l'autre côté de la Somme, et le veut suivre; mais, déjà montante, la marée noyoit le gué; il fallut perdre un jour pour rétrograder et traverser la rivière à Abbeville. Édouard effectua le passage le 24 d'août 1346, jour de Saint-Barthélemy.

Tel est le récit que Froissart et plusieurs auteurs

après lui font de la rencontre de Blanque-Taque; mais le continuateur de Nangis et l'auteur anonyme de la chronique de Flandre affirment que Godemar du Fay se retira sans combattre. Mézeray ajoute qu'il étoit parent de Geoffroy d'Harcourt, et qu'il se vendit à Édouard; il est certain que Philippe voulut dans la suite le faire pendre comme traître. Mais la colère du roi, excitée par le malheur, et le témoignage de deux historiens qui adoptent tous les bruits populaires, ne suffisent pas pour détruire le récit circonstancié de Froissart, pour déshonorer la mémoire d'un vieux capitaine qui avoit donné tant de preuves de courage et de fidélité.

Édouard, ayant passé le gué, rendit grâces à Dieu, fit appeler Gobin-Agace, le délivra avec tous ses compagnons, lui donna les cent nobles promis et un roussin.

M. DE CHATEAUBRIAND.

REVUE
HISTORIQUE ET ARCHÉOLOGIQUE
DES ÉGLISES DE PICARDIE ET D'ARTOIS.

2.ᵉ ARTICLE. — DIOCÈSE D'AMIENS.

De nouveaux renseignements nous sont parvenus sur diverses églises du diocèse d'Amiens qui n'ont point encore été décrites dans la *Bibliothèque Historique*. Nous allons signaler ce qu'elles offrent de remarquable. (Voir le 1.ᵉʳ article, pages 90 et suivantes.)

LI. *Église d'Ailly-le-Haut-Clocher* (arrondissement d'Abbeville.) La construction de cette église appartient à plusieurs époques. Le portail et la voûte du clocher furent refaits en 1562 par Antoine Moulard et Jean Daullé, habiles maçons de Fontaine-sur-Somme. On remarque, à l'extérieur, la tour haute de 175 pieds, y compris la flèche, et surtout l'escalier séparé de la tour. Cet escalier, de forme octogone et divisé d'étage en étage par des cordons multipliés, est d'un effet fort pittoresque. Le haut, terminé en campane, est couronné par une statue de *St-Jean* que le peuple appelle *Bonaparte*, à cause, sans doute, de la ressemblance que la statue semble avoir, à distance, avec les figures en pied de Napoléon. L'intérieur de l'église d'Ailly est d'un bel aspect. Les fenêtres, autrefois garnies de vitres peintes, se terminent en ogive. Les arêtes en pierre de la voûte du chœur et de la chapelle du bas-côté droit sont saillantes; leurs nervures arrondies ont des rosaces ou des pendentifs à leur point de jonction. Les boiseries du chœur présentent, en quelques endroits, des écussons chargés de trois lézards en pal. La chaire est remarquable par les bas-reliefs qui la décorent. Ils représentent *l'Annonciation*, *la Naissance de la Vierge* et *l'Assomption*. On voit une grande dalle en pierre noire à l'entrée du chœur; l'inscription est effacée; mais on sait, par tradition, qu'elle recouvre les restes d'un ancien seigneur d'Ailly de la famille Leboucher dont les armes sont placées au haut de la porte latérale de l'église qui donne sur le cimetière [1].

LII. *Eglise de Canchy*. — Elle est d'une époque récente; le porche seul mérite quelque attention. Il est formé par une ancienne chapelle. Les arêtes de la voussure se croisent et forment un cintre plein. Un *Ecce Homo* en pierre décore ce porche; c'est un assez bon morceau. Un de ces juifs voyageurs qui font métier de parcourir les campagnes, pour dépouiller nos monuments de leurs antiquités les plus précieuses, en a offert jusqu'à cent francs.

Une ancienne chapelle existait à Canchy, au temps de la bataille de Crécy. Louis XI y est venu en pélerinage. Elle a été réédifiée par le seigneur de Canchy en 1660. Une bulle du pape Clément X accorda des indulgences à tous ceux qui la visiteraient le jour de la Nativité de la Vierge [2].

LIII. *Eglise de Citerne*. — Comme l'église de Canchy, celle de Citerne est moderne. On n'a conservé de l'ancienne église qu'une poutre sur laquelle on lit cette inscription en lettres gothiques : En. l'an. 1549. fut. fait le comble neuf. le III.ᵉ de may mil. cincq. cens quarante huit fut l'autre par feu détruit [3].

LIV. *Eglise de Coulonvillers*. — On croit que cette église est l'ancienne chapelle du château construit sur un monticule voisin. Le chœur semble appartenir à la fin du style ogival. Les murs des collatéraux sont surmontés d'une corniche en bois ornée de rinceaux, de figures grimaçantes, de bustes et d'animaux. Un impitoyable barbouilleur a malheureusement badigeonné cette corniche; et l'épaisseur du badigeon empêche, pour le moment, de bien déchiffrer les inscriptions suivantes :

---

[1] Renseignements communiqués par M. l'abbé Duval, curé-doyen d'Ailly-le-Haut-Clocher. Notes de MM. H. Dusevel et A. Goze.

[2] Renseignements communiqués par M. Leroy, desservant de Canchy.

[3] Id. par M. l'abbé Naillon, desservant à Citerne.

En quinze cent comble fut fait.....
Il faut morir etc............

Les bouts des solives de la voûte de la nef et du chœur sont terminés par des figures. On reconnaît celle de *St-Pierre* parmi les plus apparentes. — L'église de Coulonvillers est sous le vocable de *St-Gervais et St-Protais*. Elle n'était autrefois éclairée que par quatre petites croisées, garnies de verres peints; le curé fit agrandir ces croisées en 1820 afin que le jour éclairât mieux le chœur [1].

LV. *Eglise d'Hautevillers.* — Son portail est peu remarquable. On voit aux extrémités de la corniche du pignon deux figures gravement altérées par le temps. Des vitraux peints ornaient jadis l'église; il en reste quelques panneaux où sont représentés divers personnages et plusieurs anges jouant de la lyre ou battant le tambour [2].

LVI. *Eglise d'Huppy.* — La tour de cette église, flanquée d'épais contreforts et renfermant un bel escalier, est quadrangulaire. Une galerie en pierres avec dessins à jour la termine, et elle est surmontée d'une flèche en bois. L'édifice est en forme de croix latine. Il y a, à l'intérieur, un rang de piliers garnis de feuillages à la naissance des voûtes. Ces voûtes ont des rosaces et des pendentifs en saillie d'un demi-mètre au moins. Une dalle, portant des armoiries à demi-effacées, sert d'entrée au caveau qui se trouve dans le chœur. *St-Sulpice* est le patron de l'église d'Huppy [3].

LVII. *Eglise de Liercourt.* Ce curieux monument est construit en pierres formant, d'espace en espace, des compartiments variés dans le bas des murs. Un archivolte très-orné surmonte la porte. Dans la niche paraît *St-Riquier*, patron de l'église; il est vêtu en grand seigneur et tient, comme St-Pierre, des clefs à la main; des marques de couvreurs sont gravées sur les murs du côté du cimetière. A l'intérieur, l'église de Liercourt offre beaucoup d'objets intéressants. Les corniches en bois de la nef et des bas-côtés sont infiniment curieuses. Les bouts des solives du bas-côté droit représentent des saints martyrs, de pieux abbés, tels que *St-Quentin, St-Sébastien, St-Riquier*, etc. — Les culs-de-lampe de l'abside et de la chapelle *Notre-Dame* fixent les regards. On y distingue, entr'autres sujets, le *Christ bénissant* et la *Trinité* comme on la représentait ordinairement au XVI.e siècle; on voit le *Père Éternel tenant son fils attaché à la Croix* et ayant le *Saint-Esprit dans sa barbe*. Les supports des statues, placées près du mur et aux piliers du bas-côté gauche, sont très-remarquables; ils offrent, au-dessous, une sorte de croix de Malte, ce qui a pu faire penser que ce monument avait appartenu aux Templiers; mais cette opinion nous semble inadmissible, car l'ordre du Temple fut aboli

---

1 Renseignements communiqués par M. l'abbé Lafitte, desservant à Coulonvillers.
2   Id.   par M. l'abbé Mélan, desservant d'Hautevillers.
3   Id.   par M. l'abbé Desavoye, desservant de Huppy.

dès 1309 et l'église de Liercourt ne remonte pas au-delà du xv.ᵉ siècle. Un banc d'œuvre sculpté et portant la date de 1588, une piscine avec archivolte en anse de panier et les fonts qui sont très-élégants, attirent aussi l'attention de visiteurs [1].

LVIII. *Eglise de Mérélessart.* — On remarque surtout, dans cette église, de petites statues en albâtre depuis long-temps recouvertes de chaux. Ces statues sont groupées autour d'une représentation de la Nativité de la fin du xvi.ᵉ siècle [2].

LIX. *Eglise de Moyenneville.* — La construction de l'église de Moyenneville n'offre rien de particulier. Les fenêtres de ce monument sont en cintre ; celles du chœur ont la forme flamboyante en usage au xvi.ᵉ siècle. La corniche de la nef est ornée de figures et de feuillages sculptés. Une belle flèche en pierre surmonte la tour, couronnée par une galerie en pierres découpées à jour et formant des rosaces. St-Samson est le patron de l'église de Moyenneville [3].

LX. *Eglise d'Ochancourt.* — On n'a point de notions certaines sur l'origine de cette église. Mais on pense qu'elle fut reconstruite telle qu'on la voit aujourd'hui au commencement du xvi.ᵉ siècle. Le clocher, d'une époque plus récente, porte sur ses ancres la date de 1712. On trouve dans l'église quelques restes de vitres peintes. Des dragons, des griffons et des armoiries décorent la corniche. On y remarque aussi un curieux tableau sur bois représentant au milieu *le Sauveur du monde*, à gauche *St-Jean-Baptiste*, à droite *Ste-Barbe*; près d'eux sont les donateurs de ce tableau et les membres de leur famille. Le cadre offre un grand intérêt ; il est couvert d'anciennes peintures représentant des prophètes. Un pélerinage a lieu à Ochancourt, chaque année, le 24 août; on tient pendant sa durée une petite foire profitable aux habitants du pays [4].

LXI. *Eglise de Villers-sur-Authie.* — La porte de cette église était ornée de colonnettes dont on n'a conservé que les chapiteaux. Les murs sont soutenus par des contreforts jadis décorés de statues et de clochetons. Les fenêtres sont en ogive. Presque toutes les scènes de la Passion se trouvent reproduites sur les vitraux peints. On y voit aussi quelques légendes en caractères gothiques. La voûte du chœur est en pierres ; les arêtes de ses nervures

---

[1] Renseignements communiqués par M. l'abbé Gaffé, desservant de Liercourt. — Notes de M. H. Dusevel.

[2] Renseignements communiqués par M. l'abbé Gaffet, desservant de Mérélessart.

[3]   Id.   par M. l'abbé Tabary, curé-doyen à Moyenneville.

[4]   Id.   par M. l'abbé A. Henry, desservant à Ochancourt. — Notes de M. H. Dusevel.

offrent, à leur point de jonction, des sculptures assez remarquables. L'église de Villers-sur-Authie est sous l'invocation de l'Assomption [1].

LXII. *Eglise de Vron.* — Le soubassement des murs extérieurs offre un damier en silex taillés et entourés de grés, formant bordure. Cette église n'a pour clocher qu'une de ces murailles appelées *campenard* au milieu desquelles on suspend ordinairement la cloche. Les médaillons de la voûte du chœur attirent les regards. Ils sont au nombre de quatre de chaque côté et de onze sur la nervure longitudinale et représentent des armoiries, *Ste-Barbe,* la *Sainte-Face,* des *anges sonnant la trompette,* etc. La corniche de la nef, en bois sculpté, représente une vigne que deux monstres placés aux extrémités semblent attirer à eux; cette corniche est portée sur des bouts de solive terminés par des têtes grotesques. L'église de Vron est dédiée à St-André apôtre; on s'y rend en pélerinage le dimanche qui suit le 8 septembre pour honorer St-Hubert. Une confrérie placée sous le patronage de ce saint existe à Vron depuis un temps immémorial [2].

LXIII. *Eglise de Beauquesne* (arrondissement de Doullens). — Cette église est ancienne; de massives arcades séparent la nef du seul bas-côté qui s'y trouve. Ses fenêtres étroites ne permettent guère de distinguer les animaux fantastiques de la corniche. La tour passe pour avoir été construite au commencement du XIIIe siècle. Sa hauteur est d'environ 160 pieds et son architecture a quelque chose de grave et d'élégant qui plait à l'œil. Les ouvertures dont elle est percée, à ses quatre faces, ont fait penser qu'elle pourrait avoir servi de forteresse pour la retraite des habitants, à l'époque où l'Artois et la Picardie furent le théâtre de guerres acharnées entre les Impériaux et les armées françaises [3].

LXIV. *Eglise du Candas.* — L'église du Candas, construite en briques à l'extérieur et en pierres dans la partie intérieure, se recommande par le souvenir d'un pélerinage fort renommé en l'honneur de St-Fiacre. Le chœur, qui est la partie la plus ancienne de l'édifice, appartenait au commandeur de Fieffes et au prieur de Bagneux; la nef, seule, était à la paroisse, et soumise à la juridiction du marquis de Brosse, seigneur du lieu. Elle fut reconstruite de 1776 à 1780. Ses voûtes sont soutenues par deux rangs de piliers avec des chapiteaux dont les sculptures représentent diverses broderies [4].

LXV. *Eglise de Fienvillers.* — Cette église est moderne. La nef fut bâtie sur les fondations de l'ancienne église en 1750; on construisit le chœur qui est assez beau vers 1775. Le clocher tenant au portail est en pierres et fort

---

[1] Renseignements communiqués par M. l'abbé Flaquet, desservant de Villers-sur-Authie.

[2] Id. par M. l'abbé Morgand, desservant à Vron.

[3] Notes de M. H. Dusevel.

[4] Renseignements communiqués par M. l'abbé Dufetelle, desservant du Candas.

élevé. Un dôme en bois le couronne ; sur ce dôme s'élève une sorte de lanterne surmontée d'une flèche et d'une croix. Le clocher a servi de point géométrique pour la confection de la grande carte de France [1].

LXVI. *Eglise de Forceville.* — La construction de l'église de Forceville n'offre rien de particulier. Au dessus du portail se trouve une tour carrée, renfermant un escalier. L'intérieur n'a de remarquable qu'une statue de St-Vaast, patron de l'église. On y conduit les enfants en pélerinage le jour de la fête du saint et de celle du village [2].

LXVII. *Eglise d'Halloy-lez-Pernois.* — Une tour carrée, dépourvue d'escalier, est placée sur le portail de cette église. Les statues qu'on y remarquait ont été enlevées dans la révolution du siècle dernier. On a badigeonné tout récemment les voûtes de cet édifice sur lequel on ne connaît d'ailleurs ni légendes, ni faits historiques intéressants.

LXVIII. *Eglise de Senlis.* — Cet édifice construit en 1827 à la place d'une ancienne église, ruinée faute d'entretien au commencement de la Révolution [2], n'offre rien de remarquable sous le rapport de l'art. L'ancienne église était, dit-on, curieuse. On croit qu'elle appartenait au style roman. Les sculptures grotesques des chapiteaux et la raideur des statues mutilées semblaient au moins l'indiquer aux antiquaires qui, avant 1827, avaient visité ce monument.

LXIX. *Eglise de Cartigny* (Arrondissement de Péronne). — Elle est presque entièrement construite en grés. Deux rangs de piliers carrés soutiennent les cintres des arcades qui séparent la nef des bas-côtés. Le clocher, placé au bas de l'église, est également carré. Les ouvertures qui existent dans le bas sont des sortes de meurtrières. Ste-Radegonde est la patrone de cette église [4].

LXX. *Eglise de Driencourt.* — L'église de Driencourt remonte à plusieurs époques. Sur la voûte du chœur, construite en pierres avec nervures anguleuses, on voit la date de 1585 ; celle de 1759 se trouve sur la voûte de la nef qui est en bois. Les moines de l'abbaye du Mont-Saint-Quentin, près Péronne, ont fait bâtir le chœur et l'ont entretenu avec soin jusqu'à l'époque où les ordres religieux furent supprimés en France [5].

LXXI. *Eglise de Grandcourt.* — Cette église, placée sous l'invocation de St-Remi, a une belle tour en briques de forme carrée, qui n'a jamais subi le moindre affaissement bien que bâtie sur un terrain marécageux et, pour ainsi dire, au milieu des eaux. Les boiseries des autels et les sculptures

---

[1] Renseignements communiqués par M. l'abbé Goret, desservant de Fienvillers.
[2] Id. par M. l'abbé Seillier, desservant à Forceville.
[3] Id. par M. l'abbé Carton, desservant de Senlis.
[4] Id. par M. l'abbé Macré, desservant de Cartigny.
[5] Id. par M. l'abbé Moirez, desservant à Driencourt.

dont elles sont ornées méritent d'être examinées. Nous ne pensons pas, du reste, qu'il faille, comme l'indique M. le desservant de Grandcourt, charger ces boiseries de *nouvelles dorures* et de couleurs *plus fraîches* pour en faire ressortir le mérite et la beauté [1].

LXXII. *Eglise d'Hardecourt-aux-Bois.* — On voit dans cette église des fonts baptismaux, paraissant remonter à une époque assez reculée. Les bords du bassin sont entourés d'un ornement qu'on croit appartenir au style roman. Les chapiteaux des quatre colonnettes qui soutiennent ces fonts représentent des feuilles de chêne d'un travail fort lourd et des figures d'hommes grossièrement sculptées [2].

LXXIII. *Eglise d'Herleville.* — L'extérieur de cette église est peu remarquable. Sa forme est celle d'une croix latine. Deux chapelles environnent le chœur qui se termine en hémicycle. Plusieurs rangs de piliers divisent la nef et les bas-côtés. Au-dessus des chapiteaux de ces piliers s'élève un faisceau de colonnettes qui vont se perdre dans les nervures des voutes. Quatre petites statues en pierre, admirablement sculptées, enrichissent les pendentifs de ces voûtes. On remarque dans le sanctuaire trois écussons, placés au-dessus de l'autel, et différents médaillons du style gothique flamboyant, représentant les quatre Evangélistes avec leurs attributs. La chaire, en bois de chêne, est d'une beauté et d'une richesse d'exécution peu communes. Des bas-reliefs travaillés avec art ornent ses divers panneaux et représentent entr'autres sujets : *St-Aubin, patron de la paroisse, revêtu de ses habits pontificaux, annonçant la parole divine à ses ouailles; le Père Eternel donnant sa loi au Monde, au milieu des nuages; Jésus-Christ tenté par le démon; la Samaritaine*, etc. Le baldaquin est digne du reste de la chaire ; de nombreuses sculptures l'embellissent. Le chœur est entouré d'une magnifique boiserie et décoré d'un autel en marbre. On dit que ce chœur et les chapelles ont été construits par les soins d'une abbaye de Noyon et du prieuré de Lihons, qui étaient autrefois gros décimateurs de la paroisse d'Herleville. La nef fut reconstruite en 1750 sur une partie des ruines de l'ancienne église, par les dons de M. Loisel, curé de cette paroisse [3].

LXXIV. *Eglise de Longueval.* — L'église actuelle de Longueval est moderne, d'ordre toscan et peu remarquable, comme le sont en général les édifices religieux construits de nos jours. L'ancienne tour qui a été conservée excite seule l'attention du voyageur. Elle est carrée et renferme un escalier en spirale dont les marches, autrefois en pierre, ont été remplacées par des marches en bois. La flèche, de forme hexagone, avait de 50 à 60 pieds de hauteur. Le Gouvernement la fit enlever en 1793 ou 1794 pour placer un télégraphe sur la tour. On s'aperçut plus tard que la position n'était pas favorable pour

---

[1] Renseignements communiqués par M. l'abbé Thuillier, desservant à Grandcourt.
[2] Id. par M. l'abbé Hutelier, desservant d'Hardecourt.
[3] Id. par M. l'abbé Lematte, desservant d'Herleville.

un télégraphe et la tour resta découverte pendant huit ans. Les habitants, ne voulant pas la laisser plus long-temps exposée aux intempéries des saisons, firent alors construire le petit toit qui existe aujourd'hui; mais cette précaution tardive n'empêcha pas la tour de perdre sa solidité; elle menace maintenant de s'écrouler. Le Gouvernement, à qui le mal a été signalé, ne devrait pas tarder davantage à accorder une indemnité à la commune de Longueval puisqu'elle manque de ressources pour assurer la conservation de sa tour.

L'église de Longueval est dédiée à St-Nicolas. On voyait dans l'ancienne église un curieux lambris où étaient peintes diverses scènes de l'Ecriture-Sainte. Un morceau de ce lambris représentant le mystère de *l'Annonciation* sert encore aujourd'hui de porte à une armoire de la sacristie. Les seigneurs de Longueval avaient leur sépulture dans une chapelle de l'église. On y déterra, pendant la Révolution, plusieurs cercueils en plomb qui mirent à découvert des épitaphes rappelant les beaux noms des *Longueval* et des *Montmorency* [1].

LXXV. *Eglise de Morcourt.* — Quelques antiquaires ont pensé que l'église de Morcourt remontait au XIII.e siècle; d'autres croient, avec plus de raison, qu'elle ne date que du XV.e ou du XVI.e siècle. Un des bas-côtés a été reconstruit en 1720. Le portail est surmonté d'une tour sans escalier. Un *Ecce Homo* en pierre décore l'extérieur. A l'intérieur, les piliers qui supportent les retombées des voûtes ont des chapiteaux à feuilles de vigne. On aperçoit des salamandres sur les bases de ces piliers. La voûte de la chapelle de la Vierge est enrichie d'un pendentif représentant la Reine des Cieux. Les contre-forts sont ornés, sur un côté, de sculptures assez curieuses. L'église est placée sous l'invocation de Saints *Fuscien*, *Victorice* et *Gentien* [2].

LXXVI. *Eglise de Templeux-la-Fosse.* — Cette église passe pour avoir été bâtie par des religieux *Trinitaires* et remonte, dit-on, au XV.e siècle. Le chœur offre un octogone au-dehors et n'a point de chapelles. Plusieurs statues en pierre, dont une porte la date de 1607, décorent l'intérieur de ce monument. On remarque, au-dessus de l'autel, une sorte de rétable à colonnes d'ordre corinthien, dont le fronton circulaire est orné de petites figures superposées. La chaire offre quelques sculptures [3].

LXXVII. *Eglise de Vauvillers.* — L'église de Vauvillers, construite en briques et en pierre, n'a rien de remarquable à l'extérieur. Le clocher en bois est placé sur le chœur; quatre énormes piliers le soutiennent. On croit que la cuve baptismale date du X.e ou du XI.e siècle. Elle est d'une assez grande dimension, quoique formée d'un seul morceau de pierre [4]. L'église de Vauvillers appartenait au chapitre de Nesle; la construction du chœur est fort ancienne; celle de la nef ne dépasse pas cent à cent cinquante ans.

---

[1] Renseignements communiqués par M. l'abbé Dengreville, desservant de Longueval.
[2] Id. par M. l'abbé Maurice, desservant de Morcourt.
[3] Id. par M. l'abbé Pion, desservant de Templeux-la-Fosse.
[4] Id. par M. l'abbé Boissart, desservant de Vauvillers.

LXXVIII. *Eglise de Villers-Faucon.* — Avant la Révolution, Villers-Faucon avait deux églises connues sous les noms de *Saint-Quentin* et de *Notre-Dame.* Cette dernière église est aujourd'hui la seule paroisse de Villers-Faucon. Le portail et le chœur paraissent assez anciens; mais la nef a été rebâtie en 1789, avec addition de petites nefs collatérales. Le clocher est placé au-dessus du portail. Le chœur et les encadrements des portes et fenêtres sont en pierre; les briques forment la nef. Cette église est sous l'invocation de *Notre-Dame.* On ignore l'époque précise de sa construction [1].

LXXIX. *Eglise d'Andéchy* (arrondissement de Montdidier.) — Le portail de l'église d'Andéchy, bâtie en pierres et en briques, rappelle l'époque de la Renaissance. Ses niches sont bien travaillées. On remarque, au-dessus des plus grandes, les statues de Jésus-Christ et de la Vierge et une fort belle frise au-dessous. Le cintre du porche, formé de rosaces, est assez remarquable. Les bas-côtés ont été reconstruits en 1843. On voyait dans l'aîle droite une ouverture recouverte aujourd'hui par les fonts et donnant entrée à un vaste souterrain régnant sous l'église, sous une partie du village et s'étendant au loin dans la campagne. On a conservé sur un pilier l'inscription suivante, portant la date de 1600 : *Entrée du Terrier.*

La voûte du chœur et celle de la sacristie sont assez remarquables. La forme primitive des fenêtres a été altérée en 1843. La chaire et les lambris sont du temps de Louis XV. Le grand autel est fort beau. On voit entre ses colonnes les bustes de *Saint-Pierre* et de *Saint-Paul.* Une statue en pierre assez ancienne est placée dans la sacristie où l'on remarque aussi une dalle représentant un chevalier. L'inscription est devenue illisible. Le clocher, qui s'élève entre la nef et le chœur, consiste en une tour carrée construite en pierre et en briques surmontée d'un petit toit [2].

LXXX. *Eglise de Beaufort.* — Cette église, qui passe pour la plus vieille du pays, ne nous paraît guères antérieure au XIII.e siècle. Quelques parties de l'édifice sont même moins anciennes. Nous citerons, entr'autres, la porte collatérale, d'un travail assez délicat, avec des pilastres cannelés et une belle corniche. Les chapiteaux des piliers de la nef et des bas-côtés n'ont pour tout ornement qu'une grosse moulure. Une partie de la muraille offre des restes d'une peinture jaunâtre et de filets rouges. Deux statues un peu mutilées représentant la Sainte-Vierge assise et Ste-Catherine sont placées dans cette église. On y voit aussi une dalle en marbre reproduisant les traits d'un ecclésiastique. Les fonts baptismaux sont en pierre; les douze apôtres paraissent autour dans douze niches gothiques. Le vandalisme n'a pas entièrement respecté ce curieux travail.

L'église de Beaufort est sous l'invocation de *la Sainte-Vierge.* La tradition lui donne une origine antérieure aux Croisades. Suivant cette tradition, le chef

---

[1] Renseignements communiqués par M. l'abbé Hocquet, desservant de Villers-Faucon.
[2] Id. par M. l'abbé Lecoute, desservant d'Andéchy.

de Saint-Jean-Baptiste, rapporté en 1204 de Constantinople par Walon de Sarton, reposa pendant huit jours sur les fonts baptismaux de Beaufort, avant d'être déposé dans la cathédrale d'Amiens. Le même Walon de Sarton laissa à l'église de Beaufort une relique de St-Georges martyr, qu'elle possède encore. On s'y rendait autrefois en pélerinage à la fête de *St-Maur*. Ce pélerinage a presque entièrement cessé depuis que la relique du saint a disparu [1].

LXXXI. *Eglise de Champien*. — L'église de Champien est de construction récente. On a conservé de l'ancienne église une fenêtre en ogive. On voit au milieu du chœur un tombeau sans statue; l'inscription indique que ce monument funèbre attend la dépouille mortelle de *M. le comte Anne-Alphonse d'Hautefort*, possesseur actuel du château de Champien. Ce caveau, recouvert d'une table de marbre, renferme les restes de son frère, M. Amédée d'Hautefort, mort à Paris en 1809 [2].

LXXXII. *Eglise de Crécy-lez-Roye*. — Cette église, construite avec la plus grande simplicité, offre à l'intérieur quelques pilastres d'ordre toscan et quatre piliers cylindriques qui soutiennent le clocher. Elle est placée sous l'invocation de St-Crépin et St-Crépinien. Les personnes pieuses des environs y viennent invoquer *la Sainte-Vierge* sous le titre de *Notre-Dame-des-Anges*, pour la guérison des enfants malades [3].

LXXXIII. *Eglise d'Erches*. — Le portail et la tour ou clocher de cet édifice n'ont rien de remarquable. A l'intérieur deux rangs de piliers, composés d'un faisceau de quatre colonnes, séparent la nef des bas-côtés. Les fenêtres, terminées en cintre, sont divisées au milieu par une colonnette au-dessus de laquelle se trouve une sorte d'œil de bœuf. St-Amand est le patron de l'église d'Erches. On s'y rend en pélerinage à la fête du saint [4].

LXXXIV. *Eglise d'Etelfay*. — L'église d'Etelfay forme la croix latine et a deux bas-côtés. On remarque aux murs très-épais du chœur et de la tour des portions assez importantes en pierres carrées, de petit appareil, et quelques briques plates incrustées dans la maçonnerie. Les fenêtres du chœur sont en plein cintre; celles des chapelles en ogive. La *chapelle de St-Sébastien* offre une corniche sculptée en dents de scie. On voit dans celle *des Fonts* une ancienne grille dont les barreaux, formant un faisceau de colonnes, s'unissent en ogive au sommet. L'église d'Etelfay renferme aussi deux grandes dalles rappelant l'une, la mémoire de M. de Vendeuil, écuyer, seigneur d'Etelfay, mort en 1614, et de M.lle de Prouville, sa première femme, décédée en 1592; l'autre, le souvenir de M. Audoy, doyen de Montdidier, curé d'Etelfay, mort en 1764. L'église possède des reliques de St-Sébastien; deux fois par an on les porte en procession : le 20 janvier et le jour de l'Ascension. La construction de l'église d'Etelfay, dédiée à St-Martin, évêque de Tours, remonte, dit-on, au

---

[1] Renseignements communiqués par M. l'abbé Ruminy, desservant à Beaufort.
[2] Id. par M. l'abbé Boucly, desservant de Champien.
[3] Id. par M. l'abbé Maurice, desservant à Crécy-lez-Roye.
[4] Id. par M. l'abbé Hocedé, desservant à Erches.

xi.e siècle. La chapelle de St-Sébastien paraît appartenir au xiii.e ; celle de la Sainte-Vierge et les bas-côtés ont la date de 1760. La tour a été réédifiée en 1832 [1].

LXXXV. *Eglise de L'Echelle.* — Cet édifice est en pierre. Une des fenêtres a conservé quelques restes de vitraux coloriés, sur lesquels on remarque *l'Enfant Jésus* et diverses armoiries. Les arêtes des voûtes sont saillantes; on y voit la face des douze apôtres. La chaire est ornée de sculptures en bois. Elle serait la plus ancienne du diocèse si elle remontait au xv.e siècle, comme l'a cru M. le desservant de cette église. Trois dalles attirent l'attention ; elles offrent des figures de chevaliers et d'ecclésiastiques; les inscriptions sont assez bien conservées. L'église de L'Echelle est sous l'invocation de St-Pierre et St-Paul [2].

LXXXVI. *Eglise de Merville-aux-Bois.* — L'église de Merville présente peu d'intérêt pour l'archéologue et l'historien. Elle n'a de remarquable qu'un autel doré fort beau, deux anges adorateurs et la boiserie en chêne qui couvre presque tout l'édifice [3].

LXXXVII. *Eglise de Parvillers.* — Cette église a trois nefs et deux rangs de piliers ronds. On remarque au portail du bas-côté gauche une belle statue équestre de St-Martin, appartenant au style de la Renaissance. L'armure du saint offre des mascarons aux genouillères et aux épaules. Des Vandales ont mutilé cette statue dans la Révolution. Les fonts de l'église sont remarquables; ils portent la date de 1556 et offrent, entr'autres sculptures, *le baptême de Jésus-Christ*. L'église de Parvillers renfermait, dit-on, de magnifiques groupes de statuettes au nombre d'environ six cents. On les a impitoyablement brisées en 1837 ou 1838. Le desservant actuel, M. l'abbé Messio, qui en a retrouvé les débris, assure qu'elles étaient d'une bonne exécution [4].

LXXXVIII. *Eglise de Warvillers.* — L'église de Warvillers, sous l'invocation de St-Martin de Tours, n'est réellement qu'une chapelle longue et fort étroite. On n'a aucun renseignement sur son origine; elle paraît avoir été presque entièrement reconstruite dans le siècle dernier. Les poutres sont sculptées et assez anciennes. L'église renferme plusieurs pierres sépulcrales. L'une de ces pierres, où l'on a représenté un chevalier, porte ces mots :

Cy gist le..... home de la chambre
De Moseigneur le cardinal de Bourbon
Lequel deceda le X.e de septembre 1597;
Priez Dieu pour son âme.

La chaire est un assez bel ouvrage de menuiserie. Des écussons ornent les

---

[1] Renseignements communiqués par M. l'abbé Bourgeois, desservant d'Etelfay.
[2] Id. par M. le desservant de l'Echelle.
[3] Id. par M. l'abbé Berthe, desservant à Merville-aux-Bois.
[4] Id. par M. l'abbé Messio, desservant à Parvillers.

fonts baptismaux. L'un de ces écussons offre tous les emblêmes des pélerins de Saint-Jacques; on y distingue le bourdon, la calebasse et les coquilles [1].

LXXXIX. *Eglise du Bosquel* (arrondissement d'Amiens.) — Un fronton triangulaire, au milieu duquel paraît l'agneau sur la Croix, surmonte la porte de l'église. La tour qui s'élève au-dessus est carrée et soutenue à l'intérieur par deux piliers. Le clocher est de construction moderne. Il fut édifié ainsi que l'église dans le cours du xviii.e siècle. On remarque au haut de l'autel une représentation assez curieuse de *la Sainte-Trinité*. Cette représentation et certains usages observés dans l'église du Bosquel font croire qu'elle était primitivement placée sous l'invocation des trois personnes divines. L'église est aujourd'hui dédiée à St-Blaise [2].

LXL. *Eglise de Camps-en-Amiénois*. — L'église de Camps, en forme de croix latine, a un portail qui n'est pas sans mérite. Deux rangs de colonnes soutiennent le cintre des portes. Les chapiteaux de ces colonnes sont ornés de volutes ou quatre-feuilles en creux très-mutilées. Le clocher, placé entre le chœur et la nef, est de forme octogone. Une petite tour qui y conduit renferme un escalier tournant en grès fort remarquable. Les voûtes du chœur et des deux chapelles formant la croix sont en pierre et cintrées. Quelques culs-de-lampe les décorent à leur point de jonction. Les fenêtres, dont quelques-unes sont terminées en ogive, ont conservé des restes de vitraux coloriés. On remarque dans le chœur les quatre figures symboliques des Évangélistes et au-dessus de l'autel *le Père Eternel*, sculpture en bois doré. L'origine de l'église de Camps remonte, dit-on, au xiii.e siècle; mais la date des reconstructions est inconnue. On voit seulement, par une inscription placée au haut du maître-autel, que l'édifice a été décoré en 1761 par les soins de M. l'abbé Delomel, curé de Camps. St-Nicolas est le patron de cette église [3].

LXLI. *Eglise de Contay*. — Bien qu'on ait mutilé le portail de cette église en 1825, lorsqu'on répara le clocher, il offre encore quelque intérêt. Les cintres sont portés par de belles colonnettes entre lesquelles règne un ornement d'une assez bonne exécution. La tour est carrée et sans escalier. Deux de ses fenêtres ont une forme ancienne tréflée. On lit l'inscription suivante sur l'un des contre-forts extérieurs : *Cette église fut bâtie en l'an 1457.*

Les voûtes du chœur et des chapelles sont légères. On distingue, au point de jonction des nervures de ces voûtes, un écusson entouré d'une couronne et une étoile avec rosace au milieu. On aperçoit, à la naissance des arêtes, de belles consoles ornées de fleurs et d'animaux. La chapelle seigneuriale a conservé la niche ou arcade d'un tombeau aux extrémités de laquelle s'élèvent deux

---

[1] Renseignements communiqués par M. l'abbé Rumigny, desservant de Warvillers.

[2] Id. par M. l'abbé Oger, desservant au Bosquel.

[3] Id. par M. l'abbé Rousselle, desservant à Camps-en-Amiénois.

petits pilastres élancés et enrichis de diverses sculptures. L'église de Contay est sous l'invocation de St-Hilaire de Poitiers [1].

LXLII. *Eglise de Contre.* — L'église de Contre est un curieux édifice. Son clocher rappelle la transition du style roman au style ogival. L'une des fenêtres ne se divise point comme les autres par une colonnette en forme de meneau; elle offre seulement dans sa partie supérieure des compartiments reposant sur un petit pendentif. On remarque dans l'intérieur un ancien sépulcre en pierre et la corniche de la nef supportée par des poutres dont les extrémités représentent plusieurs personnages grotesques. Au haut d'une espèce d'arcade séparant la nef du chœur, on distingue le Christ en croix et près de lui la Ste-Vierge et St-Jean. Contre le mur à la droite du chœur, se trouve un tableau du xvi.e siècle, peint sur bois et divisé en trois panneaux. Il représente *St-Cyr* et *Ste-Julite* sa mère ; *Jésus crucifié* et le donateur. Le panneau du milieu est le plus intéressant : au-dessus de *Jésus-Christ* on voit le *Saint-Esprit,* puis *la boule du Monde* et plus haut *le Père Eternel.* Cette manière de représenter *la Sainte-Trinité* est peu commune surtout en Picardie. Au bas des fenêtres, à la gauche du chœur, se trouvent quelques groupes en bois provenant d'une ancienne Passion [2].

LXLIII. *Eglise de Flesselles.* — Nous ne pouvons partager l'opinion de M. le desservant de Flesselles qui a pensé que son église *n'offrait rien qui pût fixer l'attention des archéologues.* On voit à l'extérieur, sur un cœur en pierre qui décore le clocher, la date de 1573. A l'intérieur, la hardiesse des arcades, qui forment la séparation de la nef et des bas-côtés, arrête les regards des connaisseurs. Le bénitier en marbre noir, orné de sculptures romanes, mérite aussi d'être examiné. La chaire n'est pas sans intérêt. Ses panneaux sont couverts de bas-reliefs représentant plusieurs saints docteurs que l'Église révère [3]. On remarque encore dans l'église de Flesselles des statues en pierre que M. le desservant aurait grand tort de faire disparaître, *comme il en a manifesté la pensée.*

LXLIV. *Eglise de Flixecourt.* — Le clocher de cette église est ancien. Au haut sont des monstres ailés, servant de gargouilles et d'une forme assez étrange. Sous ce clocher, à l'intérieur, on voit une voûte de vieille date. C'est par le trou pratiqué dans cette voûte qu'on lançait autrefois un pigeon destiné à figurer la descente du Saint-Esprit, le jour de la Pentecôte. La chaire est d'une assez belle exécution et vient de l'abbaye de Berteaucourt. On remarque dans les bas-côtés deux tableaux fort curieux : le premier représente *St-Nicolas;* un marin lui offre un petit navire, un prisonnier lui présente ses fers et un malade guéri sans doute par l'intercession du saint semble lui rendre

---

[1] Renseignements communiqués par M. l'abbé Débarre, desservant de Contay.

[2] Notes de M. H. Dusevel.

[3] Renseignements communiqués par M. l'abbé Roussel, desservant de Flesselles.

grâces ; ce malade porte une seringue en bandoulière. On voit sur le second tableau *St-Bernard* à genoux devant la Ste-Vierge et l'enfant Jésus qui fait jaillir du sein de sa mère le lait que boit St-Bernard. Quatre mîtres sont aux pieds du célèbre abbé de Clairvaux, pour rappeler peut-être les quatre évêchés qu'on lui offrit et qu'il refusa. Une belle statue en bois de Ste-Catherine est placée dans le bas-côté gauche. Des Vandales ont coupé le pied de la sainte, afin qu'elle pût entrer dans la niche beaucoup trop basse qu'elle occupe maintenant. A droite et à gauche des autels situés au fond des ailes de l'église, on remarque quatre charmants petits tableaux peints à l'huile ; ils décoraient autrefois l'église de Berteaucourt. Les mieux conservés représentent *la Ste-Vierge* et *le Sauveur du Monde* [1].

LXLV. *Eglise de Frettemolle.* — L'église de Frettemolle est sous le vocable de St-Martin. Un groupe très-mutilé, représentant ce saint à cheval et donnant la moitié de son manteau à un pauvre, embellit la voussure de l'ancien porche qu'on avait eu l'intention de démolir avant de le joindre à la nouvelle église, reconstruite au milieu du xvii.e siècle. Les ornements de ce porche sont bien fouillés ; ici ils offrent un cordon à nœuds d'une bonne exécution ; là une vigne ; plus loin des feuilles de choux frisés ; et enfin des branches de chêne chargées de glands. On se rend en pèlerinage dans l'église de Frettemolle le 3 février, jour de St-Blaise, pour y vénérer une relique du saint, enchâssée dans un bras de bois. Le jour de la Chandeleur, après le *Magnificat,* cette relique est portée en procession, et l'on chante l'hymne des premières vêpres de St-Blaise. La même cérémonie a lieu le jour de la fête de Frettemolle [2].

LXLVI. *Eglise de Gentelles.* — Cette église est, comme celle de Frettemolle, dédiée à St-Martin. On voit dans une niche du portail la statuette en bois de ce saint d'un travail remarquable. Sur le seuil en grès de la porte on lit la date de 1577. Une tour carrée, surmontée d'une flèche octogone, s'élève à l'entrée de la nef. L'intérieur n'a qu'un rang de piliers très-écrasés et ornés de courts chapiteaux. Les arcades sont larges et en ogive. Les fenêtres paraissent de la fin du xv.e siècle. La corniche est parcourue par un cep de vigne recouvert de badigeon. Les poutres apparentes offrent deux têtes de loup sculptées en pendentif. La cuve baptismale de forme carrée est assez ancienne ; des colonnes enrichies de chapiteaux sont placées à chacun de ses angles. L'église de Gentelles dépendait autrefois de l'abbaye de Corbie [3].

LXLVII. *Eglise de Molliens-Vidame.* — Cette église, sous l'invocation de St-Martin, paraît remonter au xvi.e siècle. Le clocher formant l'entrée de l'édifice s'ouvre sur l'église par une haute ogive ; le cintre des portes a un couronnement en saillie. Les fenêtres de forme ogivale étaient anciennement

---

[1] Notes de M. H. Duseve].
[2] Renseignements communiqués par M. l'abbé Roger, desservant de Frettemolle.
[3] Id.   par M. l'abbé Retourné, desservant de Gentelles.

décorées de vitres peintes ; il ne reste qu'un Christ d'environ deux pieds de haut, un soleil et deux étoiles. Les voûtes surbaissées offrent plusieurs écussons entr'autres celui de Philibert-Emmanuel d'Ailly, entouré du collier de l'ordre de St-Michel [1]. On vient en pélerinage à Molliens-Vidame pour honorer la relique de St-Domice qui reste exposée dans l'église pendant les deux premiers dimanches de mai [2].

LXLVIII. *Eglise de Montières.* — L'archivolte en accolade de la porte de cette église est assez remarquable. Des feuillages et des griffons en décorent les rampants. La tour s'élève à l'extrémité de l'édifice. Une flèche en pierre la surmontait autrefois ; mais la négligence apportée à sa restauration entraîna sa chûte il y a environ quarante ans [3]. L'église de Montières est dédiée à St-Pierre. On remarque à l'intérieur un bon tableau représentant *l'Assomption de la Vierge* et une *Sainte-Cécile* assez estimée des connaisseurs [4].

LXLIX. *Eglise d'Oisemont.* — L'église d'Oisemont se compose de trois nefs offrant une saillie semi-circulaire. Le portail en plein cintre, parcouru par un tore chevronné, indique assez l'ancienneté de l'édifice [5]. Les deux nefs collatérales se prolongent jusqu'au sanctuaire, et chacune d'elles se termine par une chapelle ; la première de ces chapelles est dédiée à la Vierge, la seconde est sous l'invocation de St-Joseph. Le sanctuaire, en angle aigu, est coupé par un mur qui ferme l'église. Les pierres employées à la construction de ce monument paraissent avoir été tirées d'Oisemont même, car ce bourg est presque entièrement bâti sur des carrières dont quelques-unes ont jusqu'à cent pieds de longueur [6]. Au premier pilier placé à gauche en entrant, on remarque la statue de *St-Christophe* un peu mutilée. La chaire en bois offre quelques sculptures. On ne peut fixer l'époque à laquelle l'église fut construite, les archives de la mairie ayant péri dans l'incendie de 1787 ; mais l'architecture du portail accuse le style du XII.ᵉ siècle. Avant la Révolution, une commanderie de l'ordre de Malte, de laquelle dépendait l'église, était établie à Oisemont. Le commandeur était chargé de la réparation de l'édifice et nommait à la cure ainsi qu'aux sept vicariats. La paroisse se vit réduite à une affreuse détresse après l'incendie de 1787 ; la suppression de la commanderie, survenue presqu'en même temps, ne permit pas de s'occuper alors de rebâtir l'église d'Oisemont. Ce ne fut qu'en 1808 que l'on songea à la reconstruire. La dépense s'éleva à la somme de 29,000 francs [7].

---

1 Note de M. Goze, correspondant du Comité des Arts, à Amiens.

2 Renseignements communiqués par M. l'abbé Dupré, curé-doyen de Molliens-Vidame.

3 Id. par M. l'abbé Criguier, desservant de Montières.

4 Note de M. Letellier, peintre, à Amiens.

5 Note de M. Goze, correspondant du Comité des Arts.

6 Ces carrières sont probablement d'anciennes criptes où les habitants se retiraient en temps de guerre. H. D.

7 Renseignements communiqués par M. l'abbé Marcel, curé-doyen d'Oisemont.

C. *Eglise de Remiencourt.* — Cette église, placée sous l'invocation de la Nativité de la Sainte-Vierge, ne remonte pas à une époque reculée. C'est un petit édifice moderne ressemblant beaucoup plus à une simple chapelle qu'à une église. La tour est surmontée d'une flèche en bois de forme hexagone. Le chœur se termine à trois pans. Les fenêtres sont cintrées. La cuve baptismale romane, supportée par quatre colonnettes munies de pates, mérite d'être examinée. On voit vis-à-vis la chaire une croix avec médaillons en trèfle et fleurs de lis. On lit cette inscription sur la muraille du chœur :

D. O. M.

EN ATTENDANT la Résvrection cy git le corps de havt et pvissant seignevr mesir Charles de Boufflers chevalier seignevr de Remiencovrt, Govlancourt, Dommartin, Laval, La Bvcaille et avtres lievx, mort en son chateav de Remiencovrt, le sixiesme jovr de mars mil sept cent vn, agé de qvarante quatre ans. Requiescat in pace.

On distingue dans le bas les armes accolées des Boufflers, Remiencourt et Du Bos, soutenues à dextre par un tigre et à senestre par un lion.

P. ROGER.   H. DUSEVEL.

NOTES
D'UN VOYAGE EN ARTOIS.

AIRE.

27 et 28 février 1844.

AIRE est une petite ville moderne fortifiée, renfermant .... âmes et dont les plus anciennes maisons ne vont guères au-delà du XVII.ᵉ siècle ; ses rues en général larges et droites sont bâties de maisons à un ou deux étages, d'un aspect propre et agréable comme presque toutes celles de Flandre, étant peintes pour la plupart ainsi que les murs.

La ville possède trois fontaines, dont l'eau provient de puits artésiens ; l'une est décorée d'un obélisque ou pyramide quadrangulaire ; l'autre est un dé portant une vasque ; la troisième est insignifiante.

Au fond d'une place triangulaire (*la grande place*), bâtie assez régulièrement de maisons de deux étages compris dans des pilastres corinthiens, se trouve l'hôtel-de-ville, très-bel édifice du commencement du xviii.ᵉ siècle (1715). Sa façade se compose d'un seul étage de onze fenêtres de face ; trois au centre, huit aux aîles. Celles-ci sont couronnées de frontons et séparées par des pilastres corinthiens ayant pour base le soubassement appartenant au rez-de-chaussée.

Un balcon circulaire, porté sur un encorbellement sculpté de feuillages, orne la fenêtre du milieu. Au-dessus du corps central de l'édifice, non décoré de pilastres, s'élève un attique malheureusement de mauvais goût, couronné d'un fronton semi-circulaire accompagné à sa base des statues colossales de la Force et de la Justice. Sur chacune des deux aîles s'élèvent des balustrades, divisées par des acrotères alternativement chargés d'urnes et de faisceaux d'armes.

L'intérieur renferme la bibliothèque publique, entr'autres pièces une salle d'une grande beauté, pour l'étendue et la hauteur; elle sert pour les fêtes et bals.

Sur le derrière de l'hôtel-de-ville, s'élève un beffroi. C'est une tour carrée, bâtie aussi en pierre, dont les deux derniers étages sont percés sur leurs quatre faces de baies à plein cintre, avec pilastres aux angles, couronnés d'une balustrade et surmontés d'un petit dôme d'une forme ordinaire, couvert d'ardoise et portant une girouette.

Tout près de l'hôtel-de-ville, à l'angle de la grande place et de la rue d'Arras, est un joli petit édifice à un étage, avec attique, décoré dans le goût de la Renaissance. Il porte la date de 1600. C'était le siége du Bailliage. C'est aujourd'hui celui de la justice de paix. Le rez-de-chaussée sert de corps-de-garde. Deux des côtés de ce corps-de-garde ferment extérieurement une galerie couverte, décorée de légères colonnes supportant des arcs surbaissés, le tout de pierre noirâtre du pays. Du côté de la même place est une sorte de chaire ou tribune en encorbellement. De ce côté, dans les bas-reliefs de l'attique, on reconnaît la Justice, la Vérité, la Force et un quatrième sujet que nous n'avons pu expliquer. Sur le devant sont la Foi, l'Espérance et la Charité, et en amortissement, aux deux extrémités, deux lions portant des écussons. A la troisième face, sur la rue d'Arras, on voit quatre figures allégoriques d'hommes fort dégradées et dont nous n'avons pu traduire la pensée.

L'ancienne église des Jésuites, servant de magasin de fourrages, est un très-bel édifice du XVII.e siècle, offrant un haut portail en pierre, au sommet duquel sont un fronton et des ailerons. Ce portail se compose des deux ordres ionique et corinthien rustiqués, de bandes accompagnant une fenêtre centrale ; il est chargé de niches, cartels et blasons répétés. Les écus de ces blasons portent un chevron et trois étoiles, deux en chef, l'une en pointe.

La porte d'entrée, en plein cintre et du même style, est accompagnée de colonnes ioniques engagées, portant un fronton en ailerons brisé au milieu duquel s'élève une niche.

Sur un cartouche, à main gauche, on lit *anno* 1688 ; et, au-dessus de la porte même, sur un marbre noir en lettres d'or, cette autre inscription consacrée à la donatrice et formant un rébus qui indique la date de la fondation de l'édifice, c'est-à-dire 1682 : Mar Ia De Ca VereL eXtrVXIt.

L'intérieur se présente en forme de croix latine et sous des proportions élégantes. L'ensemble est fort beau, mais les détails, comme ceux du portail, ne sont pas du goût le plus pur.

Ce beau vaisseau n'a ni collatéraux, ni chapelles. Sa décoration se compose de pilastres ioniques, avec un ordre attique au dessus, d'une forme bizarre et sur lequel reposent les bandeaux et les nervures des voûtes, dont les intersections offrent des ouvertures circulaires, comme on en voit sous les clochers pour donner passage aux cloches.

La seule paroisse de la ville est l'église Saint-Pierre, grand et bel édifice bâti (excepté la tour qui est en pierre) de brique et de pierre mais d'un style bâtard. Il consiste en une large nef, avec bas-côtés et chapelles s'étendant autour du chœur, et transepts.

Le portail principal et unique se compose d'une ample tour carrée, terminée par une balustrade décorée à ses quatre angles de pyramides avec d'autres plus petites. La masse est gothique ; les détails, pilastres et frises, sont empruntés à l'architecture romaine et mêlés à des motifs gothiques.

Au pied de la tour, est la porte d'entrée, de forme ogivale, dont les arceaux reposent sur des supports diversement composés. Le tympan offre un mur nu et une colonne engagée séparant les deux vantaux, dorique par son chapiteau et gothique par sa base.

La tour est *cantonnée* des murs de fond des collatéraux, ornés de balustrades d'un galbe de mauvais goût, comme celles que l'on voit aux diverses parties de l'édifice. Il y a aussi des balustrades imitées du gothique, mais mal imitées; les contreforts sont également construits à l'instar des contreforts gothiques.

La partie inférieure du portail appartient à la fin du xv.ᵉ siècle. On y lit le chronogramme de 1469, peut-être mis après coup ; l'abside porte aussi le caractère de cette époque; mais le reste a été construit au xvii.ᵉ siècle, et la partie supérieure de la tour plus tard encore, ainsi que le constate le millésime de 1735, sculpté sur l'angle à droite de la tour.

Les fenêtres sont ogivales, privées de meneaux, excepté les trois que l'on a décorées de peintures sur verre, dans la chapelle du rond-point.

L'orgue est placé sous la tour, au bas de la nef, porté sur une tribune en pierre. Cette tribune, dont le dessous offre une large voussure gothique, récemment reconstruite ou agrandie, donne lieu à de justes critiques quant à l'imperfection d'un style que tous les architectes, maçons, etc. se mêlent de reproduire, sans avoir les lumières nécessaires. Aussi, pourquoi demande-t-on du gothique à des gens dont la position ne leur permet pas des études sérieuses et approfondies de ce style qui est pour eux comme une langue morte!

Les piliers qui séparent les bas-côtés des chapelles, faits de pierre dure, bleuâtre ou noirâtre du pays, remarquables par leur ténuité, supportent les retombées des arceaux et nervures multipliées des voûtes des chapelles et des bas-côtés.

La nef est large, belle et bien éclairée, trop sans doute, comme le reste de l'édifice. Un demi-jour est plus favorable au recueillement et à la prière.

Autour de la nef et des transepts, règne une galerie aveugle, avec des balustrades à jour sur lesquelles s'inscrivent des arcs en plein cintre, ornés d'une imitation de pignons et chardons gothiques, sur l'extrados de l'arc, et d'une dentelle tréflée détachée du mur en dedans de cet arc; décoration bizarre, qui ne manque pas d'un certain effet, placée qu'elle est au-dessus des arcades ogives sur lesquelles le beau vaisseau s'élève.

Sous les grandes voûtes règne un rang de fenêtres à plein cintre. Partout dans les hautes voûtes, les croisements des nervures offrent à leur point d'intersection un œil de bœuf comme à l'église des Jésuites; ici cet œil de bœuf est fermé et occupé par un sujet peint.

Le chœur vient d'être entouré d'une grille de fer fondu, dont le motif d'ornement est une singulière fantaisie à laquelle nous ne pouvons accorder notre approbation.

* A l'entrée du chœur, on voit un jubé léger et élégant, où l'architecte a reproduit avec assez de bonheur les idées des artistes du moyen-âge; mais l'exécution est bien loin de répondre à la pensée de l'auteur du plan.

On a doré les parties saillantes de ce jubé construit en bois, et au centre duquel s'élève comme une lanterne à jour, décorée des quatre Évangélistes, et à son sommet d'une figure du Christ. On a eu la malheureuse idée de barioler ces statues de bleu, de rouge, de vert, etc....

Les fenêtres du fond des transepts sont en ogive et au nombre de trois. Celle du milieu s'élève au-dessus des autres. Serait-ce par imitation de ce qui se pratiquait au xii.ᵉ siècle et de ce que l'on voit à Lisieux et ailleurs.

Chapelle de la Vierge. Trois fenêtres, chacune de trois travées, à meneaux rayonnant sous l'ogive.

Fenêtre du milieu. La travée du centre, murée, est occupée par une statue de la Vierge sur un croissant; les vêtements sont dorés, la figure et les cheveux sont peints. La tête a beaucoup de naturel; deux anges peints sur verre l'accompagnent.

La fenêtre à gauche représente l'adoration des Mages; celle de droite le Saint-Esprit descendant en langue de feu sur la Sainte-Vierge et les Apôtres réunis.

Ces verrières laissent beaucoup à désirer sous le rapport de la composition, du dessin et même des couleurs. Elles portent le nom de E. Thévenot, avec les dates de 1842 et 1843.

La clôture de la chapelle, qui est à côté à main droite, exécutée en marbre blanc et noir et ornée de sculptures, porte le millésime de 1645.

La chaire, en bois de chêne, est une production du siècle dernier. Parmi les sculptures qui la décorent, on remarque un bas-relief ayant pour sujet les trois vertus théologales. Elle est supportée par une cariatide, figure d'homme dont la partie inférieure du corps se termine en gaîne.

Aire porte de gueules, à l'aigle d'argent, éployée, becquée et onglée d'or. Ses archives municipales ont été, dit-on, classées par M. Morand, archiviste de la ville de Boulogne.

SAINT-OMER.

29 février 1844.

SUR L'ÉGLISE DE L'ANCIENNE ABBAYE DE SAINT-BERTIN.

C'était une grande et belle église, avec bas-côtés sans chapelles jusqu'au transept, dont il ne reste plus que la grosse tour carrée, occupant le grand portail, et qui comprenait la largeur de la nef, plus le mur nord de cette nef, percé de fenêtres un peu étroites, dont les meneaux sont brisés, jusqu'au commencement du bras de la croix ; le reste a disparu et ne présente plus que des débris. On voit encore, par dessus ces fenêtres, les piliers surmontés de pyramides qui contrebutaient la voûte de la nef.

Une ancienne et curieuse peinture se trouve dans le tympan de l'ogive de la grande porte. Elle représente, au milieu d'anges jouant de divers instruments, une femme agenouillée devant un homme à long manteau ; cinq statues mutilées décorent ce portail dont les petites niches dans la voussure sont entièrement vides. La porte s'ouvre à deux vantaux, séparés par un pilier avec dais où l'une des cinq statues est placée.

Sur le linteau même on lit en caractères gravés en creux :

CASTISSIMVM DIVI BERTINI TEMPLVM CASTE MEMENTO INGREDI.

En arrière-corps du portail sont deux petites portes latérales. Cette façade appartient au xiv.ᵉ siècle ; cependant il y a des parties qui sont du xv.ᵉ. Les compartiments des fenêtres sont flamboyants ; au sommet et aux quatre angles de la tour sont des tourelles tronquées et massives.

Ce n'est pas sans un étonnement mêlé de plaisir que l'oreille est frappée par le son d'une cloche sortant de ce lieu de ruine et de désolation. Un guetteur est chargé de répéter l'heure sur la cloche qui est restée dans la tour. Le service public auquel cette tour est ainsi employée assure heureusement sa conservation.

L'église de l'abbaye de Saint-Bertin, d'après des fouilles exécutées et poursuivies encore au lieu où était le chœur, a été évidemment bâtie sur l'emplacement d'une église, appartenant au XII.ᵉ ou XIII.ᵉ siècle si l'on en juge par les bases de piliers enfouis. Ce dernier édifice, si l'on en croit les explorateurs, aurait remplacé une église encore plus ancienne.

NOTRE-DAME, ÉGLISE PRINCIPALE DE SAINT-OMER, AUTREFOIS CATHÉDRALE.

Même disposition de grand portail qu'à Saint-Bertin; mais la tour est moins belle.

Les curieuses dalles sculptées que j'avais remarquées en 1835, et qui étaient éparses, ont été relevées et incrustées dans la muraille. Ces pierres ont été, dit-on, données par des personnages considérables, des échevins, etc... représentés avec leurs armoiries sur les dalles dont il s'agit; quelques-unes offrent divers motifs d'ornements ou des sujets de fantaisie.

Le dessin est gravé en relief sur la pierre; les vides sont remplis par une sorte de mastic dur, de manière que la surface unie présente l'aspect d'une mosaïque.

Saint-Denis est une paroisse de Saint-Omer presque entièrement rebâtie dans les temps modernes.

La grosse tour, sur la grande porte d'entrée, est du XIII.ᵉ siècle. Elle se termine carrément comme celles de Saint-Bertin et de Notre-Dame, avec quatre espèces de tourelles au sommet, mais sans sculptures.

BÉTHUNE.

Vendredi 1.er mars 1844.

Le beffroi est une tour en pierre entièrement entourée de maisons. Au sommet se trouvent des tourelles. Cet édifice est terminé par une campanille en bois qui ne manque pas d'effet quoique bizarrement composée.

ARRAS.

Le beffroi d'Arras, qui menaçait ruine, vient d'être démoli jusqu'à la toiture de l'hôtel-de-ville et religieusement rétabli. On s'est servi des mêmes pierres dont on n'a remplacé qu'une partie.

L'abbaye de Saint-Vaast avait, dit-on, deux millions de revenus en 1789.

E. DE LA QUERRIÈRE,
MEMBRE DE L'ACADÉMIE DE ROUEN.

INVENTAIRE DU MOBILIER
DE MAISTRE CLAUDE LEBOUCHER, SEIGNEUR DE CAMPEAUX, BAILLY DU BAILLIAGE ET COMTÉ DE BEAUVAIS, ET DE DEMOISELLE MARYE THIERRY, SA FEMME;
FAIT EN 1622.

Primes, une tenture de tappisserie en cinq pièces, prisée . . .	XII l.
Item, un tableau où est représenté une Cène, prisé	LX s.
Item, un autre petit tableau peinct sur thoille. . , ...	XX s.
Item, une hallebarde avecq une espée, prisés	XXX s.
Item, six grandes chaises de bois garnies de tappisserie. . . .	XV l.
Item, un cabinet de bois de noier garny de marbre et figures bronzes, prisé	XXIV s.
Item, deux chaises à dos de bois, prisées.	XX s.
Item, deux escabeaux, prisés	X s.
Item, six passets de bois garnis de tappisserie, prisés	XXX s.
Item, un hault de chausse et un pourpoinct de serge	IIII l.
Item, une paire de guettes (sic) de drap gris, prisées	X s.
Item, une robe de serge d'escot grise, à usage de femme. . . .	LX s.

Item, trois vertugaddins, prisés . . . . V s.
Item, une robbe de deuil garnie du chapperon. . . . . . . VIII l.
Item, une cotte de camelot mouchettée, prisé . . . . XL s.
Item, un tour de lit en damas, un doublier et une castelongue. . »
Item, un manteau de hermine, prisé . . . . XL s.
Item, deux cadrans de pierre, prisés . . . . X s.
Item, une queue de satin noir, prisée . . . . L s.
Item, un bassin d'argent, doré par les bords, prisé le marc. . . XXII l.
Item, une esguiere d'argent, dorée en plusieurs endroicts, prisée le marc. . . . . XXII l.
Item, une grande couppe d'argent, dorée par le pied, prisée le marc. . . . . XXII l.
Item, une couppe et le couverceau d'argent doré, prisés le marc. XXVI l.
Item, un flacon d'argent pesant..... prisé le marc. . . . . . XXII l.
Item, un vinaigrier d'argent doré, prisé le marc . . . . . . XXVI l.
Item, 2 sallières d'argent, dorées par les bords, prisées le marc. XXII l.
Item, une douzaine de fourchettes d'argent, prisées le marc. . . XXII l.
Item, cinq petits pots esmaillés et deux non esmaillés, prisés . . »
Item, un chapellet de cristal contenant 39 patenostres . . . . »
Item, un estuy garni de six cousteaux à *bec d'aigle*. . . . . »
Item, trois verrières, prisées. . . . . »
Item, deux corps de cuirasse, deux bourguignottes, cuissards, brassarts et gantelletz, prisés. . . . . XX s.
Item, une paire de bottes et une paire d'esperons, prisés. . . X s.
Item, six flambeaux d'estain, prisés. . . . . IIII l.
Item, un pot de terre façon de Flandre, couvert d'estain, prisé . V s.
Item, trois esguières, deux de faience [1] et l'autre de terre, et deux pots à boucquets de terre grise . . . . X s.
Item, deux chandelliers et deux plats de verre bleu [2], prisés. . . VIII s.
Item, une clochette de métal, prisée. . . . . III s.
Item, une caige de fil d'escarde grise . . . . X s.
Item, un miroir d'acier, prisé [3] . . . . XL s.
Item, deux bourses brodées d'or, prisées . . . . C s.

(*Archives du château de Bertangles*. — Document communiqué par M. le marquis de CLERMONT-TONNERRE.)

[1] La porcelaine n'était pas encore connue.

[2] Cet article offre un certain intérêt; il signale, en effet, l'existence des *plats en verre* devenus si rares de nos jours. (Note de M. H. Dusevel.)

[3] Il est fâcheux que l'usage auquel ce miroir était destiné ne soit pas désigné dans cet inventaire.   H. D.

TRAHISON DESCOUVERTE

DE HENRY DE VALOIS,

SUR LA VENDITION DE LA VILLE DE BOLOGNE A JEZABEL ROYNE D'ANGLETERRE.

Le document dont nous publions aujourd'hui quelques extraits se trouve à la Bibliothèque Royale. Il est mentionné par Fevret de Fontette et se compose de onze pages vieux in-8°. L'époque de la Ligue a été fertile en événements pour le Boulonnais. La TRAHISON DE HENRY sera probablement sortie du cerveau de quelques ligueurs que le fanatisme aveuglait. Dans tout ce que l'auteur raconte, nous n'avons pu voir d'ailleurs qu'une tentative essayée par la célèbre Elisabeth, reine d'Angleterre, pour arracher Boulogne aux Ligueurs, tentative assez habilement travestie et exploitée par les fougueux agents de Mayenne.

DE RHEIMS, Bibliothécaire de la ville de Calais.

TRAHISON DÉCOUVERTE DE HENRY DE VALOIS SUR LA VENDITION DE LA VILLE DE BOLOGNE A JEZABEL, ROYNE D'ANGLETERRE, AVEC LE NOMBRE DE VAISSEAUX PLEINS D'OR ET D'ARGENT, PRINS PAR CEUX DE LA VILLE DE BOLOGNE, ENVOYEZ PAR JEZABEL AUDIT DE VALOIS.

A PARIS,
CHEZ MICHEL JOUIN, RUE SAINCT JACQUES, A LA SOUCHE.
MDLXXXIX.

AU LECTEUR.

Lecteur, ly ce discours démonstrant les menées
De Henry de Valois, fauteur de tous meschans,
Perfide, déloyal, hay des bonnes gens,
Et trouveras que Dieu m'ayme ses destinées.

Chacun doibt estre seur que le vint-septième jour de janvier, dernier passé, arriva en la ville de Bolongne, un Anglois envoyé de la part de la royne d'Angleterre, avec deux vaisseaux plains d'or et d'argent qu'il amenoit, et avoit semblablement un paquet de lettres. Or estant entré en la ville, il demanda à parler à Monsieur le capitaine de Bernay, le gouverneur, mais il ne peut parler à luy, ne mesme faire ses affaires selon son désir (comme il prétendoit) car les habitans avoient esté advertis quelque temps devant par le sieur Detray, lieutenant du capitaine de Bernay susdict, qu'il debvoit arriver gens d'Angleterre, pour se rendre maistres de la ville, pour ce que Henry de Valois, pendant qu'il estoit roy de France, l'avoit vendu à la royne d'Angleterre, et avoit suborné de Bernay, le gouverneur dessusnommé, pour luy livrer. Ce que de Bernay lui avoit promis, ayant esté tant par les dons de Henry de Valois, que de la royne d'Angleterre, suborné et gaigné, pour à quoy obvier ils avoient tué et mis à mort leur gouverneur, affin de n'estre trahis par luy pour Henry de Valois, à cause de la royne d'Angleterre, de laquelle ils voyoient de jour à autre ce gouverneur recepvoir présents ; donc cest anglois fâché de n'avoir point trouvé le gouverneur et de ce trop importun pour son proffit (que je parle ainsi), combien qu'il ne s'apperceut que on sceut ce qu'il venoit faire en ceste ville, se hazarda de parler au seigneur Detray, lieutenant du capitaine de Bernay, et gouverneur (comme pensoit cest anglois) en son absence ; si bien qu'il parla à luy et pensoit que ce lieutenant eust été aussi suborné par Henry de Valois, jadis roy de France, et la royne d'Angleterre, ce que toutesfois n'estoit pas, et sur ceste pensée s'asseurant, il déclare à ce lieutenant pourquoy il estoit venu et luy conte les intelligences de Henry de Valois avec la royne d'Angleterre, en forme de devis, et luy dict aussi qu'il arrivoit deux vaisseaux pleins d'or et d'argent, et puis après luy bailla le pacquet de lettres lequel ayant ouvert et leu, il trouva en escript ce que cest anglois luy avoit dict de bouche, et apprint que la royne d'Angleterre envoyoit deux millions d'or et l'autre d'argent à Henry de Valois pour faire la guerre contre les Catholiques. Or, ce lieutenant ayant oy, leu et veu tout cela, il fait semblant à cet anglois d'estre bien aise de ces nouvelles, et dict à cest anglois qu'il allast faire haster ces vaisseaux d'approcher et venir à bort, de quoy cest anglois bien aise s'en va les faire haster et aussitost qu'il fust sorti hors de la ville, le lieutenant va communiquer ces lettres aux principaux de la ville pour démonstrer que ce dont il les advertis devant estoit vray, lesquels ayant veu ces lettres demandèrent au lieutenant s'il avoit faict réponce à ces lettres, lequel leur dict que non, mais seulement avoit dict à cest anglois qu'il feist haster ces vaisseaux ce que les habitans trouvèrent mauvais au commencement, mais quand il leur eust dict

pourquoy il l'avoit faict, ils trouvèrent bonne ceste response et délibérèrent unanimement, oyant la raison pour laquelle ce lieutenant l'avoit faict (qui estoit de se mettre trouppe de gens au bort de la mer, et tirer sur ces vaisseaux affin de les faire submerger dedans la mer,) d'y aller, ce qu'ils feirent et tirèrent sur ces vaisseaux et les feirent submerger, et ne feirent cela pour autre raison sinon pour ce qu'ils craignoient tous que au lieu d'argent dedans les vaisseaux n'y eust eu des gens cachez, lesquels entrez dedans la ville s'ils eussent peu comme ils prétendoient par après par le moyen du gouverneur, si on ne l'eust tué, et qu'on n'eust faict accroire à cest anglois qu'il n'y estoit pas et qu'il s'estoit allé promener à deux lieues de là, et fussent sortis après, et se fussent rendus maistres de la ville; car ce sont ruzes et stratagèmes de guerre quy se practiquent tous les jours en guerre, qui servirent beaucoup aux Grecs à prendre la grande cité de Troye, estans entrez en icelle dedans un grand cheval de bois, dans le ventre duquel y avoit grande abondance de soldats armez et par ce moyen là la prindrent; mais le bon Dieu qui cognoist toutes choses ne permit pas qu'il advint aucun mal à ceste ville catholique, ains a fait que de jour en autre on cognoistra comme *Henry de Valois* est plus hérétique qu'autre et qu'il adhère et a toujours adhéré plustost à la royne d'Angleterre très-cruelle huguenote qu'à nul autre roy ne prince catholique, laquelle luy a appris à massacrer les princes catholiques, comme Messeigneurs les cardinal et duc de Guyse lesquels il n'a fait massacrer en la ville de Blois pour autre cause. . . . .
. . . . , ...
il (Henry de Valois) se rend faulteur et appuy des athéistes, hérétiques, politiques, inventeurs, exacteurs, ronge-peuples. . . . .
il a toujours eu et a encore auprès de luy des gens qui ne valent pendre lesquels il a toujours aymez en observant en toutes manières les déportemens, faicts et gestes de Mahomet, à l'exemple de celuy qui faisoit les imposts sur le pissat. . . . . Le duc du Meine deviendra roy, le meilleur de tous les Valésiens et les Bourbons, exceptant le rév.ᵈ cardinal de Bourbon, qui renoncera. . . . . à la couronne pour en banir ses parens, tous hérétiques, l'hérétique, l'excommunié, le bastard de roy de Navarre surtout. . . . .
Dieu nous a bien aydez en ceste affaire cy de ceste ville de Bologne, vendue sans doubte à la royne d'Angleterre par Henry de Valois par le moyen de ce méchant et damné ambassadeur d'Angleterre, Edouard Staffort, lesquels si par la grâce de Dieu n'eussent esté descouverts infailliblement les Anglois se fussent joincts par le moyen de ceste ville-là avec Henry de Valois, jadis roy de France. . . . .
. . . .
Faites des prières pour le sainct temps de caresme approchant, pour remporter la victoire contre Henry de Valois, jadis roy de France, *et tous ses* adhérés nos ennemis. Dieu nous en fasse la grâce. Ainsi soit-il!

RECHERCHES
sur
LA BATAILLE D'AZINCOURT.

Azincourt, petit village du canton de Parcq, arrondissement de Saint-Pol, est à jamais célèbre par la bataille du 25 octobre 1415 qui a conservé son nom..... bataille funeste comme celles de Courtrai, de Crécy, de Poitiers, de Pavie..... que compensent à peine, dans nos fastes militaires, les victoires de Bouvines, Cassel, Rosbecque, Denain et Fontenoy.

Une multitude de seigneurs picards, artésiens et boulonnais périrent à Azincourt. Le seigneur de Bourbourg et de Gravelines, le comte de Fauquembergues, le seigneur de Béthune, Philippe et Henri de Lens, Oudart de Renty et ses frères, trois seigneurs de Tramecourt, Philippe de Wissoc de St-Omer, furent comptés parmi les morts. Ce dernier fut inhumé en cette ville, dans l'église de Ste-Aldegonde. Le corps de Jean I.er, sire de Croï, grand-bouteiller de France, fut enterré dans l'abbaye de St-Bertin. — On retrouva en juillet 1808, dans le caveau d'une chapelle de la paroisse de St-Denis, à St-Omer, le cercueil de Guillaume d'Averoult, tué également à Azincourt. — Les corps d'une infinité d'autres seigneurs furent aussi enlevés et enterrés à Arras, ou transportés dans leurs terres. Ceux qui restèrent furent dépouillés par les

(1415)

LES MOINES DE RUISSEAUVILLE
ensevelissant les morts après la bataille d'Azincourt.

paysans des villages voisins. — L'abbé de Ruisseauville et le bailli d'Aire furent chargés par le comte de Charolais de rendre les honneurs funèbres à ses oncles qui avaient terminé vaillamment leur carrière à Azincourt. On eut soin en même temps de l'ensevelissement des autres morts, et 6,000 cadavres au moins furent déposés par les habitants dans cinq fosses profondément creusées dans vingt-cinq verges de terre, et sur chacune desquelles on planta une grande croix de bois. Ce cimetière, entouré d'une haie d'épines et d'un large fossé, fut bénit par Jacques Déla, dominicain, évêque *in partibus* d'Esguines, comme procureur de l'évêque de Thérouanne. La fosse la plus profonde avait été ouverte dans un champ nommé encore *la Gacogne*, de l'étendue de plus d'un arpent et presque attenant aux bois de Tramecourt. Cet endroit qui recéla les restes des chevaliers français devint l'objet d'un respect religieux ; « ni hommes, ni bestiaux » n'y pénétraient, les arbres y croissaient et y péris- » saient sur pied, sans que la cognée y fut jamais » portée..... » En 1734, la famille de Tramecourt, qui en était alors propriétaire, y fit ériger, pour l'accomplissement d'un vœu maternel, une petite église dont l'architecture était élégante. Un service solennel devait y être célébré chaque quart de siècle. — Nous avons parcouru aussi ce sol presque tout formé des os héroïques de nos pères, et nos regards inquiets ont vainement cherché ce monument érigé par une si touchante piété à leur mémoire......... Une vaste trouée dans une pièce voisine de la route, et qu'un fossoyeur seul peut-être pourrait vous indiquer..... Une légère éminence où fut le châtel **aux hautes tours** du maître du lieu..... Voilà tout ce qui rappelle Azincourt!

La Chronique de Tramecourt, faite sur les lieux, quelques années après l'événement, est un manuscrit fort intéressant. Hennebert en avait pris lecture. Elle était demeurée trente ans, vers la fin du siècle dernier, dans l'abbaye de St-Bertin. Le propriétaire l'avait heureusement recouvrée avant la dévastation de cette communauté. Puisse-t-elle être bientôt publiée!... Ce serait assurément l'un des documents les plus curieux de nos nouvelles archives concernant l'histoire de France ».

H. PIERS.

(*Puits Artésien*, année 1837, pages 381 et suivantes.)

FOUILLES
DU CHAMP DE BATAILLE D'AZINCOURT.

« Le 25 octobre 1415 fut donnée la funeste bataille d'Azincourt, où périt l'élite de la noblesse française. Les Français y perdirent dix mille hommes et laissèrent quatorze mille prisonniers. Les Anglais n'y eurent que seize cents hommes hors de combat, parmi lesquels furent le duc d'Yorck, tué de la main du duc d'Alençon, et le comte d'Oxford.

On rapporte qu'après avoir tué le duc d'Yorck, le duc d'Alençon, parvenu jusqu'au quartier du roi d'Angleterre, porta à ce prince un si violent coup de hache sur le casque, qu'il en abattit une partie. Il fut tué lui-même quelques instants après, en se rendant prisonnier.

L'endroit où furent enterrés les morts fut entouré de haies vives; et en 1734, M. le marquis de Tramecourt, qui avait perdu trois de ses ancêtres à cette bataille, fit construire sur cet emplacement une petite chapelle qui fut vendue et détruite à la Révolution.

Pendant l'occupation militaire de 1816, un lieutenant-colonel anglais, cantonné avec son régiment à Azincourt, acheta moyennant 500 fr., d'une pauvre femme à qui le terrain appartenait, le droit d'y faire des fouilles.

Cet officier fit défoncer par une centaine de ses soldats, environ vingt-cinq pieds carrés sur six de profondeur, et y trouva beaucoup de débris d'armes, de ferrements, de casques, de pointes de flèches et une vingtaine de pièces d'or et d'argent.

On déterra, entre autres choses, trois instruments de musique assez singuliers. C'étaient trois cornes d'une grandeur extraordinaire, parfaitement ciselées et sculptées, garnies en cuivre, et portant des inscriptions latines.

Au bout de quelques jours les fouilles furent interrompues, par suite des démarches de M. le chevalier de Contes de Bucamp, maire d'Azincourt, qui, comme Français, s'affligeait d'une recherche qui blessait l'amour-propre national.

Dans une discussion qu'il eut un jour à ce sujet avec l'officier anglais, il lui dit :

« Mais, colonel, fouilleriez-vous avec plaisir le champ
» de bataille de Fontenoy? »

L'autre, avec une fierté toute britannique, répondit :
« Oui, Monsieur, si nous y avions été vainqueurs!... »

Les ossements, et principalement l'immense quantité de dents *encore intactes* qu'on exhuma dans cette circonstance, furent enterrés solennellement en présence des principales autorités du pays, avec tous les honneurs militaires, dans le cimetière d'Azincourt.

Le colonel anglais dont il s'agit était cantonné dans le château de Mme la marquise de T..., qui était absente; pour reconnaître les soins dont il avait été l'objet pendant son séjour, il laissa dans le château, en partant, une magnifique gravure représentant *Henri V, roi d'Angleterre*.

A son retour chez elle, Mme de T..., surprise de trouver cette décoration, demanda à ses gens ce que cela voulait dire. On lui répondit que c'était le colonel anglais qui en quittant le château y avait laissé ce souvenir.

Quelques jours après, voulant répondre à la politesse de son hôte, Mme de T... lui envoya un superbe portrait de *Jeanne d'Arc!....* »

PIGAULT DE BEAUPRÉ, de Calais.
(*Revue Anglo-Française,* année 1835, page 148.)

MANUSCRIT
DE TRAMECOURT.

« Ce manuscrit est écrit sur vélin et sur deux colonnes orné de vignettes et d'un beau caractère; son format est un grand in-4.° et contient cinq cents feuillets numérotés d'un seul côté selon la coutume du moyen-âge; aujourd'hui le dernier feuillet porterait le chiffre 1,000; il est assez difficile à lire parce qu'il est mêlé de mots artésiens que tout le monde n'entend pas. Le premier feuillet porte en tête les mots: J'appartiens à Jehan de Tramecourt. Ce seigneur, l'aîné d'une des plus puissantes familles de l'Artois, était le second du nom et vivait en 1440. Les grandes maisons avaient coutume de faire écrire par leurs clercs les chroniques de leur temps, de sorte que le fils continuait ce que le père avait commencé, ce qui explique pourquoi ce manuscrit est de trois écritures; et cette particularité le rend encore plus précieux puisqu'elle prouve que c'est le véritable original, car si ce n'était qu'une copie il serait d'une seule main comme le sont les copies de Froissart. Cette chronique commence à l'origine de la monarchie, suivant la coutume des écrits du moyen-âge, et finit en 1467, c'est-à-dire au commencement du règne de Louis XI; l'auteur est très-succinct dans son début, mais il devient fort étendu en se rapprochant du xie siècle; dès lors il développe les événements et les raconte souvent avec des détails tout différents de ceux que nous connaissons; mais il s'attache principalement aux faits militaires et glisse sur tout le reste; il s'occupe principalement de ce qui a rapport à son pays. L'on peut croire que quatre ou cinq seigneurs de la maison de Tramecourt y ont travaillé de père en fils, et l'ont fait composer sous leur dictée. Ceci est probable, car la première partie est d'un langage pour le moins aussi ancien que celui de Froissart et souvent inintelligible quoique bien peint; la dernière partie est plus facile à comprendre; le livre finit au milieu d'une phrase, ce qui est encore une particularité qui vient à l'appui de notre opinion; vraisemblablement des motifs particuliers d'un intérêt majeur pour les sires de Tramecourt les empêchèrent de pousser plus loin cette chronique et alors ils l'ont conservée telle qu'ils l'ont trouvée.

L'existence de ce manuscrit fut signalée en 1750 à l'abbé de St-Bertin de St-Omer, homme fort savant. On sait que cette maison religieuse possédait les matériaux historiques les plus précieux de tout le nord de la France; le supérieur se rendit au château de Tramecourt qui se trouve à quatorze lieues de St-Omer; parcourant la chronique et la trouvant très-intéressante il demanda instamment qu'on la lui prêtât pour quelque temps; elle n'était jamais sortie des mains de MM. de Tramecourt. On se rendit cependant à ses prières et ce précieux manuscrit demeura à l'abbaye près de trente ans sans qu'on pût le ravoir, parce que l'abbé en prenait des extraits pour la composition d'une histoire d'Artois dont il s'occupait alors; enfin quelques années avant 1789, M. de Tramecourt se rendit à St-Omer et ne voulut pas sortir de l'abbaye sans qu'on lui eût remis ce que les siens réclamaient depuis si long-temps. Quatre ans après l'abbaye de St-Bertin fut pillée, démolie et les manuscrits qu'elle contenait furent pour la plupart livrés aux flammes.

Cette chronique nous a été communiquée dans le château de Tramecourt par M. le marquis de Tramecourt (Georges-Léonor), actuellement (1828) pair de

France et qui, dans l'intérêt des lettres, a bien voulu permettre que nous en prissions quelques extraits. »

M. MAZAS.
(*Histoire des Grands Capitaines du moyen-âge.*)

FEU DE VILLERS ET MORLANCOURT.

POUR SERVIR
DE
MÉMOIRE PERPÉTUELLE.

L'an mil six cent soixante-quatorze le 16 février trois mil hommes de la garnison de Cambray et des places voisines envoiés par le comte de Montercy, commandés par le baron de Quincy, et guidés par un nommé Morillon du village de Martin-Puitz, sont venus piller et entièrement bruler Villers-le-Vert et Morlencourt, pour n'avoir pas voulu payer contribution. Trois enfants ont été brulés, cinq habitants et six cent soixante quinze ennemis ont été tués, sans compter les blessés.

Pour bien entendre cette inscription que nos pères nous ont laissé gravée sur la pierre [1], il faut savoir :

1.º Que Cambray étoit alors aux Espagnols, que les garnisons de cette place et autres désoloient la Picardie, et qu'ils avoient mis en contribution tout le pays jusqu'à la rivière d'Oise.

2.º Que les contributions de ce temps ne se payoient pas comme nous avons vu payer celles du temps de Malboroug. Ces dernières ont été mieux réglées. Les seigneurs du pays, notamment feu M. le marquis de Lamet, traitèrent avec les ennemis pour celles-ci, et après être convenus d'une somme, on en a fait la répartition entre les paroisses au *prorata* de ce que chacun pouvoit et devoit en payer. Mais on n'en a pas agi de même en 1674. Les habitants de chaque village traitoient eux-mêmes pour leur contribution. Conséquemment Sébastien Vignon, laboureur, demeurant à Villers et lieutenant des deux paroisses, alla avecq cinq ou six principaux habitans à Cambray. Tous, m'a-t-on dit plusieurs fois, étoient montés comme des *Saint-Georges*, sur de beaux chevaux, bien sellés et bien caparaçonnés, avec un ruban rouge à leur queue. Je ne dis ici rien de moi-même et que je n'aye entendu réciter par les plus

---

[1] Au haut de la tour de l'église de Villers (arrondissement de Péronne.)

anciens. Touts se rendirent en cette ville, dans l'espérance de capituler. La somme qu'on leur demanda leur parut trop considérable ou trop forte, pour y acquiescer ; et après plusieurs débats de part et d'autre, les habitans dirent publiquement sur la place de Cambray *que pour cette somme d'argent ils auroient de la poudre et des balles au service de ceux qui viendroient les voir.*

A leur retour, ils racontèrent aux autres ce qui s'étoit passé et ce qu'ils avoient eu l'indiscrétion de lacher. Ceux-ci leur dirent qu'ils n'avoient qu'à se tenir sur leurs gardes, et que les ennemis ne manqueroient pas de venir les visiter. Ils commencèrent à se prémunir contre ce qu'ils prévoioient devoir leur arriver. Ils fermèrent l'entrée des rues pendant la nuit, relevèrent les fossés, fortifièrent les haies et firent une garde très exacte. Il y avoit des corps de garde aux extrémités des paroisses où on postoit un certain nombre d'hommes pendant la nuit, et dans le centre étoit le gros, pour pouvoir se transporter où besoin seroit.

Pendant que les habitans se tenoient sur la défensive, un nommé Morillon du village de Martin-Puitz, partisan apparement connu comme tel dans le pais, vint sur la fin de janvier ou les premiers jours de février de l'année 1674 avec quatre à cinq cents hommes, dans le dessein de faire un coup de main. Comme il savoit que les rues étoient barricadées pendant la nuit et qu'on faisoit garde, il descendit avec sa troupe derrière les haies de Villers. Étant presque au fossé qui conduit du cimetière à Morlencourt, le hasard permit que Louis Baudelocque, jeune homme de Morlencourt qui retournoit de Villers en la maison de son père, par le fossé même, s'avisa de dire à haute voix : *Morillon prens garde à toi, n'avance pas davantage ou sinon je te brûle.* Il ne savoit certainement pas qu'il fut si près. *Allons,* ajouta-t-il, *Messieurs, il est temps ; n'aiez pas peur ; laissez-les-approcher ; visez bien votre homme et ne tirez qu'à coup sur.* Il répéta plusieurs fois la même chose le long du fossé. Morillon, l'entendant ainsi parler, crut que ce fossé étoit garni de personnes armées, se retira à petits pas, pensant qu'il avoit été aperçu malgré l'obscurité de la nuit, et se sut dans le moment bon gré d'avoir affaire à gens qui ne savoient pas leur métier. Il retourna donc à Cambray, dit qu'il avoit trouvé les deux villages si bien gardés qu'il avoit jugé à propos de ne pas entrer. On n'a su que dans la suite, de Morillon même, ce fait singulier occasionné par un pur hasard ; et ledit Baudelocque s'est ressouvenu qu'il avoit tenu ce discours en revenant de la *serée* à Villers, sans penser qu'il auroit eu une telle issue., mais on n'y gagna rien ; car, le général des Espagnols détacha trois mille hommes de la garnison de Cambray et des villes voisines, sous le commandement du baron de Quincy. Morillon leur servit encore de guide, et vint de rechef le 16 février 1674 en droite ligne jusqu'au pied de la montagne de Méaulte. La nuit étoit obscure et fort noire, ce qui fut cause que Morillon s'écarta de son chemin et qu'au lieu de monter à l'arbre de la Croix d'Encre, il prit sur la gauche et se trouva, à la pointe du jour, à la tête du bois d'Estael, vers la queue Blodmant. Il s'aperçut alors qu'il étoit perdu, et vint au travers champs vers l'arbre. Y étant arrivé, le commandant fit aller droit *au moulin*, pour se saisir de toutes les personnes qui pouvoient y être. La sentinelle qui s'y étoit retirée, pour se mettre à l'abri du grand froid et du frimat, qui étoit ce jour-là assez épais, surtout le matin, fut prise avec les autres.

De là le commandant vint ranger ses trois mil hommes dans le cimetière de Morlencourt. Dès qu'on les aperçut on sonna le tocquesin, dans les deux clochers, et aux premiers coups de cloche, les hommes et les garçons se retirèrent chacun dans leur clocher[1] ou dans le château dont les murailles étoient alors garnies de petites tourelles et de créneaux. Ensuite, le baron de Quincy détacha cinquante reîtres, sous les ordres de son neveu, pour aller au premier clocher sommer les habitants de se rendre et payer la contribution qu'on leur demandoit. M. Fery, normand d'origine, curé de Morlencourt, étoit alors dans le clocher avec ses paroissiens. Comme il ignoroit les règles de la guerre, il dit qu'il vouloit avoir le *coup d'honneur* et tirer le premier. Il visa l'officier qui étoit en tête, et dès qu'il le vit tourner le coin de la rue qui descend le cimetière, il lâcha son coup et le jetta par terre. Les dragons qui l'accompagnoient, et qui n'avoient pas ordre de faire feu, retournèrent dire au baron qu'on les avoit salués d'un coup de fusil et que son neveu étoit resté sur la place.

M. de Quincy, outré de cette mort, donna sur-le-champ ordre de piller et de brûler les deux villages. Ses gens avoient des grenades qu'ils jettoient à la main et avec lesquelles ils mirent le feu. Ceux qui étoient retirés dans les clochers et dans le château firent une décharge continuelle sur les ennemis qui ne purent brûler les granges du château. Touts les autres bâtimens ont été incendiés à l'exception de la maison d'Antoine Bellart en la haute rue de Villers... Les ennemis ont éprouvé (essayé) d'enfumer les deux clochers pour forcer les habitants qui y étoient de mettre bas les armes. Mais ils n'ont pu en venir à bout, parce qu'on avoit eu la précaution d'en couvrir le plancher d'un bon mortier et de bien boucher les conduits des cordes. Les murailles des deux églises ont été teintes du sang des ennemis mêmes.

Un soldat escalada la fenêtre du chœur de l'église de Villers du côté de l'épître. Comme il étoit dessus, on lui lâcha un coup de fusil et il tomba dans l'église. On le crut tué et on ne pensa plus à lui. Mais il se traîna par terre jusqu'à la porte et l'ouvrit aux autres. Ils allumèrent de la paille sous le clocher, mais inutilement. Ils prirent ensuite la femme du lieutenant pour la faire monter la première à l'échelle, et pouvoir à sa faveur pénétrer dans le clocher; mais elle a tant fait par ses cris et sa résistance qu'ils n'ont pu l'avoir en haut. Son mary l'y attendoit et avoit dit hautement que si elle

---

[1] L'usage de se retirer ainsi dans les clochers pour résister aux attaques de l'ennemi est assez ancien. Le continuateur de la chronique de Nangis nous apprend qu'en 1358, au signal donné avec les cloches, les habitants des villages ouverts se réfugiaient dans les tours des églises qu'ils remplissaient de pierres pour s'y défendre en cas d'invasion.

(*Note de* M. H. Dusevel.)

montoit il la tueroit lui-même. Pendant tout ce temps les fusiliers tuèrent tous ceux qu'ils purent. La douleur qu'ils avoient de voir leurs maisons et leurs grains brûlés, leurs bestiaux et leurs meubles enlevés, les aguérissoit et leur otoit tout sentiment d'humanité et de compassion pour ceux qui en manquoient à leur égard.

Ces troupes n'étoient néanmoins pas venues pour piller et brûler, mais seulement pour mettre les deux paroisses à contribution. L'imprudence de M. Fery et des paroissiens a occasionné ce pillage et cet incendie dont on se ressentira toujours.

Je tiens tout ceci des anciens de Villers et de Morlencourt qui en ont été les tristes témoins.

Ce 14 août 1744.   Signé LE ROUX,
              Curé de Villers-le-Vert, doyen d'Albert.

(*Document communiqué par M. l'abbé Larozière, desservant de Morlencourt et Villers.*)

ARCHIVES MUNICIPALES
DE
LA PICARDIE ET DE L'ARTOIS.

I.er ARTICLE.
ARCHIVES DE LA VILLE DE BÉTHUNE.

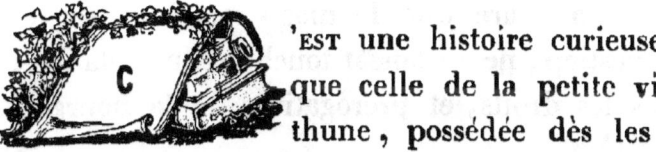

'EST une histoire curieuse à étudier que celle de la petite ville de Béthune, possédée dès les temps les plus anciens de la féodalité par de puissants seigneurs, avoués, c'est-à-dire protecteurs de la riche abbaye de St-Vaast d'Arras ; ces seigneurs confondaient leurs vastes domaines avec ceux de ce monastère, battaient monnaies à leur coin [1] et plus tard donnèrent des comtes

---

[1] La monnaie de Béthune qui ne paraît pas avoir eu long-temps cours et que l'on trouve mentionnée dans une charte de 1219, rapportée dans l'*Histoire*

à la Flandre. Mais Béthune, livré maintenant au commerce et à l'industrie, paraît n'avoir gardé aucun souvenir de ses anciennes illustrations, et c'est seulement dans ses archives, inexplorées jusqu'à ce jour, qu'on retrouve la trace de son histoire. Indépendamment des registres modernes qui ont rapport aux logements militaires, au recrutement, aux engagements volontaires, aux certificats de civisme et autres de la même époque, on y voit un grand nombre de papiers dignes d'être examinés avec soin. C'est d'abord le registre aux bourgeois; c'était là que s'inscrivaient les noms de ceux qui étaient appelés à cet honneur car, au moyen-âge, être bourgeois, équivalait au fameux *civis romanus sum;* et l'injure faite à un bourgeois, était un outrage à la cité qui en tirait vengeance les armes à la main. Le registre aux bourgeois de la ville de Béthune commence le 3 avril 1349 et finit le 11 juillet 1789, format in-4.°, 182 feuillets en parchemin, reliure en bois, dos en basane. Celui qui était reçu bourgeois s'engageait par-là à ne rien faire qui pût être repris; au moindre méfait il était *escarssé*, c'est-à-dire privé de sa bourgeoisie; cependant il était rare que le magistrat, juge souverain en cette question, ne se laissât toucher et ne rétablit l'*escarssé* dans les droits, et prérogatives de la bourgeoisie.

Générale de la Maison de Béthune, par Duchesne, a été publiée par le savant M. Lelewel, not. supp. p. 6. n. 2. M. Dancoisne, membre de plusieurs sociétés savantes, en a depuis lors fait connaître quatre exemplaires inédits; ce sont : 1.° Triangle cleche; en dehors trois étoiles hexagones. ℞ croix épattée du mot Betvne; diffère peu de celle publiée par M. Lelewel. — 2.° Même type, ℞ croix pattée cantonnée des lettres BETV. — 3.° Figure triangulaire dont les angles sont terminés par des anneaux; en dehors trois fleurs de lis. ℞ croix cantonnée des lettres BETV. — 4.° Obole ou maille semblable au dernier qui vient d'être décrit.

La première charte municipale de Béthune remonte à 1222 et fut conférée par Daniel, seigneur de cette ville; mais l'existence des échevins est constatée par un acte de 1202. Ces officiers, au nombre de dix, avaient le gouvernement de la ville; ils étaient renouvelés par moitié chaque année, le jour de la St-Thomas; aux bourgeois et aux manants appartenait l'élection d'un maïeur et d'un prévôt; ces officiers devaient veiller à la propreté des rues, en empêcher l'embarras, maintenir le bon ordre dans les marchés, tenir en exécution les réglements de police touchant les boulangers, bouchers, etc., ils avaient aussi l'inspection des marais et pâturages communs, en un mot l'administration de la ville, moins la juridiction contentieuse qui s'exerçait par les seuls échevins. Ces priviléges reçurent quelques modifications, car l'empereur Charles-Quint, se réserva par lettres du mois de mai 1516, pour lui et pour les comtes d'Artois ses successeurs, la création de *la loy*, c'est-à-dire du magistrat. Lorsque cette ville, dans le xvii.ᵉ siècle, fut réunie à la France, elle fut administrée par un maire nommé par le Roi et six échevins.

Outre les registres très-curieux pour l'histoire municipale de cette ville et où sont contenus au long les actes dont nous avons extrait cette courte notice, il existe encore dans les archives trois registres dits au renouvellement de la loi, où sont mis en outre le nom des échevins, maïeurs, prévôts, esgards, etc. La ville de Béthune, dont l'industrie est très-ancienne, avait au moyen-âge un grand nombre de corporations. Dans une procession qui eut lieu en 1562 pour célébrer la fête de la Pentecôte, des mystères furent représentés par trente-six de ces confréries. Chacune d'elles avait des inspecteurs nommés esgards, chargés de veiller à l'exécution des lois et réglements de police et de prévenir les abus. On a encore les registres curieux contenant les réglements des corporations (1413—1766), et le livre des bancs ou statuts municipaux sur le fait des industries, métiers ou professions (1402—1495.) Ces documents sont curieux, non seulement pour l'histoire de la ville, mais encore pour l'étude de l'organisation d'une cité au moyen-âge.

Nous devons encore parler des comptes que les archives possèdent en grand nombre et qui fournissent d'utiles renseignements sur les dépenses publiques. L'argentier de la ville rendait ces comptes aux baillis, plus tard aux gouverneurs ou à leurs délégués, et enfin dans les temps modernes aux grands-baillis, en présence du magistrat de la ville. Le registre le plus ancien est celui de 1406—1407 ; les recettes s'élevèrent à 5,142 livres, 3 sols, 2 deniers, 11 patards 1|2 parisis ; les dépenses n'excédèrent pas 4,946 livres, 10 sols. On voit encore dans ces archives le registre aux vins où étaient enregistrés les divers présents faits par le magistrat de Béthune et qui montaient à près de 1,000 liv. par an.

Nous devons aussi parler des registres mémoriaux où étaient enregistrés tous les événements les plus importants de la cité, tels que voyages d'échevins ou de messagers, difficultés survenues avec le seigneur, lettres de rentes à vie vendues dans un moment difficile, etc.; on voit par ce simple aperçu l'intérêt que présentent ces documents ; le plus ancien commence au 20 décembre 1421. Pour être complet, disons que ces archives possèdent encore les registres aux causes ordinaires de la ville, aux dictums, aux actes de la police, aux actes judiciaires, aux contrats, saisines, etc., etc.

Comte A. D'HÉRICOURT.

ENTRÉE
DU PRINCE-CARDINAL
DANS LA VILLE D'ARRAS EN SEPTEMBRE 1636.

Le xxii.ᵉ de septembre 1636, le Prince Cardinal Infant, lieutenant gouverneur-général pour Sa Majesté en ses Pays-Bas, estant arrivé en ceste ville d'Arras et descendu en la maison abbatialle de St.-Vaast, sortant de l'audience Messieurs du Conseil d'Artois, Monsieur d'Ayette, esleu, accompagné de Messieurs Adrien Penant et Marconville, fiscaulx de ceste élection, lesquelz au nom d'icelle auroient par la bouche dudit sieur d'Ayette dict à son A : Roialle ce que s'en suit :

» Monseigneur, ce sont icy les esleuz et autres officiers pour Sa Majesté en ces pays et comté d'Artois qui viennent en toutte submission recevoir ses commandements ; bien heurer son arrivée en ceste ville comme aussy ses armes victorieuses que Dieu vœuille prosperer tant pour le service de Sa Majesté que le soulas et repos de ses estats et subjectz de pardecha, supplians tres humblement votre Alteze Roialle recevoir de bonne part les vœux de nostre tres humble service et nous faire l'honneur de ses graces. »

Tesmoin

Signé : DELATTRE.

Ayant esté fait semblable haranghe le lendemain à M. le président Roze par les fiscaulx de ladite Élection au nom du corps d'icelle Élection.

Extrait du Registre de l'Élection d'Artois de 1613 à 1640 — f." 245.

(*Communiqué par* M. GODIN, *archiviste du Pas-de-Calais.*)

LETTRE
DE L'ABBÉ DE SAINT-SAUVE DE MONTREUIL,
AUX
MAIEUR ET ÉCHEVINS D'AMIENS.

Nos très-honorés Seigneurs,

Nous nous recommandons humblement à vous et vous plaise savoir que en notre église et abbaye sont et ont esté de très-long et anchien temps plusieurs corps sains et reliquaires et entre autres avons en notre dite église en une chasse ou fiertre les os du benoist corps de monsieur Saint Sauve, qui en son temps fu evesque resídant et demourant à Amiens, et pour ce que la fierte ou chasse où est ledit benoist orps saint n'est que de bois sans estre enrichie d'or ny d'argent ne de quelconques pierres précieuses qui est chose mal séant, nous avons conclud de faire translater ledit corps saint; et pour ce faire, avons faict faire une nouvelle fierte de bois et l'avons faict encomenchier à couvrir d'or et d'argent, avecq partie de noz biens et autre partie des omosnes des bonnes gens de ceste ville de Montreuil. Mais il y a encore grant ouvrage à parfaire et de grant despence que nous est impossible de fournir sans l'aide de vous et autres bonnes personnes; pourquoy, nos très-honorés seigneurs, nous envoions devers vous, pour cette cause, un de noz frères religieux porteur de ces lettres. Vous suppliant et requérant au nom et en la remembrance de Dieu notre créateur, et au regard de ce que ledit monsieur Saint Sauve fu en son vivant evesque resident en votre ville d'Amiens, il vous plaise donner et eslarger aucune porcion de vos biens pour le emploier à la perfection de ladite chasse ou fierte, et baillier et delivrer ce que bon vous semblera à cette fin à notre dit frère religieux nomé Jehan Denis, et et adjouster foy à ce qu'il vous dira de par nous, touchant ceste matière et pour ceste fois. Et verrez seurement que ce qu'il vous plaira luy délivrer ou nous ordonner sera hactivement mis et emploié, sans quelque faulte en la manière dessus dite, à la revérence et loenge de Dieu notre créateur et dudit benoist corps saint, et nous prierons Dieu pour vous. Et si en cas semblable, ou plus grant, avez à faire de nous, nous ne differerons à prier pour vous.

Noz très-honorez seigneurs, notre Seigneur Dieu soit gardien de vous.

Escript à Montreuil en notre dite abbaye de Saint Sauve le 21.ᵉ jour de mars mil quatre cent cinquante deux, etc.

(*Document communiqué par M. H. Dusevel.*)

VIC-SUR-AISNE.

Sur les bords enchanteurs de l'Aisne, entre Soissons et Compiègne, dans le Valois, ce cœur de la vieille France où l'on ne peut faire un pas sans rencontrer un monument historique, s'élève le joli bourg de Vic-sur-Aisne. Il est dominé par la masse sombre de son antique château dont la forme rappelle la trop célèbre tour du Temple de Paris. Ce manoir fortifié avait été élevé pour renfermer de pacifiques cénobites; mais dans les temps de troubles et d'anarchie, à l'époque du règne des rois francks des premières races, on ne pouvait goûter en paix la solitude du cloître qu'en l'abritant de fortes murailles bien défendues par tout l'attirail de la guerre.

Le donjon de Vic-sur-Aisne consiste en un énorme pavillon carré, très-élevé, cantonné à ses angles de tours rondes, le tout sommé de toitures coniques. On y a percé vers la fin du XVI.ᵉ siècle quelques fenêtres bordées de bossages, et des lucarnes en pierres, décorées de consoles enroulées, ont animé sa terminaison d'un aspect trop sévère. On ne doit ces changements qu'à la conversion d'un castel guerrier en une habitation tant soit peu confortable.

Aux entrées du bourg, des piliers rappellent encore les portes d'une ville, et sur un pont on distingue l'écusson effacé de l'abbaye de Saint-Médard de Soissons qui portoit: *de gueules chargé en pal d'une crosse d'or à dextre, et à senestre d'un pennon d'argent chargé d'un aigle de sable, le tout accosté en flanc de deux fleurs de lis d'or.*

Cette célèbre et riche abbaye tenait Vic-sur-Aisne de la munificence de Charlemagne qui lui en avait fait don en 814. Le comte Eudes, en 893, avant de monter sur le trône de France, fit fortifier Vic-sur-Aisne dont il était avoué pour l'abbaye de Saint-Médard.

Il eut soin de déclarer qu'il ne prenait cette mesure que dans l'intérêt du monastère et non dans un but d'ambition personnelle; deux ans après, les événements justifièrent ses prévisions. La flotte des Normands remontant l'Aisne n'osa attaquer la forteresse défendue par une bonne garnison. Après la mort du roi Eudes, elle fut emportée d'assaut par le comte Arnoul. Elle fut prise et rendue plusieurs fois à l'abbaye de Saint-Médard et ce n'est qu'en 1048 qu'un concile tenu à Senlis décida qu'elle leur appartenait légitimement et sans partage. L'année suivante, Henri I.er reçut sous sa sauve-garde le château de Vic-sur-Aisne. En 1066, Philippe I.er fit de fortes menaces à Albéric, seigneur de Coucy, qui avait empiété sur les dépendances et molesté les vassaux du château. L'abbaye de Saint-Médard recourut enfin à l'assistance des seigneurs de Pierrefonds, célèbres dans tout le Valois par leur puissance et leurs sentiments d'équité. Elle attacha au gouvernement militaire de son château un fief situé dans la vallée de Montigny, près de la Gorge; à partir de 1140, ce fief appartint à des seigneurs alliés à la famille des sires de Pierrefonds. Les religieux de Saint-Médard transférèrent à Vic-sur-

Aisne, en 1176, les reliques de Ste-Léocade ; cette cérémonie se fit avec beaucoup de pompe ; l'abbé Gautier III établit auprès de l'église renfermant ce dépôt sacré une communauté de religieux, pour que l'office divin fût célébré avec plus de majesté [1]. Telle fut l'origine du prieuré de Vic-sur-Aisne.

Ste-Léocade gagna la palme du martyre, en Espagne, l'an 304 de Jésus-Christ. Lors de l'invasion de la Péninsule Ibérique par les Sarrasins, ses reliques furent transportées jusques à Saint-Guillain, près de Mons, dans le Hainaut. De là elles arrivèrent à Saint-Médard de Soissons et à Vic-sur-Aisne. A quelque distance de ce bourg, on voit encore une croix de pierre appelée Croix Ste-Léocade.

Les Huguenots, qui s'étaient rendus maîtres de Soissons par surprise en 1567, tentèrent une attaque sur le château de Vic-sur-Aisne, mais ils en furent vigoureusement repoussés.

Une garnison de Ligueurs l'occupait en 1590, époque à laquelle Charles d'Humières, gouverneur de Compiègne pour le roi, l'emporta d'assaut et passa ses défenseurs au fil de l'épée. La chasse de Ste-Léocade fut brisée et pillée ; ses reliques foulées aux pieds et profanées furent recueillies par un soldat ; moins irréligieux que ses compagnons d'armes, il les porta au curé d'Haramont qui les déposa dans le couvent de Longpré où s'établit une fête à cette occasion.

Vic-sur-Aisne fut habité par le célèbre cardinal de

---

[1] Eodem anno (1196) monachi apud vicum Axonæ instituti sunt et erectus prioratus S.-Leocadiæ.
Gallia Christiana. t. x. p. 471.

Bernis, qui y composa une partie de ses poésies. Sa muse aimable dut sans doute plus d'une inspiration à la beauté des sites qui avoisinent les bords de l'Aisne.

Dans les débris de l'ancienne chaussée romaine qui passait à Vic-sur-Aisne, on a trouvé en 1712 une colonne milliaire très-bien conservée. M. de Pomponne, seigneur du bourg, en qualité d'abbé de Saint-Médard de Soissons, fit dresser cet antique monument dans le jardin de son château. Ses dimensions sont de 1 mètre 60 cent. de hauteur et de circonférence. Son inscription est ainsi disposée :

>   IMP. CAES.
>   M. AVRELIO. AN.
>   TONINO. PIO.
>   AVG. BRITANNI.
>   CO. MAX. TRIB.
>   POT. XIIII. IMP. II.
>   COS. III. PP. PRO.
>   COS. AB. AVG.
>   SVESS. LEVG.
>   VII.

C'est-à-dire :

Imperante Cæsare Marco Aurelio Antonio pio, Augusto, Britannico, Maximo, tribunitiâ protestate decimum quartum, Imperatore secundum, consule tertium, patre patriæ, proconsule, ab Augusta Suessonum leuga septima [1].

Les recherches des savants ont fait remonter à l'an 212 de Jésus-Christ l'établissement de cette colonne, sous l'empire de Caracalla.

L'église de Vic-sur-Aisne, située à quelque distance du bourg et de la rivière, présente de côté et d'autre

---

[1] Sous l'empire de Marc-Aurèle, Antonin (Caracalla), pieux, auguste et très-grand prince, vainqueur de la Grande Bretagne, revêtu pour la quatorzième fois de la puissance tribunitienne, *imperator* pour la seconde fois, consul pour la troisième, père de la patrie et proconsul, cette colonne a été placée pour marquer la septième lieue gauloise, depuis Soissons.

des parties qui peuvent remonter à 1196, époque où fut fondé le prieuré. Le portail en plein cintre à trois retraites est soutenu de chaque côté par autant de colonnes; leurs chapiteaux à tailloir commun faisant l'office d'entablement sont garnis de feuillages peu saillants; leurs fûts sont sillonnés par des cannelures en torsades semées de perles que l'état fruste de la pierre permet difficilement de distinguer. Le premier cintre est parcouru par une série de quatre feuilles, le second par une rangée de losanges en creux et le troisième par un bandeau plissé en avant. Le tympan est rempli par une coupe particulière, des pierres en longs claveaux formant en haut un double plan incliné comme un fronton et en bas le linteau d'une porte carrée. Le porche est terminé par un fronton en triangle équilatéral.

La fenêtre supérieure soutenue de chaque côté par une colonne est contournée par une archivolte en dents de scie qui s'étend jusqu'aux piliers butants des extrémités du portail. Au-dessous se développe un tore chevronné placé entre deux scoties de même, décor qui produit un très-bel effet.

Le chœur se termine carrément; il est ouvert, ainsi que les transepts, par trois lancettes dont la centrale est plus élevée et qui sont comprises sous un arc de décharge en ogive.

Le clocher construit au centre de la croisée, porte la date de 1558; il est en selle ou en bâtière, forme lourde répétée trop fréquemment dans cette partie de la Picardie, mais cependant moins maussade que celle des campanilles que voudrait imposer l'École des Beaux-

Arts [1]; le style de ce clocher est celui de la Renaissance; il est soutenu par des pilastres, accouplés d'ordre dorique dans le bas et ionique dans le haut; il est ouvert par des ouïes géminées.

La porte latérale de droite a malheureusement perdu une partie de ses ornements; ils étaient d'une grande élégance.

La nef est séparée de ses bas-côtés par des arcs en plein cintre soutenus par des piliers carrés, que flanquent latéralement des colonnes demi-cylindriques; les chapiteaux très-courts ont des feuillages ou des têtes à leurs angles; quelques astragales sont sculptées en forme de cable; les bases sont munies de griffes.

Le chœur est supporté par des colonnes ternées qui appartiennent plutôt au style ogival qu'au style roman. Les voûtes renouvelées en même temps que le clocher, sont pesantes et n'offrent rien de remarquable.

Si le bourg de Vic-sur-Aisne a perdu, comme tant d'autres, les bienfaits vivifiants d'une riche abbaye, les progrès de la civilisation l'ont doté de faciles communications qui y répandent l'aisance et le bien-être. Le passage de la rivière par la voie incommode des bacs a été remplacée par un beau pont suspendu en fer, de près de 50 mètres de longueur.

A. GOZE
MEMBRE CORRESPONDANT DU COMITÉ HISTORIQUE DES ARTS ET MONUMENTS.

---

[1] Le clocher en selle ou en bâtière se termine par deux pignons servant d'établissement à une toiture à double pente; on n'en connaît guères d'exemples dans le département de la Somme que dans les églises de Contre, près de Conty, et de Bouvaincourt, près de Gamaches.

ARCHIVES DÉPARTEMENTALES

DU

PAS-DE-CALAIS, DE LA SOMME, DE L'AISNE ET DE L'OISE.

PREMIER ARTICLE.

ARCHIVES DU PAS-DE-CALAIS.

Es archives sont très-considérables. L'hôtel de la Préfecture n'ayant pas d'emplacement convenable pour les recevoir, on les plaça en 1805 dans les vastes et beaux bâtiments de l'ancienne abbaye de Saint-Vaast.

Ce dépôt renferme les *Archives des anciens Comtes d'Artois*, *des États d'Artois*, le *Greffe du Gros*, les *Archives des Intendances de Picardie et d'Artois*, *de Flandre et d'Artois* et *les Subdélégations* ; celles du *Conseil Provincial d'Artois*, de *l'Élection d'Artois*, de *la Gouvernance d'Arras* et du *Bailliage de Bapaume*; les *Archives des Districts* et de *l'Administration Départementale*.

Le classement et la conservation de cet important dépôt sont confiés à M. Godin, archiviste, dont les lumières, le zèle et l'obligeance sont au-dessus de nos éloges. Les amis des études historiques peuvent avec confiance s'adresser à lui. Celui qui écrit ceci a bien souvent trouvé dans le concours de M. Godin une utile assistance ; beaucoup de documents insérés dans les *Archives de Picardie et d'Artois*, dans la *Noblesse et Chevalerie du comté de Flandre, d'Artois et de Picardie* ou dans notre *Bibliothèque Historique* sont le fruit des communications de M. Godin.

ARCHIVES DES ANCIENS COMTES D'ARTOIS.

Le dépôt des chartes d'Artois renferme les archives des anciens comtes de cette province jusqu'au moment où l'Artois fut réuni à la Flandre (1357) par suite du mariage de Philippe de Rouvre, comte de Bourgogne et comte d'Artois, avec Marguerite, fille du comte de Flandre, Louis de Mâle [1].

Après ce mariage le dépôt des chartes d'Artois fut remplacé par celui de la Chambre des Comptes de Lille; l'on explique ainsi pourquoi le dépôt diplomatique de cette dernière ville renferme beaucoup plus de documents sur l'Artois que le dépôt d'Arras lui-même.

Dans le cours du XVI.e siècle il a été fait deux inventaires des chartes d'Artois; mais ces répertoires ont été exécutés avec peu de méthode et de soin et, dès le siècle dernier, il n'existait plus aucun rapport entre l'ordre des inventaires et celui des actes qui s'y trouvaient mentionnés.

En 1785 le garde des sceaux, M. Hues de Miroménil, chargea Denis-Joseph Godefroy, archiviste de la Chambre des Comptes à Lille, de rétablir l'ordre dans le dépôt d'Arras et d'en former un inventaire sur le même plan que celui qu'il avait déjà entrepris pour les archives de Flandre.

M. Godefroy se rendit à Arras avec plusieurs commis, au printemps de 1786, et aidé de M. l'abbé Douez, aumônier du Conseil d'Artois, qui avait déjà fait de nombreuses recherches dans ce dépôt, classa et analysa les chartes.

Le premier volume de l'inventaire est un fort in-folio de plus de 800 pages; la plus ancienne charte porte la date de 1102. Elle émane de Robert II, comte d'Artois.

La dernière qui est de 1287 offre sur 5 bandes de parchemin un état détaillé des revenus du Boulonnais à cette époque.

Le deuxième volume n'avait pu être achevé à cause de la Révolution. M. Charles Godefroy, ancien sous-préfet, demeurant à Lille, avait entre les mains les bulletins analytiques de son père; M. Quenson, membre du conseil-général, et M. le docteur Le Glay, archiviste-général du Nord, en obtinrent la communication; M. Le Glay termina en 1838 le travail commencé par le célèbre archiviste de la Chambre des Comptes. Ce volume s'étend de l'année 1288 à 1303; il a sans la table, rédigée avec le plus grand soin par M. Le Glay, 544 pages; le premier acte est du 21 avril 1288 et le dernier porte la date du mois de juillet 1303.

Il existait à Arras d'après les inventaires trois cartulaires, le premier ren-

---

[1] Depuis lors l'Artois ne cessa plus d'appartenir aux souverains de la Flandre jusqu'à l'époque où ces deux provinces furent réunies à la France en vertu du traité des Pyrénées et de la paix de Nimègue (1669—1678.)

fermant 200 actes pour les années 1297-1298, le deuxième de 1302 à 1309, le troisième de 1309 à 1321.

Malheureusement de ces trois cartulaires M. Godin, archiviste, n'a pu retrouver que le premier, dont les derniers feuillets ont été enlevés. Il a reconnu que ces cartulaires n'existaient déjà plus dans le dépôt en 1810 époque où les chartes portées sur l'inventaire n.º 1 ont été numérotées.

Malheureusement encore une grande partie des chartes postérieures à 1287 étaient restées déposées dans le palais de justice d'Arras et se trouvaient dans un état de détérioration complète. Elles y avaient été de plus l'objet de dilapidations nombreuses.

En 1838 ces archives furent remises à la garde de M. Godin et transportées par ses soins dans les bâtimens de Saint-Vaast. Un premier triage a fait reconnaître à l'archiviste que les chartes ou confirmations de communes, franchises ou priviléges concédés depuis 1287 avaient disparu.

ÉTATS D'ARTOIS.

Bultel, dans sa notice sur l'état ancien et moderne de la province et comté d'Artois, ayant tracé l'historique de l'administration des États d'Artois, nous dirons seulement que les archives de cette administration se composent des registres des assemblées générales des États d'Artois de 1578 à 1788.

Les titres et papiers des États d'Artois se rapportent presque exclusivement aux affaires consignées dans les registres des assemblées.

Un inventaire par ordre alphabétique des matières a été dressé pour les papiers compris sous les lettres, A B C D E F et G *Abbayes, Guerres*. Le nombre des liasses inventoriées est de 330. En attendant qu'il puisse continuer cet inventaire, l'archiviste a fait un premier triage dans les papiers restant à inventorier et qui étaient dans le plus grand désordre. Ce travail tout incomplet qu'il est abrège cependant beaucoup les recherches.

Parmi les papiers des États d'Artois se trouvent les rôles de vingtièmes au nombre de 800 et de centièmes [1] s'élevant à 723; les premiers dressés en 1760 et les seconds en 1780. Ces rôles sont très-souvent consultés par les propriétaires fonciers du département, attendu qu'ils présentent un tableau général de la contenance avec tenants et aboutissants, des corps de terres labourables, manoirs, prairies etc., d'une grande partie des paroisses de la province d'Artois. Ces rôles ou déclarations sont brochés et classés par ordre alphabétique de communes. On en a dressé un inventaire général.

GREFFE DU GROS.

Il existait dans les villes d'Arras, St-Omer, Béthune, Aire, St-Pol et Hesdin des dépôts connus sous la dénomination de Greffe du Gros, Tabellion, Tabellionage, dans lesquels les notaires de la province d'Artois étaient obligés

---

[1] Le centième a été établi en Artois le 9 septembre 1569, par Philippe II, roi d'Espagne. Cette imposition se nommait dans d'autres provinces taille réelle, etc.

de déposer les actes et contrats passés dans leurs études respectives et qu'ils ne remettaient pas en minutes ou brevets aux parties. Ils devaient préalablement transcrire ces actes sur leurs registres, dits protocoles, et ce dans un délai et sous les peines portées par les édits, ordonnances et réglements rendus à ce sujet.

Les expéditions des contrats déposés au Greffe du Gros se délivraient sur parchemin et étaient revêtues du scel du dépôt.

L'office de Greffier du Gros était domanial en Artois comme dans les autres provinces des Pays-Bas et s'est donné à ferme à la Chambre des Comptes de Lille jusqu'à la fin du XVIIe siècle. Mais en 1693 le roi Louis XIV ayant rendu vénales et héréditaires toutes les charges de judicature y compris aussi les greffes des tribunaux. Michel de Lelés, seigneur de Givenchy-le-Noble, se rendit adjudicataire de la charge de greffier-général du Gros en la comté d'Artois moyennant finance et établit à son choix des préposés dans les différents greffes du Gros de la province, à la charge par eux de prêter serment par devant les magistrats des villes de leur résidence et d'être reçus au Conseil d'Artois.

Le Greffe du Gros d'Arras a été placé aux archives de la Préfecture en l'an onze (1803). Ce dépôt le plus considérable du département du Pas-de-Calais se compose de 1500 liasses environ de minutes de ventes, cessions, transports, obligations, demeures, inventaires, baux, partages, constitutions de rentes, contrats de ventes, testaments et autres actes reçus par les notaires d'Arras, de Douai, de Bapaume, de Lens, etc. etc..........

Ces actes classés par ordre de dates et de matières commencent au milieu du XVIe siècle et finissent en 1792 époque où les notaires furent déclarés gardes-minutes.

La recherche des contrats demandés soit par l'administration soit par les particuliers se fait gratuitement par l'archiviste, et les grosses ou expéditions de ces actes sont délivrés par un notaire conformément à l'article 60 de la loi du 25 ventôse an II.

Ce dépôt est une mine féconde en documents généalogiques.

INTENDANCES DE PICARDIE ET D'ARTOIS, DE FLANDRE ET D'ARTOIS, ET SUBDÉLÉGATIONS [1].

La ci-devant province d'Artois ayant d'abord fait partie de l'intendance de Picardie jusqu'en 1754, puis ensuite de l'intendance de Flandre, les titres et papiers de cette province qui étaient restés à Amiens et à Lille ont été adressés au Directoire du département du Pas-de-Calais en 1790 et 1791.

Le Boulonnais, le Calaisis, l'Ardresis et Montreuil formèrent jusqu'à la fin de 1789 des commissions particulières de l'intendance d'Amiens.

Lors de la division de la France en départements en 1790 ces pays furent

---

[1] Les intendants avec leurs subdélégués furent créés en France par le roi Louis XIII en 1635. En Artois, sous la domination de l'Espagne, on ne connaissait point d'intendants ou de commissaires.

compris dans la circonscription du département du Pas-de-Calais et les papiers de ces différentes commissions ont été remis à l'administration centrale.

Les archives des subdélégations d'Arras et de Lens, de St-Omer, d'Aire, de St-Venant et d'Hesdin sont aussi déposées aux archives départementales.

Les archives du *Conseil Provincial* et de l'*Élection d'Artois*, de la *Gouvernance d'Arras* et du *Bailliage de Bapaume* qui étaient restées déposées au tribunal civil d'Arras et qui n'ont été remises qu'en 1838 ont été l'objet de toute l'attention, de toute la sollicitude de l'archiviste du département.

Au milieu de ces débris échappés à l'incendie, à l'humidité et, il faut le dire, à l'infidélité des dépositaires, M. Godin a été assez heureux pour retrouver et compléter de précieux documents pour les intérêts privés et généraux, et des pièces d'un haut et puissant intérêt pour l'histoire générale de l'ancienne province d'Artois.

CONSEIL PROVINCIAL.

Le Conseil Provincial d'Artois, établi à Arras par édit de Charles-Quint du 12 mai 1530, avait, dès les premières années de sa création, des registres aux commissions sur lesquels étaient transcrits les édits, les lettres-patentes, les lettres de grâce ou de pardon et ordonnances des souverains, les arrêts du parlement, les bulles des papes concernant les nominations aux abbayes ou prieurés situés dans l'étendue du ressort de ce conseil; les transactions entre les divers établissements de main-morte et les municipalités; les nominations aux différentes charges de la province et prestations de serment des nouveaux fonctionnaires, plus un grand nombre de lettres de noblesse, érections de terres en principautés, marquisats, comtés, etc. accordées soit par les souverains d'Espagne qui ont régné sur la province, soit par les rois de France.

Ces registres sont divisés en deux séries; la première commençant en 1544 et finissant en 1771, époque à laquelle le Conseil Provincial d'Artois a été supprimé par Louis XV et remplacé par le Conseil Supérieur d'Arras qui, à son tour, a fait place au Conseil Provincial rétabli en 1774. Les registres de 1771 à 1789 forment la seconde série.

La 1.re série se composait de 24 registres; 23 ont été retrouvés.

La 2.e de 8 registres; elle est complète.

Ces registres étaient en lambeaux lorsqu'ils ont été déposés à Saint-Vaast. Aujourd'hui, ils sont tous reliés, solidement étiquetés et inventoriés. Voici le mode de classification adopté : d'abord les feuillets ont été numérotés, puis en marge des pages on a inscrit la date et au-dessous une analyse sommaire du titre; enfin la date de l'enregistrement. Tous ces émargements ont ensuite été relevés pour former les tables de matières qui se trouvent maintenant à la fin des 31 registres aux commissions du conseil. Ces tables serviront un jour à former des répertoires alphabétiques de noms de personnes, de lieux et de matières.

Pour donner un aperçu de cet immense travail il suffira de dire que 22,618 feuillets ou 45,236 pages manuscrites ont été lues et analysées. Les tables se composent de 827 pages.

Une copie de ces tables, sur papier dit à la main, d'un grand format, est déjà fort avancée.

Les registres aux ordonnances d'audiences dudit conseil de 1666 à 1790, au nombre de 114, ont été reliés et leurs dates respectives relevées sur des bulletins.

Ils sont étiquetés sur le plat de la couverture et sur le dossier. Tous ont été marqués du timbre des archives et placés dans les rayons.

Neuf registres des arrêts criminels ont été reliés et seront prochainement l'objet d'un travail semblable à celui qui a été fait pour les registres d'audiences.

Les dictums du Conseil d'Artois sont encore en feuilles, sauf vingt-cinq liasses de la fin du siècle dernier que l'on vient de faire relier. Les autres sont hideux et attestent par leur état de malpropreté et de dépérissement le peu de soins qu'on a apporté à leur conservation. Cependant, ces sentences sont riches de documents de toute nature. Il importe de faire relier toutes ces pièces par semestre ou par année suivant l'importance des liasses.

Les registres aux mises de fait sur hypothèque sont en très-grand nombre; ils sont placés dans les rayons nouvellement établis. Leur état de conservation ne laisse rien à désirer.

Il existe, de plus, une masse de registres sur lesquels la filtration des eaux pluviales a exercé pendant de longues années son action destructive lorsqu'ils étaient entassés dans les greniers du tribunal civil, registres sans nom par suite de leur pourriture complète et qui ont été placés au nombre des papiers inutiles.

ÉLECTION D'ARTOIS.

Les officiers de l'Élection d'Artois étaient les seuls juges de première instance pour toutes les causes et matières d'aides, impositions, octrois, fermes et questions de noblesse par rapport aux personnes et aux terres. De là vient de la part des municipalités et des familles nobles de la province l'intérêt tout particulier qui s'attache aux archives de l'Élection [1]. Malheureusement, des registres destinés à l'enregistrement des anoblissements, érections de terres en marquisats, comtés, baronnies, etc, l'archiviste n'a retrouvé que ceux des années qui suivent: 1576 à 1587. — 1587 à 1595. — 1595 à 1607. — 1613 à 1640. — 1676 a 1714. — 1735 à 1745. — 1746 à 1758. — 1769 à 1776. — 1777 à 1784;

---

[1] *Conformément au placard des Archiducs, souverains de l'Artois, de l'an 1616, et de l'ordonnance de MM. les Eslus du 16 février 1691 on ouvrit à l'Élection d'Artois des catalogues mémoriaux ou registres où étaient peintes et enregistrées les armoiries des nobles de la province. Ces précieux registres ont disparu en partie; il en existait encore un il y a quelques années; mais lors de ce dépôt aux archives départementales, ce registre ne s'est plus retrouvé, malgré les nombreuses recherches faites avec beaucoup d'intelligence par M. l'archiviste.*

(Note de M. le baron de HAUTECLOCQUE.)

ils ont été reliés. Les tables dressées en 1841 et 1842 abrègent considérablement les recherches. Elles ont été consultées tout récemment avec fruit par l'auteur des *Archives Historiques et Ecclésiastiques de Picardie et d'Artois* pour le recueil de *Noblesse et Chevalerie du Comté de Flandre, d'Artois et de Picardie*, maintenant sous presse à Amiens.

GOUVERNANCE OU BAILLIAGE D'ARRAS.

Un premier triage a été fait dans ces archives. Ce travail a fait reconnaître divers documents très-intéressants; on citera entr'autres plusieurs registres servant à l'enregistrement des placards, ordonnances, etc. des rois ou archiducs d'Espagne, édits, déclarations et lettres-patentes des rois de France, etc.

Un gros registre in-folio de 652 feuillets est ainsi étiqueté : « Domaine d'Arras ; cartulaire et terrier de toutes les rentes foncières et seigneuriales » dues à LL. AA. SS. Albert et Isabel-Clara-Eugenia et déclaration des fiefs » et nobles tenemens situés à Arras et autres lieux du pays d'Artois tenus » et mouvans des Archiducs à cause de leur château d'Arras. » Ce registre, solidement relié, est sans contredit un des plus curieux monuments historiques du dépôt départemental tant sous le rapport de sa richesse calligraphique que par les précieux documents qu'il contient sur le pays.

Les comptes de la ville d'Arras des 15.°, 16.°, 17.° et 18.° siècles ont presque tous été enlevés. Parmi ceux retrouvés beaucoup de feuillets en parchemin ont été détachés, lacérés par des mains spoliatrices; cependant après de longues et patientes recherches on est parvenu à en compléter quatorze qui ont été reliés immédiatement. Ces comptes renferment des documents du plus haut intérêt pour la ville.

En effet, au moyen des renseignements qu'ils contiennent, on peut rétablir en partie l'ancienne topographie d'Arras, lui rendre sa physionomie et servir puissamment à l'histoire municipale et industrielle de la ville à partir du 15.° siècle. Par exemple, en ouvrant le compte de 1477, on trouve à l'article des revenus, paroisse St-Jehan et St-Vincent, que « Jehan Choulette doit payer vII sols pour sa maison et gardin séans en le *rue de le Trinité* tenant au gardin maistre Jehan de le Vacquerie. » La rue de la Trinité est maintenant inconnue ; mais la mémoire de La Vacquerie, de l'illustre jurisconsulte artésien qui sut courageusement résister en 1476 au bailli de Gisors, Pierre de Berthêne, sera éternellement vénérée par ses concitoyens. Il n'est pas sans intérêt non plus de connaître le quartier qu'habitait à Arras celui qui fut premier-président du parlement de Paris et auquel Michel de l'Hospital consacra ces lignes : « Rien » n'a manqué à sa gloire comme magistrat; puisqu'après avoir constamment » vécu juge intègre, il a rendu le dernier soupir dans un honorable état de » pauvreté. »

D'autres citations feraient mieux encore apprécier la valeur historique de ces registres ; mais il faut laisser aux hommes laborieux et érudits qui s'occupent de l'histoire locale le soin de les compulser.

Les archives de l'hôtel-de-ville d'Arras ne possèdent aucun compte antérieur au 18.ᵉ siècle ; on comprend dès lors l'intérêt qui s'attache à la conservation des registres de la Gouvernance d'Arras.

Nous devons aussi mentionner ici comme une sorte de complément de ces registres un compte rendu à M. de Breteuil, intendant de Picardie, par Jouffroy, receveur des domaines du Roi en Artois, commis à la recette des biens confisqués depuis la déclaration de guerre contre les Hollandais et les Espagnols, etc. 1673 et 1674.

BAILLIAGE DE BAPAUME.

Le local humide du tribunal où les archives de ce bailliage étaient déposées et les dilapidations dont elles ont été l'objet sont les causes sans doute auxquelles nous devons attribuer le peu de papiers et registres qu'il nous en reste et l'état de dépérissement dans lequel ils se trouvent. Déjà quelques cahiers d'aveux et dénombrements ont été reliés ; les sentences seront réunies et classées par ordre chronologique.

DOMAINES NATIONAUX.

Il est peu de départements où les actes de ventes de domaines nationaux aient été conservés avec autant de soin et classés avec autant d'ordre que dans le Pas-de-Calais.

Les ventes de biens sur soumissions faites en vertu de la loi du 28 ventôse an 4 ainsi que les soumissions d'acquérir ont été classées en 1839 par ordre de date, numérotées, puis ensuite reliées ; on a de plus dressé un inventaire pour chacun des huit districts du département. Les soumissions sont au nombre de 4459 et forment 24 registres. Les actes de ventes sont au nombre de 4445 et forment 33 registres, plus 2 registres pour actes de commands passés en vertu de la loi du 13 thermidor an 4, contenant 345 actes, classés par ordre de dates et numérotés.

Les procès-verbaux d'estimation de ces biens sont aussi classés par ordre de numéros. Ces numéros correspondent à ceux des actes des ventes. — Les actes de ventes de bois nationaux en exécution de la loi du 2 nivôse an 4 — les actes de ventes de domaines engagés, en exécution de la loi du 14 ventôse an 7, soumissionnés et rachetés par les engagistes — les actes de ventes de biens d'ascendants d'émigrés (loi du 9 floréal an 3) — les actes de ventes en exécution des lois des 16 brumaire an 5, 9 vendémiaire, 16 et 24 frimaire an 6 — les actes de ventes en exécution des lois des 26 vendémiaire et 27 brumaire an 7 (châteaux, églises, maisons, usines, etc. — les actes de ventes en exécution des mêmes lois (terres labourables) — les actes de ventes des biens de l'État et de la Légion-d'Honneur cédés à la caisse d'amortissement — les actes de ventes des biens de communes cédés à la caisse d'amortissement (loi du 20 mars 1813) sont classés, reliés et numérotés.

ARCHIVES DES ANCIENS ÉTABLISSEMENTS RELIGIEUX ET DES FAMILLES D'ÉMIGRÉS.

Les archives provenant des anciens établissements religieux déposées à Saint-Vaast ont beaucoup souffert. Les papiers des familles n'ont pas été plus respectés. L'absence d'un très-grand nombre de documents historiques, cités dans divers ouvrages, dans des mémoires, des factums, prouve que la loi vandale du 24 juin 1792 a été exécutée dans le Pas-de-Calais avec une déplorable exactitude; puis d'autres précieux titres, des cartulaires peut-être, que cette loi n'avait point anéantis, dévorés, ont été remis sans examen aux officiers d'artillerie, chargés par eux sur des fourgons et envoyés dans les arsenaux pour faire des gargousses !....

C'est ainsi que l'antique abbaye de Saint-Vaast, si riche en archives, dont les nombreux domaines s'étendaient sur tous les points de la province, dont les vastes et magnifiques bâtiments attesteraient au besoin l'ancienne splendeur et la richesse, n'a conservé qu'une petite partie de ses archives. Les cartulaires et presque tous les titres anciens ont disparu.

Les titres et papiers des autres établissements ecclésiastiques sont encore placés dans les rayons avec les archives des districts dans l'étendue desquels ils se trouvaient; mais ces archives seront classées suivant le cadre annexé à la circulaire de M. le Ministre de l'Intérieur, n.° 14, sous les lettres G clergé séculier et H clergé régulier.

DISTRICTS.

Les Districts, établis en mars 1790, ont cessé leurs fonctions dans le mois de brumaire an 4 (novembre 1796). Les titres et papiers qui en proviennent sont rangés dans la galerie à gauche en entrant et forment huit sections distinctes nombre égal à celui des districts du Pas-de-Calais. Au commencement de ce siècle des inventaires ont été dressés pour chacun de ces districts; mais comme ils n'indiquent que sommairement la nature de chaque liasse et que beaucoup de pièces ont été remises à divers particuliers, en vertu d'arrêtés de l'administration centrale, ces répertoires devront être entièrement refondus.

ADMINISTRATION DÉPARTEMENTALE.

Enfin les Archives de Saint-Vaast renferment les nombreux registres et dossiers provenant de l'administration centrale du département, des districts et de l'administration préfectorale depuis sa création jusqu'à nos jours.

BIBLIOTHÈQUE.

Un catalogue des livres existant aux archives du Pas-de-Calais a été dressé en septembre 1839. Il comprend 698 volumes ou 268 ouvrages.

PLANS ET CARTES.

Parmi les papiers provenant des États d'Artois, des établissements religieux supprimés, des émigrés et des bureaux de l'administration départementale, il se trouvait un grand nombre de plans et cartes de chemins, de marais, de rivières et canaux, de communes et de hameaux.

La recherche de ces plans, épars sur différents points du dépôt départemental, occasionnait une perte de temps considérable. Pour faire cesser cet état de choses l'on a réuni tous les plans dans une même salle où ils ont été classés avec le plus grand soin.

La plupart des plans provenant de l'ancienne abbaye de Saint-Vaast sont en parchemin ou en papier collé sur toile ; au nombre de ces derniers on remarque surtout un plan de la ville et de la cité d'Arras dressé en 1704 par Desailly, arpenteur géomètre à Arras, et dédié par lui à M.gr le cardinal de Bouillon, doyen du Sacré Collége et abbé de Saint-Vaast. Ce plan est fait sur une grande échelle ; la netteté, la pureté des lignes et du lavis attestent dans son auteur des connaissances et une habileté pour ce genre de travail bien rare au temps où il vivait.

LOUIS XIII

VOUANT SON ROYAUME A LA VIERGE

DANS L'ÉGLISE DES MINIMES D'ABBEVILLE.

C'ÉTAIT le jour de l'Assomption 1637 ; un peuple immense remplissait Abbeville. On voyait bien que quelque événement important allait se passer dans la capitale du Ponthieu. En effet, Louis XIII, récemment arrivé dans *la Cité Fidèle* [1], avec le cardinal de Richelieu, son premier-ministre, traversa bientôt ses rues étroites, précédé d'un brillant cortège ; il se rendait à l'église des R. P. Minimes, monument du XVI.e siècle qui, ce jour-là, n'était pas assez vaste pour contenir la foule. Le chœur de cette église avait été paré avec beaucoup de magnificence. Comme aux fêtes solennelles, le superbe tombeau du seigneur de Rambures [2] avait

---

[1] (*Urbs fidelis.*)

[2] Ce tombeau magnifique était l'œuvre du célèbre Blasset, sculpteur amiénois.

disparu sous les riches tapisseries qui ornaient les murs ; mille cierges brûlaient sur des chandeliers d'or ou d'argent aux deux côtés de l'autel, et plus de cinquante siéges couverts de velours, aux couleurs de la ville, se faisaient remarquer à l'extrémité de la nef. Au milieu s'élevait un prie-Dieu, décoré sur le devant de l'écusson royal et plus bas des armes d'Abbeville : en un mot, tout, dans ce temple, semblait annoncer une imposante cérémonie, un événement mémorable digne d'être conservé par l'histoire. Le Roi s'étant mis à genoux sur le prie-Dieu, et les princes de sa suite ayant pris place sur les siéges voisins, le son religieux de l'orgue et les bruyantes fanfares exécutées du haut du jubé par les musiciens du Roi, annoncèrent presque aussitôt que *la messe royale* allait commencer. Le moment de la consécration arrivé, *Louis-le-Juste* s'avança dévotement vers le prélat qui officiait au grand autel, puis « *la main gauche posée sur son cœur, la droite élevée jusqu'à la hauteur du Saint-Sacrement, il voua son royaume à la Vierge, la suppliant humblement de prendre ses états et sa personne royale sous sa puissante protection* [1]. » — Cet acte d'une insigne dévotion étant accompli, les trompettes sonnèrent de nouveau et le peuple, plein d'allégresse, cria *Vive le Roi !* avec tant d'enthousiasme que les voûtes du temple en parurent un instant ébranlées. Jamais, au reste, moment n'avait été si opportun pour manifester sa piété envers la reine du ciel et son dévouement envers son prince : la France, en guerre avec l'Espagne, avait en effet

---

[1] (Relation manuscrite du vœu de Louis XIII.)

(1637)

LOUIS XIII VOUANT SON ROYAUME À LA SAINTE VIERGE.
dans l'Église des Minimes d'Abbeville.

essuyé plusieurs revers; l'ennemi s'était même avancé au-delà d'Hesdin et de nombreux corps de partisans dévastaient les environs d'Abbeville. Le vœu de Louis XIII fut un acte religieux qui servit au mieux la politique de la France; il releva le courage abattu des habitants du Ponthieu et inspira au peuple de la capitale une confiance sans bornes envers le Roi *très-chrétien*. Une grande pompe ajouta encore à cette solennité touchante; l'après-midi, l'évêque de Nismes monta en chaire et, dans un discours éloquent, il rappela aux assistants les principaux motifs qui avaient porté le monarque à recourir à la mère de Dieu, à lui consacrer et son royaume et sa personne [1].

Une procession suivit ce discours, afin de rendre grâces au ciel du vœu qui venait d'être fait. L'image de la Reine des Anges portée en triomphe dans la ville était accompagnée du Roi, de plusieurs prélats, de princes et chevaliers de l'ordre du Saint-Esprit.

Au centre de ce brillant cortège se dessinait la grande figure de Richelieu. A son retour dans l'église l'évêque de Meaux, frère du chancelier de France, ayant remis le Saint-Sacrement sur l'autel, le cardinal ministre revêtu de la pourpre romaine fit à son tour fléchir le genou à la noblesse et au monarque lui-même, en les bénissant au nom du dieu des armées.

H. DUSEVEL,
DE LA SOCIÉTÉ ROYALE DES ANTIQUAIRES
DE FRANCE.

[1] (*Histoire chronologique des maïeurs d'Abbeville*, in-fol. pag. 828.)

BATAILLE DE MARIGNAN.

LETTRE DE LA DUCHESSE D'ANGOULÊME AU GOUVERNEUR DE PÉRONNE (1515).

Mon cousin [1], vous avez peu voir par ce que derenement vous avaye escript le propos en quoy les lingnes (les Ligues) tenoient le roy pour venir à appointement, lequel ledit seigneur tenoit pour conclud, comme aussi estoit entre les depputez et les leurs, toutesfois à la fin chascun a peu congnoistre qu'ilz ne le faisoient que pour le surprendre et abuser ; et qu'il soit vray le XIII.e de ce moys [2] lesdits Suisses le vindrent assaillyr en très grand fureur et hardiesse en son camp qui estoit *au lieu de Saincte Brigide*, à huit mil de la ville de *Milan*, et luy présentèrent la battaille *avec xxx ou xxxii m de leur nacion*, xv *ou* xvi m *chevaulx estrangiers et* v *à* vi m *hommes de piet ytaliens*, et une bonne bande d'artillerie, et de mesmes croyes qu'ilz furent reçuez par le roi. Et, à ce que j'ay seu par plusieurs et bons personnaiges qui en rescripvirent la verité, il y a plus de cincq cens ans qu'il ne fust une telle battaille ne — autant de combatz qu'il y a eu en cestuy, car depuis le jeudy, *trois ou quatre heures* [3] *apres midi, jusques au lendemain* xi *ou* xii *heures, qui sont* xx *heures, les combatz n'ont cessez*. Toutesfois il a pleu à nostre Createur donner la victoire au roy, qui est la plus belle et triomphante que de long temps a eu prince, et est sur le camp desdits Suisses vingt mil hommes et plus [4] mors ; le reste s'est honteusement mis à fuitte blessez et affollez, et leur artyllerye perdue, tellement qu'il ne s'en est poinct retourné iiii m qui soient sains, encoire estoit l'on en la chasse apres eulx. Et pour ce que je scay que serez très aise et joyeulx d'entendre les nouvelles, je vous ay bien volu advertyr pour le faire entendre par delà à ceulx que verrez que leur sera pour le bien dudit seigneur, et aussy pour en faire rendre graces à Dieu et faire processions par ceulx des villes du pays, ausquels en escriprons

---

[1] Louis de Hallwin, seigneur de Piennes, etc., le premier de cette famille qui s'établit en France ; gouverneur de Péronne, Montdidier et Roye. Brantôme en parle comme d'un des plus grands capitaines de son temps.

[2] L'Art de vérifier les dates dit le 14 (t. 6, p. 136.)

[3] A deux heures selon l'Art de vérifier les dates, ibid.

[4] 15,000 hommes suivant l'ouvrage précédemment cité.

de bref par autres noz lettres qui sera par fin, pryant Dieu, mon cousin, qu'il vous ayt en sa garde.

Escript à Amboise, le xxii.ᵉ jour de septembre. Ainsy signé, votre bonne cousine, Loyse (DE SAVOIE.)

(*Communiqué par* A. DE LA FONS, BARON DE MELICOCQ.)

BIBLIOTHÈQUES PUBLIQUES
DE
LA PICARDIE ET DE L'ARTOIS.

2.ᵉ ARTICLE.

BIBLIOTHÈQUE DE LA VILLE D'ARRAS.

A bibliothèque d'Arras compte 40,000 volumes imprimés et 1123 ouvrages manuscrits. Ces derniers proviennent de la riche abbaye bénédictine de Saint-Vaast, de la cathédrale d'Arras, du monastère de St-Éloy et de l'Académie qui fut fondée dans cette ville par lettres royales en date du 13 mai 1738.

Sans doute ces ouvrages n'ont pas tous le même intérêt historique ; ascétiques pour la plupart, ils ne se recommandent guère que par leur beauté calligraphique [1] et les vignettes dont ils sont ornés ; mais

---

[1] Le plus ancien manuscrit que possède la Bibliothèque d'Arras est de la fin du viii.ᵉ siècle ; il est en velin, in-folio-parvo, rubriques au rouge de plomb et initiales romaines. Ce manuscrit, du temps de Charlemagne, est très-précieux et très-beau dit M. Quicherat. (*Inventaire des manuscrits de la Bibliothèque d'Arras*, v.° 572.)

il faut le dire, beaucoup de ces ouvrages ont été l'objet d'un vandalisme que l'on ne saurait assez anathématiser. Confiés aux soins mal éclairés d'un homme avide et ignorant, que Sir Thomas Philips dans sa juste indignation bibliographique appelle *homo pessimus nomine Caron*, ils furent dilapidés. On leur ôta à l'aide d'instruments tranchants des feuillets nombreux, dont on doit surtout regretter la perte dans les légendes des saints, ou même dans les chants de nos trouvères artésiens, quoique ceux-ci soient en bien petit nombre. Malgré tout, en retranchant les compilations dont tout le mérite est de faciliter les recherches sur des sujets d'intérêt local, les mémoires généalogiques la plupart d'une sécheresse aride et repoussante, il est encore quelques manuscrits dont la connaissance pourrait être utile à plus d'un titre; en effet on peut citer le manuscrit portant le numéro 139 sur velin et qui remonte au 13.ᵉ siècle; il contient des moralités curieuses, de judicieuses sentences philosophiques, des légendes qui malheureusement sont incomplètes. La plus remarquable est celle de Ste-Suzanne dont il manque le commencement: *del povre clerc qui disoit toujours Ave Maria;* des chansons notées dont les auteurs ne sont autres que maistre Willaume li Viniers, maistre de Fournival, Adams li boçus d'Arras, etc., etc.; et enfin pour terminer ce curieux manuscrit, quelques romans en prose du même temps. Un autre de la même époque, dont il reste encore 86 feuillets, contient 37 morceaux en prose sur divers saints, presque tous vénérés dans ce pays; je n'ai pas encore eu le temps de vérifier si les Bollandistes dans leurs savantes Vies des Saints ont eu connaissance de ce recueil. Nous avons les manuscrits grecs d'Ebrard de Béthune qui, dès l'an 1212, avait composé un *Grecimus* ou grammaire grecque; un des deux exemplaires commence par une table où sont enregistrés les mots singuliers de l'ouvrage.

Le seizième siècle, avec ses troubles religieux et son effervescence politique, nous a légué de nombreux et intéressants manuscrits. Le registre des communications et résolutions prises en la ville de Mons, en l'assemblée des gouverneurs et des députés d'Arthois, Haynau, Douai et Orchies, etc., pour l'éclaircissement des difficultés et obscurités du traité fait à Arras en 1579, écriture contemporaine de chancellerie, provenant de l'abbaye de Saint-Vaast; les mémoires, lettres et instructions pour servir à l'histoire des États tenus à Mons en 1579, provenant de la même source, écrits aussi dans le seizième siècle.

Qu'il me soit permis de citer ceux de Ponthus-Payen, encore inédits, malgré l'intérêt qu'ils présentent; une chronique de l'an 1551 à 1554 que l'on attribue au savant abbé du Mont-St-Eloy, Jean de Feucy, et dont les 321 feuillets existants font regretter la suite sans doute perdue par le malheur des temps. Le titre du dernier chapitre est : *Comment le marquis Albert fut du tout dejecté et débouté de son état, etc.;* une collection d'Antoine Grotius formant quatre volumes in-folio, composés de pièces manuscrites et imprimées, ayant toutes rapport à l'histoire ecclésiastique depuis la Réforme; une autre collection où l'on compte 216 feuillets; puis enfin quatre exemplaires de la relation d'une ambassade de Jean Sarrazin.

Cet homme dont n'ont parlé ni Bayle, ni Foppens, ni Mireus, fut l'un des savants les plus remarquables du seizième siècle, de cette époque si fertile en grands hommes. Tour-à-tour chapelain de l'abbé, grand prévôt et grand-prieur de l'abbaye de Saint-Vaast, il fut victime d'une vive persécution lorsque les Calvinistes s'étant rendus maîtres de la ville, l'évêque effrayé chercha son salut dans la fuite, après lui avoir confié le soin de son troupeau. Sarrazin accepta cette rude tâche, et les tourments les plus rigoureux ne purent le faire faiblir. Ce n'est pas ici le lieu de consacrer une longue notice à un homme que ses services firent nommer abbé de Saint-Vaast, conseiller-d'état et évêque de Cambrai, le 14 septembre 1596. Ce fut peu de temps après qu'il fit le récit de son ambassade; voici le titre: *Ambassade du révérend père en Dieu, dom Jean Sarrazin, abbé de Saint-Vaast, du conseil-d'état de Sa Majesté, son premier conseiller en Arthois, etc., etc.*

Il prit pour épigraphe ce verset tiré du 6.e livre de l'Ecclésiaste: « La douce parole multiplie les armes » et apaise les ennemis, et la langue gracieuse abonde » en l'homme de bien. »

On pourrait encore citer quelques manuscrits intéressants; ainsi le numéro 166, journal de dom Girard Robert religieux de St-Vaast, commençant en 1475, contenant les détails les plus curieux sur les désordres qui eurent lieu à Arras après la surprise de cette ville en 1492.

Au mois de novembre 1841, M. le Ministre de l'instruction publique a envoyé à Arras M. Quicherat, savant élève de l'école des Chartes. Un catalogue des manuscrits a été dressé par ses soins, et il faut espérer que ce travail ne tardera guère à paraître dans la collection des documents inédits. Qu'il me soit cependant permis, avant de terminer cette notice, peut-être déjà trop longue, de parler encore de plusieurs manuscrits dont la connaissance peut être d'une grande utilité. La bibliothèque possède le *Chronicon Brabantiæ*, d'Edm. de Dynler. Je ne puis mieux faire que d'extraire de l'ouvrage de M. Quicherat la description qu'il fait de ce manuscrit :

« In-folio, parvo papier, longues lignes, 15.e siècle,
» initiale au vermillon; commence par un éloge de la
» Belgique, en vers hexamètres signés: *Henricus Es-*
» *terwick, medicus.*

» Sur le folio verso est écrit, d'une main moderne,
» le témoignage que Le Myre a porté d'Edmond de Dynler
» dont il possédait l'ouvrage complet.

» L'ouvrage commence à l'origine des Francs; ce
» manuscrit n'en renferme que la moitié, car il s'ar-
» rête en 1355, avec le livre 5.e prov.^{t} de la cathé-
» drale d'Arras. Subsistent 388 feuillets. »

La bibliothèque d'Arras possède aussi deux exemplaires du très-curieux mémoire qu'à la sollicitation de l'empereur Maximilien, Jean d'Auffay, natif de Béthune, adressa à Louis XI, voulant ainsi faire valoir les droits de Marie de Bourgogne au comté d'Artois; Mais le rusé monarque tenait trop à sa conquête pour écouter les raisons plus ou moins puissantes de notre savant, et il se contenta de faire réfuter ce mémoire par Jean de Saint-Romain, procureur du Roi. Quoiqu'il en soit, cet ouvrage qu'on voyait autrefois manuscrit dans la bibliothèque de l'église cathédrale de Tournai, n'en est pas moins curieux pour l'histoire locale, et je pense que le savant Leibnitz qui l'a publié l'an 1693 ne connaissait pas les exemplaires que nous possédons, et qui offrent même entre eux de nombreuses et curieuses variantes. L'un sur vélin blanc est sinon l'original, du moins une copie du temps ; il est à regretter que des coupures malveillantes aient déparé un ouvrage aussi remarquable tant sous le rapport calligraphique que par l'érudition. Voici les rubriques du premier chapitre : *Cy commence le traicté que très redoubté seigneur et ma très redoubtée dame sa compaigne remontrent touchant le tort dont le roy use par force en occupant les seignories des traictés de Conflans et de Péronne.*

Le second exemplaire beaucoup moins soigné est en papier ; l'écriture est celle de la fin du seizième siècle. Tous deux proviennent de Saint-Vaast.

Comte A. D'HÉRICOURT.

DÉCLARATION
DES PERTES FAITES PAR LES HABITANS D'ERVILLERS,
A CAUSE DE LA GUERRE DE 1595.

...Est advenu que au caresme de ce dit an une partye du camp de mons^r. le marquis de Warembon allant advitailler la ville de Handecourt vinrent loger audict village d'Ervillers deux compagnies de chevaulx des ordonnances de Sa Majesté qui estoyent plus de quatre cens chevaulx, tellement qu'il n'y avoit maison de laboureur qu'il n'y euct 25 à 30 chevaulx logés et en oultre des moutons qu'ilz mengerent et emportèrent, firent un tel oultraige aux habitans que une partie abandonnèrent leurs maisons.

Item le jour de la *bataille de Dourlens* vinrent aussi loger audict villaige deux compagnies de chevaulx venant de la garnison du Castelet pour aller au camp dudit Dourlens, lesquels firent sur les advesties grands ravages, donnant à leur voulonté lesdictes advesties à mengier à leurs chevaulx.

Item le 17.e jour de septembre plusieurs soldats espagnols avecq leurs quesons (caissons) sont venus de forche pillier et fourragier les villageois et oultre quil y eust ce jour un home tué et deux bleschiez qui ne sont encore gueriz, ont iceux soldats emporté grand nombre de mencaulx d'avoine aux dits habitans.

...Et au temps que lesdictz habitans pensoyent aller moysoner les grains restant, ont esté comtrainctz aller ouvrer de pyoner au camp de Cambray par trois diverses foys, tous partans chacun par fois pour douze jours.

..Sans mectre en compte les paissages des soldats allans, venans et mengeans le bien desdictz habitans, tellement qu'il leur est impossible avoir quelque pièche de mesnage en leurs maisons.

(Extrait des *Archives de M. le duc de Luynes* — Document communiqué par M. H. Dusevel.)

CAMPS ROMAINS

DE

LA PICARDIE ET DE L'ARTOIS.

le comte Louis d'Allonville, conseiller d'État, ancien préfet de la Somme et du Puy-de-Dôme, a publié en 1828 un savant travail ayant pour titre : Dissertation sur les camps romains du département de la Somme avec leur description. Cet ouvrage obtint la première des trois médailles d'or décernées en 1828 par l'Académie des Inscriptions et Belles-Lettres, pour les travaux sur *les Antiquités Nationales*. Le Ministère de l'Intérieur souscrivit pour cinquante exemplaires ; le Ministère de la Guerre pour six exemplaires ; la Maison du Roi pour quinze.

M. le comte d'Allonville a bien voulu nous accorder l'honneur de sa collaboration et vient de nous adresser pour la *Bibliothèque Historique* un travail relatif aux camps romains de l'Artois et des portions de la Picardie dont il ne s'était pas encore occupé. Pour donner plus d'ensemble aux notions qui vont suivre nous avons cru qu'il convenait d'y joindre l'analyse succincte d'une partie de la dissertation sur les *Camps de la Somme*.

I.
CAMPS DÉCRITS PAR M. D'ALLONVILLE DANS SA PUBLICATION DE 1828.
CAMP DE TIRANCOURT.

Ce camp que, dans le pays, on nomme encore *le grand fort* (*Castellum*) est situé sur un escarpement calcaire du coteau qui règne le long de la rive droite de la Somme dont il est séparé à une distance moyenne de trois cents mètres par un terrain en friche, par une pâture et par le marais communal que borde le chemin de hallage.

Il est éloigné de dix à onze mille mètres, à l'ouest, de la ville d'Amiens et distant d'environ quatorze mille mètres, à l'est, du camp de *l'Étoile* ; en sorte que ce camp de Tirancourt occupe une position intermédiaire entre l'autre camp et la ville d'Amiens ou l'ancienne *Samarobrive*.

La direction de sa longueur est à peu près du sud-ouest au nord-est en partant du pied de l'escarpement du côté de la rivière et en allant vers la plaine par le chemin. Il importe de remarquer deux chaussées situées l'une au sud et l'autre au sud-ouest qui conduisent du pied du camp à la rivière en traversant le marais. Il est probable que ces chaussées, qu'on nomme *croupes* dans le langage actuel du pays, avaient pour objet d'assurer les services de l'eau et du fourrage, *aquatio et pabulatio*, suivant le précepte de Végèce. Peut-être aussi étaient-elles destinées, notamment celle du sud qui se prolonge le plus loin, à garder et commander le passage de la Somme en arrière du camp.

On doit reconnaître combien la position de ce camp était favorable pour la défense puisqu'il est fortifié *naturellement* de trois côtés, savoir : au sud, par l'escarpement calcaire très-élevé qui fait face à la rivière et par le marais ; et à l'ouest et au nord par d'autres escarpements qui dominent aussi, à une grande élévation, la vallée sèche de *Vaux*. Ces escarpements-ci sont hauts de près de quatre-vingt-deux pieds et presque à pic, ce qui a dispensé de creuser un fossé de ce côté-là, comme aussi du côté du marais. Enfin, pour achever de fortifier leur camp, les Romains n'ont eu qu'à creuser un fossé large et profond du côté de l'est et à construire un très-fort rempart intérieur. On dut attacher une très-grande importance à ce camp relativement à la défense puisqu'encore aujourd'hui, après tant de siècles écoulés, le rempart est épais, dans le bas, de *soixante-quatorze pieds*, élevé de plus de *douze pieds* à l'intérieur et de près de *quarante-cinq* à l'extérieur, c'est-à-dire depuis le fond du fossé ; ce fossé a près de *soixante-onze pieds de largeur* dans la ligne horizontale de la plaine et près de *trente-un pieds* au fond.

On distingue très-bien quatre portes; leur place est au sud-ouest, au nord-ouest, au nord-est et à l'est. L'entrée était la porte *prétorienne*, moins encore parce qu'elle regarde le *levant* que parce qu'elle me parait avoir dû *faire face à l'ennemi*, et par conséquent regarder le côté vers lequel l'armée devait marcher, le tout conformément aux préceptes de Végèce. On peut conclure en effet de la très-grande profondeur et de la largeur très-grande aussi du fossé, et de l'épaisseur ainsi que de la hauteur du rempart, que c'était de ce côté que l'on craignait les attaques de l'ennemi, *cùm major adversarium, vis metuitur* (*De re militari*, lib. 3. c. 8.)

CAMP DE L'ÉTOILE.

Le camp de *l'Étoile*, connu aussi dans le pays sous le nom du *Castelet* (*Castellum*), est situé sur la rive droite de la Somme, à un peu plus de six lieues de poste d'Amiens ou *Samarobrive*. Il est de forme oblongue et arrondie c'est-à-dire *ovale*. Les déclivités au-dessus desquelles il domine paraissent avoir déterminé cette forme aussi bien que la nécessité de renfermer dans un espace resserré le corps de troupes assez peu considérable qui était destiné à sa défense.

La superficie totale du camp n'est, *dans l'intérieur*, que de 9 hectares, 49 ares, 43 centiares (près de 38 arpents romains.) Elle est à l'extérieur y compris les remparts et les escarpements de 15 hectares, 87 ares, 30 centiares, espace qui ne devait pouvoir loger qu'à peu-près une légion de César avec sa cavalerie, ses troupes légères et ses équipages. La direction de sa longueur est comme celle du camp de Tirancourt du sud-ouest au nord-est. On n'y aperçoit point, comme dans ce dernier camp, de traces de chaussées ou *croupes* conduisant à la rivière de la Somme qui en est éloignée d'un peu plus de quatre cents mètres. Mais d'une part on trouve à l'extrémité du camp qui est vers le sud-ouest, dans le lieu dit le *Camp Prétorien*, un puits de près de 109 pieds de profondeur lequel pouvait bien fournir aux besoins de la peu nombreuse garnison ; et, d'autre part, comme le camp domine à une grande hauteur et au-dessus de l'église toute la partie de la vallée qui est entre la côte presqu'à pic et l'ancien lit de la rivière, on conçoit qu'à l'aide des balistes et des catapultes qui formaient l'artillerie des Romains, les troupes qui occupaient ce point dominant pouvaient commander en tout temps les approches de l'eau.

Le rempart artificiel qui entoure tout le camp n'est pas moins bien conservé que celui de Tirancourt et il ne lui est pas inférieur en hauteur et en épaisseur. On en peut juger par le point où ce rempart approche de la plaine et où il est épais également de 74 *pieds* dans le bas, haut de plus de 20 *pieds* à l'intérieur, et de plus de 16 à l'extérieur.

On ne reconnaît positivement au camp de *l'Étoile* qu'une seule entrée ou porte à l'est et assez près de la plaine qui s'étend au nord-est, partie où la défense artificielle a entièrement remplacé les défenses naturelles ou les déclivités dont les pentes deviennent de plus en plus roides à mesure qu'on avance vers le sud-ouest. Deux petits restes de retranchements épais de plus de 49 *pieds* et élevés de 2 à 3 existent en avant et à l'est de cette porte.

On voit bien une autre entrée ou un fossé près du camp prétorien ; mais l'examen attentif de cette partie du camp de *l'Étoile* ne permet pas de penser que ce fût autrefois une porte ni même que cette ouverture ait existé de tout temps. On doit croire qu'elle aura été pratiquée très-long-temps après la fondation du camp pour établir une communication avec le village de l'Étoile.

CAMP DE SAMAROBRIVE.

La situation dans laquelle se trouvait César à la fin de sa cinquième campagne c'est-à-dire après qu'il eut ramené à *Samarobrive* (Amiens) la légion de *Cicéron* étant bien connue, et le nombre de légions qu'il a pu réunir dans ses trois camps établis près de *Samarobrive*, d'abord au commencement ensuite vers la fin du même hiver, étant présumé d'une manière que le texte des Commentaires semble justifier, il convient de rechercher quels sont les emplacements qu'il était raisonnable de donner à ces camps qui formaient alors *le système de défense de la ligne de la Somme*. Car César fut, pendant la majeure partie de cet hiver-là, nécessairement sur la défensive et jusqu'à l'arrivée des trois nouvelles légions qui portèrent à dix celles de son armée. Les ennemis contre les attaques subites desquels César avait à défendre la ligne de la Somme et tous ses dépôts, pendant la majeure partie de l'hiver qui suivit sa cinquième campagne, étaient d'abord les *Nerviens* qui joignaient la frontière ambianoise au nord-est, les *Aduaticiens* et les *Eburons* ; enfin les *Atrebates* et les *Veromanduens*.

Ceci posé, on voit que le point de *Samarobrive* et les parties adjacentes de la Somme offraient des positions admirables pour la défense des dépôts établis dans cette ville et pour servir de point de départ et d'appui à toutes les expéditions que César pouvait projeter. Les légions romaines, placées sur les rives droites de la Somme, en avant et dans les environs de *Samarobrive*, et maîtresses du pont de cette ville, étaient sans inquiétude sur leurs derrières et sur leurs flancs qui étaient protégés d'abord par la rivière même de *Somme*, par ses marais tourbeuses encore impraticables aujourd'hui, et on peut ajouter, en se reportant à dix-neuf siècles en avant de nous, par les bois qui devaient alors couvrir les coteaux de cette vallée ; en second lieu, sur la rive gauche, par les deux vallées également tourbeuses de l'Avre et de la Noye à l'est, et par le vallon tourbeux de la rivière de Selle à l'ouest ; enfin, sur la rive droite, par les vallons marécageux et tourbeux des petites rivières d'Hallue et d'Ancre vers l'est et par celle de Nève du côté de l'ouest.

Toutes les observations nous amènent naturellement à conjecturer que *le troisième camp* à demeure qui fut établi auprès ou aux environs de *Samarobrive*, dans l'hiver qui suivit la cinquième campagne de la guerre des Gaules, devait aussi être placé sur un troisième escarpement de la rive droite de la Somme et qu'il ne pouvait pas être autre part qu'à *Samarobrive*, où César avait établi *ses équipages, le dépôt des grains, sa chancellerie et les otages des cités* (Liv. 5 de la Guerre des Gaules, chap. 4 et 53.)

Or, l'emplacement de ce troisième camp doit avoir été celui qu'occupe la citadelle d'Amiens construite par Henri IV après la reprise de cette ville en 1597. En examinant avec soin tout le terrain au centre duquel est situé cette citadelle on reconnait qu'elle est assise sur un escarpement d'étendue et de forme à peu près pareilles à celles du camp de Tirancourt, sinon que, du côté de l'ouest, on ne trouve point une défense naturelle aussi remarquable que celle qui ferme ce dernier camp du même côté, au-dessus de *la vallée de Vaux.* Mais d'ailleurs toutes les *conditions qui,* d'après Végèce, étaient exigées pour l'assiette d'un camp romain s'y trouvent réunies.

Il est vraisemblable que ce camp de *Samarobrive* aura été détruit lorsque les *camps à demeure* et les ouvrages de Jules César auront été abandonnés, ou plus tard quand on a bâti des maisons sur la rive droite de la Somme. On ne peut pas douter, en effet, qu'il n'y en ait été bâti, par la suite des temps, et comme une nouvelle ville, puisque pour fonder la citadelle Henri IV fut obligé d'abattre beaucoup de maisons marquées ainsi qu'une église sur un plan de 1542 conservé aux archives départementales de la Somme.

CAMP DE ROYE DIT LE VIEUX-CATIL.

A la distance d'un peu plus d'une demi-lieue de poste, à l'ouest, de la ville de Roye, on trouve sur une surface très-plane, à l'extrémité la plus méridionale du Santerre, les remparts et le pourtour encore presque entier et très-bien caractérisé d'un petit camp romain situé à environ 700 mètres au nord de la rivière.

Ce camp qui n'est qu'un champ en labour est désigné dans toutes les anciennes cartes sous le nom de Vieux-Catil (seul nom sous lequel il soit connu des habitants du pays) ou bien de *Vieux-Châtel*, noms qui, l'un et l'autre, sont la traduction littérale de deux mots latins, *vetus castellum*, c'est-à-dire *vieux château, vieux fort* ou plutôt, suivant l'acception latine, *vieux petit camp.* Le *Vieux Catil* est placé sur le point proéminent de la plaine du Santerre et sur la crête de deux déclivités qui, prenant naissance en arrière du camp, s'abaissent à mesure qu'elles se rapprochent de la petite vallée d'Avre. Il est aussi, comme les autres camps romains, à une très-petite distance de *l'eau salubre*, celle de la rivière d'Avre.

La partie du camp qui est vers l'angle sud-ouest est la seule qui ait été dégradée par la culture, la charrue ayant rasé le rempart de ce côté. Au surplus, on a lieu d'être étonné que, depuis bien des siècles, la culture n'ait pas entièrement effacé *le Vieux Catil* de la surface de la plaine si fertile sur laquelle il a été construit. On n'aperçoit aucune trace de fossé ; mais il est impossible qu'il n'y en ait pas eu un dont la terre aura servi à construire le rempart, *agger*. On n'aperçoit pas non plus d'entrée ou porte bien marquée. Il faut croire qu'une rampe existant au nord a dû être l'une de ces portes ; et bien qu'elle ne soit ni à l'orient ni tout-à-fait au milieu du rempart, on doit penser, vu quelle est du côté de la voie romaine et à l'opposé de la rivière, que c'est là qu'était la porte *prétorienne*. La porte *décumane* était à l'opposé de cette entrée-là et faisait face à la rivière.

Le rempart est encore élevé à l'extérieur de près de 11 pieds au nord, de près de 8 au midi dans toutes les parties non dégradées par la charrue. Toutefois, ces dimensions en y ajoutant, d'après Végèce, un fossé profond de neuf ou même de onze pieds, c'est-à-dire en doublant la hauteur des remparts dans la partie la plus élevée, ces dimensions, dis-je, ne donneraient qu'une hauteur totale de vingt-deux pieds comptée depuis le haut du rempart jusqu'au fond du fossé, hauteur très-inférieure à celle des remparts des camps de Tirancourt et de l'Étoile. La superficie du *Vieux-Catil* n'est que de *cinq hectares quatre-vingt-un* ares (près de 23 arpents romains) tant pour l'intérieur que pour l'extérieur. Une si petite étendue ne pouvait guère contenir que *six* ou au plus *sept cohortes* d'infanterie de l'armée de César avec un petit nombre de cavaliers. Ce camp-ci doit donc avoir eu une destination beaucoup moins importante que n'a dû être celle de chacun des deux autres camps déjà décrits et il ne peut être considéré comme une de ces forteresses romaines qui furent destinées, long-temps encore après la conquête, à former une ligne de défense systématique contre l'attaque des peuples du Nord. Le *Vieux-Catil* semble répondre plutôt à l'idée donnée par son nom même, savoir celle d'un *fort* ou d'un *petit camp* (*Castellum*) destiné à protéger les convois. Mais, en même temps, la hauteur de son rempart dont le talus est fort roide, et dont les angles *à vive arrête* sont si bien conservés, indique qu'il a dû être tout au moins un camp d'été à demeure (*æstivum stativum*) et non pas seulement un camp construit *en marche et pour une seule nuit*. Quant à sa forme, qui est un carré à-peu-près parfait, elle est celle qui avait été indiquée par Polybe et que Végèce semble recommander comme étant la plus régulière puisque c'est la forme qu'il nomme d'abord dans deux endroits de son Traité de l'Art Militaire. Cette forme aura été préférée parce que sur la plaine rase du Santerre on n'aura pas été gêné par la configuration du terrain.

CAMP DE LIERCOURT.

A huit lieues de poste (32,000 mètres) ou un peu plus, au-dessous d'Amiens, et à environ deux lieues (8,000 mètres) au-dessus d'Abbeville, à trois quarts de lieue de la rive gauche de la Somme, tout près et à l'ouest de la grande route de Paris à Calais, est situé dans la commune de Liercourt et sur un plateau élevé un camp très-vaste qui comme ceux de Tirancourt et de l'Étoile est nommé *Camp de César* et qui porte aussi dans le pays le nom du *Casteli*.

Les *défenses naturelles* de ce camp sont plus fortes et plus étendues que celles des camps dont il vient d'être parlé. Ces défenses l'entourent sur quatre de ses cinq côtés et leur longueur totale équivaut presque aux quatre cinquièmes de son périmètre. A l'ouest s'étend le vallon tourbeux au fond duquel une petite rivière coule et va se jeter dans la Somme. Au nord et au nord-est, les anciens marais de la vallée de Somme qui étaient jadis sous l'eau prolongent ce genre de défense sur tout l'espace qui s'étend entre la Somme et le pied du camp, en retournant vers Duncq, Liercourt et même jusque vers la commune de Fontaine, à l'est. Plus près, et encore à l'est, la défense formée par le marais est remplacée par un autre genre de défense naturelle savoir : l'escarpement du coteau occidental d'un petit *vallon sec et fort peu large*; et enfin, au midi, le camp a pour défense en avant du bois du *Val* l'escarpement du même vallon sec au fond duquel passe le chemin du *Grand Sart.*

Pour achever d'isoler le plateau sur lequel ce *camp de César* a été assis il n'a donc fallu que le séparer sur son cinquième côté de la plaine dite *des Brimeux* qui s'étend vers le moulin à vent de Belly-Fontaine, au sud et au sud-ouest, au moyen d'une fortification mise parfaitement d'accord avec l'importance des défenses naturelles puisqu'elle se compose d'abord d'un double rempart et d'un double fossé qui coupent la plaine sur une étendue de 300 mètres et ensuite d'un très-fort rempart établi sur la pente qui se prolonge vers le nord-ouest jusqu'au coteau fort escarpé du vallon de Belly-Fontaine.

Les défenses naturelles ont été rendues plus fortes encore par l'art et par ces travaux militaires immenses qui, pendant près de dix siècles, ont été le partage de la seule discipline romaine. On en peut juger par les angles si bien conservés, après tant de siècles, des talus du rempart du midi (65 degrés à l'intérieur, 59 à l'extérieur); par la force même de ce rempart qui est épais de plus de 46 pieds dans le bas, haut de près de 8 pieds à l'intérieur et de plus 12 à l'extérieur, ainsi que par l'immense hauteur des côtés et des remparts du nord-ouest et du nord-est et même du rempart qui est appuyé sur la pente douce qui est à l'est. Le premier de ces remparts a une hauteur totale de près de 99 pieds à l'extérieur ; le second une hauteur de plus de 123 pieds ; et le troisième de plus de 117 pieds. Quant aux autres remparts, *entièrement artificiels*, qui défendent le camp de Liercourt du côté du sud-ouest, où ce camp est de niveau avec la plaine, on les avait rendus encore plus forts que ceux qui étaient défendus par des escarpements naturels. Ce camp paraît avoir eu six entrées ou portes. Sa forme a été entièrement déterminée par la configuration du terrain. C'est un pentagone à côtés inégaux et à angles arrondis qui ne saurait, par conséquent, être assimilé exactement à aucune des quatre formes indiquées par Végèce, mais qui approcherait de la forme *ronde* plus que de toute autre.

La superficie du camp de *Liercourt* est dans l'intérieur de 32 hectares, 42 ares, 74 centiares (128 arpens romains et un quart) et y compris les fossés, remparts et escarpements de 46 hectares, 20 centiares. Il est donc, en prenant seulement son étendue intérieure, à peu près *six fois* aussi grand que le *Vieux-Catil*, situé près de Roye, qui n'a que cinq hectares, 81 ares, y compris ses remparts; plus de *trois fois* aussi étendu que le camp de *l'Étoile*. Et enfin la même superficie intérieure du camp de Liercourt est plus de *moitié en sus* de celle du camp de *Tirancourt*.

Il résulte de cette comparaison que *le camp de Liercourt*, qui doit être aussi attribué à Jules César, a dû renfermer un corps d'armée bien plus considérable que ceux auxquels ont pu être destinés les autres camps déjà décrits et même une véritable armée ou *quatre légions* à la fois avec la cavalerie, l'infanterie légère et les équipages.

Tel est le résumé de la *Dissertation sur les Camps Romains de la Somme* publiée en 1828 par M. le comte d'Allonville. En analysant ce savant travail nous avons plus d'une fois regretté que le cadre de notre livre nous interdit la faculté de reproduire les nombreuses notes ou citations sur lesquelles M. d'Allonville appuie ses assertions. Mais nous cédons au plaisir d'indiquer ici les principaux auteurs ou documents authentiques que M. d'Allonville a consultés. En voici l'énumération : les Commentaires de César, éditions de Clarke, Oudendorp, Lemaire, et même celle de Robert Etienne. La transcription des marbres du Capitole. Tite-Live. Suétone. Florus. Diodore de Sicile. Pomponius Méla. Strabon. Ptolémée. Pline l'Ancien. Tacite. Plutarque. Hérodien. Dion-Cassius. Appien. Modeste. Elien. Polybe. Frontin. Végèce. Itinéraire d'Antonin. Itinéraire de Théodose ou carte de Peutinger. Ammien Marcellin. Zozime. Mémoires de l'Académie royale des Inscriptions et Belles-Lettres. Ancien plan de la ville d'Amiens portant la date de 1542 déposé aux archives départementales de la Somme. Manuscrit anonyme conservé dans la Bibliothèque Publique d'Amiens (18.ᵉ siècle.) Antiquités de la ville d'Amiens par La Morlière. Histoire de la ville d'Amiens, par le père Daire. Histoire des empereurs romains des six premiers siècles de l'ère chrétienne par Le Nain de Tillemont. Histoire des Celtes, par Peloutier. Histoire des grands chemins de l'empire romain, par Bergier. Abrégé de la géographie antique, par d'Anville. Germanie antique, par Philippe Cluvier. Géographie d'Ortelius. Dictionnaire géographique de La Martinière. Antiquité expliquée, par Montfaucon. Glossaire de Du Cange. Dictionnaire étymologique, par Ménage. Description statistique de l'Oise, par M. Cambry, préfet du département. Histoire de la ville de Roye, par Grégoire d'Essigny. Mémoires sur les voies romaines qui traversent la Picardie, par Grégoire d'Essigny. Histoire de la ville de Breteuil, par Pierre Mouret. Antiquités romaines, par Alexandre Adam, recteur de la grande école d'Édimbourg. Voyage du Jeune Anacharsis par l'abbé Barthélemy. Mesures et poids romains et grecs, par M. Letronne.

P. ROGER.

II

DISSERTATION SUR LES CAMPS DE LA PICARDIE ET DE L'ARTOIS QUE M. LE COMTE D'ALLONVILLE N'AVAIT POINT ENCORE DÉCRITS.

(Travail rédigé pour la Bibliothèque Historique.)

CAMP DU MONT-CÉSAR PRÈS ARRAS.

Ce camp est placé entre le hameau du *Pont de Gy* au sud et le village d'*Estrun* au nord-est. « Situé, dit M. Harbaville, sur une éminence ou col» line qui domine la rive gauche du ruisseau du *Gy*, il est divisé en deux » parties l'une au sud la plus rapprochée du Gy appelée *Vallum Inférieur*, » l'autre à l'ouest nommée *Vallum Supérieur*. » M. Harbaville ajoute « qu'on » montre au bas du *Vallum Inférieur* le chemin par où les soldats allaient à » l'eau » premier besoin, en effet, des légions romaines, *aquatio*, et que « la tradition attribue la fondation du camp à Jules César. » L'épaisseur du rempart du retranchement *ou Vallum Supérieur* doit faire conclure aussi que cet établissement a été *un camp à demeure, stativum*.

Je ne saurais tirer aussi positivement la même induction pour ce qui touche au *Vallum Inférieur* « enfoncement fait de main d'homme » comme le dit M. Harbaville. La forme de ce retranchement-ci me paraît plutôt indiquer qu'elle appartient à un genre de fortification plus moderne. Quoiqu'on ait bien pu s'y servir d'une partie des travaux de défense que les Romains avaient dû y faire antérieurement, la forme, je le répète, et aussi la situation de ce *vallum* situé près du ruisseau et du hameau du *Pont de Gy* sembleraient indiquer qu'il y avait là une *tête de pont*, genre d'ouvrage fort en usage dans les guerres modernes mais qui, même avant la mise en usage du canon, a dû ou pu servir à défendre au *nord* l'approche du ruisseau ainsi que du petit marais situé sur la rive gauche. On ne voit pas, au contraire, de quelle utilité ce genre de redoute rentrant dans le camp aurait pu être aux Romains pour sa défense. Le *Vallum Supérieur* au nord-ouest me paraît, en se reliant au cours du Gy et de la Scarpe au sud-est et au nord-est, présenter la forme d'un camp romain la plus régulière et la plus ordinaire, quand le terrain s'y prêtait. L'épaisseur de son rempart au sommet, de 2 à 3 mètres, a beaucoup d'analogie avec celle des camps de *Tirancourt*, de *l'Étoile* et de *Liercourt*, et l'épaisseur bien plus considérable de la base où elle est de 10 à 15 mètres, et sans doute proportionnelle à la hauteur de ce rempart, établit que ce camp devait être un *stativum*.

Le camp du hameau du pont de Gy doit avoir eu beaucoup de ressemblance, pour la forme surtout, avec le *Vieux-Catil*, situé près de Roye, sauf l'étendue qui devait être beaucoup moindre au *Vieux-Catil*. Le camp du pont de Gy est d'ailleurs bien plus avantageusement situé, puisqu'il devait être, comme l'a aussi conjecturé M. Harbaville, embrassé et défendu par le cours du Gy et de la Scarpe dont le confluent forme presque un angle droit à l'est.

En relevant les mesures de longueur, au sud-est le long du Gy et au nord-ouest vers le retranchement supérieur qui a tous les caractères d'une fortification romaine, et en multipliant les deux chiffres l'un par l'autre, soit 500 mètres par 400, on arrive à un produit de 200,000 centiares ou mètres carrés c'est-à-dire de vingt hectares. Le relevé et la multiplication du premier nombre, 500 mètres, par 300, à l'est le long de la Scarpe, donnerait 150,000 mètres carrés ou quinze hectares ; le terme moyen de ces deux produits serait de dix-sept à dix-huit hectares.

Un tel espace *intérieur* aurait suffi pour contenir deux légions romaines de Jules César au complet. On peut croire, du moins, que le camp du hameau du pont de Gy, supposé renfermé entre le retranchement supérieur, l'espace nivelé au nord, la Scarpe et le Gy, a dû suffire, en déduisant l'espace des retranchements, pour une légion et demie, peut-être pour deux diminuées, affaiblies par une campagne. J'arrive naturellement ici à la conjecture faite par M. Harbaville « que le camp du pont de Gy a pu être celui d'une légion en » l'an 703 de Rome époque où César hiverna à *Nemetocenna* (Arras) » dont ce camp est assez rapproché. Le chapitre 46 du huitième livre de *Bello Galliæ*, dont *Hirtius* passe pour être l'auteur, rapporte bien en effet que Jules César plaça après la huitième campagne quatre légions dans le *Belgium* sous les ordres de quatre de ses lieutenants ; on lit à la fin du même chapitre qu'après une *courte expédition dans le midi de la Gaule*, César revint passer l'hiver à *Nemotecenna*, « *ad legiones in Belgium se recipit hiematque Ne-* » *metocennæ.* » Le trente-deuxième chapitre fait ensuite connaître que dans la neuvième année, pendant laquelle on ne guerroya plus, « César après avoir » parcouru toute la Gaule revint rapidement vers son armée à *Nemetocenna* » et fit alors sortir ses légions des quartiers d'hiver pour les conduire dans le » pays des *Trevirois* où il passa son armée en revue. »

Ces citations rapprochées des notions locales que fournit le camp du Pont de Gy sur ses retranchements, sa forme, sa situation et son étendue présumée, peuvent conduire à conclure avec M. Harbaville que fort probablement ce camp fut l'un des camps d'hiver (*stativum hibernum*) du conquérant des Gaules dans les huitième et neuvième années de la conquête.

CAMP OU CASTEL DE CÉSAR A WISSANT.

Ce camp a été décrit par Fontenu dans le xiii.ᵉ volume des mémoires de l'Académie des Inscriptions, pages 414—19. Fontenu distingue dans ce camp trois sortes d'ouvrages : « 1.º *la Motte Catel* appelée aussi *Castel de César*; » 2.º une ancienne habitation au-dessus de l'entrée inférieure du port, nom- » mée *le Catel*, *Castellet* ou *Petit Château*; 3.º la Motte au-dessus de l'ancien » bassin du port, appelé aussi *le Mont du Phare*, parce qu'il y en avait » un. » De ces trois anciens forts le plus important paraît être le premier c'est-à-dire *la Motte Catel* ou *Castel de César* (*Cæsaris Castellum*) désigné aussi sous les noms de *Camp de César*, *Motte Julienne* ou *Mont-Châtel*. « Placé, dit Fontenu, sur une éminence fort élevée ressemblant pour la forme » au camp de *l'Étoile*, n'ayant comme ce camp qu'une seule entrée et sans » trace de fossés, enfin de forme ovale également, il est situé au confluent » de deux ruisseaux ou profonds ravins qui en rendent l'accès difficile. » Mais le camp de *l'Étoile* dont la superficie intérieure est de près de *neuf hectares et demi* pouvant contenir une légion romaine de plus de 5,000 hommes, est beaucoup plus grand que le *Castel de César* à Wissant. D'après Fontenu celui-ci « n'a que cinquante toises de longueur sur une largeur proportionnée. » M. Harbaville dit dans son *Mémorial historique* 95 pas de long sur 63 de large. En prenant pour mesure le pas de l'infanterie qui est de deux pieds ou deux tiers de mètre, en adoptant des nombres ronds (100 pour 95, 60 pour 63) et en multipliant 100 pas par 60 on a pour produit 100 pas carrés de superficie; ou, plutôt, le pas de l'infanterie valant 67 centimètres 100 pas de longueur vaudront 6,700 centimètres et 60 pas 4020. La multiplication de ces deux nombres constate une superficie de 26 à 27 ares.

En supposant, maintenant, que la largeur proportionnée dont parle l'abbé Fontenu fût de 25 toises, moitié de la longueur fixée à 50 toises, le produit serait de 5,000 mètres carrés soit un *demi-hectare*. Cette superficie, presque double de celle que M. Harbaville indique, n'offrirait encore que le logement du vingtième d'une légion de plus de 5,000 hommes soit environ 250 hommes, force ordinaire de la demi-cohorte. Le *Castel de César* n'a donc pu être un camp à demeure, un *stativum* proprement dit, mais simplement un *Præsidium*, *Custodia* ou *Castellum* renfermant une faible garnison et tel qu'on a vu César en construire sur plusieurs points, notamment au siége d'Alesia (septième année de la guerre des Gaules) et dans la troisième année de la guerre civile à *Dyrrachium*. Le fort principal dont nous nous occupons aurait formé avec les deux autres forts voisins la défense commune du port de Wissant. Mais je suis porté à croire qu'ils ne doivent nullement être considérés comme ayant protégé le *portus-Itius*.

Rappelons d'abord que les Commentaires de César sont des notes ou *sou-*

venirs rapidement jetés sur le papier, au fur et à mesure des opérations militaires de ce conquérant, et invoquons sur ce point le double témoignage d'*Hirtius* et d'*Ammien Marcellin*. Or, M. Morel de Campenelle, d'Abbeville, a fort bien fait observer dans ses recherches sur le port *Itius* [1] non seulement que Jules César ne nomme point ce port dans son quatrième livre, lors de la première expédition de la Grande-Bretagne, mais qu'il a simplement dit alors « que c'était du pays des *Morins* qu'avait lieu le plus court » trajet, *in Morinos proeficiscitur quod indè erat brevissimus in Britan-* » *niam trajectus*. » C'est donc à un point non déterminé alors de ce pays là (qui s'étendait sur toute la côte comprise entre la rivière d'Authie ou tout au moins entre celle de la Gaule, au midi, et le détroit du Pas-de-Calais au nord) que s'appliquaient les mots *brevissimus trajectus*. (Chap. 23) Liv. 4) Dans le Commentaire écrit l'année d'après, époque où César avait pris par sa première expédition une connaissance approfondie de cette côte et des facilités qu'elle offrait pour passer dans l'île des Bretons, il nomme pour la première fois le *Port Itius* comme offrant non pas le plus court trajet mais « *le plus commode ou le plus facile*, » et il ajoute aussitôt après « que la distance était d'*environ trente milles romains*. » (Chap. 2. Liv. 5), distance qui, à raison de 756 toises anciennes par mille romain, représente onze lieues de poste anciennes de 2,000 toises plus 680 toises, ou onze lieues et plus d'un tiers, ou en toises 22,680 toises équivalant à plus de 45,000 mètres. Or de Wissant à *Hythe*, sur la côte d'Angleterre, point que d'Anville croit avoir été celui de la descente, on ne trouve à vol d'oiseau (comme de Calais à Douvres) qu'environ 40,000 mètres. D'Ambleteuse situé plus au midi on trouve toujours à vol d'oiseau 45,000 mètres, et de Boulogne, placé plus au midi encore, 50,000 mètres qui équivalent à plus de 34 milles romains et demi. Donc si, comme l'avance M. Morel de Campenelle, des exemplaires des Commentaires manuscrits les meilleurs, dit-il, portent le chiffre XL (40) et d'autres celui de XXX (30) milles, c'est vers Ambleteuse ou Boulogne et non pas à Wissant qu'il faut chercher le *Port Itius* reconnu dans la cinquième année être le plus commode pour l'embarquement et d'où César fit voile, en effet, lors de sa seconde expédition avec une flotte et une armée plus que doubles de celles de la première expédition (chap. 2, 5 et 8 du liv. 5 des Commentaires de B. G.) Je croirais plutôt que le point recherché dut être Boulogne (Gessoriacum) par la raison que le premier Drusus, père de Germanicus, y établit ensuite un arsenal maritime, *navale*, pour la défense de la côte, d'après peut-être une tradition ou une inspiration reçue de Jules César comme je l'ai dit ailleurs (p. 167, 168 et § CLVI de la *Dissertation sur les Camps de la Somme*.) Les ouvrages du port de Wissant ont pu se rattacher au même *système de défense*.

CAMP DE BABOEUF ENTRE NOYON ET CHAUNY.

Les camps ou forts, *castella*, *munimenta* ou *custodiæ* de Babœuf et de

---

[1] (Brochure in-8.° imprimée à Abbeville chez A. Boulanger.)

Champlieu sur la rive gauche de l'Oise, de Coudun et de Gouvieux, sur la rive droite, pourraient bien avoir été des stations destinées à rendre les Romains maîtres du cours de la rivière. La dénomination de *Camp de César* que l'on a donnée à ces camps peut d'ailleurs s'appliquer à tous les successeurs du conquérant des Gaules pendant le Haut-Empire, c'est-à-dire pendant toute la période où les forteresses romaines ne furent que des camps.

« On ne peut plus, dit M. Graves dans sa *Notice Archéologique sur le département de l'Oise*, reconnaître la figure de l'enceinte du camp de Babœuf. » Il serait donc difficile d'établir aucune induction sérieuse sur l'étendue de ce camp et le nombre de soldats qu'il a pu contenir.

CAMP DE COUDUN.

Les deux fossés de ce camp situé près de Compiègne, au nord, leur largeur et leur profondeur peuvent très-bien indiquer un *stativum* romain, ce que confirmerait aussi la dénomination de *Camp de César* donnée à ce camp bien qu'une tradition locale rapporte aussi « qu'il y a eu là un château-fort » détruit par l'ordre d'un roi; une forteresse du moyen-âge. » L'un peut bien avoir succédé à l'autre sur le *Mont Gannelon*.

CAMP DE CHAMPLIEU.

Ce camp est placé près de Verberie, de la forêt de Compiègne et d'une *voie romaine* conduisant de Senlis (*Silvanectum*) à Soissons. Sa situation est remarquable; elle indiquerait une station importante pour les Romains. Toutefois, la seule partie de ce camp qui semblerait se rapporter à leur castrematation serait : « le boulevard ou la terrasse *en fer à cheval* au midi de la » chaussée, qui a 150 mètres de développement, 20 pieds de base et autant » d'élévation. L'ensemble *rectangulaire* dont les limites sont devenues incer- » taines par l'action de l'agriculture » appartient à la forme la plus régulière des camps romains d'après Végèce. Mais les immenses dimensions de 1,200 mètres sur 580, les deux escaliers et les souterrains voûtés dont a parlé Carlier dans son *Histoire du Duché de Valois* se rapportent bien plus « à un ancien château-fort dit *des Tournelles* construit vers le ve siècle, détruit dans le xie et dont les débris sont confondus avec ceux de l'ancien camp *romain*.

CAMP DE GOUVIEUX.

Le camp de Gouvieux, près Chantilly, a été décrit par Fontenu dans le tome 10 des Mémoires de l'Académie des Inscriptions et Belles-Lettres. Sa forme triangulaire est l'une de celles qu'indique Végèce (*De re militari, lib. 1, c. 23 et lib. 3 c. 8.*) La position de ce camp sur les bords de la Nonette, de l'Oise, près des forêts de Chantilly et du Lys, était très-avantageuse pour tous les besoins d'une armée romaine, *aquatio, frumentatio, pabulatio, lignatio*. Les autres conditions voulues pour un *stativum* s'y rencontrent : « son » périmètre garni d'un boulevard caillouté, haut de 6 à 8 mètres, conservé » presque sans interruption, ses trois ouvertures ou entrées. » (une quatrième a pu se trouver effacée tout comme les fossés par l'action des travaux de l'homme et celle du temps.)

La longueur moyenne de 1,000 mètres (1,100 au sud, 960 au nord) étant multipliée par 175 mètres du côté qui va vers l'est (car c'est un triangle bien qu'irrégulier) donne 175,000 mètres carrés ou centiares de superficie locale tant extérieure qu'intérieure ou 17 hectares et demi. En la supposant réduite pour l'intérieur à 15 hectares, ce qui peut bien même être encore trop, le camp de Gouvieux n'aurait pu contenir qu'une légion césarienne au complet. (*Dissertation sur les Camps Romains de la Somme*, § XIII p. 20.) On a donc eu raison de ne pas admettre sur ce point-ci la tradition locale qui y aurait fait camper Jules César avec huit légions. Mais il a pu y placer en camp d'hiver soit l'une des trois légions qui occupèrent le *Belgium*, lors de la première dislocation de la cinquième année (*lib.* 5 *de B. G. c.* 24) soit l'une des quatre légions qui y hivernèrent à la fin de la huitième année. (*Lib.* 8. *c.* 46.)

« Les pentes roides et escarpées des côtés nord et sud parallèles aux deux » rivières » ont bien pu dispenser d'y creuser des fossés dont on ne parle pas. Tout indique, pour conclusion, que le camp de Gouvieux dit *de César* a été un *stativum* romain, peut-être fondé originairement par le conquérant des Gaules, et dont, dans cette hypothèse, la conservation a dû être reconnue par ses successeurs, à l'entrée méridionale du pays de la plus puissante et la plus belliqueuse cité de la Belgique et des Gaules (*Com. de B. G.*)

CAMP DE CATENOY.

L'abbé de Fontenu a décrit ce camp dans le tome XIII.ᵉ des Mémoires de l'Académie des Inscriptions et Belles-Lettres. Comme celui de Gouvieux, le camp de Catenoy est « de forme triangulaire. Son boulevard cailllouté de sept » à huit mètres de hauteur sur vingt d'épaisseur (à la base sans doute), le » fossé de 190 mètres qui le ferme vers l'ouest, le voisinage de deux voies » romaines, » tout enfin indique qu'il y a eu là un point fortifié par les Romains, un *castellum*, *munimentum* ou *custodia* qui, d'après sa superficie intérieure de 4 hectares, 63 ares, 10 centiares, pouvait contenir une demi-légion (*Dissertation sur les Camps Romains de la Somme*, § XIII, p. 19—21.)

CAMP DE BRESLE.

Ce camp, appelé aussi *Camp du Mont César*, est voisin de Beauvais et situé dans les communes de Bresle, au nord, Bailleu-sur-Thérain et Froidmont au midi. Il a été décrit par l'abbé de Fontenu. Sur les indications de M. Colart, géomètre du cadastre, fournies le 3 février 1823, j'avais jugé que ce camp, l'un des plus beaux ouvrages militaires des Romains qui nous aient été conservés, n'avait pu contenir qu'une légion et demie (*Dissertation sur les Camps de la Somme*, § CXII, page 97, note 3.) Le précis historique du canton de Nivillers, publié par M. Graves, a démontré que j'avais été induit en erreur sur les mesures (comme M. de Fontenu l'avait été avant moi) et qu'il faut, en effet, compter environ 44 hectares à l'extérieur et 35 à l'intérieur, espace suffisant pour loger les quatre légions romaines conduites par César dans la huitième année. L'échelle de la carte cadastrale du canton de Nivillers, carte annexée au précis statistique, donne les mêmes résultats. Mais on n'y trouve pas comme pour le camp de Liercourt (d'une superficie intérieure de 32 hectares, 42 ares, 74 centiares) une autre condition, c'est-à-dire *le voisinage* ou un point plus rapproché des peuples Germains (placés au-delà du Rhin.) *Auxilia Germanorum quorum vicinitas proprinque.* (Lib. 8. c. 7. de B. G.) On pourrait en conclure que le *Mont César* a été le premier camp qui a reçu César avec ses quatre légions dans la seconde expédition contre les Bellovaques, Atrebates, Germains, etc. à son entrée par le midi dans le pays des « *primœis castris in eorum finibus positis* (ib. c. 7) et que le camp de Liercourt fut ensuite celui qu'il occupa dans sa marche en avant et son attaque « *in conspectum hostium celericis opinione eorum exercitum adducit* » (Ibid. c. 8.)

DISSERTATION SUR LE PRÉTENDU CAMP DE ROMESCAMP.

On lit ce qui suit dans la *Notice Archéologique sur le Département de l'Oise* publiée par M. Graves: « La tradition locale assure que le village de » Romescamp (au nord du canton de Formerie près de la frontière amié-» noise) est bâti dans l'enceinte d'une station romaine, et récemment M. Bres-» seau se fondant sur l'observation des distances a exprimé l'opinion que c'é-» tait le camp occupé par Crassus, questeur de César, lorsque ce conquérant » fut revenu de sa seconde expédition de la Grande-Bretagne (cinquième an-» née de la guerre.) Romescamp a pu être, en effet, un point retranché, » mais on n'y a trouvé jusqu'à ce moment aucune preuve matérielle de cette » ancienne destination. »

Dans ma *Dissertation sur les Camps Romains du Département de la Somme*, j'avais établi que le camp de Crassus devait avoir été celui que l'on voit encore dans la commune de Saint-Mard, située sur la rivière d'Avre près de Roye, et je faisais remarquer que ce point cité avait dû faire partie du pays des *Bellovaques*. Cette opinion s'appuie non seulement sur ce qu'ils habitaient la plus considérable et la plus belliqueuse cité de la Belgique et de toute la Gaule (liv. 2, 7 et 8 de B. G.) mais plus positivement encore sur la géographie. Dans ma *Dissertation* je rappelle d'après les chapitres 24 et 46 du cinquième livre de B. G. que le camp de Crassus était situé à la fois dans le *Belgium* et chez les Bellovaques, et que cette partie de la Belgique appelée spécialement *Belgium* s'étendait fort loin *au nord* (j'ai dit : *jusque vers la rive gauche de la Somme* ; il fallait écrire: *bien loin au-delà de la rive droite.*) J'ai d'abord cité l'expression de Cluvier dans sa carte de la *Germanie Cisrhénane*. M. Barbier du Bocage a prolongé le *Belgium* jusque vers le centre du pays des Atrebates à Nemetocenna (Arras) dans la carte de la Gaule qu'il a composée en 1818 pour l'édition de *Le Maire*. D'après les notions recueillies « *ad Cæsaris Commentarias accomodatæ.* » (Commentaires de B. G.) ce pays-là, selon lui, formait une bande du territoire s'étendant à l'est de *Samarobrive* (Amiens) en traversant la Somme depuis l'embouchurc ou vers l'embouchure du Thérain (qui passe à Beauvais), au midi, jusqu'à Arras ou *Nemetocenna au nord*. Cette dernière conclusion est justifiée par le chapitre 46 du huitième livre dans lequel Hirtius, qui passe pour l'avoir écrit, rapporte que César avait hiverné dans le *Belgium* à *Nemetocenna*, à la suite de sa huitième campagne. Du rapprochement des chapitres 24, 46 et 47 du livre 5 de B. G. on doit conclure également que *Samarobrive*, où César avait établi son quartier général, sa chancellerie, les ôtages des cités et ses dépôts, était situé dans le *Belgium*, à son extrémité occidentale, comme j'ai pensé que le camp de Crassus (sans doute le *Vieux-Catil* près et en deçà de Roye) était placé à l'extrémité orientale du même territoire ou pays et chez les Bellovaques d'après Cluvier. Or, Romescamp, situé au sud-ouest d'Amiens ou *Samarobrive*, est dans une position géographique tout à fait contraire aux notions réunies ici ; De plus, il n'y existe, d'après M. Bresscau, « au-» cune preuve matérielle de l'ancienne destination » qu'il a cru pouvoir conclure de la distance d'Amiens au camp de Crassus. Aux conjectures établies au contraire en faveur du Vieux-Catil (Voir ma *Dissertation* §§ xc—xcv— L. 74—84.) j'en ajouterai d'autres fondées comme les premières sur le cinquième livre de B. G.

Au retour de sa seconde expédition de la Grande-Bretagne César, faisant la répartition de ses légions en camps d'hiver, en envoya quatre assez au loin et dans des pays différents sous quatre de ses lieutenants *Fabius*, *Cicéron*, *Roscius et Labienus*. Il en garda trois dans le *Belgium* sous son questeur *Crassus* et ses lieutenants *Munatius*, *Plancus et Trebonius;* enfin il envoya la huitième et cinq cohortes (une légion et demie) dans le pays des Eburons sous *Titixius Sabinus et Arunculeius Cotta* (Chap. 24. L. 5.) Voici donc huit légions et demie ; cependant César n'en avait que huit en tout lors de son embarquement ; il en amenait cinq avec lui laissant les trois autres à *Labienus* sur le continent. D'autre part, les deux légions avec lesquelles il partit ensuite pour aller au secours de Q. Cicéron (la première venait de *Samarobrive*, la seconde fut celle de *Fabius*; elle rejoignit la première dans le pays des *Atrebates*) ne formèrent en tout que sept mille hommes. Il y a donc lieu de croire que ces deux légions étaient affaiblies en partie des cinq cohortes données à Labienus et à Cotta en sus de la huitième légion. César en gardant trois dans le *Belgium* et près de *Samarobrive* il faut croire que c'est sur celles-ci plutôt que sur celle de *Fabius*, envoyée d'abord seule et isolée dans le pays des Morins, que ce détachement d'une demi-légion d'environ 3,500 hommes au complet ou cinq cohortes avait été pris ; et je serais de plus porté à supposer que ce fut plutôt sur la légion de *Crassus*, le moins important des lieutenants conservés dans le *Belgium*. *Crassus* n'aurait donc eu dans son premier camp que cinq cohortes et non pas même sept ainsi que je l'avais d'abord présumé (§ xcii p. 80) de ma Dissertation à laquelle je me réfère pour de plus amples développements (comme pour la conclusion tirée de la petite étendue du camp qu'on peut bien supposer n'avoir logé que la moitié d'une légion.)

Il reste l'observation des distances que l'on peut alléguer en faveur de Romescamp, point reconnu comme devant être placé en dehors du *Belgium*. Or de Romescamp à *Poix* on compte 8,000 toises et de Poix à Amiens 14,000, en tout 22,000 toises anciennes qui d'après les bases des calculs de d'Anville (voir ma *Dissertation*, § XI page 13,) et à 756 toises par mille romain représentent 29 milles et à peu près un quart ou 29,250 pas romains. Du Vieux-Catil à Amiens il n'y a qu'à peine 21,000 toises ou environ 27,750 pas romains; ce dernier chiffre ne diffère des 25,000 pas romains indiqués par César comme étant la distance de *Samarobrive* au camp de Crassus (liv. 5, ch. 46) que de 2,750 pas ou guère plus d'une lieue de poste de 2,000 toises 2,650 pas romains. Pour Romescamp, on trouve en sus des 25,000 toises 4,250 pas.

L'existence d'un camp au *Vieux-Catil*, tandis qu'il n'y en a aucune trace à Romescamp; la dénomination latine de l'étymologie; la situation du Vieux-Catil dans le *Belgium*, à l'est de *Samarobrive*; le peu d'étendue de ce camp ou *Castellum* qui n'aurait pu contenir plus d'une demi-légion; enfin le calcul des distances doivent faire conclure en faveur du *Vieux-Catil*[1].

Comte d'ALLONVILLE.

THÉROUANNE
SON ÉVÊCHÉ ET SON CHAPITRE.

L'HISTOIRE de la ville de Thérouanne nous donne la mesure des maux que peuvent produire d'incessantes guerres. La fondation de son évêché remontait aux premières années du sixième siècle. Au neuvième, les Normands ravagèrent tout le pays. On transféra le siége épiscopal à Boulogne et Thérouanne, désolée par ces Barbares, fut privée de ses évêques jusqu'au

---

[1] Nous comptons recourir encore aux lumières de M. le comte d'Allonville pour la description des Camps Romains de *Saint-Thomas* et de *Soissons*, situés dans le département de l'Aisne.

commencement du onzième siècle. D'autres pillages, d'autres dévastations lui étaient réservés! Jusqu'à l'époque de sa destruction, on voit Thérouanne soutenir de longs siéges, en proie à la disette et à tous les maux qui l'accompagnent. Tantôt les Flamands s'en emparent et l'incendient ; à peine relevée de ses ruines, elle est pillée par les Anglais et de nouveau livrée aux flammes ; « ils profanèrent, dit Hennebert, les choses les » plus sacrées de la cathédrale ! » La destinée de Thérouanne fut le continuel jouet des hasards de la guerre. Après la mort de Charles, duc de Bourgogne, Louis XI reconquit les villes de l'Artois; Thérouanne se soumit. « Ce prince y fit ses pâques en août 1477, après s'être » écrié : *Ma bonne vierge encore une!* [1] » Dans les dernières années du règne de Louis XII, Thérouanne fut de nouveau ravie à la France et brûlée pour la troisième fois.

Que faisaient les évêques du diocèse au milieu de tant de calamités? Il serait difficile de s'en rendre un compte bien fidèle, à travers ce drame continuel que le pillage et l'incendie alimentaient. La confusion qu'entraînent de tels malheurs rend souvent impuissantes les investigations de l'historien. Nous voyons les évêques de Thérouanne abandonner plusieurs fois le siége de leur église désolée, se réfugier à Saint-Omer, établir dans cette ville leur juridiction ecclésiastique [2] et y at-

---

[1] (*Thérouanne, Fauquembergues et Renti*, par M. Piers).

[2] En 1422, l'évêque Louis de Luxembourg mit Saint-Omer en interdit pour obtenir réparation de la détention illicite d'un clerc de son église. Les habitants accusaient le prisonnier d'avoir volé le comte de Warwick et quelques Anglais de sa suite.

(1553)

LES CHANOINES DE THÉROUANNE

portant processionnellement dans la Cathédrale de Saint-Omer les reliques de leur église détruite par l'ordre de Charles-Quint

tendre des jours meilleurs. L'un de ces prélats, Raymond Saquet, ne put se résoudre à laisser Thérouanne à la merci des Flamands qui ravageaient la contrée, après le désastre de Crécy; il leva des troupes, attaqua les Flamands et reçut plusieurs blessures dans le combat. L'évêché de Thérouanne fut occupé par soixante-un prélats; huit cardinaux illustrèrent son siége. Le dernier pasteur du diocèse, Antoine de Créqui, eut la douleur de voir sa ville épiscopale ruinée pour jamais par l'armée de Charles-Quint[1].

Après la prise de Thérouanne, le doyen et les chanoines s'étaient dispersés; dix-sept d'entre eux se réfugièrent à Boulogne; d'autres se retirèrent à Saint-Omer, sur l'ordre de Charles-Quint. Le chapitre de cette ville les accueillit et leur permit de célébrer l'office divin dans la cathédrale. Ils s'y rendirent processionnellement, au son des cloches de toutes les églises; les plus vénérables d'entre eux portaient pieusement une petite statue de la Vierge, le chef de St-Maxime et les reliques de St-Humfride, seuls objets qu'ils eussent pu

---

[1] INSTRUCTIONS DONNÉES PAR CHARLES-QUINT APRÈS LA PRISE DE THÉROUANNE.
« Tous les prisonniers, nobles, aventuriers, capitaines et autres officiers dont » on pourra tirer des rançons considérables seront retenus. On donnera à la » garnison la liberté, mais sans armes ni bagages. On fournira dix chariots » pour transporter les malades et les blessés. On permettra à tous les habitants » de l'un et l'autre sexe de se retirer où bon leur semblera, avec leurs ha- » billements ordinaires. On permettra quelques ajustements aux demoiselles. » On enverra aux forteresses les plus voisines les munitions et les armes. On » abandonnera ensuite la ville au pillage, et elle sera rasée jusques dans ses » fondements. On ne détruira pas seulement les édifices profanes, mais encore » les églises, les monastères et les hôpitaux. On ne laissera aucun vestige de » murailles et l'on fera venir des ouvriers des villes voisines de la Flandre et » de l'Artois pour enlever ce qui restera après le sac. — Ces ordres furent » littéralement exécutés. » (DOM DEVIENNE.)

soustraire aux profanations du vainqueur. François, évêque de Damas et suffragant de Thérouanne ; l'abbé de Saint-Bertin, Gérard d'Haméricourt; les abbés de Blangy, Saint-Winoc, Saint-Jean-au-Mont, Clairmarais et Saint-Augustin-lez-Thérouanne ; de Bugnicourt, gouverneur d'Artois; Robert de Montmorency, bailli de Saint-Omer; le maïeur et les échevins, assistèrent à cette touchante solennité.

P. ROGER.

ARCHIVES DÉPARTEMENTALES

DU

PAS-DE-CALAIS, DE LA SOMME, DE L'AISNE ET DE L'OISE.

SECOND ARTICLE.

ARCHIVES DE LA SOMME.

LES Archives du département de la Somme occupent le principal corps-de-logis de l'ancien couvent des Feuillants, attenant par le jardin aux dépendances de l'hôtel de la Préfecture, à l'exception du rez-de-chaussée affecté à divers services publics. Ce bâtiment est entièrement isolé et réunit toutes les conditions désirables pour la parfaite conservation des titres. Désigné le 2 frimaire an V par l'administration centrale du département, comme étant le seul édifice national susceptible d'être transformé en dépôt d'archives, il fut mis, le 5.ᵉ jour complémentaire de la même année, à la disposition de cette administration par le ministre de la guerre, et le 15 prairial an VII, le Directoire Exécutif prit un arrêté qui mit provisoirement à la disposition de l'administration centrale *la maison nationale des Feuillants pour y établir les archives nationales du département.* Les changements et les nombreuses réparations à faire pour approprier ce local à sa destination entraînèrent de longs retards et ce ne fut que vers l'an XII que ce dépôt put être définitivement organisé.

Cet établissement réunissait alors les papiers et registres du bureau des finances de la généralité d'Amiens, les archives de l'intendance de Picardie (sauf ce qui était relatif aux départements limitrophes de celui de la Somme, dont la remise avait été faite en 1790 aux Commissaires de ces départements) celles des administrations qui se sont succédé depuis cette époque, et les titres, chartes, papiers et registres provenant de l'évêché et du chapitre d'Amiens, des églises collégiales, des fabriques des paroisses, et des ordres religieux des deux sexes qui existaient dans la circonscription du département. Il s'y trouvait également un grand nombre de registres de l'état civil, dont la remise a été faite aux greffes des tribunaux des cinq arrondissements qui composent le département, et de titres féodaux provenant des anciennes seigneuries, le tout formant une vaste collection, aussi complète que possible, mais dans le plus grand désordre.

Ces titres et papiers, conservés presque intacts pendant la Révolution, n'avaient besoin pour être rétablis dans leur ordre primitif que d'être classés par une main intelligente et intègre; mais il n'en fut malheureusement pas ainsi. La personne chargée d'en faire le triage, voulant s'épargner un travail qui n'était pas sans difficultés, accumula au nombre des pièces inutiles à conserver une énorme quantité de papiers et de parchemins dont elle fit son profit. Cet acte de vandalisme, qui laisse à jamais un vide irréparable dans ce dépôt, ne resta pas impuni et valut à son auteur sa révocation en 1806. A partir de ce moment jusqu'à 1830 environ, les archivistes qui lui succédèrent ne s'occupèrent que bien faiblement du classement des papiers, et sans-doute d'une manière proportionnée au modique traitement qui leur était alloué.

Ce ne fut que vers 1830 que l'Administration voulant mettre un terme à la confusion qui existait dans cet établissement, nomma pour en prendre la direction un archiviste qui prit sérieusement à cœur de faire cesser ce désordre. Les travaux qu'il effectua parmi les papiers administratifs, depuis l'organisation des préfectures jusqu'en 1834, prouvent qu'il était apte à remplir les fonctions dont on l'avait investi. La conservation des archives départementales de la Somme est aujourd'hui confiée à M. Dorbis, membre de la Société des Antiquaires de Picardie. On ne saurait trop louer le zèle qu'il apporte à l'accomplissement de sa mission et l'obligeance que trouvent en lui les amis des études historiques qui viennent consulter les vieux titres, les chartes et cartulaires confiés à sa garde.

Le dépouillement des documents antérieurs à 1790 n'a été commencé qu'en 1839, et n'a pu être suivi avec régularité à cause de la nécessité dans laquelle se trouve le conservateur de partager son temps entre le classement des papiers administratifs et celui des documents historiques.

Les archives des établissements religieux forment la principale source à laquelle viennent puiser les personnes qui s'occupent de travaux historiques. Quoique ces titres soient souvent fort incomplets, ils sont cependant de nature à offrir beaucoup d'intérêt.

Les chartes et papiers appartenant au clergé séculier proviennent de l'évêché et du chapitre d'Amiens, des églises collégiales de St-Nicolas et St-Firmin-le-Confesseur de la même ville, St-Fursy de Péronne, St-Martin de Picquigny, St-Florent de Roye, et des fabriques des églises d'un grand nombre de communes.

ARCHIVES DU CHAPITRE DE LA CATHÉDRALE.

On remarque parmi ces titres comme dignes de figurer en première ligne, ceux du chapitre de la cathédrale d'Amiens, tant par leur conservation presque intégrale que par l'influence religieuse et politique que cette puissante congrégation a long-temps exercée dans la cité d'Amiens. Cette superbe collection se trouve complétée par huit beaux cartulaires, dont 7 sur vélin, contenant la transcription d'un très-grand nombre de pièces historiques à partir du commencement du xi.ᵉ siècle. Quatre de ces cartulaires sont du xiii.ᵉ siècle, les autres sont du xivᵉ au xviᵉ. Il existe aussi un fort beau nécrologe du xiii.ᵉ siècle dans lequel on trouve de précieux documents sur les personnages qui vivaient alors.

CHARTRIER DE L'ÉVÊCHÉ.

Le chartrier de l'Évêché avait aussi une certaine importance en 1744, ainsi qu'on le voit par l'inventaire qui en fut dressé de 1744 à 1746 ; il se trouve aujourd'hui réduit des deux tiers au moins; parmi les pièces conservées, il en est plusieurs qui offrent beaucoup d'intérêt.

ARCHIVES DES ABBAYES.

Les archives du clergé régulier concernent les abbayes de St.-Pierre de Corbie, St.-Acheul, St.-Jean et St.-Martin-aux-Jumeaux d'Amiens, Notre-Dame du Gard, St.-Riquier, St.-Fuscien, St.-Valery, Valoires, Selincourt, Clairfay, Berteaucourt, le Paraclet et St.-Michel de Doullens, le tout au nombre de 14, plus 23 communautés des deux sexes. Le surplus des papiers d'origine ecclésiastique comprend 6 prieurés, 3 commanderies, une confrérie et un collége.

Le chartrier de l'abbaye royale de St.-Pierre de Corbie, fondée en 662, a été démembré et se trouve actuellement réduit de plus de moitié. Les beaux cartulaires de cette célèbre abbaye ont été envoyés à la Bibliothèque Nationale, sur la demande du Ministre de l'Intérieur, vers la fin de l'an xi, avec 69 des manuscrits les plus précieux primitivement destinés à la bibliothèque communale de la ville d'Amiens. Ce dernier établissement se trouve encore aujourd'hui en possession d'une magnifique bulle sur papyrus du pape Benoit iii, et de l'année 855, portant confirmation des priviléges de l'abbaye. Les titres et papiers qui ont été conservés dans les archives départementales sont classés dans leur ordre primitif d'après l'inventaire qui en a été fait en 1780; et malgré l'énorme déficit qui existe dans ce chartrier, on y trouve encore un grand nombre de pièces qui peuvent fournir de précieux documents; les plus anciennes remontent au commencement du xii.ᵉ siècle.

Les chartes, titres et papiers appartenant aux autres abbayes et communautés religieuses forment un fonds qui offre un certain intérêt. On remarque parmi les cartulaires celui de Valoires, superbe manuscrit du xiiiᵉ siècle, contenant une foule de documents sur le comté de Ponthieu, et celui de St.-Acheul, entièrement formé de chartes originales.

TITRES SEIGNEURIAUX.

Les titres féodaux provenant des anciennes seigneuries forment un fonds très-important. Il se compose d'une belle collection de plans terriers avec leurs répertoires; d'une grande quantité de papiers terriers, en registres, ou en feuilles; d'aveux, dénombrements, cœuilloirs de censives, saisines et autres pièces de nature à fournir d'importants renseignements sur la nature, la contenance et la division des propriétés territoriales.

BUREAU DES FINANCES.

Les archives du Bureau des Finances de la Généralité d'Amiens ont été presque entièrement anéanties. Il ne reste que 10 registres aux sentences et ordonnances sur registres de 1636 à 1763, 8 registres de 1698 à 1787, 3 registres aux sentences de 1727 à 1789 et un registre contenant les noms des anciens créanciers du Bureau des Finances.

INTENDANCE.

Les archives de l'Intendance ont été considérablement réduites, tant par le partage qui en a été fait en 1790 entre les commissaires des départements circonvoisins, que par la vente des papiers qu'il paraissait inutile de conserver. On peut affirmer cependant, par le dépouillement qui vient d'en être fait et par l'examen de l'inventaire dressé en 1790, que ce qu'il y a de plus important a été conservé. Ainsi, on trouve avec les ordonnances des intendants et la correspondance ministérielle une foule de mémoires fort intéressants, concernant l'agriculture, l'industrie, le commerce, les manufactures, la navigation, les travaux publics, les impositions, les octrois, les revenus des villes et autres papiers du ressort administratif, dignes de fixer au plus haut degré l'attention des personnes qui s'occupent d'économie politique. On trouve aussi parmi ces papiers une assez belle collection d'édits, arrêts du conseil et ordonnances de 1600 à 1790, et un grand nombre de pièces relatives à l'organisation des corporations d'arts et métiers dans les villes d'Amiens, Abbeville, Péronne, Montdidier, Doullens et Roye.

ASSEMBLÉE PROVINCIALE.

Les registres aux délibérations de l'assemblée provinciale de Picardie et ceux des commissions intermédiaires, de 1787 à 1790, ont été conservés avec les papiers qui s'y rattachent et forment un fonds à peu près complet.

ADMINISTRATION DÉPARTEMENTALE.

Il en est de même des archives de l'administration centrale du département, et de celles des districts. Dans cette partie se trouvent compris les procès-verbaux d'adjudication de biens nationaux des deux origines et les pièces qui y sont relatives, le tout composant une vaste et importante collection fort souvent consultée.

Viennent ensuite les archives de la Préfecture qui paraissent aussi complètes que possible, sauf les lacunes occasionnées par l'incendie qui éclata en 1813 dans les bureaux de cette administration.

En résumé, le dépôt des archives départementales de la Somme, quoique bien négligé dans les premières années de sa création, n'en est pas moins fort important et mérite d'être classé au nombre des plus riches en documents historiques et administratifs.

NOTICES
SUR QUELQUES FAMILLES D'ANCIENNE NOBLESSE ORIGINAIRES DE PICARDIE OU D'ARTOIS.

1.er ARTICLE.

Beauffort. La maison de Beauffort, autrefois Beaufort, a eu beaucoup d'illustration en Artois, en Flandre et dans les Pays-Bas. Elle prit le nom de l'ancienne baronnie de Beauffort, située en Artois près d'Avesnes-le-Comte. Cette maison compte des services militaires éclatants et d'illustres alliances.

Plusieurs sires de Beauffort sont morts dans les Croisades ; le nom et les armes de Jean de Beauffort se trouvent dans les salles du Musée de Versailles ; d'autres ont été chevaliers du Temple, de Malte, de Rhodes et de St-Jean de Calatrava. Cette maison a fourni des capitaines des gardes de l'empereur Charles de Luxembourg et de Philippe IV d'Espagne ; des chambellans de l'empereur Charles-Quint, des rois de France et de la maison de Bourgogne ; un capitaine des arbalétriers et des échansons des comtes de Flandre et des ducs de Bourgogne ; un gouverneur d'Arras au xvie siècle ; des gouverneurs de Bapaume et de Béthune ; des abbesses des chapitres de Maubeuge et de la noble abbaye d'Estrun ; des chanoines des grands chapitres de Mons, de Nivelle et de Denain, etc. Alliances avec les maisons de Châteaubriand, Croy, Halluin, Ghistelles, Lalaing, Landas, Lannoy, Mérode, Montmorency, Renty, Saveuse, Wignacourt, etc. Les branches de Beauffort Noyelles-Wion, Beauffort comtes de Moulle et de Croix, Beauffort de Boisleux se sont successivement éteintes ; celles des marquis de Beauffort de Mondicourt et des barons de Beauffort du Cauroy comptent encore des représentants. La première a pour chef de nom et d'armes M. le marquis de Beauffort, qui habite Bruxelles; la seconde M. le baron de Beauffort, au Cauroy, en Artois. Armes : *d'azur, à trois jumelles d'or.* Devise : *In bello fortis.* — Un cadet de la maison de Beauffort ayant épousé en 1310 l'héritière de Gironvilliers prit les armes de cette dernière famille qui étaient *de gueules, au château à l'antique d'argent*, et y joignit les siennes en franc canton. Ses descendants ont repris les armes pleines.

HAUTECLOCQUE. Maison d'origine chevaleresque, en possession dès le xiie siècle de la terre seigneuriale de Hauteclocque (*Alta-Cloca*) au comté de Saint-Pol. Les chartes de l'abbaye de Saint-Jean d'Amiens et celles de Cercamp font mention, en 1174, de Wilbert ou Guilbert de Hauteclocque. Le nom et les armes de cette maison sont au musée de Versailles, Wauthier, Pierron et Gui de Hauteclocque étant du nombre des chevaliers qui prirent part aux croisades [1]. Tassart de Hauteclocque servait sous le sire de Licques, lorsque le fort château d'Oisy fut assiégé en 1254 ; on trouve encore Jacques de Hauteclocque, combattant avec deux écuyers dans la journée de Saint-Omer ; Walles de Hau-

---

[1] Nous avons à relever deux erreurs commises aux pages 81 et 109 de cet ouvrage. La première concerne Gui de Hauteclocque dont les armes sont au musée de Versailles. La garantie fut donnée par Barthélemy, doyen d'Arras, et non par *Bernard*. Les armes sont *d'argent, à la croix de gueules chargée de cinq coquilles d'or*. On trouvera la charte de garantie à la page 86 de *Noblesse et Chevalerie du comté de Flandre, d'Artois et de Picardie*, publié à Amiens en 1843.

La seconde erreur est relative à Brougniars de Hauteclocque. Le texte de la quittance, page 109, doit commencer ainsi qu'il suit : *scachent tous que nous Brougniars de Haulteclocque* etc. (V. l'original aux Archives départementales du Pas-de-Calais.)

teclocque, capitaine de la forteresse de Foucquesolles sous Jean de Bournonville selon montre de l'an 1382 (P. Anselme. *Titres de la Biblioth. Roy.*); Colart et Baudouin de Hauteclocque qui furent du nombre des gentilshommes siégeant aux états d'Artois en 1414; Jean de Hauteclocque tué à la prise de Saint-Denis en 1430; Wallerand de Hauteclocque, capitaine de Bapaume en 1550; Robert de Hauteclocque, seigneur de Quatrevaux, député des états d'Artois appelé à signer l'acte de réconciliation de l'Artois en 1579; Wallerand de Hauteclocque, légat *à latere* au xvi.ᵉ siècle. En 1596 la terre de Hauteclocque sortit de cette famille; elle est venue par alliance dans celle de Bertoult qui la possède encore. La maison de Hauteclocque, dont le nom a toujours été admis dans les chapitres nobles des Pays-Bas, a fourni deux abbesses d'Estrun au xvi.ᵉ siècle et compte encore de nombreux représentants; le chef de nom et d'armes est M. Stanislas-François-Joseph de Hauteclocque, né à Arras en 1786; M. le baron de Hauteclocque, chevalier de Malte et ancien maire d'Arras, est de cette maison. Alliances avec les familles d'Ailly de Sains, Bergues-Saint-Winock, Bryas, Cayeux, Créquy, Humières, Monet de la Marck, Renty, Ricametz, etc. Armes: *d'argent, à la croix de gueules chargée de cinq coquilles d'or.*

RIENCOURT. Très-ancienne maison de Picardie. Elle remonte à Gui de Riencourt qui accompagna en Angleterre Guillaume-le-Conquérant, duc de Normandie. Gui devint possesseur, après la conquête, de l'honneur de Sutton, fief plus considérable qu'une baronnie, situé dans le comté de Bedfort. Il eut aussi en partage le manoir de Burton au comté de Northampton et divers autres fiefs. Les ducs de Norfolk, Devonshire et Gordon, les comtes de Shrewsbury, Salisbury, Carlisle et Sandwich descendent de la branche des Riencourt établie en Angleterre au xi.ᵉ siècle (*Archives de la Tour de Londres.*) La branche aînée resta en Picardie et y posséda la seigneurie de Riencourt, l'une des plus considérables de l'Amiénois. Les cartulaires des abbayes du diocèse d'Amiens font souvent mention des seigneurs de Riencourt. En 1223, Thomas de Riencourt, qualifié chevalier, souscrivit à la donation faite par Enguerrand de Picquigny à l'église de Sainte-Marie de Molliens-Vidame; Jean de Riencourt, son fils, transigea avec l'abbaye du Gard en 1223 touchant les marais de Croy-sur-Somme. La maison de Riencourt habituée en Picardie, à laquelle appartenait Raoul de Riencourt, chevalier de la troisième croisade, eut de grandes alliances et se subdivisa en trois branches: les Riencourt d'Orival, les Riencourt de Tilloloy-en-Vimeu, les Riencourt d'Andechy. Plusieurs seigneurs de cette maison servirent avec distinction dans nos armées; Enguerrand de Riencourt avait le gouvernement de Calais vers 1382; Jacques de Riencourt, seigneur de Parfondrüe, lieutenant-général de la compagnie d'ordonnances des gens d'armes du roi, fit les guerres du règne de Louis XII; Charles-François de Riencourt, marquis d'Orival, commandait le régiment des dragons de la reine dans le xviii.ᵉ siècle. Augustin-René, comte de Riencourt, est mort lieutenant-général des armées du roi. Hugues de Riencourt eut l'office de premier maître-d'hôtel d'Antoine de Bourbon, roi de Navarre. Maison alliée à celles d'Ailly, Angennes, Des Friches-Doria, Forceville, Joyeuse, Lameth, Montmorency, Moreuil, Rouhault-Gamaches, Saissèval, Vérac, etc. La maison de Riencourt a plusieurs représentants en Picardie. M. le comte Adrien de Riencourt qui habite la terre de Bellevue, près le lac de Genève, est aussi de cette maison. Armes : *d'argent, à trois fasces de gueules frettées d'or.*

Bryas. Maison d'origine chevaleresque illustrée par ses services militaires et les hautes dignités ecclésiastiques dont elle a été revêtue, originaire d'Artois au comté de Saint-Pol, où se trouvait la terre de Bryas, et apanagée dans le xii.e siècle de celle de Bristel dont elle a aussi porté le nom. Des généalogistes font remonter l'origine de cette maison à Hugues de Bryas, premier du nom, qui vivait en 1120. On trouve depuis lors : Jean de Bryas tué à la bataille de Monthléry dans l'armée de Charles-le-Téméraire ; — Jacques II de Bryas, à qui Charles-Quint confia la défense de Renty ; il eut plus tard le gouvernement de Namur ; — Jacques III de Bryas, gouverneur de Mariembourg, commandant d'un corps wallon au service de S. M. Catholique ; — Guislain de Bryas, marquis de Molinghem, capitaine-général de l'artillerie et de la cavalerie légère espagnole, chevalier de l'ordre de Calatrava ; — Jacques-Théodore de Bryas, archevêque-duc de Cambrai, prince du Saint-Empire ; Fénélon fut son successeur ; — Englebert de Bryas, comte de Bryas-Nédonchel, marquis de Molinghem, grand-bailli héréditaire des bois et forêts du Hainaut. — La noblesse de la maison de Bryas a été souvent jurée dans les chapitres nobles des Pays-Bas. En 1645, la terre de Molinghem en Artois fut érigée en marquisat par le roi d'Espagne pour cette maison ; l'érection du comté de Bryas est de 1649 ; celle du marquisat de Royon-Bryas de 1692. Alliances avec les maisons d'Argenteau, Créquy, Esclaibes, Gavre, Hamal, Hinnisdal, Hunolstein, Nédonchel, Oultremont, etc. Cette maison compte encore des représentants. Le chef de nom et d'armes est M. Charles-Marie comte de Bryas. Armes : *d'or, à la fasce de sable, surmontée de trois cormorans de même, becqués et membrés de gueules.*

Louvel aujourd'hui Lupel. « C'est une noble maison que celle des Louvel, dit » de La Morlière dans ses *Antiquités d'Amiens ;* on rencontre d'elle de grands » enseignemens tant es registres de la Cour qu'en plusieurs roolles et catalo- » gues de noblesse très-antique ; elle est d'environ les confins du Beauvoisis » et de la Normandie. » Le premier Louvel dont l'histoire fasse mention, parent par son aïeul maternel de Robert-le-Diable, duc de Normandie, prit part avec les chevaliers normands à la conquête d'Angleterre et eut pour sa part le comté de Hertfort. La branche dont il fut la tige porta le nom de Lovel ou Lowel, et brilla pendant plusieurs siècles à la tête des barons de l'Echiquier. Guillaume Louvel, neveu de celui-ci, demeura en Normandie et prit le parti de Guillaume Cliton, petit-fils de Guillaume-le-Conquérant, contre le roi d'Angleterre, Henri Ier. Mais il fut obligé de passer la Seine et alla s'établir en Beauvoisis (*Orderic Vital* et le père *Daniel.*) La maison de Louvel fixée depuis lors en Picardie y posséda un grand nombre de seigneuries entre autres celles de Glisy, Fontaine et Flers. Jean Louvel fit preuve de cinq degrés de noblesse pour être reçu écuyer de Charles d'Orléans, fait prisonnier par les Anglais à la bataille d'Azincourt ; Jean Louvel partagea à

Londres la captivité de ce prince. Le célèbre Dunois, frère de Charles d'Orléans, épousa Jeanne Louvel, l'une des plus riches héritières de son temps; Dunois n'eut point d'enfants d'elle et La Morlière nous apprend qu'il employa les richesses de sa femme *à la recousse du royaume pour le roi Charles VII sur les Anglais et sur les Bourguignons*. La maison de Louvel a fourni plusieurs maïeurs d'Amiens, au moyen-âge, et des officiers distingués à nos armées. Antoine Louvel eut le commandement de la forteresse du Crotoy en 1639. Famille alliée à celles d'Ailly, Cacheleu, Rély, Récourt, Sacquespée, Saisseval, etc. Armes: *d'or, à trois hures de sanglier de sable.* — La maison de Louvel a pris le nom de *Lupel* depuis la mort du duc de Berry. L'assassin qui frappa ce malheureux prince portait aussi le nom de Louvel, et bien que ce rapport fut pour la noble famille de Louvel le seul que rappelât le crime du 13 février 1820, elle a cru devoir quitter un nom voué désormais à une si déplorable célébrité.

NÉDONCHEL. L'une des plus anciennes et des plus illustres maisons d'Artois portant le nom de la terre seigneuriale de Nédonchel située dans le voisinage d'Aire. Dès le xe siècle, il est question des sires de Nédonchel. Alors vivait Robert de Nédonchel qui donna diverses dîmes à l'église de Clairmarais. La maison de Nédonchel a fourni des chevaliers aux Croisades, un conseiller du roi Charles VI, des gouverneurs de Paris, Saint-Omer et Romorantin, un grand-chambellan de Louis II duc de Bourbon pendant le xive siècle, plusieurs officiers-généraux, des chanoinesses aux chapitres nobles des Pays-Bas, un chevalier de Malte, etc. Ses preuves de cour ont été signées par Chérin en 1765. La terre de Nédonchel fut érigée pour elle en marquisat par lettres-patentes du mois de septembre 1723. Le chef de nom et d'armes de cette illustre maison est M. Charles-Alexandre, marquis de Nédonchel. Alliances avec les d'Arcos, Berghes-Saint-Winock, Béthune, Bryas, Créquy, Clermont-Nesle, Hennin-Liétard, Lannoy, Mailly, Poix, Saveuse, Wignacourt, etc. Armes: *d'azur, à la bande d'argent.*

MOREL. La maison de Morel que la Chronique de Guines fait descendre des premiers sires de Fauquembergues, est connue en Cambrésis et en Picardie depuis plus de six siècles. Sa généalogie sur preuves commence à Guillaume Ier du nom, chevalier, nommé par Saint-Louis gouverneur du château de Walincourt en Cambrésis. Il fut inhumé dans l'abbaye de Saint-Aubert de Cambrai. Raoul Morel, son arrière-petit-fils, mourut à la bataille de Crécy. Robert Morel, grand-écuyer du duc de Bourgogne, Philippe-le-Hardi, devint son ambassadeur à Liége. Philippe Morel, IIe du nom, lieutenant d'une compagnie d'hommes d'armes des ordonnances du roi Charles VIII, se couvrit de gloire à la bataille de Fornoue. Pour reconnaître sa valeur, Charles VIII lui concéda le droit d'ajouter une fleur de lis d'or à ses armes. On trouve parmi ses descendants deux chevaliers et un commandeur de Malte, des conseillers d'état, des intendants de provinces, des lieutenants-généraux de bailliage et un pair de France. Les Morel de Vindé, Morel de Foucaucourt et Morel de Boncourt sont de cette maison qui compte plusieurs représentants en Picardie et à Versailles. Alliances avec les familles d'Ailly, Aubé de Bracquemout, Aumale, Carnin, Courtenay, Du Fresne, Ghistelles, Lanuoy, Le Fevre de Caumartin, Marle, Nédonchel, Saisseval, Soyecourt, etc. Armes: *d'azur, à la fleur de lis d'or accompagnée de trois glands de même, deux en chef un en pointe.*

Bertoult, Berthoult, Bertout. Très-ancienne famille noble, originaire d'Arras, illustrée par ses services militaires et ses alliances. Jacques Bertoult était archer du corps de Mgr le duc de Bourgogne, en 1462. Robert Bertoult, seigneur de Fiefs, fut admis aux états d'Artois, dans l'assemblée de 1599, et devint échevin d'Arras. La famille de Bertoult s'étant alliée à celle de Payen de Bellacourt en reçut, à titre d'héritage, la terre et seigneurie de Hauteclocque, ancienne possession féodale de la maison de ce nom. En 1766, la terre d'OEufs, unie à celle de Hauteclocque, fut érigée en marquisat sous le nom de *Bertoult d'OEufs*, en faveur de Philippe-Louis-Joseph de Bertoult, chevalier. La maison de Bertoult a fourni plusieurs chevaliers à l'ordre de Malte et compte encore des représentants en Artois et en Picardie. Elle s'est alliée aux maisons de Belvalet, Du Carieul, Duglas, Le Vasseur du Valhuon, Maussion, Obert, Pronville, Tenremonde, Vitry, Wignacourt, etc. Armes: *de gueules, à la fasce d'or, accompagnée en chef de trois coquilles et en pointe d'un lion passant, le tout d'or.*

Gomer. Ancienne maison de Picardie habituée en Amiénois et en Beauvoisis. « Les Gomer, dit d'Hozier, dans ses recherches sur les officiers aux gardes, » se sont divisés en plusieurs branches. Il y a dans beaucoup de ce nom des » services et de la valeur; et dans plusieurs preuves faites pour Malthe et » pour la maison de Saint-Cyr, on voit que la chevalerie des Gomer est » prouvée de temps immémorial. » Charles de Gomer, seigneur de Cuignières, fut député de la noblesse du comté de Clermont en 1560; Louis de Gomer figure dans divers titres comme lieutenant du roi à Amiens en 1703. Un Gomer était vers ce temps capitaine aux gardes-françaises; son frère, lieutenant aux gardes, fut tué à la bataille de Ramillies. Alliances avec les maisons de Briançon, Cacheleu, Gourlay, La Tramerie, Longueval, Maulde, Vendeuil, etc. Les Gomer portent *d'or, à sept merlettes de gueules, quatre en chef, trois en pointe, au lambel de même posé en face.*

Beaulaincourt. Maison d'origine chevaleresque et l'une des plus illustres du pays d'Artois, portant le nom de la terre de Beaulaincourt située près de Bapaume. Jean de Beaulaincourt, chevalier, fut capitaine et gouverneur de Cambrai en 1152 au témoignage de Gélic. Antoine de Beaulaincourt, roi d'armes de la Toison-d'Or, était de cette maison. La terre de Marles, en Artois, fut érigée en comté en faveur de Jean-Georges de Beaulaincourt, seigneur de Bellenville. Cette famille, divisée en plusieurs branches, compte encore des représentants en Artois. Alliances avec les maisons de Boudart, Genevières, Hamel de Bellenglise, Haynecourt, La Fontaine-Solare, Mons, Nédonchel, Tramecourt, etc. Armes: *d'azur, à deux lions léopardés, adossés, d'or, les queues fourchées et entrelacées, surmontées de la couronne royale d'Angleterre, aussi d'or.*

Hinnisdal, Hinnisdael. Très-ancienne famille originaire du pays de Liége établie en Artois depuis plusieurs siècles et illustrée par ses alliances comme par ses services militaires. Elle avait obtenu le titre de comte du Saint-Empire qui fut confirmé en 1723 par lettres-patentes de l'empereur Charles VI. La maison d'Hinnisdal a fourni des mestres-de-camp de cavalerie, un lieutenant-général au gouvernement de la ville de Namur, des brigadiers et maréchaux-de-camp et un gouverneur-général de Saint-Domingue. Elle a joui des honneurs de la cour en 1776 en vertu des preuves faites au cabinet des ordres du roi. Son nom et ses armes sont dans les salles des Croisades du musée de Versailles. Le chef de nom et d'armes actuel de cette maison est M. le comte Hermant d'Hinnisdal. Alliances avec les maisons de Bryas, Bournel, Villeneuve de Vence, Carnin, Schulembourg, Van der Gracht, etc. Armes : *de sable, au chef d'argent chargé de trois merlettes de sable.*

Moullart. Maison habituée en Artois et en Picardie. Elle est connue depuis le xiii.ᵉ siècle et a fourni un grand-prévôt de Cambrai en 1341, un gentilhomme de la chambre du roi, des chevaliers de Malte et un commandeur de l'ordre du Mont-Carmel et de Saint-Lazare. La terre de Torcy a été érigée en baronnie pour cette famille qui a aussi possédé la terre de Vilmarest, le marquisat de Lisbourg en Artois, le comté d'Estrées en Flandre, etc. La maison Moullart de Torcy compte encore de nombreux représentants et s'est alliée à celles de Boulogne, Bresdoul, Chinot de Fromessent, Colbert de Castelhill, Du Blaisel, Patras de Campaigno, Rocquigny de Fayel, Sart, Van der Cruysse, Tenremonde, etc. Armes : *d'or, au lion de vair, lampassé et armé de gueules.*

Sarcus. Très-ancienne maison de Picardie habituée dès le xi.ᵉ siècle en Amiénois et en Beauvoisis. Elle eut de grandes charges à la cour, s'illustra dans les armées et fut pourvue d'importantes dignités dans l'Église. Parmi les seigneurs de cette maison l'historien doit surtout mentionner : Hugues et Adam de Sarcus, chevaliers de la troisième et de la sixième croisades; Renaud de Sarcus, chambellan de Philippe de Valois; Hugues de Sarcus, grand-prieur de France en 1420 ; Jean de Sarcus, son frère, panetier du duc de Bourgogne ; François de Sarcus, II.ᵉ du nom, conseiller et chambellan des rois Louis XII et Charles VIII ; il se distingua dans les guerres d'Italie. Jean de Sarcus, chambellan et maître-d'hôtel de François I.ᵉʳ, capitaine-général de la légion de Picardie, s'illustra dans la défense de Péronne, l'un des événements les plus glorieux du règne de François I.ᵉʳ ; Jean de Sarcus et le seigneur de Saisseval se jetèrent dans la ville avec deux mille légionnaires de Picardie et forcèrent les Impériaux à s'éloigner. Jean de Sarcus rebâtit avec magnificence le vieux manoir de Sarcus ; les constructions du nouveau château n'existent plus et ont toujours été considérées comme l'un des chefs-d'œuvre de la Renaissance. Nous citerons encore parmi les seigneurs de la maison de Sarcus : François de Sarcus, aumônier d'Henri II et évêque du Puy ; David et Adrien de Sarcus, commandeurs de Malte ; Jean de Sarcus, abbé de Locdieu au diocèse d'Amiens, en 1531, et plus tard de Lannoy au diocèse de Beauvais ; Robert de Sarcus, commandant de mille hommes de pied de la légion de Picardie, mort après 1573 ; Eléonor-Maximilien, marquis de Sarcus, directeur des fortifications des places de Picardie, mort en 1768 ; César-Eléonor, comte de Sarcus, commandeur des ordres de Saint-Lazare et du Mont-Carmel, mort en 1787 ; Jean-Baptiste, comte de Sarcus, gouverneur des pages de la petite écurie du roi, gentilhomme ordinaire de *Monsieur*, comte de Provence, mort en 1778. La maison de Sarcus compte encore des représentants en Picardie et en Bourgogne. Nous avions cru pouvoir affirmer dans les *Archives historiques de Picardie et d'Artois*, publiées à Amiens en 1843, et en nous appuyant sur l'autorité de l'historien La Morlière, que la maison de Sarcus était éteinte. Cette assertion est inexacte et nous nous sommes fait un devoir de réparer ici notre erreur. L'ancienne branche aînée des Sarcus et la branche de Fricamp sont les seules qui n'aient plus de représentants. L'extinction de la première de ces deux branches fit l'erreur de La Morlière ; elle s'accomplit vers 1570. Bonne de Sarcus, héritière des biens de sa maison, épousa dans ce temps Josse de Gourlay ; leur fille fut mariée à Adrien Tiercelin de Brosses, sénéchal du Ponthieu. La branche de Fricamp ne s'est éteinte que vers 1780. (Voir pour la généalogie de cette maison : *d'Hozier*, dom *Caffiaux*, dom *Grenier*, les documents déposés aux *Archives départementales de la Côte d'Or* et les titres et chartes de la maison de Sarcus dont les originaux nous ont été communiqués.) Les Sarcus se sont alliés aux Blotefierre, Boulainvilliers, Carvoisin d'Achy, Chabannes La Palisse, Dufour de Maulevrier, Estrées, Pellevé, Pisseleu, Saveuse, Villiers de l'Isle-Adam, etc. La maison de Sarcus a fait ses preuves pour les honneurs de la cour en 1785 ; ses armes, placées dans le Musée de Versailles (salles des Croisades), sont *de gueules, au sautoir d'argent, cantonné de quatre merlettes de même.*

Valenglart, Le Roy de Valenglart. Ancienne famille de Picardie dont la filiation noble est prouvée depuis 1375. Cette maison, en possession des titres de marquis de Valenglart et de comte de Barde, a fourni plusieurs chevaliers de Malte, des officiers de distinction à nos armées, un écuyer du duc d'Aumale en 1573, un gentilhomme ordinaire de la maison du duc de Guise en 1582, un mestre de camp de cavalerie, mort en 1794, etc. La maison Le Roy de Valenglart compte plusieurs représentants en Picardie et s'est alliée à celles de Cacheleu, Carpentin, Crévecœur, Du Passage, Runes, Sainte-Hermine, etc. Armes : *tiercé en fasces : au 1 d'or au lion léopardé de gueules ; au 2 de sinople ; au 3 d'hermine.*

Louvencourt. Ancienne maison de Picardie qui prit le nom de la terre de Louvencourt en Amiénois. La filiation des Louvencourt, au moyen-âge, n'a jamais été établie par preuves authentiques. On trouve qu'Enguerrand de Louvencourt était en 1254 au siège d'Oisy sous la conduite du seigneur de Licques (*De La Morlière*.) Charles de Louvencourt fut maïeur d'Amiens en 1567. Charles de Louvencourt, gentilhomme ordinaire d'Henri IV, servit avec distinction dans les guerres de la fin du xvi.ᵉ siècle. Eustache de Louvencourt, seigneur de Pissy, fut en 1651 député de la noblesse pour assister aux Etats. Augustin de Louvencourt, échevin d'Amiens, contribua à placer la ville sous l'obéissance d'Henri IV ; ce prince le confirma dans sa noblesse par lettres de 1594. Marie de Louvencourt, l'amie de mademoiselle de Scudéry, était de cette maison. Titon du Tillet parle d'elle avec éloges dans son *Parnasse Français*. « Elle étoit belle et modeste ; sa conversation étoit enjouée, sa voix brillante ; elle chantoit avec goût et jouoit avec grâce du théorbe. » La maison de Louvencourt a fourni un chevalier de Saint-Jean-de-Jérusalem et s'est alliée à celles de d'Aguesseau, Béthisy, Biencourt, Boufflers, Cacheleu, Carvoisin d'Achy, Etchegoyen, Saint-Blimont, Sainte-Aldegonde, Saisseval, Wignacourt, etc. Ses armes ont varié : Enguerrand de Louvencourt avait, au XIII.ᵉ siècle, des armes parlantes *d'or à trois têtes de loup de sable;* les Louvencourt portent aujourd'hui *d'azur, à la fasce d'or chargée de trois merlettes de sable et accompagnée de trois croissants d'or.*

MONET DE LAMARCK. Ancienne famille originaire du Béarn, établie vers le milieu du XVII.ᵉ siècle en Picardie où elle était en possession de la seigneurie de Bazentin, près Albert. Cette maison compte d'honorables services militaires et d'illustres alliances. Bernard de Monet avait le gouvernement du château de Lourdes en 1547 ; Philippe de Monet était en 1654 major au régiment d'Arbouville. La généalogie de cette maison qui compte encore aujourd'hui des représentants a été dressée en 1757 par dom Cafflaux. Alliances avec les familles d'Armagnac, Caussade, Fontaines, Lyonne, Wasservas, etc. Armes : *écartelé, aux 1 et 4 d'azur au lion de gueules ; aux 2 et 3 d'or à trois colonnes de sable ; au chef de gueules chargé de trois roses d'argent.*

DES COURTILS DE MERLEMONT. Maison originaire du pays de Liége fixée en Beauvoisis depuis 1430. Elle tire son nom du bourg de *Coctils* ou *Courtils* situé dans le Liégeois. Baudouin de *Cortils* figure dans un acte de donation fait, en 1235, au chapitre noble de *Thorens* au pays de Liége. Jean Des Courtils accompagna Jean, comte de Soissons, dans la septième croisade. Ses descendants servirent avec distinction dans nos armées. André Des Courtils, lieutenant d'une compagnie de cent hommes d'armes, était à la prise de Luxembourg en 1542. Jean Des Courtils, son fils, fut capitaine d'une compagnie de chevau-légers pour le roi Henri III qui le fit chevalier de son ordre. (*Manuscrits de la Bibl. Roy.*) Nicolas Des Courtils commandait pour la Ligue dans le château de Dreux, lorsque cette place fut assiégée par Henri IV. Jean Des Courtils ne la rendit qu'après que la tour grise eut sauté (*Histoire de Chartres.*) Alexandre Des Courtils était mestre de camp d'un régiment de pied sous Louis XIII. François Des Courtils, de la branche des Merlemont, figure parmi les chevaliers de l'ordre de Saint-Jean-de-Jérusalem ; il fut titulaire de la commanderie de Boncourt. Adam Des Courtils de Merlemont mourut dans les guerres du temps de François I.ᵉʳ. Daniel Des Courtils de Merlemont, son neveu, périt au siège de Rouen. Jean II Des Courtils de Merlemont prit part à la guerre de trente ans dans l'armée du célèbre comte de Mansfield ; il y commandait une compagnie de chevau-légers. Jean Charles Des Courtils de Merlemont, capitaine de frégate, fut tué en 1702 sur les côtes de Portugal ; Louis, son neveu, lieutenant-colonel au régiment de marine-infanterie, périt à la bataille de Lawfeld. Louis René Des Courtils fut fait comte par le roi Louis XVI et nommé grand-bailli d'épée de la province de Beaujolais. Cette famille est aujourd'hui représentée par M. le comte Des Courtils de Merlemont (Charles-René.) Elle s'est alliée aux maisons de Boufflers, Boulainvilliers, Chanteloup, Epinay, Ganay, Gaudechart, Lannoy, Surlet de Chokier, Urre, Vieux-Pont, Vilain de Gand, etc. Armes : *d'azur, au lion grimpant d'argent portant au col l'écu de Flandre, d'or au lion de sable attaché par un collier de gueules.* (Diplôme original délivré par d'Hozier, juge d'armes de France.) [1]

P. ROGER.

LOUIS XI
ET CHARLES - LE - TÉMÉRAIRE
AU CHATEAU DE PÉRONNE.

E roy, en venant à Péronne, ne s'estoit point advisé qu'il avoit envoyé deux ambassadeurs à Liége, pour les solliciter contre le duc de Bourgogne : et néantmoins lesdits ambassadeurs avoient si bien diligenté qu'ilz avoient déja faict un grant amas et vinrent d'emblée les Liégois prendre la ville de Tongres où estoient l'évesque de Liége et le seigneur d'Hymbercourt bien accompagniez jusques à deux mille hommes et plus ; et prindrent ledit évesque et ledit d'Hymbercourt, tuèrent peu de gens et n'en prindrent nuls que ces deux et aucuns particuliers de l'évesque.... Et fut conté tout cecy audit duc qui soubdainement y adjousta foy et entra en une grante colère disant que le roy estoit ve-

[1] (*Extrait de Noblesse et Chevalerie du comté de Flandre, d'Artois et de Picardie*, publié par P. ROGER, sous-préfet de Ploërmel, membre de la Société des Antiquaires de Picardie.)

LOUIS XI ET CHARLES-LE-TÉMÉRAIRE AU CHÂTEAU DE PÉRONNE.

nu là pour le tromper: et soubdainement envoya fermer les portes de la ville et du chasteau et feit semer une assez mauvaise raison, c'estoit qu'on le faisoit pour une boëste qui estoit perduë où il y avoit de bonnes bagues et de l'argent. Le roy qui se veit enfermé en ce chasteau, qui est petit, et force archers à la porte n'estoit point sans doubte (inquiétude) et se voyoit logié rasibus d'une grosse tour où un comte de Vermandois[1] feit mourir ung sien prédécesseur roy de France. » (Philippe de Comines.)

« En rentrant à Péronne, le roi trouva un banquet préparé avec une splendeur et une magnificence dignes de la richesse de son formidable rival qui possédait presque tous les Pays-Bas, alors le plus riche pays de l'Europe. Le duc était assis au haut bout d'une grande table gémissant sous le poids d'une vaisselle d'or et d'argent dans laquelle étaient servis les mets les plus recherchés. A sa main droite et sur un siége plus élevé que le sien était le roi son hôte. On voyait debout derrière lui, d'un côté, le fils du duc de Gueldre qui remplissait les fonctions de grand écuyer tranchant; de l'autre son fou, le Glorieux, sans lequel le prince se montrait rarement.....

» Enfin Crévecœur arriva et dès qu'il parut le duc le salua en lui demandant d'un ton bref: — eh bien! sire comte, quelles nouvelles de Liége et du Brabant? Mon seigneur et maître, répondit Crévecœur

---

[1] Herbert, comte de Vermandois, après avoir retenu pendant six ans le roi Charles-le-Simple, prisonnier dans la tour de Péronne, l'y laissa mourir en 929.

d'un ton ferme, mais triste, les nouvelles que j'apporte sont faites pour être entendues dans votre conseil plutôt qu'à votre table. — Quelles sont-elles? s'écria le duc; je veux le savoir, eussiez-vous à m'annoncer la venue de l'Ante-Christ. Mais je puis les deviner: les Liégois se sont mutinés? — C'est la vérité, Monseigneur, dit Crévecœur d'un air très-grave. — Voyez-vous, reprit le duc, comme j'ai deviné sur le champ ce que vous hésitiez tellement à me dire! Ainsi donc ces bourgeois écervelés ont encore pris les armes? Cette nouvelle ne pouvait arriver plus à propos, ajouta-t-il, en jetant sur Louis un regard plein d'amertume et de ressentiment, quoiqu'il cherchât évidemment à se modérer, puisque nous pouvons demander à notre seigneur suzerain son avis sur la manière de réprimer de tels mutins. Avez-vous encore d'autres nouvelles, comte? Apprenez-nous-les; dites-nous ensuite pourquoi vous n'avez pas marché vous-même au secours de l'évêque? — Il m'en coûte, Monseigneur, d'avoir à vous apprendre les autres nouvelles et il sera affligeant pour vous de les entendre. Mon secours, celui de tous les chevaliers du monde ne pourrait être d'aucune utilité au digne prélat: Guillaume de la Marck, uni aux Liégeois insurgés, s'est emparé de Schonwaldt et l'a assassiné dans son propre château. — *Assassiné!* répéta le duc d'une voix creuse et basse, qui fut pourtant entendue d'un bout de la salle à l'autre; tu as été trompé par quelque faux rapport, Crévecœur. Cela est impossible! — Hélas, Monseigneur, répondit le comte, je le tiens d'un témoin oculaire, d'un archer de la garde écossaise du roi de France qui était dans la salle à l'instant où ce meurtre a été commis par ordre de Guillaume de la Marck. — Et qui sans doute était fauteur et complice de cet horrible sacrilège, s'écria le duc en se levant et en frappant du pied avec tant de fureur qu'il brisa le marche-pied placé devant lui. Qu'on ferme les portes de cette salle! Qu'on en garde les fenêtres! Qu'aucun étranger ne bouge de sa place sous peine de mort! Gentilshommes de ma chambre, l'épée à la main! — Et se tournant vers Louis, il avança la main lentement, mais d'un air déterminé, vers la poignée de son épée pendant que le roi sans montrer aucune crainte, ou même prendre une attitude défensive, lui disait froidement : Cette nouvelle a ébranlé votre raison beau cousin. — Non, répliqua le duc d'un ton terrible; mais elle a éveillé un juste ressentiment que j'avais laissé sommeiller trop longtemps par de vaines considérations de lieux et de circonstances. Assassin de ton frère! Rebelle contre ton père. Tyran de tes sujets? Allié traître! Roi parjure! Gentilhomme sans honneur! Tu es en mon pouvoir, et j'en rends grâce au ciel.

» Le duc avait toujours la main sur la poignée de son épée. Mais il ne la tira pas hors du fourreau. Il semblait qu'il ne pouvait se résoudre à en faire usage contre un ennemi qui ne lui offrait aucune résistance et dont l'air calme ne pouvait justifier aucun acte de violence. » (WALTER SCOTT).

« Louis XI, qui connaissait l'histoire, savait parfaitement qu'en général les rois prisonniers ne se gardent guère (il n'y a pas de tour assez forte); voulût-on garder, on en est pas toujours maître; garder

est difficile, lâcher est dangereux : « un si grant sei-
» gneur pris, dit Comines, ne se délivre pas. »

..... Le duc, après de longs combats, « fit humble
» contenance de corps, mais son geste et parole estoit
» aspre, demandant au roy s'il vouloit tenir le traicté
» de paix..... » Le roi « ne put celer sa peur » et
signa l'abandon de tout ce que les rois avaient jamais
disputé aux ducs. Puis, on lui fit promettre de donner à son frère (non plus la Normandie) mais la
Brie qui mettait le duc presque à Paris, et la Champagne qui reliait tous les états du duc, lui donnant
toute facilité d'aller et venir entre les Pays-Bas et la
Bourgogne.

» Cela promis, le duc lui dit encore : « Ne voulez-
vous pas bien venir avec moi au Liége pour venger
la trahison que les Liégeois m'ont faite à cause de
vous ? L'évêque est votre parent, étant de la maison
de Bourbon. » La présence du duc de Bourbon qui
était là semblait appuyer cette demande qui d'ailleurs
valait un ordre dans l'état où se trouvait le roi.

» Grande et terrible punition, et méritée, du jeu
perfide que Louis XI avait fait de Liége, la montrant
pour faire peur, l'agitant, la poussant, puis retirant
la main.... Eh ! bien cette main déloyale, prise en
flagrant délit, il fallait qu'aujourd'hui le monde entier la vît égorger celle qu'elle poussait, qu'elle dé-
chirât ses propres fleurs de lis qu'arboraient les Liégeois, que Louis XI mît dans la boue le drapeau du
roi de France... Après cela, maudit, abominable, in-
fâme, on pouvait laisser aller l'homme, qu'il allât
en France ou ailleurs. » (*Louis XI et Charles-le-Téméraire*, par M. Michelet.)

EXAMEN

DE

QUELQUES PUBLICATIONS HISTORIQUES SUR LA PICARDIE OU L'ARTOIS.

Histoire de Laon par M. Devismes. Cet ouvrage, publié en 1822, offre un récit attachant des événements politiques qui se sont passés à Laon depuis l'établissement de la monarchie jusqu'en 1821. L'auteur s'est montré impartial dans l'appréciation des faits récents, qualité bien rare chez *un historien de province*. Les notes de l'ouvrage renferment des détails peu connus et quelques documents inédits.

Lettres sur le département de la Somme, par M. Dusevel. Ces lettres parurent en 1827. Leur style, tour à tour grave et léger, mérita les éloges des journaux du département. M. Dusevel a donné plus d'étendue à ces lettres dans la troisième édition publiée en 1840 et presque épuisée aujourd'hui. L'ouvrage renferme des renseignements historiques variés sur un grand nombre de villes, bourgs ou villages de la Somme.

Histoire ancienne et moderne de la ville d'Abbeville et de son arrondissement, par M. Louandre. Cette histoire est bien écrite et prouve que l'auteur a consulté avec fruit les archives de la cité. Le récit du siége du Crotoy pourrait être plus complet. On en peut dire autant de quelques événements importants qui commandaient plus de recherches et de détails. Mais le livre méritait tout le succès qu'il a obtenu. On dit qu'une seconde édition va être publiée et que M. Louandre a eu le bon esprit d'arrêter cette seconde édition à la révolution de 1789. L'appréciation des faits qui ont eu lieu depuis cette date avait encouru quelques reproches lorsque la première édition parut.

Histoire de la ville d'Amiens depuis les Gaulois jusqu'en 1830, par M. Dusevel. On reconnait dans cet ouvrage un grand mérite de recherches, une discussion éclairée et impartiale. La première édition est épuisée ; la seconde doit prochainement paraître ; elle a été revue par M. Dusevel qui s'est attaché à mettre cette publication à la hauteur des meilleures histoires locales. Les amis des études historiques, si nombreux aujourd'hui à Amiens, ne devront jamais oublier que, le premier, M. Dusevel s'occupa dans cette ville de la conservation des monuments, au point de vue historique ; qu'avant tous les autres il révéla dans ses publications l'importance des archives municipales d'Amiens et l'existence d'un grand nombre de chartes ou manuscrits disséminés dans le département de la Somme, documents précieux que plus tard nous avons tous mis à profit.

Mémoires de la Société des Antiquaires de la Morinie. Cette société fut fondée en 1831 par MM. Lefebvre-Ferey, Everard, Desmarquay, Augusgustin Pley, A. Tournier, F. Dumeril, J. de Rheims, L. de Givenchy, Vanhende, H. Lesergent, A. Legrand, H. Piers, Ardouin, B. J. Cadart, E. de Neuville, Mallet, Hermand-Legrand et Vanechout. On remarque surtout dans ces mémoires : *la Relation du Pas d'armes de la Croix Pélérine*, par M. Eudes; celle de *la bataille de Cassel*; *le sac de Saint-Omer en 1071*, par M. Deschamps; *la Généalogie inédite des comtes de Flandre*, par M. Alex. Hermand; *les Recherches historiques sur la ville de Saint-Omer*, par M. Eudes; la dissertation de M. Bolard sur *le dévouement d'Eustache de Saint-Pierre*. Cette dissertation a été l'objet d'un judicieux travail de M. Lebeau, inséré dans les *Mémoires de la Société d'agriculture de Calais*.

Description Historique et Pittoresque du Département de la Somme, par MM. Scribe et Dusevel. Cet ouvrage publié en 1835 reçut un favorable accueil. Les arrondissements d'Abbeville, Péronne et Doullens sont l'œuvre de M. Scribe; ceux de Montdidier et d'Amiens appartiennent à M. Dusevel. La notice sur Montdidier valut à ce dernier une mention honorable de l'Institut. L'ouvrage se termine par une biographie du département, qui révèle de longues recherches et une impartialité louable. Les dessins jusqu'alors inédits du *menhir de Péronne*, de *l'église de Berteaucourt*, des tombeaux de *Jehan de Hangest* et du *sire de Hautbourdin*, des châteaux d'*Heilly* et de *Senarpont* ajoutent au mérite de cette publication.

Archives Historiques et Ecclésiastiques de la Picardie et de l'Artois, publiées par M. P. Roger. On lit dans le *Courrier du Pas-de-Calais* journal d'Arras :

« Un ouvrage du plus haut intérêt vient de paraître à Amiens. Sous le modeste titre d'*Archives Historiques et Ecclésiastiques de la Picardie et de l'Artois*, M. Roger, correspondant du ministère de l'instruction publique pour les travaux historiques et membre de la Société des Antiquaires de Picardie, publie un recueil de documents précieux pour l'histoire des temps anciens et du moyen-âge dans les deux provinces.

» Les légendes, les cathédrales, les abbayes, les juridictions ecclésiastiques, les vieilles chroniques, une étude sommaire sur l'origine de la féodalité, des aperçus politiques et philosophiques sur les événements des diverses époques, les divertissements chevaleresques, les passes d'armes, les joûtes et les tournois, toutes ces fêtes qui ont si long-temps occupé nos pères, et qui peignent si bien les mœurs et les idées des temps d'autrefois; M. Roger s'est attaché à nous les reproduire, à nous les représenter sous leur véritable aspect, et à les développer avec un charme descriptif qui ne nuit point à l'exactitude historique.

» Nous n'avons guère le loisir d'analyser l'ouvrage de M. Roger; mais nous dirons, en peu de mots, qu'il publie sur nos provinces du Nord un recueil intéressant sous une infinité de rapports ; ce sera un livre utile à l'histoire locale et qui doit prendre place dans les bibliothèques publiques comme dans celles de tous les hommes qui s'occupent d'archéologie. M.gr l'évêque d'Amiens, un très-grand nombre d'ecclésiastiques du département de la Somme, beaucoup d'hommes instruits, ont souscrit à cette publication. L'ouvrage de M. Roger intéresse au même degré le clergé du Pas-de-Calais et tous les érudits de notre localité. Nous le recommandons à la sérieuse attention de nos lecteurs.

» La nomenclature des évêques, des abbés, et celle des maïeurs des villes, et particulièrement la chronologie des maïeurs d'Arras depuis 1271 jusqu'à nos jours ; le récit des vicissitudes si diverses qu'a subies l'ancien échevinage de cette ville ; l'histoire abrégée des anciens États d'Artois, le blason des familles qui composaient le second ordre de cette administration, et une foule de notes curieuses concourent à donner à ce livre tout le mérite d'un recueil utile. »

Mémoires de la Société des Antiquaires de Picardie. Cette société fut fondée à Amiens par MM. le marquis de Clermont-Tonnerre, A. Bouthors, H. Dusevel, le comte de Betz, F. Guerard, l'abbé d'Authuile, l'abbé Vincent, J. Rigollot, F. Le Serurier, A. de Grattier, E. Butler, Coquerel et Ledieu. Les volumes de mémoires publiés par la Société sont au nombre de six. On y remarque surtout un travail de M. H. Dusevel sur *la bannière de Péronne;* les *Documents historiques du château de Bertangles;* la *Notice sur la ville et le château de Ham*, par M. A. De la Fons, avec des notes de M. de Lioux ; la *Notice sur la commune de Corbie* de M. Bouthors ; le *mémoire* de M. Rigollot *sur le Manuscrit de Froissart*, conservé à la Bibliothèque d'Amiens, et sur *la bataille de Crécy;* le travail de M. Labourt, sur *les origines des villes picardes;* le *pouillé de dom Grenier*, publié par M. Dufour ; les *Études archéologiques de M. Woillez sur les monuments religieux de la Picardie*, divers travaux de MM. J. Corblet, Ern. Breton, Garnier, Danjou, etc. etc.

Le Puits Artésien. Cette publication historique forme plusieurs volumes. Il faut regretter qu'elle se soit arrêtée, car elle nous avait paru bien conçue et nous pensons qu'elle méritait plus de succès. M. le docteur Danvin, de Saint-Pol, M. l'abbé Parenty, M. le comte d'Héricourt et surtout M. Dufaitelle ont fourni d'excellents travaux au *Puits Artésien.*

Histoire des Comtes d'Amiens, de Du Cange, publiée en 1841 par M. Henri Hardouin. Ce livre, dont le nom de l'auteur suffit pour dire tout le mérite, est précieux pour l'étude de l'origine et de la décadence du pouvoir seigneurial dans la ville d'Amiens pendant les premiers siècles du moyen-âge. M. Hardouin a rendu un véritable service en publiant ce manuscrit. Il l'a de plus enrichi de notes précieuses, de documents inédits et l'a fait précéder d'une excellente notice sur la vie et les travaux de Du Cange.

Archives de Picardie, recueil publié sous la direction de MM. Dusevel et de La Fons, baron de Mélicocq. Ce recueil a cessé de paraître. Les volumes publiés renferment d'excellents articles. Nous citerons ceux de M. Goze sur *la galerie de M. le comte d'Estourmel*, sur l'église de *Namps-au-Val*, sur *les familles illustres de Picardie*; le *parallèle des cathédrales de Beauvais et d'Amiens* les *portraits historiques du château de Rambures* et le *voyage à Compiègne* du même auteur. — M. Dusevel a fourni plusieurs articles entre autres: *L'abbaye de Berteaucourt*, *Mystères et Jeux de personnages au* xv.ᵉ *siècle*, *Tombeaux historiques de l'arrondissement de Montdidier*, *Recherches historiques sur Corbie*. Ce recueil renferme en outre divers articles de MM. de La Fons baron de Mélicocq, E. de Chauvenet, comte de Boubers, Ch. Vaquette, Chandon, J. Jouancoux, etc.

Mémorial Historique et Archéologique du département du Pas-de-Calais, par M. Harbaville. Cette publication se compose d'intéressantes notices sur les communes du Pas-de-Calais. Au nombre des plus curieuses nous avons remarqué celles d'*Arras, Boulogne, Calais, Hesdin, Sangatte et Saint-Omer*. Les notices sont précédées d'une introduction qui révèle une véritable portée historique. Le style est pur, animé, souvent élégant. Le livre de M. Harbaville a soulevé d'amères critiques. Il y a sans doute ici, comme dans tous les travaux de ce genre, quelques omissions importantes, quelques erreurs à signaler. Le *Mémorial du Pas-de-Calais* n'en restera pas moins un excellent ouvrage. On le consultera souvent et celui qui écrit ceci y a souvent puisé de bonnes et consciencieuses indications.

Coutumes de l'ancien bailliage d'Amiens, publiées par M. Bouthors. Ce livre s'applique plutôt à la jurisprudence des anciens temps qu'à l'histoire proprement dite. Mais il renferme des notes curieuses et des aperçus historiques dans lesquels M. Bouthors a su réunir la force de la pensée à un style correct et élevé. Cette publication pourra n'être pas populaire; mais elle fera honneur à M. Bouthors et à *la Société des Antiquaires de Picardie* qui a pris l'ouvrage sous son bienveillant patronage.

Histoire de la ville de Beauvais, publié par M. Doyen. Le livre de M. Doyen fait suite à l'histoire que M. Edouard Lafontaine avait entreprise. M. Doyen a puisé aux sources originales; il a consulté les registres aux délibérations de la ville et il en donne, soit dans le texte soit dans les notes, d'intéressants extraits. Nous sommes loin d'ailleurs de partager les opinions émises par l'auteur dans le cours de sa publication; mais nous constatons volontiers les recherches aprofondies auxquelles il s'est livré.

Noblesse et Chevalerie du comté de Flandre, de l'Artois et de la Picardie, publié par M. P. Roger. On lit dans la *Gazette de Flandre et d'Artois*, journal de Lille: Nous devons recommander un nouvel ouvrage dû à la plume de M. Roger d'Amiens. C'est pour nous une obligation d'autant plus rigoureuse de parler de son livre, que les matières qu'il contient, les faits historiques qui y sont rapportés, et les recherches archéologiques dont il fait connaître le résultat s'appliquent spécialement aux provinces d'Artois, de Flandre et de Picardie, dont la *Gazette*, par son titre et son institution, est particulièrement l'organe.

» Nous dirons d'abord que M. Roger est, comme habitant Amiens, mieux placé qu'aucun autre auteur pour parler utilement et convenablement des faits qui se rattachent à l'histoire des provinces du nord de la France. C'est sur les lieux mêmes que cet estimable écrivain est venu s'inspirer ; c'est dans les dépôts publics, dans les collections particulières et dans les archives de ces anciennes provinces qu'il a puisé ou vérifié ses renseignements.

» Evidemment, sous ce rapport, M. Roger a sur ses rivaux un immense avantage. Bon nombre de publications du même genre apparaissent chaque jour ; mais ces ouvrages, dressés au sein de la capitale sur de simples mémoires de famille ou sur divers documents isolés, doivent inévitablement contenir et contiennent en effet une foule d'erreurs.

» Pour écrire utilement sur cette matière, il faut habiter la province, explorer les archives des diverses localités, être doué de beaucoup de patience, d'un esprit investigateur, laborieux, d'une grande pénétration, et par-dessus toutes choses, d'une probité incorruptible. Toutes ces conditions se retrouvent-elles chez les écrivains qui, aujourd'hui, s'occupent des choses relatives à la noblesse ? Nous n'osons répondre à cette question ; mais nous dirons que M. Roger semble les réunir. La publication qu'il a faite l'an passé : *Archives Historiques et Ecclésiastiques de la Picardie et de l'Artois*, est là pour le témoigner ; et si cet intéressant recueil n'est pas à l'abri de tout reproche, si quelques erreurs involontaires et légères ont échappé à l'attention de son auteur, elles sont, sans aucun doute, le résultat inévitable d'un travail de ce genre.

» Le nouvel ouvrage de M. Roger, au surplus, ne se compose pas seulement d'archéologie nobiliaire ; la partie historique proprement dite y occupe une large part, et l'auteur se propose de mettre au jour une foule de documents précieux qu'il a recueillis avec soin. Son prospectus donne le détail complet des matières diverses et multipliées dont se composera l'ouvrage dont nous parlons ; nous ne croyons pas devoir reproduire ici cette analyse, mais nous dirons que presque toutes ces matières offrent un grand intérêt, et que ce livre deviendra nécessaire à toutes les personnes qui veulent connaître l'histoire des provinces du nord de la France, les mœurs, les lois, les usages, les coutumes des temps anciens ; et si les récits de M. Roger sont circonscrits dans la spécialité du sujet qu'il traite (conséquence nécessaire du plan de l'ouvrage), les divers chapitres qui le composent n'en offrent pas moins un attrait vif et puissant.

» La publication que fait cet historien des enregistrements des lettres de la noblesse, ou des titres d'honneur qui se trouvent aux archives de l'ancien Conseil d'Artois, sera précieuse pour beaucoup de familles, et les autres parties de son ouvrage ne sont pas moins intéressantes. Un coup-d'œil sur l'origine de la noblesse, une description des mœurs féodales, une dissertation sur les blasons, devises, cris de guerre, joûtes, tournois et passes d'armes ; le catalogue des chevaliers de l'Artois, de la Flandre et de la Picardie qui allèrent en Palestine ; les récits des batailles de Bouvines, d'Oisy, de Courtrai, de Saint-Omer, de Rosebecque, d'Azincourt et de Mons-en-Vimeu ; les recherches sur les tombeaux ou principaux mausolées des églises de ces provinces ; un armorial complet de Picardie ; des notices exactes sur les anciennes familles nobles, et enfin une foule d'actes et de documents précieux, pour servir de pièces justificatives ; voilà en substance ce que M. Roger nous promet ; et si, comme il y a lieu de le croire, cet auteur tient parole et réalise nos espérances, nous lui prédisons un grand succès et une gloire historique méritée.

La première livraison du recueil dont nous parlons, éditée avec un grand luxe typographique, a déjà paru et nous a fait éprouver une vive satisfaction. Au mérite d'une diction pure et souvent élégante, M. Roger sait allier celui d'une incontestable bonne foi ; il examine, discute et raconte les faits avec impartialité et érudition. L'opinion qu'il exprime, les déductions qu'il tire des grands enseignements de l'histoire, sont remplies d'idées saines et philosophiques. Nous engageons l'auteur à poursuivre la carrière qu'il a déjà parcourue une fois avec tant de distinction. »

Une Cité Picarde au Moyen-Age, ou Noyon et le Noyonnais, aux XIV.ᵉ et XVᵉ. siècles, par M. DE LA FONS, baron de Mélicocq, auteur des *Recherches historiques sur Noyon*. Tout ce que publie M. de la Fons dénote une véritable érudition. M. de la Fons compulse avec ardeur les archives des vieilles cités et met en lumière les documents les plus curieux. On doit désirer que M. de la Fons continue à publier le résultat de ses intelligentes et actives recherches sur notre histoire locale.

Les Stalles de la Cathédrale d'Amiens, par MM. JOURDAIN et DUVAL. « On n'a fait jusqu'à présent que des descriptions générales de la cathédrale
» d'Amiens. C'est aussi par là qu'il fallait commencer. Cependant les progrès
» de la science archéologique ou du moins la juste importance qu'elle acquiert
» de jour en jour marquent le temps d'arriver aux études des détails et de
» leur donner tout le développement qu'elles méritent. En prenant la boiserie
» du chœur plutôt que toute autre partie de l'édifice pour sujet de leur tra-
» vail les auteurs ne veulent que témoigner de leur timidité et de leur re-
» serve à aborder la science si vaste et si mystérieuse encore du moyen-âge. »
Ce préambule du livre de MM. Jourdain et Duval nous dit tout d'abord le but qu'ils se sont proposé ; et on peut l'affirmer, ce but *a été atteint!* Nous ne tenterons pas d'expliquer tout ce qu'il a fallu de recherches, de difficultés, de choses obscures à éclaircir pour mener une telle œuvre à bonne fin. L'ouvrage révèle d'ailleurs des connaissances bibliques peu ordinaires même parmi les ecclésiastiques. Dix-sept planches ont reproduit avec une extrême fidélité les sujets traités dans cette savante et consciencieuse publication.

P. ROGER.

DE L'IMPORTANCE

DES

ARCHIVES COMMUNALES D'AMIENS

ET DE

LA NÉCESSITÉ DE LEUR CLASSEMENT.

L'EXTRÊME importance des archives communales d'Amiens est généralement reconnue. Peu de villes en France ont conservé aussi intacts leurs registres aux chartes, aux délibérations et aux comptes. A partir du XIIIe siècle, les annales d'Amiens sont écrites jour par jour dans ces registres, et l'on peut à l'aide des documents qu'ils fournissent reconstituer, pour ainsi dire, la vie passée de cette ancienne cité, de cette bonne ville du moyen-âge où se sont succédés tant d'événements divers.

REGISTRES AUX CHARTES.

Les registres aux chartes, au nombre de 12 ou 15 volumes in-fol.° et in-4.°, sur parchemin plus ou moins bien conservé, renferment entre autres pièces intéressantes la charte de commune octroyée par Philippe-Auguste à la ville en 1209; des lettres de confirmation et d'interprétation de plusieurs articles de cette charte émanées des rois Louis VIII et Philippe-le-Long; diverses lettres de Philippe-le-Bel et de Philippe de Valois pour la cession à la mairie de la justice de la prévôté d'Amiens; des transactions intervenues en 1226, 1369 et 1376 entre le maïeur, les échevins et l'évêque, touchant les droits que ce dernier prétendait pouvoir exercer sur les jeunes mariés et sur les biens de tous ceux qui mouraient sans avoir fait de testament. Nous citerons aussi les lettres par lesquelles Gui de Châtillon, comte de Saint-Pol et lieutenant du roi en Picardie, reconnaît que c'est sans préjudicier aux droits et aux usages de la ville d'Amiens qu'il a déposé le maïeur et les échevins de cette ville et qu'il en a nommé d'autres. Le procès-verbal des formalités observées lors de la remise faite au roi par le duc de Bourgogne de la ville d'Amiens, engagée à ce dernier par le traité d'Arras ; le procès-verbal contenant la relation de ce qui se passa à la prise de possession d'Amiens par le comte de Charolais ; la ratification faite par les bourgeois de cette ville, le 2 janvier 1482, du traité de paix conclu entre le roi de France et Maximilien d'Autriche ; le procès-verbal du 1.er février 1503 contenant les détails du cérémonial observé lorsque le seigneur du Pont-Remi, Antoine de Créquy, vint se faire recevoir bailli d'Amiens ; le procès-verbal de ce qui eut lieu le 7 mars 1517 à la naissance du dauphin, fils de François I.er ; des lettres de Charles IX du 6 octobre 1569, autorisant le maire et les échevins à contraindre les habitants à monter la garde tant de jour que de nuit, en cas de nécessité, en temps de guerre ou de stérilité.

Il est fâcheux que ces registres aux chartes qui portent les lettres *A*, *B*, *C*, *D*, *E*, *F*, *G*, *H*, etc., ne conservent pas l'ordre chronologique, c'est-à-dire que le registre c, par exemple, renferme des documents d'une date plus ancienne que le registre B et *vice-versâ* ; parfois, aussi, une charte, une ordonnance, un réglement se trouve transcrit dans des registres différents. Pour éviter la confusion, il serait nécessaire qu'un bon inventaire établit l'ordre chronologique de ces précieux documents.

REGISTRES AUX DÉLIBÉRATIONS DE L'ÉCHEVINAGE.

Ces registres forment plus de 80 volumes petit in-folio et renferment des documents historiques du plus grand intérêt. Ils commencent en 1406, offrent mille détails sur les principaux événements survenus en Picardie, en Artois et dans les pays voisins, depuis le xv.e jusqu'au xviii.e siècle. Ici se trouvent retracés plusieurs épisodes du siége de Compiègne sous Charles VI ; là il est question des tentatives faites par les Anglais contre Boulogne. Plus loin on voit quels furent les secours fournis par la ville d'Amiens pour s'emparer du Crotoy que détenaient les Anglais. On trouve dans ces registres la relation de l'arrivée de Charles d'Orléans à Amiens lorsqu'il revint d'Angleterre après une captivité de vingt-cinq ans ; le récit de la prise d'Arras par les Bourguignons ; celui du blocus soutenu par les Amiénois contre les soldats du comte de Charolais, etc.

Les registres plus modernes nous ont conservé plusieurs particularités relatives à l'arrivée de Louis XII à Amiens ; aux diverses expéditions qu'il concerta dans cette ville contre les Anglais ; aux précautions prises par les Amiénois pour se garder pendant la captivité de François I.er et au temps de la Ligue ; on y retrace les dégâts commis par les Royalistes et les Ligueurs aux environs d'Amiens, les pillages, les incendies et les destructions de châteaux qui eurent lieu alors.

Ces registres renferment aussi des lettres fort curieuses écrites par les rois de France, les princes et les chefs d'armée pour annoncer à l'échevinage des succès ou des revers, pour lui demander des secours ou lui recommander de veiller à la sûreté de la ville. Tantôt c'est Charles VI qui prie les habitants d'Amiens de lui faire parvenir des secours pour continuer le siége du château de Creil ; ou bien c'est la duchesse de Bourgogne qui demande une aide aux Amiénois pour obtenir la délivrance du duc d'Orléans. Ici c'est le duc de Bourgogne qui, prêt à marcher contre les Turcs pour accomplir un vœu fait dans un festin, invite le peuple d'Amiens à lui prêter une certaine somme pour subvenir aux frais de son voyage.

A une époque plus rapprochée de nous on voit Henri II écrire de Compiègne aux bourgeois d'Amiens pour les rassurer sur les suites de la perte de la bataille de Saint-Quentin. Plus tard les ducs d'Aumale et de Mayenne adressent aussi des lettres aux habitants afin de les engager à tenir pour la Ligue jusqu'à la dernière extrémité. On trouve dans d'autres registres les lettres écrites au marquis de Vauchelles à l'occasion des victoires remportées par Louis XIV sur les Hollandais, les Espagnols et les Italiens.

On doit regretter que l'humidité ait endommagé plusieurs de ces registres. Le peu de soin que l'on apportait autrefois à leur conservation a rendu l'écriture presque illisible en certains endroits. C'est surtout pour les registres du XVI.e siècle qu'il faut déplorer les ravages du temps et l'incurie de ceux qui étaient préposés à leur garde.

REGISTRES AUX COMPTES.

Ces registres ont subi de plus grands dégâts encore : les insectes et une poussière corrosive ont rongé une bonne partie du parchemin. Les feuillets écrits ont pourtant échappé à ces dégâts ; sans cela que de faits intéressants auraient été ravis à la connaissance de ceux à qui l'histoire de Picardie est chère ! On lit dans ces registres qu'en 1405 la ville d'Amiens envoya ès frontières de Calais 30 arbalétriers et 20 pavoisiers « *au mandement de noble et puissant prince M. le duc de Bourgogne lieutenant pour le roy au pays de Picardie* » et que ces 50 hommes avaient avec eux un augustin qui célébrait chaque jour la messe pour le succès du voyage. Au mois de novembre 1415 les Amiénois dépêchèrent un sergent à masse à Arras, pour ravoir un grand canon *monté* et *enfusté* et deux tentes de la ville laissées par le roi devant Arras, après la prise de cette cité par l'armée royale. Les Amiénois envoyèrent un échevin au connétable d'Albret à Abbeville, pour obtenir qu'Amiens fut exempt de faire marcher des gens d'armes ou des arbalétriers, « *pour résister à l'emprise que voloient faire le roy d'Engleterre, enemy et adversaire du roy nostre sire à passer le cours de la riviere de Somme au lieu dit le* BLANQUETACQUE. »

Combien d'autres circonstances dont l'histoire ne fait point mention seraient demeurées ensevelies dans l'oubli le plus profond, sans ces curieux registres ! Ici, c'est Perinot Morel, messager de la cité de Beauvais, qui apporte des lettres de maître Philippe de Morvillers, conseiller du roy notre sire et premier président de son parlement ; ces lettres font mention « *de la pitoïable mort naguere comise et perpetrée en la personne de feu M. le duc de Bourgogne.* »

Là Mile de Berry, bourgeois et échevin d'Amiens, reçoit ce qui lui est dû pour avoir assisté à Corbie à l'assemblée des bonnes villes de la Somme et du pays d'Artois, afin de conférer avec le comte de Richemont et autres » *tenans parti contraire du roi notre sire.* »

Veut-on savoir l'époque à laquelle on éleva les principaux monuments d'Amiens, on peut aussi l'apprendre en consultant ces vieux registres : « en l'année 1419, y est-il dit, les fondements du pont sire Jehan Du Cange furent faits avec xi tables de pierre de Beaumez au pris chacune couple l'un portant l'autre de vii sols. »

Si l'on veut connaître les dépenses qu'occasionnaient à la ville les entrées des rois, des princes et des grands, c'est encore aux registres aux comptes qu'il faut avoir recours.

On y voit qu'en 1425 il en coûta xxxvi livres parisis à la ville pour une *couppe* et une *eguerre* d'or présentées à madame *Katrine* de France, fille du roi Charles « et alors femme de *très-puissant prinche le roy d'Angle-* » *terre vivant héritier et régent de France à sa premiere venue à Amiens.* » — En 1448 les deux drageoirs offerts au comte de Charolais à son entrée à Amiens coûtèrent viii.^{xx} xviii écus ix^s. — La dépense faite pour les seuls clous des *hourts* dressés le long de la chaussée St.-Leu, à l'entrée du légat d'Angleterre à Amiens en 1527, s'éleva à environ xx sols. — La ville paya en 1520 40 sols aux bâteliers d'Amiens pour conduire François Ier et la reine de France dans leurs bâteaux de Picquigny à Abbeville, etc. — Le maire et les échevins dépensèrent, en 1593, 18 écus pour 9 écharpes de taffetas blanc dont ils firent présent aux officiers de la ville lors de la soumission d'Amiens à Henri IV.

Les mêmes registres contiennent des détails non moins précieux sur les fréquents pélerinages qui se faisaient à N. D. de Boulogne dans le xve siècle, et sur la coutume qu'avait alors la ville d'Amiens d'offrir des *chapeaux de roses* aux conseillers du parlement qui faisaient expédier ses affaires avec célérité.

Si l'on désire avoir des renseignements exacts sur la manière de voyager des échevins d'une grande ville au xve et au xvie siècles qu'on lise ces registres, on y verra quels étaient les moyens de transport du temps. Pour se rendre à Paris on mettait trois ou quatre jours, et encore ne pouvait-on toujours arriver car les chemins étaient peu sûrs. En 1419, un messager de pied de la ville d'Amiens s'avança jusqu'à *Pont-Ste-Maxence*; mais arrivé là, pour *le doubte des gens d'armes estant sur le pays*, il n'osa passer outre et retourna à Amiens avec les lettres qu'il portait pour un procureur au parlement.

Nous le répétons, en finissant, les archives communales de la ville d'Amiens, offrent des documents du plus grand intérêt; on y trouve des chartes précieuses, d'intéressants récits se rattachant à des événements mémorables, à des victoires, des siéges, des combats, des fêtes et des spectacles. Il est donc important que l'on s'occupe enfin de classer ces archives avec méthode et que l'on veille à leur conservation avec le plus grand soin.

REVUE
HISTORIQUE ET ARCHÉOLOGIQUE
DES ÉGLISES DE PICARDIE ET D'ARTOIS.

3.ᵉ ARTICLE. — DIOCÈSE D'ARRAS.

Grâce à l'extrême bienveillance d'un illustre prélat, S. E. Mgr. de la Tour-d'Auvergne, cardinal évêque d'Arras; grâce, aussi, au zèle éclairé de M. l'abbé Terninck, chanoine et secrétaire-général de l'Évêché, nous allons donner sur plusieurs églises du diocèse d'Arras des documents en quelque sorte inédits. Les détails qui vont suivre, ne se trouvent en effet, ni dans l'*Annuaire du Pas-de-Calais* de 1814, ni dans le *Mémorial de M. Harbaville*. Ces deux ouvrages sont cependant ceux qui contiennent le plus de recherches sur l'histoire et les monuments du département du Pas-de-Calais.

CI. *Église de Laventie* (arrondissement de Béthune). — L'édifice offre à gauche un bras de croix qui le rend fort irrégulier. Le chœur se termine à l'extrémité en trapèze, puis en arc. A l'intérieur, ce monument religieux se recommande à l'attention des amateurs par un assez bel aspect. La chaux recouvre les piliers; les voûtes sont en partie défigurées par le plâtre dont on les a badigeonnées. Une tour carrée se trouve entre le chœur et la nef principale. Cette tour est surmontée d'une flèche en bois qui donne un peu d'élévation au clocher. L'église de Laventie est sous l'invocation de Saint-Vaast; sa construction semble remonter à diverses époques. Le chœur porte la date de 1749; c'est celle où cette partie du monument fut rallongée. On n'a aucune notion sur son origine [1]. Chaque année les habitants de Laventie, qui s'adonnent au tir de l'arbalète, aux combats de pinsons ou à la culture de l'œillet, faisaient dire une messe solennelle dans cette église, avant de se livrer à leurs fêtes particulières. La *Société des Oiseleurs* mettait en présence deux pinsons qui luttaient entre eux pour le chant, dans les mois d'avril et

[1] Renseignements communiqués par M. l'abbé Warenghem, curé de Laventie.

de mai. A une autre époque, les *Fleuristes*, réunis aussi en *Société*, présentaient les plus beaux œillets de leur parterre à des juges choisis dans les communes voisines, et ces juges décernaient la palme à l'heureux possesseur du plus bel œillet [1].

CII. *Église de Lestrem.* — Cette église est construite en grès et forme la croix latine. Ses portes et ses fenêtres sont en ogive. La porte latérale est placée sur des pierres sculptées qui paraissent bien plus anciennes que l'église et auront servi primitivement à un autre édifice. Deux rangs de colonnes avec chapiteaux ornés de volutes existent à l'intérieur. Au bas des arêtes des voûtes qui sont saillantes, on voit des bustes représentant divers personnages. Le jubé de l'orgue et la chaire à prêcher fixent les regards. On remarque aussi quatre grandes dalles, servant de pavé, sur lesquelles sont représentées des figures et diverses armoiries. Malheureusement les sculptures sont tellement effacées que l'on ne distingue qu'imparfaitement les sujets qu'elles offraient. Une seule de ces dalles porte encore les armoiries de la famille Jouglez, qui possédait la seigneurie du marais situé à Lestrem. Cette terre qui passa par alliance de cette famille dans celle de Donkel de Cohen, appartient aujourd'hui à M. de Puységur. Dans le mur est enchassée la pierre sépulcrale de M. Aronio de Fontenelle, qui possédait lui-même le château et la terre de Lestrem. A l'extrémité opposée au chœur se trouve le clocher. Il est formé par une tour surmontée d'une flèche en pierre. La foudre ayant abattu la partie supérieure de cette flèche, on l'a remplacée par un chapiteau en bois recouvert d'ardoises, ce qui produit un singulier effet. St.-Amé, évêque, est le patron de l'église de Lestrem. Ce monument paraît remonter à l'année 1422, d'après une inscription placée au bas de la voûte et en partie cachée par la boiserie existant derrière le maître-autel. Suivant la tradition, l'église aurait succédé à une chapelle, située vers l'entrée du cimetière. Les habitants du village de Lestrem qui, au xii.ᵉ siècle, dépendaient de l'advouerie de Béthune, y venaient entendre l'office, l'église n'existant pas alors.

CIII. *Église de Neuve Chapelle.* — Le chœur de cette église se termine en hémicycle. La sacristie est placée à côté, vers le nord, et en avant sur la même ligne on voit l'autel de la Sainte-Vierge. Le clocher qui se trouve près du chœur est soutenu par de forts piliers en grès. Des consoles supportent la corniche. A l'intérieur, on remarque quelques pierres sépulcrales, vis-à-vis l'autel de la Sainte-Vierge; mais le frottement des pieds a rendu les inscriptions illisibles. L'église de Neuve Chapelle est dédiée à St.-Christophe [2].

CIV. *Église de Sailly-sur-la-Lys.* — La construction de cette église remonte, dit-on, au xvi.ᵉ siècle; mais on y a fait beaucoup de réparations à une époque postérieure. On voit dans un ancien cueilloir, signé par maître

---

[1] V. L'*Annuaire Statistique du département du Pas-de-Calais* pour l'an 1814, in-8.°, Arras, 1814, pag. 171.

[2] Renseignements communiqués par M. l'abbé Beysière, desservant à Neuve-Chapelle.

Guilain Lebrun, curé de Sailly-sur-la-Lys, en 1730, que cette église ayant été brûlée en 1653, « *fut réparée sur tous les biens et même toute la dix-* » *me de la paroisse, par octroi accordé par l'archiduc d'Autriche alors* » *régnant* ». Ce qui vient confirmer l'exactitude de cette note, c'est le millésime de 1616 qu'on a trouvé gravé sur l'une des poutres en bois récemment supprimées. Le chœur et les chapelles latérales datent de 1626. En démolissant en 1840 un pan de muraille de l'une de ces chapelles, on a découvert, en effet, un certain nombre de médailles ou pièces d'argent, portant les dates de 1622, 1623, 1624, 1625 et 1626. Un incendie a fait disparaître une tourelle placée au côté droit de l'église. La porte principale par laquelle on y entre est pratiquée dans une tour de style dorique, construite vers la fin du dernier siècle, et placée à l'extrémité de l'édifice. Cette tour, quoique moderne, a des ouvertures en plein cintre; une galerie en pierre la surmonte. A l'intérieur, les encadrements des fenêtres sont taillés en cannelures. Avant la révolution de 1793, ces fenêtres étaient divisées par des montants en pierre; elles offraient dans le haut divers compartiments garnis de vitraux peints qui n'existent plus. La chaire est d'une assez belle sculpture. On rencontre çà et là des pierres sépulcrales ornées d'inscriptions qui font seulement connaître les noms des défunts, leur âge, leur qualité et la date de leur mort. On garde dans cette église un usage ancien qui pourrait être quelque reste d'un pèlerinage contre la peste, ou contre les maladies contagieuses ; on y donne des évangiles de *Saint-Roch*. Cet usage n'a pu s'établir, dit M. l'abbé Choisy, qu'à l'occasion d'un grand concours de fidèles. Les époques où l'on récite encore ces évangiles sont le 16 août et le lundi de la Kermesse ou *Ducasse*, fixée au dernier dimanche d'août [1].

CV. *Église d'Éperlecques* (arrondissement de Saint-Omer). — On voit à Éperlecques une église paroissiale et une chapelle de secours dite du *Gans-Pette* (en français *fosse aux oies*) du nom d'un hameau voisin. Cette chapelle beaucoup trop petite pour la population qui l'environne, n'offre rien de remarquable. Au-dessus de la porte d'entrée sont gravées les inscriptions suivantes :

MARIÆ DONAVIT LVDOVICI COLIN
CAVCHETEVR MAGISTRATV AVGENT.

L'église d'Éperlecques a un portail de style ogival. La tour est carrée ; une galerie sculptée à jour règne au bas de la flèche en bois qui surmonte cette tour. On croit que sa construction date de la fin du XII.ᵉ siècle. Sur trois de ses faces se trouvent des niches sous lesquelles on voyait probablement des statues de saints. Le travail de ces niches est très-remarquable. L'édifice se termine en hémicycle. Il n'est pas entouré de chapelles. Trois rangs de piliers cylindriques divisent cette église à l'intérieur. La grande nef, qui dans l'origine a dû être plus longue, date aussi, dit-on, du XII.ᵉ siècle. Les bas-côtés ont été construits bien postérieurement. Le chœur actuel qui ne remonte guère au-

---

[1] Renseignements communiqués par M. l'abbé Choisy, desservant de Sailly sur-la-Lys.

delà de 80 ans, était, à ce que l'on rapporte, à la charge du chapitre d'Ypres. Les guerres qui désolèrent le pays à différentes époques auront sans doute été funestes à l'église d'Éperlecques, comme à bien d'autres édifices religieux. Les fenêtres sont les unes en ogive, les autres en cintre. Les vitres de deux de ces fenêtres, voisines du maître-autel, ont été récemment badigeonnées de couleurs de toute espèce; les murailles et les piliers eux-mêmes n'ont pas été épargnés; on les a recouverts de chaux. Vers le porche de droite on trouve gravée sur une pierre encastrée dans le mur une inscription en flamand dont les caractères sont gothiques. L'escalier de l'orgue et le buffet sont très-remarquables; des sculptures gothiques les décorent. Ils furent achetés à la fabrique de l'église de Lederzelle quelques temps avant la Révolution. Deux dalles de marbre, ornées d'attributs funèbres, sont placés dans l'église d'Éperlecques. On lit cette épitaphe sur la première :

Ici reposent J. B. Roels, greffier de la châtelenie d'Esperlecques
et de la baronnie de Ruminghem
décédé le 17 avril 1755, âgé de 70 ans,
et damoiselle Marie-Anne Decocq, sa femme,
décédée le. . . . âgée de. . . .
comme aussi plusieurs de leurs enfans décédés.

Voici l'autre épitaphe :

D. O. M.

Ici repose le corps de Adrienne Varon
femme en son vivant à Germain Drincqbier,
bailly d'Esperlecques,
décédée de ce monde
le 24 février 1760 âgée de 79 ans.
PRIEZ DIEU POUR SON AME.

CVI. *Église de Saint-Denis, à Saint-Omer.* — L'église de Saint-Denis, l'une des trois paroisses de la ville de Saint-Omer, est en forme de croix latine. Au-dehors le chœur se termine en hémicycle; aucune chapelle ne l'entoure. L'édifice a été primitivement construit en pierres avec soubassement en grés piqués. On l'a restauré en briques plates du pays. Ses portes sont cintrées et surmontées de frontons. La corniche n'a aucun ornement; elle est portée sur le nu des murs. Des contre-forts soutiennent ces murs. Ceux qui datent de la première construction étaient décorés de couronnes plates recouvertes en cul-de-lampe. La tour placée à l'entrée opposée au chœur est de forme carrée. Le jour y circule par des fenêtres longues, étroites et terminées en cintre, avec moulures au-dessus et sur les côtés. Cette tour est surmontée d'une plate-forme; aux quatre angles sont placés quatre cylindres à pans coupés. Des colonnes ou piliers cylindriques supportent les voûtes de l'église; ces voûtes sont en plein cintre et en charpente. On remarque à la voûte de la nef principale des sculptures représentant *la Foi, l'Espérance* et *la Charité.* Les murailles sont couvertes de lambris. Le chœur a des stalles à paneaux avec fleurs sur les onglets. Quatre bas-reliefs décorent la chaire qui est d'un beau travail. Plusieurs pierres sépulcrales sur lesquelles sont représentés des hommes, des femmes et des ecclésiastiques, se voient çà et là sur le pavé de cet édifice. C'est, dit-on, la plus ancienne des paroisses actuelles de St-Omer. La chronique porte qu'en 1152 l'église de Saint-Denis devint la proie des flammes, par suite de l'incendie qui se manifesta à l'abbaye de Saint-Bertin, et qu'elle fut restaurée deux ans après par l'abbé Léon.

En 1705, la flèche pyramidale placée au-dessus de la tour tomba sur la voûte de la nef du milieu et la renversa jusqu'à l'entrée du chœur. Cet accident arriva par suite d'une tempête survenue le 31 décembre de la même année. La commotion que produisit cette chûte ébranla tellement les bas-côtés que celui du midi s'écroula entièrement; celui du nord tomba en partie. Il ne resta guère d'intact que le chœur et quelques parties voisines. La restauration de cet édifice commencée en 1706 ne fut terminée qu'en 1714 [1]. Le prince de Condé, le roi Charles X et le prince royal, ont visité cette église.

CVII. *Église de Tatinghem.* — Elle est sous l'invocation de St-Jacques-le-Majeur. Sa construction n'offre de remarquable à l'extérieur que les énormes briques qui lui servent de soubassement. La tour placée au bout de l'édifice est terminée par une flèche octogone en bois. Les fenêtres de cette tour, au nombre de quatre, sont en ogives, comme celles de la nef. Il n'existe à l'intérieur ni colonnes ni piliers. On remarque, entre deux fenêtres, du côté de l'évangile une statue de la *Sainte-Vierge* tenant sur ses genoux le Christ descendu de la croix. Le piédestal qui supporte la Vierge représente un bœuf; ce piédestal servait probablement autrefois de support à une statue de *St-Luc.* Du côté opposé, et aussi entre deux fenêtres, se trouve une statue de *St-Antoine* dont le piédestal offre un aigle; c'était sans doute le support d'un *St-Jean.* Chaque statue a un mètre cinquante centimètres environ de hauteur. Aux deux extrémités du chœur, du côté de la nef, on voit encore à gauche *Ste-Anne* tenant la vierge Marie entre ses bras et à droite *Ste-Catherine.* Ces statues sont peintes et ont le bord des vêtements dorés. La chaire est très-belle. Sur le devant on remarque la figure du *Bon-Pasteur*, puis, à droite et à gauche les bustes de *St-Jacques, St-Omer, St-Pierre* et *St-Bertin.* Cette chaire vient du faubourg de Sainte-Croix qui fut détruit lors du siège de Saint-Omer par les Français. On voit plusieurs pierres sépulcrales dans l'édifice. Quelques-unes sont en marbre; leurs inscriptions font connaître les noms des personnes à la mémoire desquelles on les plaça dans l'église. On pense que la construction est de 1655. A la ruine du faubourg de Sainte-Croix, il n'y avait, en effet, qu'une chapelle en ce lieu. On y joignit depuis un bâtiment qui servit de chœur. Cette espèce d'église, construite à la hâte, dura peu et l'on fut forcé de rebâtir sur le même plan l'édifice actuel. La paroisse de Sainte-Croix fut transférée à Tatinghem pour conserver, dit-

---

[1] Renseignements communiqués par M. l'abbé Chevalier, curé à Saint-Omer.

on, les priviléges du chapitre de la cathédrale de Saint-Omer et ceux de l'abbaye de Saint-Bertin dont les abbés nommaient à la cure de Langanesse, et le chapitre à la cure de Sainte-Croix. La tour et le chœur étaient entretenus par le chapitre; la nef par les religieux dominicains de Saint-Omer et les paroissiens.

Avant la Révolution on venait honorer St-Jacques dans cette église. Il s'y trouvait une confrérie du Sacré-Rosaire [1].

CVIII. *Église de Wismes.* — L'église de Wismes a en tête le chœur auquel viennent se rattacher trois nefs qui forment la partie appelée *la basse église*. Le chœur se termine au dehors en polygone. Sept fenêtres, de sept mètres environ de hauteur sur trois de largeur, éclairent ce morceau gothique, le plus beau, sans doute, du diocèse, pour une église de village. Chacune de ces fenêtres se laisse apercevoir entre deux contre-forts saillants d'un mètre et demi, s'élevant du sol jusqu'au toit. Vers le milieu de ces contre-forts sont ménagées des niches supportées par des culs-de-lampe à rosaces, destinés peut-être autrefois à recevoir les statues des Saints-Apôtres. Ces niches ont bien un mètre cinquante centimètres d'élévation. La base des murs du chœur est en cailloux (silex) parfaitement taillés. Le bas des contre-forts adhérents au chœur est de granit. Le reste de l'édifice, pour le chœur comme pour *la basse église*, est composé de pierres blanches taillées. La basse église, qui annonce par sa construction massive une époque fort reculée, n'a rien de régulier. La petite porte de l'édifice autrefois la porte *seigneuriale*, est moins remarquable. Un beau feuillage chargé de raisins, dans lequel on distingue des cerfs, des lièvres ou lapins, entoure cette porte; son cintre n'est pas ogival comme celui des fenêtres du chœur. Le clocher se trouve au bas de l'église. Il forme une tour octogone reposant sur trois énormes piliers. Au bas de la galerie ou balustrade règne un gros cordon composé de feuilles, de têtes d'hommes, de bœufs, de lions et d'autres quadrupèdes. Du haut de cette tour s'élance une flèche en pierre, dentelée et à jour, très-svelte et haute de vingt-quatre à vingt-cinq mètres. A l'intérieur, quelques colonnes octogones séparent la nef d'entrée de la nef principale. Trois arcades dont les énormes piliers carrés sont parallèles aux colonnes de la première nef forment la division qui existe entre les deux nefs; une petite dentelure règne aux quatre coins des colonnes faisant face à ces deux nefs. Cette dentelure forme le chapiteau. On distingue au fond du chœur, et dans des niches surmontées de magnifiques dais ou clochetons, les statues de *St.-André*, patron de la paroisse de *St.-Jean*, de la *Sainte-Vierge* et de *St.-Étienne*. Trente-neuf stalles, d'environ cinquante centimètres de largeur sur trois mètres de hauteur, sont ménagées dans l'intérieur du mur, tout autour du chœur; ces stalles se divisent en neuf compartiments dont les points de séparation forment de longues colonnes cannelées; les nervures de ces colonnes devaient servir de supports à l'ancienne voûte détruite lors des guerres qui

---

[1] Renseignements communiqués par M. l'abbé Terlatte, desservant de Tatingham.

désolèrent l'Artois. Chaque stalle se termine en ogive et se trouve couronnée par une magnifique dentelle à jour que surmonte un gros cordon où l'on voit des feuilles de vignes ou d'acanthe, des animaux fantastiques, des poissons, des jongleurs, etc. Dans l'une de ces stalles, placée près de l'autel, on remarque un beau feuillage à jour où des cerfs semblent se montrer. Ces sculptures gothiques sont vraiment admirables.

L'église de Wismes a pour premier patron *St.-André* et pour patron secondaire *St.-Maxime*. « La tradition constante, dit M. Labbé, est que ce dernier a fondé l'église de Wismes. Il vint comme évêque régionnaire évangéliser le pays au v.ᵉ siècle, et il mourut à Wismes après avoir élevé une chapelle ou un oratoire sous l'invocation de la Sainte-Vierge et de St.-André. Ses restes furent transportés de Wismes à Thérouanne, vers le x.ᵉ siècle, pour les soustraire à la fureur des Normands. On conserve à Wismes une relique de St.-Maxime, que l'on vient encore vénérer et qui était en grande réputation avant 89, quand St.-Maxime passait pour le patron du diocèse de Boulogne. La fête de ce saint, qui a lieu le vingt-sept novembre, attire à Wismes beaucoup de pèlerins. On l'invoque surtout contre les maux de tête. On voit à Wismes un puits miraculeux dit *de St-Maxime*; l'eau limpide et légère de ce puits jaillit avec abondance et fournit seule à tout le village. Notre église, continue M. Labbé, loin des villes et dans un pays de difficile accès, n'a jamais eu l'avantage d'être visitée par des rois ou des reines, des princes ou des princesses. Je me trompe, cependant, l'ancien château seigneurial qui était à la maison de Montmorency, certaines propriétés du voisinage appartenant aux princes de Croy, et plus encore la bataille de Renti livrée à six kilomètres de là, ont pu y diriger quelquefois d'illustres personnages [1] ».

CIX. *Église d'Avesnes-le-Comte* (arrondissement de St.-Pol). — Cette église, selon M. Harbaville, date du xvi.ᵉ siècle. Le soubassement des murs extérieurs est fait à compartiments de damier, partie en grès piqués, partie en petits cubes de silex taillés et assemblés. La porte principale, formée par un grand arc ogival qui prend naissance à l'extrémité des piliers de la tour, n'a rien de remarquable. Cette tour est percée latéralement par trois étages de fenêtres: au premier étage les fenêtres sont de forme ogivale ; au second étage elles deviennent circulaires ; au troisième elles sont géminées. La flèche primitive a été détruite par la foudre. Trois panneaux anciennement sculptés se trouvent entre les deux derniers étages. L'escalier est pratiqué dans une tourelle voisine. La porte qui conduit à cet escalier n'a guère plus d'un mètre de hauteur. On pense que le peu d'élévation de cette porte avait pour but de faciliter la défense des habitants qui, en cas de guerre, se retiraient dans la tour de l'église. A l'extérieur, cet édifice est ceint d'une litre ou bandeau noir. Au-dessus, on remarque l'écusson du duc de Levis, sur fond d'or à trois chevrons de sable. On lit cette devise sur le ruban : *aide Dieu, au se-*

---

[1] Renseignements communiqués par M. Labbé, desservant de Wismes.

cond *chrétien*, Levis. Dix piliers dont quatre sont engagés et six isolés existent à l'intérieur. Ces piliers composés de faisceaux de colonnettes ont été horriblement mutilés et sont maintenant de forme cylindrique. Les chapiteaux des colonnettes conservées, sont ornés de sculptures représentant à un pilier des personnages grotesques, à un autre une tête de mort ou de bœuf, plus loin des salamandres, etc. Les voûtes de l'église, en ogive, ont des nervures anguleuses qui les divisent en plusieurs travées. Ces nervures se terminent à leur point de jonction par cinq culs-de-lampe sur lesquels sont représentés *la naissance de J.-C.* et *l'Annonciation*, *l'ange Gabriel et St.-Michel*, *les quatre évangélistes* et *un chevalier le dos tourné vers la tête de son cheval*. Contre un des piliers de la nef principale se trouve un groupe représentant une scène de l'écriture-sainte. Le confessionnal de l'église d'Avesnes est fort beau; mais ce qui attire surtout les regards, c'est la tribune élégamment bâtie, placée au-dessous de l'arcade qui sépare l'église de la tour; les colonnes qui supportent cette tribune sont ornées de chapiteaux corinthiens d'une riche sculpture [1].

CX. *Église d'Érin.* — Le chœur de l'église d'Érin se termine en pans coupés; cet édifice a été reconstruit en grande partie, en 1777, aux frais des religieux de Blangy; mais la tour est plus ancienne. L'escalier par lequel on y monte est pratiqué dans une tourelle qui tient à la face septentrionale. L'église d'Érin est sous l'invocation de *Ste-Marie Madelaine*. L'intérieur n'a qu'une seule nef. Il n'y a ni piliers, ni colonnes pour soutenir la voûte. Dans une chapelle particulière, attenante au chœur, se trouve un caveau qui a servi jusqu'à ces derniers temps à la sépulture de plusieurs membres de l'illustre maison de Créquy. On y voit les débris d'un mausolée détruit à la Révolution et les épitaphes suivantes:

Première Épitaphe.

R ien je ne puis cy bas encor moins ma noblesse
O sang des preux Créquy où est ta gentillesse
L a parque me a ravy par trop subitement
A lors que je sentois l'ardeur de ma jeunesse.
N e me réputois moins en vœul et en hardiesse
D e figurer Roland en mes jours pleinement.

D élaissant mon bon père en triste pensement
E t en très grand ennuy pour parfaire sa lame
C royez que moy vivant à icelluy sans blasme
R essemblois en toutz faictz et de ses quatre enfans
E stais le moindre alors eagé de quatorze ans
Q uand Atropos m'occist ô viateur terrestre
V oeulle Jésus prier qu'au règne des vivans
Y e puisse avoir repos et en tout plaisir estre.

[1] Renseignements communiqués par M. l'abbé Bernard, curé-doyen d'Avesnes-le-Comte.

L'an mil cincq cens soixante-noeuf
Par ung jour de la Magdelaine
Je estrinay ce tombeau tout noeuf
Par une mort bien fort soudaine.

Cette épitaphe de Roland de Créquy, en forme d'acrostiche, est surmontée de la représentation d'un jeune homme à genoux, devant un prie-Dieu, couvert d'une armure et la tête nue. On voit au-dessus l'écusson de la maison de Créquy; à droite et à gauche sont placés sur deux lignes huit autres écussons :

1. *Créquy.* 2. *Inchy.* 3. *Mansel.* 4. *Becquincourt.*
5. *Vroilant* 6. *Doulieu. artois.* 7. *Morbecque.* 8. *Doulieu flandre.*

Le P. Anselme, parle de la mort de de Roland de Créquy.

Deuxième Épitaphe.

Siste Viator.
Tumulum hunc foris inspice
Sub eo cineres intus conspice:
Et hos ex multis lugens agnosce
Excelsi ac potentissimi domini D. Balthazaris Josephi
De Croy, marchionis de Mollembais, baronis de
Seel domini D. Anseroeul, de la Trinite d'Azevant
Priscorum hic ille Croycorum non mimis virtutis
Hæres quàm sanguinis fuit.
Majorum decora semper æmulari studuit.
Sua non minora fecit.
Sub carolo 2.º, hispaniarum rege, legioni
Magnâ comme gloriâ præfuit.
Nobilitate multos et si præcelluerit,
Urbanitate semper dominus devicit.
Beneficiis omnibus nemini nocuit.
Vitam ità pretiosam mors invida finivit:
Gloriam non extinxit.
Obiit 6.ª Januarii 1705, ætatis suæ 60.
Nec tamen totus interiit
Imo mortuus vivit, inter vivos.
Et nemo novit vivum qui non luxerit mortuum
Vivit tandem et semper vivet apud potentissimam
Uxorem suam DD. Mariam Philippam Annam
De Créquy, quæ bene merenti mœrens hoc suæ
Pietatis monumentum apponi curavit, donec ea
Quæ uno arserant igne corda, unus idem
Fiant cinis et quæ simul junxerat amor in
Vitâ, non sinat in morte separari.

Sub eodem latet:

*Nobilis ac potentissima D. Domina Maria Philippa
Anna de Créquy, vice comitissa de Vroillant
Baronissa d'Erin et de Houlle ;
Domina de Teneur, de Maisnil, d'Anvin,
De Zelthun, de Nortox, etc.,
Obiit die 6.ª Martii, 1723,
OEtatis suæ, 68.*
Requiescant in pace.

L'épitaphe précédente était accompagnée des armoiries des 16 quartiers du mari et des 16 quartiers de la femme ; ces armoiries ont été brisées pendant la Révolution. Avant cette époque il existait un pèlerinage à St-Liévin. On conservait des reliques de ce saint renfermées dans un reliquaire d'argent qui disparut alors. L'un des petits autels de l'église d'Erin est encore sous l'invocation de St-Liévin.

Le bienheureux Bénoit Labre, mort à Rome vers la fin du siècle dernier, a passé une partie de sa jeunesse dans la paroisse d'Erin dont un de ses oncles était curé. Une chapelle a été érigée sur l'emplacement de la chambre qu'il occupait au presbytère ; on trouve dans les registres de l'église beaucoup d'actes qu'il a signés comme témoin [1].

CXI. *Église de Grand Rullecourt.* — St-Léger est le patron de cette église qui n'offre rien de bien curieux pour l'archéologie ; mais ses registres renferment des notes fort intéressantes pour l'histoire de la contrée. On remarque celle-ci dans les registres de 1636 : *Tempus belli fuit declaratum in hâc patriâ circâ finem mensis julii 1635 ; die verò quintâ maii 1636, fuerunt combustæ 80 domus in pago Rullecourt à Francis et paulò post tota turris fuit funditùs eversa, sed ecclesia remansit incombusta.*

Dans le registre aux décès de 1710, on voit de longs détails sur le campement de l'armée du maréchal de Villars autour de Rullecourt, et la relation d'une peste ou maladie contagieuse qui enleva en un an 167 personnes de la paroisse [2].

CXII. *Église de Pernes.* — Cette église a trois nefs et forme la croix. La tour est placée entre le chœur et la basse-église ; elle se termine en cône. L'escalier est en dehors contre le mur latéral de l'église. Ses fenêtres en ogive surmontées de trèfles étaient, autrefois, décorées de vitraux peints représentant diverses figures. Une galerie entourait aussi la flèche. La corniche offre plusieurs têtes saillantes. Le grand portail est orné de feuillages environné de petites colonnes avec chapiteaux sculptés. Un portique enrichi de statues et de bustes se trouvait jadis en dehors de la porte latérale qui est au midi. On a eu la maladresse de détruire en partie ce curieux portique. Les contre-forts qui

---

[1] Renseignements communiqués par M. l'abbé Vignacourt, desservant à Erin.

[2] Id. par M. le desservant de Grand-Rullecourt.

environnent le chœur sont chargés de sculptures. Au-dessous de la tour, dans l'intérieur de l'église, il y a deux rangs de colonnes cylindriques. Leurs chapiteaux soutiennent les murs qui s'élèvent au-dessus. Sous ces chapiteaux règne une corniche ou frise dont les sculptures assez grossières offrent ici des branches de vigne, là des têtes d'hommes entourées de guirlandes et de la bouche desquels sortent de larges feuilles de diverses plantes. Dans le mur de la même tour, du côté du midi, Ou voit un très-beau sépulcre en pierre qui a essuyé plusieurs mutilations. Les bas-reliefs voisins n'ont pas été plus ménagés. Toutes les têtes des personnages sont brisées. Au-dessous des groupes se trouve l'inscription suivante : *chy devant gist Jehan Belliers, marchant et bourgeois de ceste ville, lequel en son vivant fit moult de biens à ceste église et trespassa l'an mil quatre cens treze, le onzième jour de march; pries Dieu pour son âme et Perotte le Maire femme de Jehan Belliers, échopier.*

A la grande voûte de la nef était un plancher peint en forme de ciel étoilé. Les voûtes du chœur et celles des chapelles latérales sont cintrées. Les arêtes saillantes et anguleuses de ces voûtes se terminent par des rosaces ; sur l'une est le *monogramme de J. C.* sur d'autres on remarque des *Agnus Dei*, etc.

On trouve dans l'église de Pernes cinq ou six dalles de pierre et de marbre. Une de ces dalles placée dans le chœur est aux armes de la ville. On y lit le mot *Pernes*.

Une autre dalle posée dans une chapelle latérale est ornée d'un écusson en relief ; et offre une inscription ainsi conçue :

A̅D̅R̅I̅E̅ *mil jonsnets Camer*
Signeur du grand mares fust
Ici inhumé le jour des Rois
L'an 1622. Pries Dieu pour le
Repos de son âme.

L'origine de l'église de Pernes paraît remonter au XI.ᵉ siècle. Les uns croient qu'elle a été bâtie par les Espagnols, les autres par les comtes de Saint-Pol, ce qui est plus probable. Des reconstructions ont eu lieu aux bas-côtés et à une chapelle du côté du midi. Au-dessus d'une arcade de ce même côté, on voit sur une pierre sculptée le millésime de 1665.

Aubert Le Mire et Malbrancq ont publié une charte donnée à Thérouanne le 5 des calendes de juin 1065, par laquelle l'évêque Drogon accepte, pour la cathédrale, l'église de Pernes, ses appendances et dépendances, un bonnier de terre dans la même ville et une demi-charrue, aussi de terre, en francalleu [1].

P. Roger.   H. Dusevel.

[1] Renseignements communiqués par M. l'abbé Decroix, curé-doyen de Pernes.

COUP-D'ŒIL

SUR

LA RÉDACTION DES COUTUMES, L'ADMINISTRATION DE LA POLICE ET DE LA JUSTICE DANS QUELQUES COMMUNES DE L'ARTOIS.

..... En Artois, au XVI.ᵉ siècle, *la rédaction des coutumes locales* eut souvent lieu au cabaret; c'est un fait qui résulte des archives de bien des communes et sur lequel la plupart des historiens ont gardé jusqu'à présent le silence. Dans quelques lieux les coutumes étaient si variées, si nombreuses, qu'on avait été obligé de statuer que le maire et les échevins auraient seuls le droit d'exercer la police sur les sujets de tous les seigneurs, à l'exclusion des officiers de ces derniers. Il en était ainsi à *Aubigni* dont les habitants, quoique peu nombreux, relevaient de *quinze seigneurs différents* et où une seule maison était tenue de quatre seigneuries à la fois !

Les anciens *règlements pour la police* présentent presque tous un véritable intérêt : le seigneur d'*Auxi* avait prescrit aux boulangers d'être toujours pourvus convenablement de pain pour le service du peuple, à peine de X sols d'amende; en retour, ces boulangers jouissaient d'un droit assez exhorbitant : ils pouvaient prendre ceux des habitants qui achetaient au-dehors du pain valant plus de quatre oboles, soit un jour de marché, soit un autre jour, et emporter ce pain pour le présenter à la justice qui, sur leur rapport, leur en accordait le tiers. Tous les ouvriers étaient obligés de comparaître devant les officiers du seigneur, le 1.ᵉʳ janvier, (époque à laquelle se faisait l'élection des *Eswars* ou *gardes des métiers*,) de jurer devant eux qu'ils entretiendraient les ordonnances de la ville et dénonceraient à la justice ceux qui pourraient y contrevenir. La crainte du feu avait fait interdire aux hôteliers d'avoir au-dessus de leurs écuries ou étables, des fagots, de la paille, du foin et autres objets faciles à enflammer. Au village de *Habarcq*, il fallait que les cheminées fussent plus hautes au moins de deux pieds que le faîte des maisons et les lits placés à plus de dix pieds de l'âtre du foyer.

L'administration de la justice mérite surtout d'être étudiée avec soin : en général les hommes de fiefs ne pouvaient rendre, en Artois, une sentence hors de la banlieue de la seigneurie, sans la permission du seigneur ; ceux d'entre eux qui se trouvaient au service du Roi étaient exempts d'assister aux plaids, pendant la guerre. La même exemption avait lieu pour les hommes qui se récusaient ; mais ils devaient se faire représenter, en pareils cas, par des fondés de pouvoir. Le possesseur de la seigneurie de *Givenchy-le-Noble*, n'ayant pas d'*hommes servans*, pouvait prendre, au besoin, quelques-uns de ses pairs ou compagnons, *hommes de fiefs* de Berlette, pour juger les procès de sa seigneurie. Les plaids se tenaient à Auxi dans la *Maison-de-Ville*, à Aubigni dans la *Halle*, à Habarcq sur *la Place*, en d'autres lieux près d'*un Bois*.

On attendait ordinairement à *Lens* jusqu'à l'*étoile*

levée pour donner défaut, contre le défendeur qui ne se présentait pas. Quiconque injuriait les juges dans cette petite ville, à l'occasion de leur office, était puni de prison ou condamné à faire un voyage lointain.

Les gages des officiers de justice n'étaient pas fort importants : ceux du prévôt de Lens consistaient seulement dans la jouissance des *fossés du vieux château d'Herchies;* mais alors les magistrats ne se faisaient pas scrupule de recevoir des présents. On leur offrait ordinairement de la vénaison, des jambons de Mayence ou des fromages de Béthune.

Un grand appareil présidait à la tenue des *franches vérités*, espèce de confessions *juridiques* auxquelles nul vassal n'eût osé manquer car il craignait l'amende qu'infligeait le seigneur ou pouvait être soupçonné de quelque méfait.

Les procédures criminelles donnaient lieu à des formalités et à des *confrontations* sans fin. Souvent les hommes de fief, chargés de l'instruction, étaient ruinés quand les condamnés ne possédaient pas des biens suffisants pour payer les frais. Les procès civils produisaient des inconvénients non moins graves, par leur longueur; un compte de l'an 1567 nous apprend que les habitants d'un village en soutenaient alors un qui durait depuis plus de 50 *ans!* En matière criminelle, on pouvait obtenir sa liberté provisoire en donnant caution. En ce cas, la caution devait s'obliger à ramener le prisonnier au plus prochain plaid, à peine de payer une somme qui s'élevait quelquefois jusqu'à 60 carolins d'or. Plusieurs seigneurs avaient droit de confiscation sur leurs vassaux; mais ils n'en usaient pas toujours avec rigueur. Quelquefois, ils consentaient à remettre les biens du coupable à sa famille, par forme d'*arrentement*, c'est-à-dire moyennant une rente qu'on s'obligeait à leur payer. En 1547, Gilles de Lens, seigneur d'Habarcq, ayant pitié des six petits enfants d'un nommé Pierre Lelong, condamné à la flétrissure et au bannissement hors du comté d'Artois, fit remise à ces enfants de tous les biens qui lui appartenaient par droit de confiscation, comme seigneur haut-justicier, à condition de lui fournir chaque année un *rossignol de fin argent*, pesant une once, le jour où l'on donnait le rossignol à Aubigny.

Une fois la condamnation prononcée, la justice venait ordinairement au secours du coupable. A Auxi, on donnait à celui qui était condamné au bannissement un *pain*, une *pinte de vin* et un *fagot*, au moment où on le conduisait hors des limites de la seigneurie. Dans le même bourg, avant de mettre à exécution une condamnation à mort, on demandait l'avis des avocats et des procureurs les plus renommés de la province, pour savoir si la sentence était juste et conforme à la loi. En cas d'affirmative, on procurait d'abord un confesseur au patient, puis on le menait au supplice avec une sorte d'éclat : les sergents de la seigneurie, revêtus de leurs cottes blasonnées, marchaient en tête du sinistre cortège; venaient ensuite le bailli, son lieutenant, les hommes liges, le greffier, et le peuple qui fermait la marche. Arrivés près des *fourches patibulaires* à *quatre piliers*, que le seigneur d'Auxi avait droit de faire planter à côté du *bois du Parc*, la sentence était lue au condamné, le confesseur recevait l'aveu de ses fautes et aussitôt après, il était mis à mort, devant la foule accourue de tous côtés pour assister à ce sanglant spectacle. Le bourreau ayant rempli son devoir, les officiers de justice se rendaient à la taverne voisine et s'y faisaient servir un repas copieux, pour dissiper sans doute les impressions douloureuses que leur avait causé la mise à mort de leur semblable.

(Extrait de l'*Histoire* inédite *du château de Lucheu* et de *ses archives*, par M. H. Dusevel.)

LETTRES-PATENTES PORTANT ÉRECTION EN COMTÉ, SOUS LE NOM DE BRANDT, DES TERRES ET SEIGNEURIES DE GALAMETZ, DE MARCONNE, DU QUINT, D'ORVILLE ET D'AMPLIER, EN FAVEUR D'ALEXANDRE-FRANÇOIS-IGNACE DE BRANDT.

Louis par la grâce de Dieu, roi de France et de Navarre, à tous présens et à venir salut. Notre très-cher et bien amé Alexandre-François-Ignace de Brandt nous a fait exposer qu'en considération tant de ses services dans les dernières campagnes de Flandre et de ceux que ses ancêtres ont pareillement rendu aux roys nos prédécesseurs ensemble des places distinguées qu'ils ont occupées et de l'ancienneté de sa noblesse tellement reconnue en Artois qu'il a toujours été appelé, a eu entrée et séance dans toutes les assemblées générales et particulières des nobles convoqués pour tenir les états de la province, il désirerait d'avoir quelque degré d'illustration et obtenir de nous l'érection en comté, sous le nom de Brandt, des terres et seigneuries de Galametz, de Marconne et du fief du Quint, d'Orville et d'Amplier à luy appartenans et scitués en Artois, avec permission de prendre le titre de comte et de le transmettre à sa postérité mâle, ce qui le mettrait en situation de soutenir encore plus dignement son origine, les alliances de ses auteurs avec les premières familles de la province, et ses descendants en état d'en contracter de nouvelles qui ne leur seraient point inférieures ; et étant informé que le sieur de Brandt est issu d'une famille noble anciennement établie en Artois, qui s'y est rendue recommandable autant par ses services et ses emplois que par ses alliances. Qu'il est fils de Louis-François de Brandt, maire de la ville d'Aire, place qui ne se donne qu'à des gentils-hommes et qu'ont aussi remplis Philippe et François de Brandt ses ayeux, que sa mère Marie Agnès-Françoise Ptolomey estait fille de Paul-Gabriel-Marie comte Ptolomey de la noble famille de Ptolomey de Fiennes alliée à ce qu'il y a de plus illustre en Italie, mariage qui a prouvé à son père et à luy même de la part de notre Saint-Père le Pape les titres de comte palatin patrice romain et de chevalier de l'Eperon-d'Or, que le sieur de Brandt a fait la plupart des dernières campagnes de Flandre s'est distingué à la bataille de Lauweld et' dans les autres où il a été employé comme cornette en notre régiment-Cravatte dans lequel il a servi jusqu'à la réforme; que d'autres de Brandt se sont comportés avec distinction dans les armées, surtout Charles de Brandt nommé en 1666 capitaine de soixante hommes d'armes sous les ordres du sieur duc d'Havré et qui a rempli ce poste jusqu'à sa mort; qu'ils sont alliés aux Salpervick, marquis de Grigny; aux Fléchin, marquis de Wamin; aux Lejosne-Contay, marquis de la Ferté-Levecque; aux Raulin de Belval et à plusieurs autres anciennes familles de l'Artois. Nous avons créé, érigé et par ces présentes signées de notre main, créons, érigeons en titre et dignité de comté sous le nom de Brandt les terres et seigneuries de Galametz, de Marconne, ensemble le fief du Quint, d'Orville et d'Amplier, situées en Artois, pour en jouir à perpétuité par ledit sieur de Brandt et l'aîné de ses descendans mâles en légitime mariage, seigneur desdites terres et fiefs, audit titre nom et dignité de comté de Brandt. Voulons et nous plait qu'ils puissent se dire, nommer et qualifier comtes de Brandt tant en jugemens que dehors et en tous actes et qu'en cette qualité ils puissent en porter la couronne sur leurs armes..... Car tel est notre plaisir et afin que ce soit chose ferme et stable à toujours nous avons fait mettre notre scel à ces présentes. Donné à Versailles au mois de mars l'an de grâce 1750 et de notre règne le 34.^e

LOUIS.

(21.e *Registre aux Commissions*, 1.re *section, page* 427 *v.*°)

NOTICES
SUR QUELQUES FAMILLES
D'ANCIENNE NOBLESSE ÉTABLIES
EN PICARDIE OU EN ARTOIS.

IIe ARTICLE.

Aumale. Maison de Picardie divisée en plusieurs branches et illustrée par ses alliances comme par ses services militaires. Guillaume d'Aumale était porte-enseigne du roi Louis XII; Charles d'Aumale accompagna en Espagne, en qualité de gouverneur, le dauphin François et Charles d'Orléans, son frère, ôtages du traité de Madrid et fils de François Ier Charles d'Aumale, seigneur de Moreuil et de Liévin, devint lieutenant-général des armées du roi et commandeur de Saint-Louis. Il vivait en 1740. Son fils, Charles-François d'Aumale, fut colonel d'artillerie en 1756. Famille alliée à celles de Blocquel de Wismes, Hangest, Harzillemont, La Tour-d'Auvergne-Lauraguais, Pas de Feuquières, Pardieu, Polastron, Schomberg, Soissons-Moreuil, Villiers de L'Isle-Adam, etc. Les d'Aumale portent *d'argent, à la bande de gueules chargée de trois besants d'or.*

BIENCOURT. Maison d'ancienne chevalerie connue en Picardie dès le xi.ᵉ siècle. Elle a possédé jusqu'au milieu du xvi.ᵉ la terre de Biencourt en Ponthieu dont elle porte le nom. La Morlière a avancé que la famille de Biencourt descend des anciens sires de Rambures; Du Chêne n'en dit rien dans la généalogie de cette dernière maison. Dom Villevieille, savant bénédictin de la congrégation de Saint-Maur, fait descendre les Biencourt des sires de La Ferté Saint-Riquier, sortis eux-mêmes des comtes de Ponthieu de la première race. Quoiqu'il en soit, les preuves authentiques recueillies par Chérin en 1785 donnent à la maison de Biencourt une filiation certaine depuis Ancel ou Anselme de Biencourt qui vivait en 1140. Elinand, son frère, et plusieurs de leurs descendants furent, au xii.ᵉ siècle, les bienfaiteurs de l'abbaye de Séryaux-Prés (*Cartulaires de l'abbaye. Archives départementales de la Somme.*) La famille de Biencourt a eu des services militaires continuels. Son nom et ses armes figurent dans la salle des croisades du musée de Versailles, Haimfroy de Biencourt étant du nombre des chevaliers de Picardie qui suivirent Philippe-Auguste dans la Terre-Sainte et qui se trouvèrent à la prise d'Acre en 1191. Jean de Biencourt figure parmi les chevaliers du Ponthieu qui combattirent à Mons-en-Puelle dans l'armée de Philippe-le-Bel. La maison de Biencourt a donné trois chevaliers de l'ordre de Saint-Michel, plusieurs officiers-généraux, un commandeur et beaucoup de chevaliers de Malte. Florimond de Biencourt, gouverneur d'Aumale et bailli du Vermandois, fut ambassadeur de François I.ᵉʳ à la cour de Charles-Quint. Louis de Biencourt, page du roi Henri II, se trouva à la bataille de Dreux le 20 décembre 1562; Charles de Biencourt fut tué à la bataille de Montcontour le 28 décembre 1569; Jacques de Biencourt se distingua à la bataille de Saint-Denis et au siège de La Rochelle. Jeanne de Biencourt était demoiselle d'honneur de la reine Marie Stuart. La maison de Biencourt est aujourd'hui représentée par M. le marquis de Biencourt. Alliances avec les Belloy, Béthisy, Chauvelin, Créquy, Montmorency, Orléans-Rothelin, Rohan-Chabot, Villemor, etc. Armes: *de sable, au lion d'argent, couronné, armé et lampassé d'or.*

BRACQUEMONT. Cette maison eut pour tige Renaud, seigneur de Bracquemont, terre du vicomté d'Arques en Normandie. Les Bracquemont se fixèrent en Picardie dans les dernières années du xiv.ᵉ siècle. En 1396, Marie de Bracquemont épousa Louis d'Argies, seigneur de Béthencourt-sur-Somme et de Framerville; Marguerite de Bracquemont, sa sœur, fut mariée en 1404 à Jean Tyrel, sire de Poix. Guillaume de Bracquemont était seigneur de Camprémy en Santerre, en 1414. Alliances avec les maisons d'Argies, Harcourt, La Marck, Poix, etc. La maison de Bracquemont porte *de gueules, à huit losanges mis en croix.*

CALONNE. Maison d'origine artésienne habituée depuis plusieurs siècles dans le Boulonnais. La baronnie de Courtebonne, au comté de Guînes, avait été érigée en marquisat en 1671 en faveur des aînés de cette maison. Jean de Calonne fut gouverneur du fort d'Alquin et de l'abbaye de Licques en Boulonnais, sous les règnes de Charles V et Charles VI. Louis-Jacques de Calonne, marquis de Courtebonne, était gouverneur d'Hesdin en 1695. Cette maison a fait ses preuves pour les honneurs de la cour en 1769; elle a fourni des officiers-généraux et des dignitaires de l'ordre de Malte. Alliée aux familles de Bournonville, Chaulnes, Humières, la Tour Saint-Quentin, etc. Armes: *d'argent, à l'aigle éployée de sable, becquée et membrée de gueules.*

CAULAINCOURT. L'une des plus anciennes et des plus illustres familles de Picardie. Il en est peu qui comme elle pourraient s'énorgueillir à la fois des palmes saintes du croisé et des lauriers de l'époque impériale. Raoul de Caulaincourt, chevalier du Vermandois, vivait vers 1060. Il fit une donation à l'abbaye de Sainte-Marie de Vauclair, aux termes d'une charte dont nous avons vu l'original. Baudouin de Caulaincourt, fils de Raoul et bouteiller du Vermandois, confirma la donation de son père en 1150. Après la mort de Baudouin, les sires de Caulaincourt s'allièrent aux Coucy et prirent part aux guerres saintes. Une charte des croisades fait mention de Philippe de Caulaincourt. Les Caulaincourt figurent dans toutes les guerres du moyen-âge. Jean III de Caulaincourt servait sous le comte de Saint-Pol, connétable de France, pendant le xv.ᵉ siècle. Jean V de Caulaincourt, capitaine de 500 hommes de pied, s'illustra au siège de Saint-Quentin; Henri II voulant honorer sa conduite lui accorda par lettres-patentes du 17 novembre 1559 le droit de lever partout où il voudrait 1,000 tonneaux de vin et autres marchandises et *de les faire conduire aux Pays-Bas du roi d'Espagne.* La terre de Caulaincourt en Vermandois fut érigée en marquisat en 1714 pour François-Armand de Caulaincourt. Marc-Louis de Caulaincourt, marquis de Caulaincourt, maréchal-de-camp des armées du roi et grand-bouteiller héréditaire de l'abbé de Saint-Denis, fit les grandes guerres du règne de Louis XV. Gabriel-Louis, marquis de Caulaincourt, colonel du régiment de Rohan-Soubise en 1781, et plus tard lieutenant-général, fut le père d'Armand-Augustin-Louis de Caulaincourt, duc de Vicence, lieutenant-général, sénateur, ambassadeur, ministre des affaires étrangères, plénipotentiaire à trois congrès, mort en 1827. Son fils M. Armand-Adrien, duc de Vicence, est aujourd'hui le chef de nom et d'armes de sa maison. Alliances avec les familles d'Ailly, Azincourt, Béthune, Carbonnel de Canisy, Coucy, Du Biez, Estourmel, Hangest, Hervilly, La Chaussée d'Eu, Lameth, Mailly, Mornay-Monchevreuil, etc. Armes: *de sable, au chef d'or.*

CHAMBLY. Maison d'une antique origine. Elle était en possession dès le xi.ᵉ siècle de la seigneurie et du château de Chambly, ancienne demeure royale située en Beauvoisis. La maison de Chambly rendit de grands services dans nos guerres; plusieurs sires de Chambly s'illustrèrent dans les croisades; Pierre de Chambly combattait près de Saint-Louis à la bataille de Taillebourg; un autre sire de Chambly fut tué à côté du roi Jean à la bataille de Poitiers.

En 1412, Jean de Chambly faisait montre à Châtillon-sur-Loing pour treize écuyers. Les Chambly remplirent aussi d'importantes charges à la cour et s'élevèrent à de hautes dignités dans l'église. Adam de Chambly, l'un des exécuteurs testamentaires de la reine Blanche, était évêque de Senlis en 1227; Gautier de Chambly gouvernait le même diocèse en 1287. Pierre de Chambly fut grand-chambellan de Philippe-le-Bel et l'un des négociateurs de la paix entre la France et l'Angleterre, après la bataille de Courtrai; Jean de Chambly dit *le Hoze*, était maître-d'hôtel de Charles-le-Sage; l'abbé de Fécamp et lui furent chargés par ce prince d'aller recevoir le pape Urbain V (*Tit. de la Bib. Royale.*) Charles de Chambly figure parmi les chevaliers désignés dans le conseil de Charles VI pour accompagner en Angleterre madame Isabeau de France, fille du roi, mariée à Richard II. Pierre de Chambly, dit *le Jeune*, contracta une illustre alliance en épousant Isabeau de Bourgogne, veuve de l'empereur Rodolphe de Hapsbourg. La maison de Chambly s'éteignit dans le xviii.e siècle; mais le mariage de la dernière des Chambly a fait revivre ce nom illustre en le portant dans la famille des La-Tour-du-Pin. En 1741, Jacqueline-Louise de Chambly, unique héritière de sa maison, épousa René-François-André comte de La-Tour-du-Pin, vicomte de la Charce, brigadier des armées du roi et colonel du régiment Bourbon-Infanterie, avec l'obligation de faire porter au fils qui naîtrait de leur union le nom et les armes des Chambly. M. le comte René-Amable-Louis de La-Tour-du-Pin-Chambly et M. le vicomte Alexandre-Louis-Henri de La-Tour-du-Pin-Chambly sont les représentants actuels de cette noble famille. Alliances avec les maisons de Caulaincourt, Colan, Anglebermer, Ravenel, Roucy, Le Coigneux, etc. Les premières armes des Chambly étaient *de gueules à trois coquilles d'or posées 2 et 1*; le sceau de ces armes existe encore sur seize titres de la Bibliothèque Royale. Les Chambly adoptèrent plus tard, mais bien avant la recherche de 1668 et pour perpétuer le souvenir des croisades et du mariage d'un Chambly avec Isabeau de Bourgogne, l'écu *d'argent à la croix dentelée d'azur, chargée de cinq fleurs de lis d'or, le premier canton chargé des anciennes armes c'est-à-dire d'un écu de gueules à trois coquilles d'or posées 2 et 1.*

Cossette. Famille ancienne, originaire de Picardie où elle est connue depuis le xiv.e siècle. En 1468, Pierre Cossette servait sous le bâtard de Bourgogne en qualité d'homme d'armes des ordonnances du roi. Claude de Cossette, gentilhomme-servant du duc d'Alençon, se fit remarquer dans les guerres des Pays-Bas à la fin du xvi.e siècle. Il a laissé sur ces guerres des mémoires manuscrits dont La Croix du Maine parle avec éloges. Henri de Cossette, député de son bailliage aux états, fut nommé par Henri IV capitaine du château d'Harcourt en 1593. François de Cossette, lieutenant du roi au gouvernement de Montreuil, devint maréchal-de-camp des armées du roi en 1655. Ses descendants comptent aussi d'honorables services dans la carrière des armes. La maison de Cossette s'est alliée à celles d'Amerval, Boffles, Crèvecœur, Du Blaisel, Le Ver, etc. Armes: *d'or, à la croix échiquetée de gueules et de sable de deux tires.*

Du Blaisel. Ancienne famille établie en Boulonnais avant la bataille de

Crécy. Daniel Du Blaisel mourut dans cette journée; un autre Du Blaisel périt à Azincourt (*Lettres de Louis XVI concédant aux Du Blaisel le titre et les armes de marquis.* 1770.) Un Du Blaisel, en possession de la baronnie de Liane, épousa vers 1450 Marie de Bournonville, comme l'établissent les preuves de cour faites en 1771 et 1788 au cabinet des ordres du roi. Barthélemy Du Blaisel était en 1653 maître-d'hôtel du roi et maréchal de bataille de ses armées; Antoine Du Blaisel, baron de Liane et d'Holincton, fut capitaine des gardes du duc de Verneuil en 1679; son frère, Gilles Du Blaisel, commandant un bataillon du régiment royal de marine, devint gentilhomme ordinaire de la princesse douairière de Conty. Famille alliée aux maisons de Bournonville, Cantacuzène, Des Essars, Louvignies, Poix, Poucques, Riencourt, etc. Armes: *écartelé aux 1 et 4 d'hermine à six fusées de gueules, rangées en fasce; aux 2 et 3 d'or à trois bandes d'azur.*

Du Passage. La famille Du Passage, originaire du duché de Clèves, s'établit en France en 1440 lorsque Jacques Du Passage y suivit en qualité de page la princesse Marie de Clèves, mariée à Charles d'Orléans, père de Louis XII. Jacques Du Passage mourut gentilhomme de l'hôtel du roi; son mariage avec Gilles de Vaux lui apporta les seigneuries de Sinceny et d'Autreville en Picardie qui passèrent à ses descendants. La famille Du Passage a fait ses preuves de noblesse devant l'intendant de la généralité de Soissons; une suite non interrompue de services dans nos armées et une possession constante pendant près de quatre cents ans de seigneuries situées en Picardie lui ont acquis un rang honorable dans l'ancienne noblesse de la province. Elle a fourni deux gentilshommes ordinaires de la maison du roi, des chevaliers de l'ordre de Saint-Michel et de Saint-Jean de Jérusalem, un bailli de Coucy, un gouverneur de Chauny, un capitaine des chasses royales et beaucoup d'officiers supérieurs. Alliances avec les maisons de Boubers, Flavigny, Folleville, Lamyré de Caumont, Silva, Valenglart, etc. La famille Du Passage compte encore des représentants en Picardie. Ses armes sont *de sable, à trois fasces ondées d'or.*

Du Tertre. Maison originaire du Boulonnais. Jean Du Tertre, 3.ᵉ du nom, épousa en 1388 Jeanne de Bournonville qui lui apporta la vicomté de Fiennes en dot. Guillaume Du Tertre, vicomte de Fiennes, devint capitaine de cinquante écuyers des ordonnances du roi. On cite comme l'un des plus vaillants chevaliers de son temps Centurion Du Tertre, gentilhomme de la chambre du roi, lieutenant de ses gardes, gouverneur de la ville de Gergeau. On trouve encore: Louis Du Tertre, député par l'assemblée de la noblesse du Boulonnais pour la réforme de la Coutume en 1550; Augustin Du Tertre, blessé aux batailles de Malplaquet et de Ramillies; François du Tertre, premier page de la petite écurie du roi, tué en 1758 à la bataille de Creveld; Alexandre, vicomte du Tertre, premier page de madame la comtesse de Provence, comte du Saint-Empire et maréchal-de-camp. La branche aîné a fait les preuves pour le chapitre noble de Maubeuge. Cette maison a aussi produit ses preuves pour l'ordre de Malte et compte encore des représentants en Artois. Alliances avec les Bournonville, Croix, Créquy, Couronnel, Flechin,

Ghistelles, La Pasture, Louvignies, Monchy, etc. Armes: *d'argent, à trois aigles éployées de gueules, becquées et membrées d'azur.*

FORCEVILLE, autrefois Forscheville. Famille d'ancienne chevalerie établie en Ponthieu et connue dans la province depuis le XIII.⁰ siècle. La seigneurie de Forceville était située dans le voisinage d'Oisemont; la branche cadette des Forceville prit le titre de vicomte de Merlimont. Les seigneurs de Forceville servirent avec distinction dans nos armées et plusieurs d'entre eux périrent sur les champs de bataille. Hugues, comte de Forceville, mourut dans un combat à Bonneval-sous-Chartres, pendant les guerres de la Ligue; Charles de Forceville, colonel du régiment de la marine, fut tué en 1640 au siége d'Arras. Sa sœur, l'une des plus riches héritières de Picardie, épousa le maréchal de Schulemburg. La maison de Forceville s'est alliée à celles de Cossart d'Espiès, Du Hamel, Riencourt, Schulemburg, etc. M. le comte de Forceville, chef de nom et d'armes de sa famille, porte comme ses ancêtres *de gueules, au sautoir d'argent accompagné de quatre merlettes de même.*

FRANSURES. Maison d'ancienne chevalerie, originaire du Santerre et dont les titres font mention dès le XII.⁰ siècle. Bergues de Fransures s'illustra dans les croisades; il est question de lui dans Ville-Hardouin. Jean de Fransures est mort en 1462 grand-prieur d'Aquitaine (ordre de Malte) et bailli de Morée. On trouve encore: Jacques de Fransures, capitaine de chevau-légers au régiment d'Hocquincourt en 1650; Louis-Roger de Fransures, son petit-fils, chef d'escadre, commandant pour le roi au Hâvre-de-Grâce, mort en 1775; Antoine de Fransures, son fils, premier-écuyer de la princesse de Bourbon; Antoine, comte de Fransures, page du prince de Condé, capitaine dans le régiment de dragons de ce prince en 1782. La maison de Fransures a été maintenue dans sa noblesse le 9 février 1540, le 10 août 1666 et le 18 mai 1716. Elle a pour chef de nom et d'armes M. Louis-Édouard-René, comte de Fransures, ancien officier aux cuirassiers de Condé. Alliances avec les maisons de Clermont, Goussencourt, Hangest, Haudicourt, Occoche, Saint-Martin, etc. Armes: *d'argent, à la fasce de gueules, chargée de trois besants d'or.*

GAUDECHART. Famille d'ancienne chevalerie, originaire du Beauvoisis où se trouve la terre de Gaudechart. Les titres font mention de Guillaume de Gaudechart qui suivit le comte de Soissons dans la troisième croisade. Il se trouva à la prise de Saint-Jean-d'Acre en 1191. Godefroi de Gaudechart portait bannière à Bouvines (Du Chesne.) A toutes les époques, la famille de Gaudechart servit avec distinction dans les armées royales. Perrinet de Gaudechart commandait une compagnie d'hommes d'armes en 1350 (*Titres de la Bibl. Roy.*) En 1635, M. de Gaudechart de Bachivillers, aîné de sa maison, commandait des régiments levés par la ville de Beauvais et dont les comptes sont conservés dans les archives du château de Lépine. Deux de ses fils devinrent lieutenants-généraux et grand'croix de Saint-Louis. L'un d'eux, marquis de Bachivillers, commandait la cavalerie de l'armée de Piémont sous les ordres de Catinat; le maréchal en par'e dans ses mémoires comme d'un officier du plus grand mérite. La terre de Querrieux, en Amiénois, fut érigée par Louis

XIV en marquisat, en 1652, pour récompenser les services de François de Gaudechart, maréchal-de-camp des armées du roi, et chef de la branche de Querrieux. Nicolas de Gaudechart était en 1710 trésorier de l'ordre de Malte et commandeur de Soissons. La famille de Gaudechart, admise aux honneurs de la cour en 1767, a ses armes placées dans les salles des croisades du musée de Versailles. La branche de l'Épine est aujourd'hui représentée par M. René-Ferdinand, marquis de Gaudechart; celle d'Émévillers par M. de Gaudechart (J.-B.); celle de Querrieux par M. le marquis de Querrieux, fils du marquis de Querrieux et de la princesse Clémentine de Rohan-Rochefort. Alliances avec les maisons de Boubers-Abbeville, Bouffiers, Combault-d'Auteuil, Des Courtils de Merlemont, Hangest, Mornay-Montchevreuil, Rohan-Rochefort, Sayeuse, Trie, etc. Armes: *d'argent, à neuf merlettes de gueules mises en orle.*

Gueuluy de Rumigny. Maison de Picardie, établie en Amiénois. Au mois de décembre 1577, le roi Henri III accorda des lettres de noblesse à Philippe de Gueuluy de Rumigny, écuyer, sieur de Villers-Bocage, « à cause, disent » ces lettres, des bons services qu'il a cy-devant faits à notre couronne et » qu'il continue de faire, et des bons moyens qu'il aura lui et les siens de les » continuer soit à la guerre ou ailleurs quand l'occasion s'en présentera. » Les descendants de Philippe Gueuluy de Rumigny ont réalisé, en bien servant l'État, les prévisions renfermées dans ces lettres-patentes; Pierre de Gueuluy, sieur de Rumigny, fut l'un des meilleurs officiers du régiment de Picardie; Maximilien de Gueuluy de Rumigny, son frère, était commissaire d'artillerie à vingt-quatre ans. Ils vivaient l'un et l'autre en 1699 (*Recherche de l'intendant Bignon.*) Cette maison est aujourd'hui représentée par M. le marquis de Rumigny, pair de France, ambassadeur de France en Belgique, et par M. le comte de Rumigny, son frère, lieutenant-général, aide-de-camp du roi. Alliances avec les familles de Famechon, Fleurton, Saisseval, Clairambault de Vandeuil, etc. Armes: *d'or, au chevron de gueules, accompagné en pointe d'un aigle d'azur onglé et becqué de gueules.*

Guillebon. Maison de Picardie qui a fait preuves de noblesse devant l'intendant Bignon depuis le 30 octobre 1528. Elle porta d'abord le nom de Le Toillier. Habitués en Amiénois, en Santerre et en Beauvoisis, les Guillebon ont fourni à nos armées des officiers de distinction. L'un d'eux, Antoine Le Toillier dit *Guillebon*, fut tué en 1562 à la bataille de Dreux. Un Guillebon de la branche de Wavignies était brigadier des gardes-du-corps du roi en 1726. La maison de Guillebon, divisée en plusieurs branches, compte encore de nombreux représentants en Picardie et en Artois. Leurs armes sont *d'azur, à une bande d'or, accompagnée de trois besants de même, deux en chef, un en pointe.*

Hervilly. Ancienne maison de Picardie dont le nom primitif était Le Cat. Elle portait *de gueules, à la tour d'argent.* Robert Le Cat comparut armé et monté à la convocation de l'arrière-ban de Picardie en 1337. Jean Le Cat, écuyer-échanson du roi, vivait en 1471. Artus Le Cat, seigneur de Beaumont, ayant épousé en 1501 Jeanne d'Hervilly, héritière de sa maison, en prit le nom et les armes. La famille d'Hervilly a servi avec distinction dans nos armées. Le comte Charles d'Hervilly commandait la garde constitutionnelle de Louis XVI et fut tué à Quiberon. Le chef de nom et d'armes de cette maison est aujourd'hui M. le comte d'Hervilly qui habite le château de Deniécourt-en-Santerre. Alliances avec les maisons d'Amerval, Kergorlay, Monchy, Sailly, etc. Armes: *de sable, semé de fleurs de lis d'or.*

La Fontaine-Solare. Ancienne maison de Picardie divisée en plusieurs branches. Le père Anselme en commence la généalogie à Jean de La Fontaine, écuyer-panetier du duc d'Orléans en 1472. Les recherches de M. de Bernage, intendant de Picardie, établissent que ce Jean de La Fontaine était de plus capitaine de Crépy. Artus de La Fontaine, baron d'Ognon en Valois, eut aussi le gouvernement de la ville de Crépy, devint grand-maître des cérémonies et fut ambassadeur à Constantinople et à Vienne pendant les règnes d'Henri II, François II, Charles IX et Henri III. Son fils, François de La Fontaine, s'étant rendu caution des dettes de Marie de Médicis lorsqu'elle sortit du royaume, vendit ses terres d'Ognon et de La Fontaine pour tenir ses engagements. Guillaume de La Fontaine, chevalier de Saint-Jean de Jérusalem et commandeur de Saint-Jean de Latran, fut tué en 1567 à la bataille de Saint-Denis. Les La Fontaine, comtes de Verton en Ponthieu, les La Fontaine, seigneurs de la Boissière, et les La Fontaine-Solare sont de cette maison. Alliances avec les Belloy, Boulainvilliers, Sesmaisons, Soyecourt, etc. Armes: *bandé d'or et d'azur de six pièces, les bandes d'or échiquetées de gueules de trois traits.* Devise: *Tel fiert* (blesse) *qui ne tue pas.*

La Myre. Ancienne maison de Picardie, originaire de Guienne. Elle était en possession de la baronnie d'Hangest et de Davenescourt en Santerre, et a fourni des officiers distingués à nos armées. Gabriel de La Myre commandait la ville et la citadelle de Pignerol en 1680; Antoine de La Myre, comte de La Mothe, était en 1710 lieutenant du roi au gouvernement de Péronne, Montdidier et Roye. Son fils, François-Melchior, comte de La Myre, fut lieutenant du roi en Picardie. André-Jérôme de La Myre est mort maréchal-de-camp. Cette famille compte encore des représentants en Picardie, en Normandie et à Paris. Alliances avec les maisons de Cardevac d'Havrincourt, Folleville, La Ferté, Runes, etc. Armes: *d'azur, à trois aiglettes au vol abaissé d'or, becquées, membrées et diadémées de gueules.*

Mornay-Montchevreuil. Maison originaire du Berry, établie en Beauvoisis depuis le xvi.ᵉ siècle par le mariage de Guillaume de Mornay avec Péronne Chenu, dame de Montchevreuil. La maison de Mornay occupa de grandes charges et eut d'illustres alliances. Elle a donné deux chanceliers de France: Pierre de Mornay, évêque d'Orléans, mort en 1306, et Étienne de Mornay, chancelier de Louis-le-Hutin, mort en 1332. La branche de Mornay-Montchevreuil a produit des officiers-généraux qui servirent avec distinction. Gaston-Jean-Baptiste de Mornay, comte de Montchevreuil, l'un des cinq grands-prieurs de l'ordre de Saint-Lazare, gouverneur d'Arras, lieutenant-général des armées, eut un bras cassé à la bataille de Senef et perdit l'autre à Maëstricht; Louis XIV le fit grand-croix de Saint-Louis. Le comte de Montchevreuil fut tué à la bataille de Nerwinde. Léonor de Mornay, marquis de Montchevreuil, dit le comte de Mornay, capitaine et gouverneur de Saint-Germain-en-Laye, devint aussi lieutenant-général. — René de Mornay, abbé d'Ourscamp et plus tard archevêque de Besançon, était en 1710 ambassadeur de France en Portugal. La branche des Mornay-Montchevreuil a fourni plusieurs chevaliers de Malte et s'est alliée aux maisons de Boucher d'Orsay, Des Essars, Lancy-Raray, Gaudechart, Manneville, Pracomtal, etc. Elle est aujourd'hui représentée par M. le marquis Jules de Mornay, député de l'Oise, et par M. le comte Charles de Mornay, ministre de France. Armes: *fascé de huit pièces, d'argent et de gueules au lion morné de sable, couronné d'or, brochant sur le tout.*

VALENGLART, Le Roy de Valenglart. Ancienne famille de Picardie dont la filiation noble est prouvée depuis 1375. Cette maison, en possession des titres de marquis de Valenglart et de comte de Barde, a fourni plusieurs chevaliers de Malte, des officiers de distinction à nos armées, un écuyer du duc d'Aumale en 1573, un gentilhomme ordinaire de la maison du duc de Guise en 1582, un mestre de camp de cavalerie, mort en 1794, etc. La maison Le Roy de Valenglart compte plusieurs représentants en Picardie et s'est alliée à celles de Cacheleu, Carpentin, Crévecœur, Du Passage, Runes, Sainte-Hermine, etc. Armes: *tiercé en fasces: au 1 d'or au lion léopardé de gueules; au 2 de sinople; au 3 d'hermine* [1].

P. ROGER.

JEANNE HACHETTE.

ENDANT le siège de Beauvais, quelques habitans, pour repousser les ennemis qui s'efforçoient d'achever de rompre les portes, s'avisèrent de leur jetter au visage, des fagots allumés et ils en jettèrent une si grande quantité que le feu prit; cela controignit

---

1 (*Extrait de Noblesse et Chevalerie du comté de Flandre, d'Artois et de Picardie*, publié par P. ROGER, sous-préfet de Ploërmel, membre de la Société des Antiquaires de Picardie.)

» les Bourguignons de se retirer en grand danger de
» leurs personnes, se voyant accablez non-seulement
» des traits que les assiégés tiroient sur eux mais aussy
» des grosses pierres, de l'eaü chaude, de l'huile bouïl-
» lante, du plomb fondu et des feux d'artifice que
» les femmes faisoient tomber de leurs costés sur leurs
» testes du hault des ramparts.

» Il y eut, entre les autres, une fille de la ville
» nommée Jeanne Laisné, ditte Fourquet[1], qui se
» distingua de toutes les personnes de son sexe et fut
» considérée comme une nouvelle amazone dans une
» occasion si dangereuse où elle fit paroître autant de
» piété que de courage, car ayant arraché un éten-
» dart des mains d'un Bourguignon et précipité dans
» le fossé cet ennemi qui le portoit, elle fit un hum-
» ble et religieux hommage de cette dépouille si glo-
» rieuse à l'honneur de Dieu et de la Ste-Vierge dans
» l'église des Jacobins où on le voit encore aujour-
» d'huy[2]; elle en receut sur l'heure les applaudisse-
» mens de tous les habitans de la ville qui furent
» extraordinairement animez par son exemple et dans
» la suitte la reconnaissance du roy même qui prit
» soin de la pourvoir et voulut l'affranchir elle et son
» mary de tailles et de toute autre imposition. Le
» sieur Mezeray qui, dans son histoire de France, la

---

[1] Le nom de Jeanne Hachette est célèbre. Il fut donné par Mézeray et par quelques autres historiens à Jeanne Laisné, surnommée *Fourquet*, fille de Mathieu Laisné de Beauvais.

[2] Cet étendard est encore à Beauvais. On y voit les armes de Charles-le-Téméraire, l'image de St.-Laurent, le mot *Burg*, abréviatif de *Burgundia*, et deux arquebuses croisées.

(1472)

DÉFENSE DE LA VILLE DE BEAUVAIS.

» nomme mal à propos Jeanne Hachette a escrit,
» sur de mauvais mémoires, que l'on voit encore
» l'effigie de cette femme dans l'Hôtel-de-Ville de
» Beauvais, tenant une épée à la main. Ce fait
» est inconnu à ceux du pays et les anciens maires
» de la ville, de qui on a pris soin de s'informer
» exactement, assurent qu'ils n'ont jamais vu ce pré-
» tendu monument que cet auteur a fait entrer dans
» son histoire. » (*Le siége de Beauvais par le duc de Bourgogne, dit le Téméraire*, manuscrit de la bibliothèque de M. Danjou, de Beauvais.)

CARTE HISTORIQUE
ET ECCLÉSIASTIQUE
DE LA PICARDIE ET DE L'ARTOIS,

PUBLIÉE SOUS LES AUSPICES

de M. le Marquis de CLERMONT-TONNERRE, membre du Conseil-général de la Somme,

de M. le comte D'ALLONVILLE, conseiller d'État, ancien Préfet de la Somme,

de M. le baron de HAUTECLOQUE, ancien maire d'Arras,

ET SOUS LA DIRECTION DE

M. P. ROGER,

Membre de la Société des Antiquaires de Picardie.

« Un grand nombre de cartes routières, administratives, topographiques, ont été partiellement publiées pour les départements de la *Somme*, de l'*Oise*, de l'*Aisne* et du *Pas-de-Calais* dont le territoire formait autrefois la Picardie et l'Artois. Il manquait une carte historique des deux provinces. Celle qui vient de paraître y a pourvu dans des conditions d'exécution que nous croyons supérieures à tout ce qu'on pouvait espérer.

» La combinaison des tirages rouge et noir a été heureusement appliquée à ce beau travail. L'emploi du rouge a servi à la partie ecclésiastique; les limites des anciens diocèses, l'emplacement des cent cinquante-quatre abbayes que la Picardie et l'Artois renfermaient, sont présentés avec une extrême clarté, se détachant de la partie historique gravée en couleur noire. Ces détails relatifs à l'ancienne délimitation des diocèses et aux abbayes rappellent les cartes du *Gallia Christiana* et d'autres travaux du même genre publiés dans les xvii.° et xviii.° siècles par les Bénédictins.

» La partie historique de la carte comprend les limites de l'Artois; de l'Amiénois; du Ponthieu; du Vermandois; du Boulonnais; du Calaisis; des pays de Guines et d'Ardres; du Santerre; du Beauvoisis; du Valois; du Noyonnais; de la Tiérache; du Laonnois et du Soissonnais. On y trouve l'emplacement de cinq cents châteaux-forts. Plus de trois cents de ces châteaux ont disparu du sol; mais les faits historiques auxquels leur existence se rattacha méritaient qu'un souvenir leur fût donné. L'emplacement des champs de bataille n'a point été oublié. On trouve, en parcourant la carte, les noms connus de Testry, Saucourt, Soissons, Crécy, Azincourt, Mons en Vimeu, Lens, Renty, Enguinegatte, Saint-Quentin.... tous ces noms ont été illustrés par de grandes batailles. Les siéges des duchés-pairies sont marqués avec exactitude; nous en dirons autant des camps romains, et M. Roger, sous la direction duquel la carte s'est exécutée, a été bien inspiré en faisant appel sur ce point aux lumières de M. le comte d'Allonville, ancien préfet de la Somme, dont les savants travaux sur les camps romains ont acquis une autorité incontestée. Les camps romains ont servi à répandre bien des erreurs; que de gens croient découvrir un *camp de César* là où quelques retranchements, quelques médailles, quelques débris de poterie sembleraient indiquer un établissement des légions romaines? Il fallait donc un guide sûr pour traiter cette partie délicate, et M. Roger a agi sagement en réclamant le concours de M. le comte d'Allonville.

» Les points essentiels du territoire, les rivières, les forêts principales sont indiqués sur la carte dont nous nous occupons; et si toutes les communes n'y sont pas, c'est que toutes les communes n'ont pas marqué dans l'histoire. Il faut pour juger cette carte se placer dans ses conditions spéciales. La carte a d'ailleurs beaucoup gagné à ne pas être surchargée de tant de communes, hameaux ou écarts, renseignements excellents pour les études topographiques mais qui, en général, nuisent à la clarté et à la précision. Nous avons cependant reconnu quelques hameaux qui, comme Thiepval ou Rumesnil en Amiénois, n'ont rien d'historique; la pensée de ne pas laisser sans points de raccordements un espace de territoire trop considérable a dû guider en cela le dessinateur. De bonnes indications historiques ont encore trouvé place dans la carte; nous citerons le célèbre gué de Blanque-Taque que traversa l'armée anglaise deux jours avant la bataille de Crécy, le monument de la Croix-Pèlerine élevé en mémoire d'un pas d'armes célèbre, et le Camp du Drap-d'Or où François Ier et Henri VIII eurent une entrevue en 1520.

» L'encadrement de la carte est d'une grande beauté. Les principaux monuments des deux provinces s'y trouvent reproduits; ils ont été dessinés par MM. Duthoit, frères, et gravés à Paris par MM. Lacoste, père et fils aîné, et Hyp. Porret. Voici la désignation de ces monuments: la cathédrale d'Amiens, l'hôtel-de-ville d'Arras, l'ancienne cathédrale de Senlis, l'hôtel-de-ville de Compiègne, le beffroi de Calais, l'hôtel-de-ville de Saint-Quentin, le château de Ham, la cathédrale de Beauvais, l'église de Saint-Vulfran d'Abbeville, le château de Montreuil, la charmante église de Saint-Riquier, celle de Clermont en Beauvoisis et Saint-Jean-des-Vignes de Soissons. Ces monuments tirés en noir sont rehaussés par un encadrement de couleur rouge dont l'exécution mérite quelques détails. L'auteur de cet encadrement est M. Woillez, membre de la Société des Antiquaires de Picardie, dont le savant crayon est bien connu des archéologues et des artistes des départements de l'Oise et de la Somme. M. Woillez a composé son encadrement de détails empruntés à des constructions contemporaines des xv.e et xvi.e siècles et appartenant aux plus beaux monuments religieux de la Picardie. L'ensemble de cette ingénieuse compilation, qu'il était difficile de bien coordonner, peut donc être considérée comme une sorte de spécimen du style qui dominait alors et que les artistes désignent sous les noms de *style flamboyant*. Les ornements et arabesques formant l'arcade ou *accolade* de la partie supérieure ont été pris au portail de la cathédrale de Beauvais, côté du nord; ce portail fut élevé de 1530 à 1537 pendant le règne de François I.er. Les parties latérales de l'encadrement reproduisent aussi des morceaux empruntés au même portail: 1.º dans le couronnement des armes de Beauvais et de Laon; 2.º dans les arabesques placées au-dessous des écussons de Roye et de Saint-Valery. — On remarque dans ces mêmes parties plusieurs emprunts faits aux églises de Saint-Vulfran d'Abbeville et de Saint-Riquier; nous citerons pour ce dernier édifice: 1.º les festons trilobés des moulures qui avoisinent l'intérieur de la carte; 2.º les deux rosaces placées dans la partie inférieure des écussons de Senlis et de Doullens; 3.º les arabesques de la frise au-dessus de la cathédrale de Senlis. Plusieurs entourages rappellent des arcatures ou ornements tirés de la façade principale de Saint-Vulfran. Enfin, on a réuni dans la partie inférieure plusieurs détails de la chapelle de Rue en Ponthieu et de l'ancienne salle capitulaire de la cathédrale de Beauvais. Les monuments que l'encadrement renferme sont placés dans des arcades dont les formes circulaires ou elliptiques ont tous les caractères des constructions du xv.e ou du xvi.e siècle. Les armes des villes d'Amiens, Beauvais, Abbeville, Laon, etc., sont surmontées de couronnes héraldiques ou d'arcades simulées de forme gracieuse et dans le style de la Renaissance.

» Près des consoles qui supportent l'encadrement on a inscrit, sur quatre tables dyptiques, les noms de ceux qui illustrèrent l'Artois et la Picardie dans le clergé, dans la magistrature, dans les affaires publiques, dans l'art de la guerre, dans les lettres et dans les arts. Les culs-de-lampe des consoles ont servi à rappeler les principales devises et quelques cris de guerre de la noblesse picarde et artésienne. Ces culs-de-lampe sont formés de rosaces encadrées par des festons trilobés (*église de Saint-Riquier*).

» Une vignette placée dans la carte rappelle l'un des plus grands évènements du xvi.e siècle: *la destruction de Thérouanne*. Au milieu d'armes brisées, de chaînes, d'étendards en lambeaux, de fragments d'anciens édifices, s'élève une pierre sur laquelle l'artiste a gravé le nom de Thérouanne (*Tar-*

venna), le plan de la ville et la célèbre inscription chronographique DeLetI MorInI, dont les lettres MDLIII forment les chiffres de l'année 1553, époque où Thérouanne fut détruite par l'ordre impitoyable de Charles-Quint.

» Tel est l'aperçu rapide des indications que la carte renferme. L'historien, l'archéologue, le dessinateur, le graveur ont, comme on le voit, rivalisé de zèle et de soins. L'exécution lithographique et celle de la typographie sont dignes d'éloges; elles étaient confiées aux meilleures presses de Paris.

» Si chaque province du royaume avait une carte semblable à celle dont M. Roger vient de doter l'Artois et la Picardie, la réunion de ces cartes, conçues sur un plan dont on chercherait vainement ailleurs l'équivalent, ne constituerait-elle pas une œuvre historique dont les lettres et les arts pourraient à juste titre s'enorgueillir? »   H.... C....

REVUE
HISTORIQUE ET ARCHÉOLOGIQUE
DES ÉGLISES DE PICARDIE ET D'ARTOIS.

4.ᵉ ARTICLE. — DIOCÈSE D'ARRAS [1].

Sur les bienveillantes recommandations de S. E. Mgr. le cardinal évêque d'Arras, M. l'abbé Terninck, secrétaire-général de l'évêché, a pris soin de nous faire parvenir de nouveaux renseignements relatifs aux églises du diocèse d'Arras. Nous allons reproduire ce qu'ils offrent d'intéressant pour l'archéologie et l'histoire.

CXIII. *Église de Baralle* (arrondissement d'Arras.) — L'église de Baralle, placée sous l'invocation de Saint-Georges, a été reconstruite en 1786, au moyen d'une somme de *cent louis d'or* que M.lle de Nédonchel avança aux habitants du village. Vendue pendant la tourmente révolutionnaire, cette église ne dut sa conservation qu'au courageux dévouement de deux charpentiers, Joseph et Bertin Savary. Déjà on avait dressé des échelles pour découvrir le toit et en arracher le plomb, lorsque, par une belle nuit, ces deux hommes se mirent en devoir de scier les échelles et de raccourcir à coups de hache les câbles attachés au clocher pour le renverser. Ce trait de hardiesse détermina la commune à racheter l'édifice, et c'est ainsi qu'il est

[1] Voyez page 215.

resté debout. On y remarque un tableau de Ste-Anne qui n'est pas sans mérite, au dire des connaisseurs [1].

CXIV. *Église d'Écoust-Saint-Mein.* — La tradition locale fait remonter la construction de cette église au xvi.ᵉ siècle. Son architecture est fort élégante et indique le style gothique fleuri [2]. Le chapitre d'Arras avait donné une verrière à cette église en 1645. Ses armoiries étaient représentées au bas ; elle fut détruite, en 1793, avec les autres vitraux peints qui décoraient ce monument religieux. Les contre-forts ou piliers buttants extérieurs, sont d'une grande richesse. On y remarque surtout les sculptures des niches destinées à recevoir des statues de saints. La tour, placée à l'extrémité de l'édifice, a conservé aux quatre angles des restes d'encorbellement sur lesquels on avait ménagé de petites guérites pour abriter les sentinelles chargées, en temps de guerre, d'observer les mouvements de l'ennemi. On conserve dans l'église d'Écoust un tableau sur bois donné par Jean Therri, écuyer, lieutenant-général de la baronnie de Croisilles, pour rappeler à la postérité que la foudre tomba, le 25 juillet 1623, sur la chapelle de Saint Mein, patron de la paroisse, où elle brisa plusieurs objets d'art et brûla la nappe d'autel. L'église d'Écoust fut démolie en partie en 1793. M. Lemoine, propriétaire, ayant racheté la tour et les murs latéraux, qui seuls étaient restés debout, en fit don à la commune en 1822. Les habitants s'imposèrent alors une contribution de 16,000 fr. qui servit à abriter ces ruines et à construire un plafond horizontal pour tenir lieu de voûtes [3].

CXV. *Église de Gouy-en-Artois.* — Quoique moderne, l'église de Gouy est remarquable par la délicatesse de sa structure, l'élégance de ses piliers et la beauté de la boiserie du chœur. Elle possède plusieurs reliquaires qui lui ont été donnés par la famille des comtes de Diesbach. Trois de ces reliquaires sont en argent, un autre en ivoire. Ils renferment des reliques de *St.-François de Salles*, de *Ste-Jeanne de Chantal*, de *St.-Quentin*, de *St.-Clément*, de *St.-Nicolas*, de *St.-Silvestre*, de *St.-Maurice*, etc.

L'authenticité de ces reliques a été constatée en 1841 par Son Éminence Mgr. le cardinal de la Tour d'Auvergne-Lauraguais, évêque d'Arras.

Au bas du marche-pied du maître autel, est l'épitaphe à demi effacée d'Alexandre de Cardevac de Gouy d'Havrincourt, évêque de Perpignan, mort en 1733, après 40 ans d'épiscopat.

D'autres pierres sépulcrales, consacrées aussi à la mémoire de plusieurs seigneurs de la maison de Cardevac d'Havrincourt, sont placées au milieu du chœur et près de l'autel de la Ste-Vierge [4].

---

[1] Renseignements communiqués par M. l'abbé Carlier, desservant de Baralle.

[2] *Mémorial historique et archéologique du département du Pas-de-Calais*, par M. Harbaville, tom. I, page 200.

[3] Renseignements communiqués par M. l'abbé Parenty, chanoine à Arras.

[4] Id. par M. l'abbé Caboche, desservant de Gouy-en-Artois.

CXVI. *Église d'Haucourt.* — Les Français ayant brûlé cette église, pendant les guerres avec l'Espagne, elle fut reconstruite en 1652. C'est un édifice en forme de croix grecque dont les voûtes sont soutenues par deux rangs de piliers ronds. La tour est au-dessus de la porte d'entrée. St.-Aubert, évêque d'Arras et de Cambrai, naquit à Haucourt, au commencement du vii.ᵉ siècle [1].

CXVII. *Église d'Hébuterne.* — L'église d'Hébuterne peut être mise au nombre des belles églises de campagne. Sa flèche en briques, qui a plus de vingt-cinq mètres de hauteur, attire les regards ; elle passe pour un des plus curieux ouvrages de maçonnerie du commencement du xviii.ᵉ siècle.

CXVIII. *Église d'Inchy.* — Le portail de cette église est orné de colonnes, au-dessus desquelles on aperçoit les débris d'une énorme tête de mort. Au xiii.ᵉ siècle, les Chrétiens rappelaient à l'homme sa fin dernière par la représentation du jugement général qu'ils plaçaient dans le tympan du principal porche des cathédrales. Dans le xviii.ᵉ siècle, époque où fut construite l'église d'Inchy, on se contentait de figurer des ossements ou une tête de mort au haut du portail de certaines églises de village, pour donner aux fidèles la même leçon de morale religieuse. De là, sans doute, est venu l'étrange emblème qu'on remarque au-dessus de la porte de l'église d'Inchy. Les fonts de cette église sont en grès et remontent à 1555. La chaire est ornée de sculptures représentant les *Vertus Théologales*, les *quatre Évangélistes* et le *bon Pasteur* [2].

CXIX. *Église d'Izel-lez-Équerchin.* — Cette église a deux patrons : *Ste-Barbe* est la patronne primaire ; les habitants reconnaissent *St.-Martin* pour second patron. Quelques anciens fermiers de l'abbaye de Saint-Vaast d'Arras sont inhumés dans cette église.

Le maître-autel est décoré d'un tableau assez estimé, représentant *la Transfiguration* [3].

CXX. *Églises de Mont-Saint-Éloy et d'Écoivres.* — L'église de Mont-Saint-Éloy est l'ancienne chapelle paroissiale qui existait à l'époque où l'abbaye de ce nom fut détruite (moins les deux tours) au grand regret des amis de nos antiquités nationales. Cette chapelle, qui forme un carré long, était desservie par un religieux de l'abbaye. Quant à l'église d'Écoivres, elle n'a de remarquable que son ancien clocher en pierre, orné de têtes de moine et de sangliers, en relief. Ces singuliers ornements rappellent, suivant une tradition populaire, le défrichement du pays par les moines de Saint-Éloy [4].

CXXI. *Église de Neuville-Saint-Vaast.* — La tour de cette église est

---

1 Renseignements communiqués par M. l'abbé Pietré, desservant à Haucourt.
2   Id.   par M. l'abbé Delval, desservant à Inchy.
3   Id.   par M. l'abbé Baquet, desservant à Yzel-lez-Equerchin.
4   Id.   par M. l'abbé Debret, desservant à Mont-St-Éloy.

surmontée d'un dôme superbe. A l'intérieur, on remarque un bon tableau représentant *J.-C. au jardin des Oliviers.* Un docteur de Sorbonne, nommé Hespelle, rapporta ce tableau de Paris, au moment de la Révolution, afin de le soustraire au vandalisme.

CXXII. *Église d'Oisy.* — Cette église est construite en grès. Les fonts, selon un ancien usage, sont incrustés dans le mur voisin. On dit que l'église d'Oisy a été bâtie par les Espagnols. On s'y rend en pèlerinage le lundi de la Pentecôte, pour invoquer St.-Druon. Une procession solennelle a lieu chaque année à l'occasion de ce pèlerinage.

CXXIII. *Église de Wancourt.* — L'église de Wancourt ne remonte pas à une époque bien reculée. Elle fut reconstruite en 1777 et offre tous les caractères de l'ordre toscan. Près de ce monument, on voyait autrefois le monastère des dames Bernardines, fondé par Eustache de Montmorency, en 1227. Ce seigneur, étant à la chasse, courait risque de perdre la vie au milieu des marais, lorsqu'il fit vœu de bâtir un monastère, s'il échappait au danger. Sorti sain et sauf de ce mauvais pas il fit bientôt construire en ce lieu un couvent appelé *l'Abbaye du Vivier.* Avant la Révolution, un pèlerinage assez célèbre avait lieu dans les environs. On y venait puiser de l'eau à la fontaine consacrée à St.-Aulbote et qu'on voit encore. Cette eau est regardée comme très-efficace pour la guérison de la fièvre [1].

CXXIV. *Église d'Ames* (arrondissement de Béthune). — Comme dans beaucoup d'églises, la tour de celle d'Ames était devenue une véritable forteresse pendant les guerres désastreuses qui désolèrent la France. On y remarque encore des créneaux, des meurtrières et dans l'intérieur, des cheminées pour chauffer la garde pendant les grands froids. Les gargouilles représentent des têtes de lion, de singe, d'ours, etc. La construction de l'église d'Ames remonte, dit-on, au-delà du XI.e siècle. On fit de grandes réparations à cette église en 1660, après le départ d'une bande de Calvinistes qui la pillèrent et saccagèrent. On voit par un registre de la fabrique que la duchesse de Parme, son frère Philippe, roi d'Espagne, un évêque d'Arras et un abbé de Ham, contribuèrent à réparer le désastre. Une confrérie de St.-Sébastien existait jadis dans cette église [2].

CXXV. *Église de Choques.* — On ne saurait préciser l'époque de la construction de l'église de Choques. Elle fut brûlée en 1813 et rebâtie presque en totalité en 1815. Une reconstruction partielle a encore eu lieu en 1842. Cette église est sous l'invocation de la Ste-Vierge. Quelques tableaux assez estimés la décorent.

CXXVI. *Église de Courrières.* — Cette église a trois nefs. Une superbe boiserie en chêne garnit ses murs à l'intérieur. Les confessionnaux, au nom-

---

[1] Renseignements communiqués par M. l'abbé Moi, desservant à Wancourt.
[2] Id. par M. l'abbé Allart, desservant à Ames.

bre de quatre et la balustrade, qui occupe toute la largeur de l'église vers le chœur, sont parfaitement sculptés. Deux grandes dalles armoriées recouvrent la sépulture de plusieurs membres de la famille d'Ongnies, anciens seigneurs de Courrières. Au fond du bas-côté droit, on remarque le magnifique tombeau en marbre et en pierre de Jean de Montmorency, gouverneur de Lille, Douai et Orchies, chevalier de la Toison-d'Or, mort en 1563. Ce seigneur fit rebâtir l'église de Courrières, avec les dons de Charles-Quint, vers l'an 1532. On lit cette curieuse inscription sur le mur de la tour de l'église, à gauche du grand portail :

LAN MDLVIII, LE 11 MAI, LE ROI PHILIPPE A DISNEZ A COVRIERE, AU LOGIS MESSIRE JEAN DE MONTMORENCI, CHEVALIER DE LORDRE [1].

CXXVII. *Église d'Houdain.* — La tradition veut que cet édifice religieux occupe l'emplacement d'un temple de Diane qui aurait existé à Houdain, sous la domination romaine [2]. La principale porte d'entrée est surmontée d'un bas-relief représentant *la Résurrection du Christ*. Les rampants du pignon du grand portail offrent plusieurs animaux, entre autres des singes mangeant des fruits. La chaire de l'église d'Houdain est assez remarquable. Le bas repose sur la statue de Notre Seigneur vêtu d'une longue robe et tenant de la main gauche un calice d'où sort une hostie. L'abat-voix a la forme d'une écaille de mer [3].

CXXVIII. *Église de Lillers.* — Lillers ne possède qu'une seule église, autrefois collégiale composée d'un doyen et de dix canonicats. Cette église fut fondée en 1043, par un ancien seigneur de Lillers; elle est placée sous le vocable de *St.-Omer*. Les corniches en plate-bandes offrent des sculptures bizarres. Une tour carrée surmonte l'édifice; le bas de cette tour et l'escalier en pierre qui s'y trouve pratiqué, paraissent seuls de vieille date. Le portail présente en quelques endroits des restes du style roman, tels que des corbeaux grimaçants, des zigzags, etc. Des piliers cylindriques et d'autres en faisceaux supportent les arcs ogives des diverses travées qui séparent les bas-côtés de la nef. Une porte, aujourd'hui murée, ouverte dans le transept nord et qui donnait sans doute sur la cour des anciens chanoines, est la partie la plus ornée de l'église de Lillers. Ses archivoltes, à voussures multipliées et en plein cintre, offrent un double zigzag, plusieurs moulures concentriques et une série de billettes allongées d'un très-bel effet. Cette église a subi plusieurs réparations maladroites en 1723 et 1821. On y remarque un très-ancien Christ qui a quelque ressemblance avec les statues du XIIe siècle, aux formes raides et allongées.

Suivant la légende, lors de la révolte des Pays-Bas contre Philippe II, roi d'Espagne, un soldat huguenot, ayant tiré un coup d'arquebuse contre ce

---

[1] Renseignements communiqués par M. l'abbé Guilbert, desservant à Courrières.

[2] *Mémorial du Pas-de-Calais* par M. Harbaville, t. I p. 331.

[3] Renseignements communiqués par M. l'abbé Eversin, curé-doyen d'Houdain.

Christ, le sang jaillit aussitôt par l'ouverture que la balle avait faite. On montre encore aujourd'hui la tête bien caractérisée d'une cheville que l'on prétend boucher la plaie faite par cette balle, au côté droit de la sainte image. Le peuple l'avait jadis en grande vénération ; il l'appelait le *Christ des cinq cents miracles* [1].

CXXIX. *Église de La Couture.* — Cet édifice, construit à l'extérieur en grès équarris, a une corniche en pierre bien remarquable. Sur la partie circulaire d'une moulure en forme de cavet, on voit une série non interrompue de sculptures représentant, dit-on, les principaux traits de l'Ancien et du Nouveau Testament, entremêlés d'animaux fantastiques et de monstres marins. Un porche se trouve près de l'ancien portail. Ce porche, dont l'arc d'ouverture affecte la forme ogivale, est bordé d'une nervure ornée de distance en distance de figures bizarres et terminé par une espèce de dais pyramidal couvert de touffes de feuilles. On voit à l'intérieur, contre les murs du chœur, quatre petites tourelles sculptées à jour. Les fenêtres étaient autrefois garnies de vitraux peints. Ceux qui ont échappé au vandalisme représentent des bustes et des figures en pied de saints et de rois, le *Jugement général*, etc. La date de 1530 se trouve au bas de l'un de ces vitraux. L'église de La Couture est placée sous l'invocation de St.-Pierre ; les villageois des environs s'y rendent en grand nombre le jour et pendant l'octave de la fête de cet apôtre [2].

CXXX. *Église de Loison.* — Cette église n'a qu'une simple nef. Le chœur se termine en demi-hexagone. Une petite tour carrée, placée à l'entrée, lui sert de clocher. On remarque dans l'église, plusieurs pierres tumulaires, rapportées de l'abbaye des religieuses bénédictines d'Annoy, mais elles sont tellement mutilées qu'on peut à peine distinguer quelques traces des figures et des inscriptions qui les décoraient [3].

CXXXI. *Église de Nœux.* — L'église de Nœux est un édifice moderne ; nous n'en ferions même pas mention, si son clocher ne rappelait le souvenir d'une sanglante catastrophe dont l'ancienne tour de cette église fut le théâtre. Pendant les guerres du Hanovre, en 1709 ou 1713, après la prise de Lille, Louis XIV n'ayant pu obtenir la paix à des conditions honorables se vit obligé de continuer les hostilités. Les Confédérés, parmi lesquels se trouvaient des Anglais, des Hessois et des Hanovriens, prirent Douai, Béthune et Saint-Venant. Au moment où ils passaient à Nœux, les Français les attaquèrent ; mais forcés de battre en retraite, ils se retranchèrent dans la tour de l'église élevée de plus de 80 pieds, d'où ils tirèrent sur eux. Aussitôt, le général ennemi donna l'ordre de cerner l'église, d'enfoncer la porte et de mettre le feu à la tour. Tous ceux qui s'y trouvaient périrent dans l'incendie ; les cinq

---

[1] Renseignements communiqués par M. l'abbé Beghin, curé-doyen de Lillers.

[2] Id.   par M. l'abbé Delassus, desservant à La Couture.

[3] Id.   par M. l'abbé Delory, desservant à Loison.

cloches qu'elle contenait furent fondues et on détruisit la tour de fond en comble [1].

CXXXII. *Église de Rely.* — Douze contre-forts adhérents aux murailles soutiennent les murs de l'église de Rely. Une belle tour carrée, surmontée d'une flèche en bois, s'élève au-dessus du toit de ce monument. Les fonts sont anciens. On y voit un tableau représentant *l'Adoration des Mages* qu'on croit avoir quelque mérite, mais auquel nous préférons les deux anciens reliquaires en bois doré que possède cette église. Avant la Révolution, il y avait une *confrérie du Mont-Carmel;* sa fête se célébrait le troisième dimanche de juillet [2].

CXXXIII. *Église d'Audrehem* (arrondissement de Saint-Omer). — L'église d'Audrehem est en forme de croix latine. Les piliers qui supportent les voûtes du chœur et du sanctuaire sont à huit pans. Ces voûtes, de forme ogivale, offrent à leur point de jonction un *Agneau Pascal,* une *Rosace* ou des *Armoiries.* Tout annonce que la construction de l'église d'Audrehem remonte au XVI.e siècle; mais on ne possède aucun document historique qui la concerne. Il s'y fait un pèlerinage peu fréquenté en l'honneur de St.-Maxime [3].

CXXXIV. *Église d'Audruick.* — L'édifice est en forme de carré long, construit en briques et soutenu à l'extérieur par des contre-forts. Des sculptures représentant les *quatre Évangélistes* ornent la chaire à prêcher. Les fonts semblent assez anciens; la cuve est en marbre, le pied en pierre. Plusieurs épitaphes, devenues illisibles, sont placées sur le pavé de l'église dédiée à St.-Martin de Tours et qui fut, dit-on, reconstruite en 1696 [4].

CXXXV. *Église de Fléchin.* — La principale église de Fléchin n'a qu'une nef, et son chœur se termine en hémicycle. La tour qui paraît beaucoup plus ancienne que l'église est d'un style tout différent. On y remarque d'abord deux cordons unis, puis un autre plus saillant porté par de petites pierres carrées et terminé par des arcades et des figures grimaçantes. Les statues qui décoraient les archivoltes des portes ont été brisées pendant la Révolution. Le vandalisme n'a pas mieux respecté les vitraux peints qui ornaient les fenêtres à l'intérieur. Les voûtes de l'église de Fléchin sont surtout remarquables; on y distingue différents noms peu lisibles et plusieurs dates, telles que celles de 1534, 1613 et 1677. Les stalles sont bien sculptées, mais recouvertes d'une peinture grossière qui nuit à leur mérite. On se rend en pèlerinage dans cette église pendant le mois de janvier et à la St. - Jean. Les pèlerins invoquent St.-Antoine pour la conservation ou la guérison de leurs porcs. Plusieurs de ces pèlerins se munissent d'un morceau de pain qu'ils font toucher religieuse-

---

[1] Renseignements communiqués par M. l'abbé Fouquenelle, desservant à Nœux-lez-Béthune.
[2] Id. par M. l'abbé Danel, desservant à Rely.
[3] Id. par M. l'abbé Brebion.
[4] Id. par M. l'abbé Dewentre, curé-doyen d'Audruick.

ment à la statue du saint, pour le mêler ensuite au breuvage de leurs bestiaux malades [1].

Dans l'église de Boncourt, (annexe de Fléchin), on voit une grande pierre bleue qui recouvre probablement les restes d'un ancien chevalier. Sur cette cette espèce de mosaïque se trouve tracée la figure d'un guerrier, revêtu de son armure. L'inscription qui l'entoure est assez difficile à lire, les caractères se trouvent presque effacés.

CXXXVI. *Église de Landrethun.* — Cette église est très-ancienne, et la science des antiquaires, s'est dit-on trouvée jusqu'à ce jour en défaut pour découvrir son origine. Le chœur se termine au dehors en hémicycle; ses fenêtres sont cintrées. La basse-église n'a point de voûte; mais le chœur, qui est moins ancien, en possède une en pierre dont les nervures sont ornées de culs-de-lampe, à leur point de jonction. La porte n'a qu'une seule ouverture cintrée. La tour, placée sur le chœur, est carrée et n'offre plus que les traces de l'escalier. L'église de Landrethun a pour patron *St.-Martin de Tours*.

CXXXVII. *Église de Nielles-lez-Ardres.* — L'église de Nielles est en forme de croix latine. En certains endroits de ses murs, on remarque des portions en petites pierres carrées et aussi, de place en place, des assises de grandes briques plates. Une tour hexagone, surmontée d'une flèche en pierre, s'élève près du chœur. Deux rangs de piliers ou colonnes surmontent les voûtes de l'édifice. Les chapiteaux de ces colonnes sont ornés de sculptures représentant des hommes, des animaux et des feuillages. Plusieurs grandes dalles en pierre sont placées dans cette église. Nous regrettons que M. le desservant de Nielles, à qui l'on doit ces renseignements, ne nous ait pas fait connaître les inscriptions de ces dalles.

CXXXVIII. *Église de Nordausque.* — Cette église se compose d'une tour massive contre laquelle on a adossé un chœur et une nef sans bas-côtés. La tour supporte une belle flèche qui, de loin, ajoute un agréable coup-d'œil au beau paysage qu'offre le pays voisin. Mais le voyageur qui se détournerait de la route, guidé par ce phare, serait étrangement trompé s'il croyait trouver là un édifice majestueux; l'église de Nordausque ne présente en effet qu'un amas de décombres et de ruines; on voit que la guerre a exercé ses ravages sur ce monument [2]; il fut pillé et saccagé par les Français en 1595.

CXXXIX. *Église de Saint-Folquin.* — L'église de Saint-Folquin a deux nefs de même longueur, de même largeur et de même hauteur, formant un carré long, divisé par un rang de colonnes. Quatre ancres, placées contre l'un des pignons, portent les chiffres de 1663; c'est probablement la date de la

---

[1] Cette étrange coutume a lieu dans plusieurs églises du diocèse d'Amiens. Voy. les *Lettres sur le Département de la Somme*, par M. Dusevel, in-8.° Amiens 1840.

[2] Renseignements communiqués par M. l'abbé Bloëme, desservant à Nordausque.

construction de cette partie du monument. A l'intérieur, on remarque au-dessus de l'autel, la statue de Saint-Folquin auquel cette église est dédiée. Un buste en bois doré contient quelques reliques de ce saint évêque. Le tableau du maître-autel représente *l'Assomption de la Ste-Vierge*, et n'est pas sans mérite. Les fonts sont anciens et en marbre [1].

CXL. *Eglise d'Upen d'aval.* — Cette église est construite en pierres tendres. Au-dessus de la porte on remarque une pierre carrée, saillante et propre à recevoir une inscription. On entre immédiatement dans l'intérieur en passant sous le clocher. Près de la porte, on voit une grande dalle dont l'inscription est effacée. Sous le chœur on trouve un caveau qui servait de sépulture avant la révolution aux membres de la famille Taviel. Cette famille possédait alors la seigneurie d'Aval. Une pierre gravée et incrustée dans la flèche porte que le clocher fut terminé en 1720; le chœur a été reconstruit en 1835 et 1836 [2].

CXLI. *Eglise d'Anvin* (arrondissement de Saint-Pol). — L'église d'Anvin ne se compose plus que de la nef et du chœur. Elle avait autrefois des bas-côtés qu'on supprima à une époque déjà assez reculée. Une tour, remarquable par sa belle simplicité, est placée au côté méridional du chœur; cette tour n'est éclairée que par des espèces de lucarnes qui ressemblent à de véritables meurtrières. La porte d'entrée existant à l'extrémité de la nef fixe les regards par ses ornements. Elle est surmontée d'une ogive élégante dont une colonnette légère supporte les moulures. On voit, dans l'intérieur de cette église, une pierre tumulaire sur laquelle on lit cette inscription:

Ici repose le corps de....
Marie de Guelque de Laronville,
En son vivant veuve de Jean-Louis Haweel, escuyer, seigneur dudit Laronville,
Et femme au sieur Frédéricq de Musnier, seigneur de Seloncourt,
Laquelle est décédée le 6 d'avril 1708.
Priez Dieu pour le repos de son âme.

La charpente de la nef est de 1564. Le chœur de style ogival a des voûtes à nervures anguleuses qui reposent les unes sur des colonnes simples, les autres sur des faisceaux de colonnettes. Les fûts de ces colonnes et colonnettes sont ornés de cannelures torses ou en zig zag. Les sculptures qui décorent leurs chapiteaux représentent des ceps de vigne, des lapins et des lièvres qui se battent [3].

CXLII. *Eglise de Bailleul - lez - Pernes.* — L'origine de cette église paraît remonter au XII.e siècle. On croit que les sires de Saint-Martin ont d'abord fait bâtir en cet endroit une chapelle ou un oratoire auquel les comtes

---

[1] Renseignements communiqués par M. l'abbé Dewavre, desservant à St-Folquin.
[2] Id. par M. l'abbé Dubois, desservant aux Upen.
[3] Id. par M. l'abbé Bloquez, desservant à Anvin.

de Bailleul ajoutèrent plus tard, c'est-à-dire dans le xvi.ᵉ siècle et le commencement du xvii.ᵉ, les différentes parties dont se compose aujourd'hui ce monument. Il forme la croix latine, et le chœur se termine au-dehors en hémicycle brisé. Deux chapelles latérales tiennent lieu de transept. On voit sur les rosaces des voûtes du chœur et du sanctuaire les *armes des comtes de Bailleul*, des *anges*, des *calices* et des *étoiles*. Au-dessus du lutrin et sous une niche, se trouve une petite statue de St.-François d'Assise; deux autres statues en albâtre, représentant l'une *St.-Omer*, l'autre *Ste-Claire*, sont placées dans cette église. On y remarque plusieurs pierres tumulaires, au pied de l'autel, au bas du chœur et dans la chapelle du Rosaire [2].

CXLIII. *Eglise de Camblain - l'Abbé.* — Selon M. Harbaville, cette église remonterait à l'an 1404 [2]. La tour placée à l'entrée de l'édifice est carrée; une belle flèche en pierre, de forme octogone, la surmonte. Au pied se trouve une galerie dont les sculptures ne sont pas sans élégance. La corniche qui règne à l'intérieur est formée de pièces de bois sculptées, offrant des guirlandes, des têtes d'hommes et de femmes, etc.

CXLIV. *Eglise de La Comté.* — L'église de La Comté a trois nefs; elle est élevée sur une belle fondation en grès. On voit à l'intérieur deux rangs de colonnes. Il y a trois sortes de fenêtres dans cette église; celles du chœur se terminent carrément; celles du bas-côté droit sont en ogive; celles du bas-côté gauche finissent en cintre. Les stalles sont sculptées. Une des dalles de marbre servant de pavé est surmontée d'une couronne avec fleurs de lis; quatre écussons se trouvent au bas. La tour date dit-on du xii.ᵉ siècle; c'est la partie la plus ancienne de l'édifice. La nef de droite remonte à l'an 1575; celle de gauche est de 1708. Le chœur n'a été reconstruit qu'en 1785, par les soins des moines de l'abbaye du Mont-Saint-Éloy [5].

CXLV. *Eglise de La Thieuloye.* — Cette église, en forme de croix grecque, est placée sous l'invocation de la Ste-Vierge. Elle paraît dater de la Renaissance. A l'extrémité de l'édifice, on remarque une tour ronde sans escalier. Plusieurs miracles ont eu lieu, dit-on, dans l'église de La Thieuloye, par l'intercession de la Ste-Vierge qu'on y révère sous le nom de *N.-D. du Mont-Séra*. L'autel où l'on voit sa statue était autrefois l'objet d'un pieux pèlerinage [4].

CXLVI. *Eglise de Lignereuil.* — On croit que la nef de cette église remonte au xvi.ᵉ siècle. Le chœur fut bâti en 1707, aux frais de l'abbaye du Mont-Saint-Éloy. Le portail est précédé d'un petit porche. On remarque dans cette église la pierre sépulcrale de M. de Gomicourt, grand d'Espagne,

---

[1] Renseignements communiqués par M. l'abbé Lebel, desservant à Bailleul-lez-Pernes.
[2] *Mémorial historique et archéologique du département du Pas-de-Calais*, t. II pag. 262.
[3] Renseignements communiqués par M. Cazier, desservant à La Comté.
[4] Id. par M. l'abbé Poulain, desservant à La Thieuloye.

dont la famille possédait la terre de Lignereuil. Il n'y a point de pèlerinage dans cette commune; mais il en existe un très-suivi à Givenchy-le-Noble, annexe de Lignereuil. On y vient en foule invoquer Ste - Brigide, le 1.er février [1].

CXLVII. *Eglise de Lisbourg.* — L'église de Lisbourg est un édifice long, uniforme et sans chapelle. La nef remonte à l'an 1602, date qui se lit à la voûte. Le chœur est beaucoup plus ancien. On ne saurait préciser l'époque de sa construction. La chaire offre quelques sculptures. L'église de Lisbourg a adopté St.-Omer pour patron, depuis le miracle qui s'accomplit en ce lieu lors de la translation des reliques du saint, le 8 juin 843. La source de la Lys est à deux cents pas de l'église; cette source présente cette singularité, dit M. Harbaville, que ses eaux s'agitent et se troublent à l'approche des mauvais temps et déposent leur limon lorsque l'atmosphère n'est plus chargée de vapeurs.

CXLVIII. *Eglise de Rebreuviette.* — On voyait autrefois à l'extérieur de cette église et autour du chœur des statues en pierre qu'une main vandale à enlevées, à l'époque de la Révolution. Quelques débris de vitraux coloriés qu'on remarque encore çà et là dans cette église font regretter la perte de ceux qui la décoraient jadis. La voûte du chœur était en ogive; ses arrêtes à nervures saillantes se terminaient par de belles rosaces; aujourd'hui un plancher plat, du plus triste aspect, a remplacé cette voûte. Les murailles du chœur sont soutenues par des contre-forts décorés de niches d'un très-beau travail. On voit encore gravé sur la tour, au-dessus de la porte d'entrée, ce remarquable aveu qu'il serait peut-être bon de rappeler à certains philosophes de nos jours :

Le Peuple Français reconnaît l'existence de l'Être Suprême,
Et l'immortalité de l'âme [2].

CXLIX. *Eglise de Sachin.* — Le chœur de l'église de Sachin se termine carrément sans chapelle. Une arcade ogivale sépare ce chœur de la nef. St.-Jean-Baptiste est le patron de cette église. On s'y rend en pèlerinage le 24 juin, jour de la fête du saint Précurseur. Une procession solennelle suit ce pèlerinage [3].

CL. *Eglise de Wail.* — On remarque à l'entrée de cette église un bénitier fixé dans la muraille et qui se compose d'un grès énorme de deux pieds carrés sur dix pieds d'épaisseur. Ce bénitier, fort bien taillé, vient de l'ancien couvent des Récollets de Wail qui a été presque entièrement démoli; il porte sur une de ses faces la date de 1609 [4].

CLI. *Eglise de Warluzel.* — L'église de Warluzel, construite en pierres,

---

[1] Renseignements communiqués par M. l'abbé Martin, desservant à Lignereuil.
[2] Id. par M. l'abbé Delmotte, desservant à Rebreuviette.
[3] Id. par M. l'abbé Debret, desservant à Sachin.
[4] Id. par M. l'abbé Feroux, desservant à Wail.

au milieu du xviii.ᵉ siécle, a remplacé une autre église beaucoup plus grande et dont l'entretien était devenu très-dispendieux. Elle n'a ni piliers ni colonnes. Sa voûte est cintrée et en bois. Une dalle en marbre avec inscription, rappelle la mémoire d'un ancien curé de la paroisse.

CLII. *Eglise de Willeman*. — Cette église est en forme de croix. Le chœur se termine en hémicycle. A l'entrée et à gauche se trouve la chapelle seigneuriale. Une table de marbre, sur laquelle sont gravés les armes et le nom du seigneur de Willeman, est incrustée dans la muraille. On lit aussi cette inscription sur une pierre placée dans la maçonnerie, à l'extérieur :

Claude Caudron, année 1592.

D'autres pierres portent ces dates : 1563—1592.

Le portail est en ogive et orné de rosaces. Un pilier en grès divise les deux ouvertures qui s'y trouvent. La tour fixe l'attention. C'est la plus belle partie de l'édifice. Plusieurs piliers la soutiennent ; des tourelles, des niches et des feuillages la décorent en divers endroits. L'église de Willeman a St-Sulpice pour patron. Un pélerinage s'y faisait autrefois en l'honneur de ce saint ; il avait lieu au 17 janvier et au 28 mai. Ce pélerinage est aujourd'hui peu suivi [1].

En terminant ici notre *Revue des Eglises du diocèse d'Arras*, qu'il nous soit permis d'exprimer de nouveau notre vive reconnaissance à S. E. Mgr. le cardinal évêque d'Arras, à M. l'abbé Terninck, secrétaire-général de l'évêché, et à M. le baron de Hauteclocque, ancien maire d'Arras. L'empressement et la bonté qu'ils ont mis à nous procurer les indications qui nous étaient nécessaires ont facilité la tâche laborieuse que nous nous étions imposée.

P. ROGER.   H. DUSEVEL.

---

[1] Renseignements communiqués par M. l'abbé Anssart, desservant à Willeman.

INSURRECTION
DU PEUPLE DE LAON.
MEURTRE DE L'ÉVÊQUE GAUDRI.

G UIBERT de Nogent a décrit les troubles dont l'institution communale de Laon devint l'occasion dans les premières années du douzième siècle. L'évêché de Laon était alors occupé par Gaudri, ancien référendaire d'Henri I.er, roi d'Angleterre, prélat plein d'ambition et d'arrogance, aimant la chasse et la guerre mais ne prenant nul souci de sa mission épiscopale. Vers l'an 1110, Gaudri en qualité de seigneur temporel de Laon concéda une charte communale aux bourgeois. Mais peu d'années après, Gaudri mettant la ruse en usage obtint du roi Louis-le-Gros l'abolition de la commune. L'indignation fut grande à Laon lorsqu'on sut que les intrigues de l'évêque allaient priver les habitants de leurs libertés les plus chères; et ceux-ci résolurent d'avoir raison par la révolte de l'oppression dont ils étaient menacés.

Le lundi de Pâques, Gaudri, selon l'antique usage, se rendit processionnellement à l'abbaye royale de Saint-Vincent. L'insurrection des bourgeois devait éclater pendant le trajet. Cependant les conjurés se déterminèrent à attendre encore quelques jours. Mais l'agitation était telle que l'évêque recommanda aux chevaliers, aux fieffés de l'évêché et aux serfs de son église de se réunir en armes dans le palais épiscopal, au premier signal de l'insurrection.

Le troisième jour après Pâques, les bourgeois attaquèrent et mirent au pillage la demeure de quelques partisans de Gaudri; mais celui-ci était bien loin de s'effrayer de ces démonstrations, car il disait : « que » voulez-vous que fassent ces bonnes-gens avec leurs » émeutes? si Jean, mon noir, s'amusait à tirer par » le nez le plus redoutable d'entre eux le pauvre » diable n'oserait grogner. »

Le lendemain, pourtant, l'insurrection éclata, au cri de *Commune! Commune!* On vit les bourgeois et le menu peuple s'armer de lances, d'arbalètes, de lourdes haches, s'emparer de la cathédrale, entreprendre le siége de la maison épiscopale; et lorsque les chevaliers, les clercs ou les vassaux de l'église de Laon arrivaient pour prêter main-forte à l'évêque, le peuple les mettait à mort. Ceux qui se trouvèrent dans l'évêché le défendirent de leur mieux; mais ils durent céder au grand nombre. Le palais épiscopal fut envahi; Gaudri, comptant tromper tous les soupçons par un déguisement, avait pris les habits d'un domestique, s'était réfugié dans le cellier et blotti dans un tonneau. Pendant ce temps, le peuple se répandait dans l'évêché en criant : « où est le traître! Nous voulons sa » vie! » La trahison d'un serviteur de l'évêque découvrit aux bourgeois la retraite du malheureux Gaudri! Thiégaud, serf de l'abbaye de Saint-Vincent, arriva l'un des premiers dans le cellier. On dit qu'alors un page de Gaudri voulut défendre son maître mais qu'il fut mis à mort sans nulle pitié. « Y a-t-il là quelqu'un? »

criait Thiégaud en frappant sur la tonne avec son bâton; l'évêque d'une voix tremblante répondit: « oui; » c'est un malheureux prisonnier. » — « Ah! Ah!, reprit » Thiégaud, c'est donc vous qui êtes blotti dans cette » tonne? » Alors il prit l'évêque par les cheveux et tous ceux qui se trouvèrent là accablèrent Gaudri de mauvais traitements. On le traîna dans la rue et bien qu'il implorât le peuple, lui demandant la vie et promettant sur l'Évangile d'abandonner l'épiscopat, chacun resta sourd à ses supplications. On l'insultait, on le frappait; il reçut sur la tête un coup de hache à deux tranchants; bientôt après un second coup l'acheva et son corps fut couvert de pierres et de boue, au milieu des imprécations de la multitude. — Ainsi périt l'évêque Gaudri.

P. ROGER.

(Voir pour les détails relatifs à l'établissement de la commune de Laon les *Lettres sur l'Histoire de France* de M. Augustin THIERRY et les *Archives Historiques et Ecclésiastiques de la Picardie et de l'Artois*, par M. P. ROGER, 2.e volume, page 245.)

REVUE
HISTORIQUE ET ARCHÉOLOGIQUE
DES ÉGLISES DE PICARDIE ET D'ARTOIS.

5.e ARTICLE. — DIOCÈSE DE BEAUVAIS.

Comme S. E. Mgr le cardinal de la Tour d'Auvergne, évêque d'Arras, et Mgr Mioland évêque d'Amiens, Mgr Gignoux, qui occupe le siége épiscopal de Beauvais, a bien voulu nous transmettre les renseignements recueillis par ses soins auprès de plusieurs ecclésiastiques, sur les églises qu'ils sont chargés de desservir. Nous nous trouvons ainsi en mesure de décrire succinctement ce que beaucoup d'églises du diocèse de Beauvais offrent de remarquable.

(1112)

INSURRECTION DE LAON — MEURTRE DE L'ÉVÊQUE GAUDRI.

CLIII. *Église d'Auchy-la-Montagne* (arrondissement de Clermont). — La forme de cette église est oblongue; elle n'a point de transsept ou bras de croix. Une partie de l'édifice est construite en pierres et cailloux. Quatre colonnes plates décorent le portail. Le chœur seul a une voûte en pierre; les arêtes de cette voûte sont saillantes, arrondies et terminées par des culs-de-lampe. L'église d'Auchy a St.-Éloy pour patron.

CLIV. *Église de Brunvillers-Lamotte.* — L'église de Brunvillers semble appartenir à la fin du gothique tertiaire; elle a remplacé l'ancienne *église paroissiale* dédiée à St.-Martin. Cette vieille église était située à six cents mètres au nord du village, à l'endroit où se trouve aujourd'hui le cimetière. La nouvelle église a *St.-Michel* pour patron; elle est en forme de croix latine, en pierres crayeuses de moyen appareil et surmontée d'une belle tour carrée qui s'élève à côté du portail. Cette tour est du style de la Renaissance; elle se termine par une galerie à jour d'un superbe effet. L'escalier se trouve dans une tourelle en encorbellement. Deux rangs de piliers cylindriques séparent la nef des bas-côtés. Deux statues en pierre l'une de la *Ste-Vierge* et l'autre de *St.-Jean*, placées sous des dais gothiques, artistement sculptés, fixent les regards. Des écussons et un agneau entouré d'une couronne ornent les voûtes à leur point de jonction [1].

CLV. *Église de Bury.* — L'église de Bury, dédiée à St.-Lucien, à St.-Pierre et à St.-Fiacre, est fort ancienne. La nef date du xi.ᵉ ou xii.ᵉ siècle. Le chœur offre les caractères de diverses époques postérieures. La forme de l'édifice est celle d'une croix latine bien prononcée; chaque bras présente une belle chapelle dont le fond est éclairé par trois fenêtres ogivales surmontées d'une petite rose. Le chœur se termine carrément; il est aussi surmonté de trois fenêtres au-dessus desquelles se trouve une grande rosace. Le clocher, placé sur le chœur, a remplacé une flèche dont la hardiesse et l'élévation étaient admirées par les étrangers qui visitaient l'église de Bury. On voit encore à l'entrée de la nef, sur le côté droit, une ancienne tour ronde, en pierre, terminée par une flèche de forme octogone, dont la pointe a été coupée par la foudre. Les portes de l'église sont accompagnées de plusieurs rangs de colonnes; leurs chapiteaux offrent une foule de figures fantastiques, dignes de l'imagination bizarre des artistes du xii.ᵉ siècle. Deux rangs de six piliers chacun séparent la nef et le chœur des bas-côtés. Ces piliers, à l'exception d'un seul qui est de forme octogone, se composent de faisceaux de colonnes fort élevées, surtout dans le chœur. Les chapiteaux de ces colonnes représentent des monstres soutenant les voûtes, des animaux, le soleil, un phénix et des pampres, plusieurs patrons du pays, entr'autres St.-Lucien, des personnages grotesques, etc. En certains endroits, les cordons de ces voûtes sont chevronnés ou dentelés. Des culs-de-lampe, en forme d'écussons, décorent leurs nervures. Un groupe représentant *St.-Jean et Ste-Marie aux pieds du Calvaire* paraît moins ancien que l'édifice. Plusieurs dalles en

---

[1] Renseignements communiqués par M. l'abbé Lefevre, desservant de Brunvillers.

pierre qu'on voit sur le pavé de cette église, sont ornées de figures de moines et d'inscriptions assez difficiles à lire [1].

CLVI. *Eglise de Cambronne.* — Ce curieux monument fut consacré à St.-Étienne en 1239, ainsi que l'apprend un ancien titre sur parchemin transcrit dans un encadrement en pierre. Une belle pyramide octogone, en pierre et à deux étages surmonte l'église de Cambronne. La porte d'entrée, en plein cintre et à simples boudins, n'offre rien de bien remarquable. Les piliers à l'intérieur sont très-ornés. Les chapiteaux représentent des animaux monstrueux, des feuillages, des perles, etc. On retrouve sous le badigeon des restes de fresques qu'on ferait bien de rendre au jour. La corniche du chœur et celle de la nef sont décorées de diamants, de têtes plates ou fantastiques. On remarque dans l'église de Cambronne une grande dalle portant la date de 1585. On a cru à tort que cette église était dans l'origine un temple païen, dédié à Saturne. Mathilde, comtesse de Clermont, épouse d'Alphonse, roi de Portugal, la visita en 1239.

CLVII. *Eglise de Conteville.* — Cette église a une nef moderne, construite en briques, et un chœur beaucoup plus ancien. Elle est placée sous l'invocation de St.-Nicolas. Ses fenêtres sont de forme ogivale. On remarque la corniche intérieure, formée d'un boudin soutenu par des arcades romanes et reposant sur des corbeaux variés.

CLVIII. *Eglise de Cormeilles.* — Sa forme est celle d'un T; elle fut construite vers le xve siècle et agrandie en 1830. La porte d'entrée offre une arcade en anse de panier. La voûte de la nef est un lambris en bois et en ogive, orné de sculptures. L'église de Cormeilles a St.-Martin pour patron [2].

CLIX. *Eglise de Doméliers.* — L'église de Doméliers ne présente qu'un édifice remanié. Le chœur, plus étroit et moins élevé que la nef, se termine carrément. La corniche est portée par des figures monstrueuses d'hommes; deux de ces figures ont été malheureusement mutilées par des villageois qui ne connaissaient pas le prix de pareils ornements. Un lambris du xvie siècle, assez remarquable, décore l'intérieur de cette église qui est placée sous l'invocation de St.-Firmin [3].

CLX. *Eglise de Gannes.* — L'église de Gannes date de l'époque du style flamboyant. Elle est en forme de croix latine et surmontée à l'ouest d'une tour carrée, flanquée d'une tourelle octogone qui renferme un escalier. Les voûtes du sanctuaire et du chœur sont en pierre et celle de la nef en planche. Des têtes grimaçantes décorent l'extrémité des poutres d'entre-colonnement formant modillons sur la corniche. on voit dans l'église de Gannes une grande dalle à l'entrée du chœur et une pierre tumulaire en marbre blanc dont l'inscription porte que le cœur de Messire François de Lannoy, en son

---

[1] Renseignements communiqués par M. l'abbé Guedé, desservant à Bury.
[2] Id. par M. l'abbé Pointier, desservant à Cormeilles.
[3] Id. par M. l'abbé Lesecq, desservant de Doméliers.

vivant seigneur de Folleville et de Gannes, etc. et celui de Madame Marie de Gannes, sa femme, gisent dans l'église.

CLXI. *Eglise d'Hondainville.* — La nef et le sanctuaire de cette église, qui forme la croix latine, sont du xiii.ᵉ siècle; les chapelles datent du xvıᵉ. La grand'porte en ogive a deux petites colonnes de chaque côté. Ces colonnes sont ornées de chapiteaux sculptés représentant des feuilles de chêne et d'acanthe. Le clocher est au-dessus du chœur, entre les deux chapelles. On y parvient par un escalier placé dans une tour extérieure, de forme hexagone. La corniche, ou plutôt l'entablement de la nef et du sanctuaire, est porté par des pierres représentant des bouts de solives. Les rampants des pignons consistent en dalles bombées et à recouvrement. La maçonnerie de deux contre-forts des chapelles est remarquable par sa liaison avec les angles de ces pignons. A l'intérieur, on admire les quatre gros piliers sur lesquels le clocher repose. Les chapiteaux de ces piliers sont couverts de sculptures très-curieuses; les unes représentent des figures grimaçantes d'hommes et de femmes, des feuilles d'acanthe, etc. Les voûtes du chœur, du sanctuaire et des bras de la croix sont en plein cintre. Les arêtes de celle du chœur se terminent par un écusson aux armes des seigneurs d'Hondainville qui passent pour avoir fait construire ce monument. Il a été réparé avec soin en 1840, aux frais de MM. Dumoulin et Schillings. Les statues en marbre gris de *St.-Pierre* et *St.-Paul* attirent les regards. Sur une pierre sépulcrale, fixée dans le mur faisant face à l'autel de la Ste-Vierge, on lit : « qu'*honorable* » *home* M. André de la Nevfverve, cy-devant maire royal d'Angy, prévost de » Mouy et bailly dudit Hondainville, fit placer cette pierre devant son tom- » beau; et qu'il donna cent livres tournois à la charge de faire mettre ung » tableau en ladite chapelle de la Ste-Vierge. » Ce tableau est peut-être celui peint sur bois et qui représente en trois parties l'*histoire de Jésus-Christ.* Des colonnes torses décorent les autels de cette église, placée sous l'invocation de St.-Aignan. On voit dans le cimetière une chapelle fort délabrée, dédiée à *St.-Antoine*; ony vient en pèlerinage, pour retrouver les objets perdus.

CLXII. *Eglise de Maignelay.* — L'église de Maignelay passe pour avoir été construite dans le xvi.ᵉ siècle, par Louis de Halluin, l'un des membres de l'illustre famille de ce nom. C'est un superbe édifice, décoré d'un riche portique et d'un portail qui ne manque pas d'élégance. Le clocher contraste avec la richesse de l'église. Ce clocher n'est en effet qu'une mauvaise flèche en bois d'un aspect misérable. A l'intérieur, deux rangs de piliers, composés d'un faisceau de colonnes, séparent la nef des bas-côtés. Sur les chapiteaux de ces piliers, on distingue des écussons, des feuillages, des anges tenant des lambels, etc. Les voûtes sont ornées de pendentifs et de statuettes d'un excellent travail. Les fenêtres ont malheureusement été dépouillées de la plupart des vitraux peints qui les décoraient. Il ne reste qu'un *Pélican* et quelques chérubins tenant des rubans sur lesquels sont diverses inscriptions. L'ancien rétable d'autel, en bois doré, est très-curieux; on y voit l'*Annonciation*, la *Naissance de J.-C.*, l'*Adoration des Mages*, la *Circoncision*, *Jésus portant sa croix, crucifié et mis au tombeau.* Les peintures des volets sont encore fraiches. Les sculptures de la chaire et des stalles attirent aussi les regards. On remarque plusieurs dalles dans cette église; mais les épitaphes qui s'y trouvent gravées sont devenues fort difficiles à lire. Un fragment de marbre provenant d'un superbe tombeau, élevé à la mémoire de Florimond de Halluin contient le reste d'une longue inscription que nous ne rapporterons pas ici.

CLXIII. *Eglise de Méry.* — Le portail de cette église fut bâti en 1750; la nef est un peu plus ancienne, mais le chœur, les transepts et le clocher datent du xvi.ᵉ siècle. Les magnifiques ornements en fer qui couronnaient ce clocher ont été renversés et vendus pendant la Révolution. Une statue de *N.-D. des Douleurs* qui se trouve dans cette église est assez estimée. On y remarque aussi plusieurs pierres sépulcrales ornées d'écussons. La chapelle au sud, dite du *Saint Rosaire*, servait autrefois de sépulture à la famille des comtes de Bernetz, seigneurs de Neufri et du Bout-du-Bois. Une autre chapelle, située dans le cimetière, au nord du village, et dédiée, comme l'église, à Notre-Dame, attire chaque année un immense concours de pélerins, pendant la neuvaine qui commence le 2 juillet.

CLXIV. *Eglise de Noroy.* — On croit que ce monument fut construit au xvi.ᵉ siècle et consacré à la Vierge par Jean de Pleurs, évêque de Riom. Sa forme est très-allongée; le chœur se termine en hémicycle. L'église n'a qu'un seul bas-côté séparé de la nef principale par de gros piliers cylindriques. Les fenêtres offrent quelques débris de verres coloriés. Les voûtes ont des nervures saillantes. Pendant long-temps, on visita cette église avec empressement, pour y contempler l'*Histoire de la Passion*, peinte sur émail, qui décorait l'autel du bas-côté. Les vingt-quatre tableaux dont se composait cette histoire, étaient fort curieux et fort estimés des vrais amateurs de ce genre de peinture.

CLXV. *Eglise de Plessier-sur-Saint-Just.* — L'église du Plessier qui avait été bâtie en 1481, a subi plusieurs réparations importantes dans le xvii.ᵉ et le xviii.ᵉ siècles. Il reste peu de ses constructions primitives. Le chœur, ou pour mieux dire le sanctuaire, se termine au-dehors en hémicycle. Sur les côtés, se trouvent deux modestes chapelles, l'une de *la Vierge*, à l'usage autrefois des anciens seigneurs, l'autre consacrée au patron de la paroisse. On trouve sous le chœur un caveau où étaient inhumés les seigneurs du Plessier; leurs dépouilles mortelles en furent brutalement retirées en 1793 et portées au cimetière commun. L'église est placée sous l'invocation de St.-Etienne, diacre et martyr. Les registres de la fabrique font connaître en ces termes l'origine du village et de son église: « Le village du Plessier-sur-Saint-Just, dans son origine n'était qu'un petit hameau (dénombrement de 1383). Le nom de Plessis lui vient de ce que les Normands s'étant répandus dans la Picardie, du temps de Louis V, roi de France, en 990, les habitants effrayés se retirèrent dans les bois ou sur des hauteurs et nommèrent *Plessis* leurs retraites et fortifications. »

« Ce hameau et son territoire faisaient partie de la paroisse, chatellenie, terre et seigneurie de Saint-Just qui appartenait aux évêques de Beauvais; mais les susdits évêques cédèrent leurs droits aux seigneurs séculiers du Plessis qui firent bâtir une *chapelle* audit lieu, avec convenance qu'un religieux de l'abbaye de Saint-Just viendrait chanter une *messe haute*, **les festes et dimanches.**

« En 1540, Antoine Delameth, seigneur du Plessis, général des finances de François I.er, roi de France, a payé aux abbé, prieur et religieux de ladite abbaye de Saint-Just une somme de cent écus sol, pour dotation perpétuelle d'un curé dans la chapelle dudit le Plessis, etc. »

CLXVI. *Eglise de Rotangy.* — La forme de cette église est oblongue ; elle n'a qu'un clocher qui se trouve sur le chœur. Elle est construite en briques et placée sous l'invocation de *Ste-Marguerite*. On sait qu'en plusieurs lieux les femmes enceintes invoquent Ste-Marguerite pour obtenir une heureuse délivrance. Un pèlerinage avait lieu autrefois dans le même but à Rotangy ; ce pèlerinage a cessé d'être en usage depuis le siècle dernier.

CLXVII. *Eglise de Saint-Martin-au-Bois.* — L'église de Saint-Martin est un des plus beaux monuments religieux du diocèse de Beauvais ; elle n'a point de transept, mais la principale porte est flanquée de deux tours carrées qui lui donnent l'aspect d'une petite cathédrale. Sa construction primitive remonte au XIII.e siècle. Le portail et une partie de la nef furent détruits par un incendie en 1445 et rebâtis depuis cette époque. La sacristie appartient au style de la Renaissance. L'église St.-Martin passe pour l'ancienne chapelle de la célèbre abbaye du même nom qui avait été fondée dans le XI.e siècle. Ses murs sont soutenus par des contre-forts montant jusqu'à la hauteur du comble auquel ils tiennent par des arcs-boutants, décorés d'animaux fantastiques, se détachant de chaque contre-fort. Il y a, à l'intérieur, deux rangs de colonnes surmontées de chapiteaux sculptés. Les fenêtres de forme ogivale et divisées en deux étages ont conservé des vitraux peints en grisailles fort remarquables. Les stalles du chœur offrent de curieuses sculptures du XV.e siècle, représentant des abbés, des moines, des personnages grotesques et divers animaux. Dans le bas-côté gauche on voit un tombeau fort mutilé, et dans la sacristie une descente de croix, dont les personnages de grandeur naturelle sont pleins d'expression. On remarque beaucoup de pierres sépulcrales dans cette église intéressante ; elle a été visitée par de grands personnages. Son patron est *St.-Martin*.

CLXVIII. *Eglise de Saint-Just-en-Chaussée.* — La belle église de l'abbaye de Saint-Just a été démolie peu de temps avant la révolution de 1830. L'église actuelle remonte au XV.e siècle ; mais elle a subi dans le XVII.e des réparations qui en ont altéré le style et la forme. Le chœur se termine en hémicycle polygoné. La porte en plein cintre et à simples moulures est de construction moderne. Une balustrade la surmonte ; elle est encadrée dans une vaste ogive dont la partie supérieure a été raccordée pour en faire une rosace. A gauche du portail se trouve la tour ; elle est élevée sur un massif en pierre carrée, surmontée d'une coupole octogone et accompagnée de quatre clochetons correspondant aux angles de cette tour. Les fenêtres en ogive de l'église de

Saint-Just sont décorées de panneaux en verre colorié représentant des fleurons, des tulipes, des roses et d'autres fleurs assez mal peintes. Les fonts baptismaux en granit et de forme carrée fixent l'attention des étrangers. De curieux bas-reliefs ornent leurs faces. Ces sculptures représentent des figures grotesques d'hommes et des dragons. Le bassin est porté par un pied rond et massif. Les colonnettes placées aux angles de ces fonts sont d'une autre matière que le bassin [1].

CLXIX. *Eglise de Sarron.* — Cette église, en forme de croix latine, a perdu les principaux caractères et les ornements du xii.ᵉ siècle qu'elle offrait dans le principe. Des réparations maladroites, comme on en voit tant de nos jours, ont rendu cet édifice presque méconnaissable. Le portail et quelques fenêtres de la nef conservent seuls encore des restes du style roman, tels que plusieurs arcades à billettes, des cordons ornés d'étoiles, etc. Deux rangs de piliers carrés divisent l'intérieur de l'église de Sarron. Elle était dans le siècle dernier le but d'un pélerinage qui ne manquait pas de vogue pour la guérison de la fièvre. Tout se borne maintenant à une procession que l'on fait à la fontaine dite de *St.-Lucien* chaque année le 16 octobre [2]. Autrefois les pèlerins avaient coutume de tremper, dit M. Graves, dans l'eau de cette fontaine un fil rouge qu'ils attachaient ensuite au buisson voisin pour enchaîner la maladie [3].

CLXX. *Eglise de Wavignies.* — L'église de Wavignies est placée sous l'invocation de St.-Simon et de St.-Jude. Elle n'offre qu'un monument fort irrégulier, pourvu d'un seul bas-côté au midi et dont le chœur est plus élevé que la nef. Cette partie de l'édifice fut, dit-on, construite au xvi.ᵉ siècle par l'abbaye de Breteuil. Une petite tour ronde et sans ornements renferme l'escalier par lequel on gagne les voûtes du chœur. Il exista dans cette église, jusqu'à la Révolution, un pélerinage en l'honneur de Ste-Geneviève, patronne de Paris.

CLXXI. *Eglise de Berneuil-sur-Aisne* (arrondissement de Compiègne). — Cette église a une corniche extrêmement ancienne; elle est en forme d'échiquier et portée par de petites pierres carrées qui se terminent en figures grotesques. Les sculptures des chapiteaux des piliers, servant de séparation à la nef et au chœur, offrent des monstres marins et plusieurs animaux fantastiques fort étranges. Les fenêtres semblent indiquer que l'église de Berneuil remonte à diverses époques: celles du chœur sont en ogive, celles du latéral sud sont carrées, celles de la nef en cintre. On croit que cette partie du monument est la plus ancienne. Le chœur et le transept peuvent dater du xv.ᵉ siècle. La façade paraît plus moderne. Une flèche très-élevée surmontait anciennement le clocher qui est carré et percé de fenêtres flamboyantes; cette flèche a été brûlée dans le temps et remplacée par celle qui existe mainte-

---

1 Renseignements communiqués par M. l'abbé Cottenoble, desservant de Saint-Just.
2 Id. par M. l'abbé Langlois, desservant à Sarron.
3 Voy. la Statistique du canton de Liancourt, pag. 88.

nant et dont la hauteur est moins considérable. On se rend en pélerinage dans l'église de Berneuil le lundi de la Pentecôte, pour invoquer *Ste-Claire*, patronne secondaire du lieu. Le but de ce pélerinage est d'obtenir la guérison des maux d'yeux; quelques pélerins emportent de l'eau de la fontaine dite de *Ste-Claire* [1].

CLXXII. *Eglise de Caisne.* — L'édifice est en forme de croix latine; la petite branche du sanctuaire n'est perceptible que par un renflement de pignon. Le porche qui existait au-dehors du portail a été démoli, faute de fonds pour le réparer, il y a environ huit ans. La flèche qui surmonte l'église est couverte en tuiles. La nef passe pour être du $xi.^e$ siècle. Le chœur date du $xii.^e$ ou $xiii.^e$ Les bas-côtés ont été reconstruits en 1836 et 1837. La chapelle de la Ste-Vierge porte sur un pendentif de sa voûte la date de 1561; mais la construction de cette chapelle est un peu antérieure. L'église de Caisne possède des reliques anciennes; elle est placée sous l'invocation de St-Lucien et on y vient en pélerinage le dimanche qui suit la translation des reliques de ce saint évêque. Les pélerins se frottent les dents sur un grès haut d'environ 5 décimètres et marqué d'un pas qu'on dit être *le pas de St.-Lucien;* ces pélerins croient obtenir par cette pratique la guérison du mal de dent. Les personnes atteintes de rhumatismes se frottent aussi les reins sur ce même grès et l'on y fait asseoir les enfants faibles ou languissants.

CLXXIII. *Eglise de Carlepont.* — Cette église est placée sous l'invocation de St-Eloi; c'est sans doute pour rappeler que les successeurs de ce saint évêque possédèrent autrefois les évêchés de Noyon et de Tournai que l'on a représenté sur deux fenêtres du chœur deux crosses en sautoir surmontées d'une mitre placée sur une enclume. On ne saurait expliquer aussi bien un autre emblème de date récente, qu'on voit également sur les verres peints qui garnissent ces fenêtres et qui consiste en deux flambeaux placés en sautoir et surmontés d'un calice avec un livre auprès. La tour de l'église de Carlepont a pour ouvertures, dans l'escalier, des espèces de meurtrières. D'autres ouvertures pratiquées près des cloches offrent la forme de lancettes. La corniche est ornée de modillons.

CLXXIV. *Eglise de Crisolles.* — L'église de Crisolles est en grès et en pierre ordinaire. Un seul rang de colonnes sépare la nef du bas-côté. On remarque sur une pierre tumulaire la figure d'un ecclésiastique et cette inscription en partie effacée:

Ci gist vénérable et discrète personne frère Bruno, prieur, docteur en théologie,
Natif du Quesnel eu Beauvoisis,
En son vivant curé de l'église de Mont-Saint-Eloi de Crisolles;
Lequel. . . . . 10 octobre mil cinq cent quatre.
Priez Dieu pour son âme.

---

[1] M. Graves, *Annuaire du canton d'Attichy*, pag. 69, dit à tort que cette fontaine est tarie.

D'après la tradition la partie de l'édifice qui sert de chœur, et qui est d'une construction plus ancienne, viendrait des Templiers; ces chevaliers auraient eu une maison à Crisolles [1].

CLXXV. *Eglise de Croutoy.* — Cette église, dont l'époque de la construction est ignorée, se trouve placée sous l'invocation de *la Ste-Vierge* et a *St-Omer* pour patron secondaire. Les archivoltes des portes sont décorées de sculptures représentant des trèfles, des feuilles de lierre, de platane, etc. Deux rangées parallèles de piliers cylindriques et à cannelures séparent la nef et le chœur des bas-côtés. Ces fenêtres sont en ogive. Les restes des vitraux peints qui les décoraient laissent voir un édifice assez semblable à un temple ancien, le *Père Éternel* environné d'anges et *la Naissance de J.-C.* Les costumes de la Ste-Vierge et de St.-Joseph sont très-riches; les peintres du XVI.ᵉ siècle avaient l'usage d'affubler ainsi d'étoffes *magnifiques* les personnages de l'ancien et du nouveau testament, et ces vitraux datent en effet de cette époque; on lit sur l'un d'eux la date de 1566. Il est fâcheux qu'une partie des verres coloriés de ces fenêtres ait été enlevée. Dans la chapelle latérale de la Ste-Vierge on remarque une fort belle madone en marbre blanc. Elle est ancienne et bien conservée. Des amateurs en ont offert un grand prix à la fabrique qui a eu le bon esprit de rejeter ces offres et de conserver cette précieuse statue. On n'a aucune notion positive sur l'époque où l'église de Croutoy fut construite. On n'y trouve que deux dates : celle de 1566 sur les vitraux et celle de 1654 enclavée dans un contre-fort. Le cimetière est très-curieux; des murs assez élevés, terminés à chaque bout par une tourelle spacieuse, entourent ce lieu de prière et de repos; en certains endroits, ces murs sont criblés de balles. Il paraîtrait qu'on s'y retrancha autrefois et que cette espèce de fortification résista aux efforts des Ligueurs et aux attaques de Rieux, capitaine du château de Pierrefonds [2].

CLXXVI. *Eglise de Grand-Rû.* — On ne connaît pas l'origine de cette église qui paraît remonter au XIV.ᵉ ou au XV.ᵉ siècle. Elle n'offrait d'abord qu'une simple croix sans bas-côtés. Un des deux bas-côtés a été construit au commencement du XVIII.ᵉ siècle; l'autre fut élevé en 1760. L'intérieur n'a rien de remarquable. On voit, dans le chœur, deux panneaux en verre colorié, représentant l'un *St.-Charles* avec le nom de ce saint au bas, l'autre *Ste-Catherine* avec la date de 1620 [3].

CLXXVII. *Eglise de Guiscard.* — Cette église, remarquable par sa grandeur et sa propreté, appartient à diverses époques et offre des restes de plusieurs styles. Elle est en forme de croix latine; le chœur, entouré de chapelles, se termine carrément. Deux rangs de piliers carrés divisent la nef et les bas-côtés à l'intérieur. Les fenêtres sont en plein cintre dans la nef; celles

---

[1] Renseignements communiqués par M. l'abbé Jourdain, desservant à Crisolles.
[2] Id. par M. l'abbé Lesueur, desservant à Croutoy.
[3] Id. par M. l'abbé Henneguier, desservant à Grand-Rû.

de la chapelle de *la Ste-Vierge* se terminent en ogive. Un caveau renferme les corps des deux derniers ducs d'Aumont, le cœur du comte Louis de Guiscard, lieutenant-général, fils du sous-gouverneur de Louis XIV, qui donna son nom en 1705 à *Magny*, depuis appelé *Guiscard*, et les ossements de Louis-Auguste de Guiscard, son fils. En 1840, lorsqu'on réparait les bancs de la chapelle de la Ste-Vierge, on trouva sous le plancher un fragment de marbre avec ces restes d'inscription :

Dv règne de Lovis XIII, roi de.....

De la seignevrie de très-havt et.....

M.re Honoré d'Albert, chevalier.....

Et maréchal de France.....

Des provinces de Picardie.....

Ville et citadelle.....

Etc. — Et de très-havte et.....

Charlotte d'Ailly son.....

Vidame d'Amiens, marqvise.....

Dame de Picqvigny, Dovrs.....

Et Vinacovrt, Labroye.....

A esté bastie avec le.....

Grand portail, par.....

Discrète personne.....

En l'vniversité de Paris.....

Margvillier dvdit Magny [1].....

L'église de Guiscard a *St.-Quentin* pour patron.

CLXXVIII. *Eglise de Jaulzy.* — On croit que la chapelle dite de *la Vierge* existant à gauche, dans la nef, date du xi.e siècle. Le reste de l'édifice offre des remaniements et les caractères des xv.e et xvi.e siècles. L'église de Jaulzy possède quelques vitraux peints; ces vitraux représentent : *l'Annonciation* avec ces mots au bas : ave maria; on voit un peu plus loin l'*Adoration des Mages*. Cette église est sous l'invocation de *St.-Martin* [2].

CLXXIX. *Eglise de Lassigny.* — Cette superbe église, la plus belle sans contredit de tout le canton, se compose de trois nefs et d'un chœur terminé en hémicycle. Sa longueur intérieure est de 34 mètres, sa largeur de 16 mètres, sa hauteur, sous voûte, de 12 mètres. Tout l'édifice est construit en belles pierres de taille. On remarque seulement, au bas du clocher, quelques gros grès carrés mêlés aux pierres. Ce clocher est placé au bout de la nef; il fut bâti en 1687. Des piliers cylindriques et cannelés soutiennent les voûtes de la nef et des bas-côtés. A la dernière travée de l'un de ces bas-côtés se trouve cette inscription :

Finis coronat opus, 1633.

---

[1] Renseignements communiqués par M. le curé de Guiscard.
[2] Id. par M. l'abbé Lequére, desservant à Jaulzy.

Cette inscription porte à croire qu'on a agrandi alors le monument. Le sanctuaire est plus ancien. On remarque, en effet, les dates de 1521 et 1542 sur les vitraux peints qui ornent les fenêtres. Les personnages que représentent ces vitraux se détachent sur des fonds bleus, rouges et d'architecture. On y voit un *St.-Pierre*, une *Ste-Vierge*, une *Ste-Catherine*, un *Diacre* d'une rare beauté, *Jésus-Christ dans une barque*, etc. La chaire est de 1643; les figures des saints qui la décoraient ont été mutilées pendant la première révolution. Dans la chapelle de la Ste-Vierge se trouve une grande dalle offrant la représentation d'un chevalier; cette dalle est tellement usée qu'on ne distingue plus que les jambes du chevalier, son casque et un écusson aux quatre coins. L'inscription qui l'entoure est aussi effacée en plusieurs endroits. Voici ce qu'on peut encore lire :

CI GIST NOBLE ET PUISSANT SEIGNEUR
MESSIRE CLAUDE D'HUMIÈRES, CHEVALIER,
S.^r DE LASSIGNY, CAMPAGNE ET.....
DE MONSEIGNEUR LE DAULPHIN ET COLLONEL
..... ET PRINCES.....
X FEBVRIER MIL V.^c XLIII.
PRIES DIEU POUR LUI.

L'église de Lassigny est dédiée à *St.-Crépin* et à *St.-Crépinien*. Il y avait autrefois dans le village une chapelle sous l'invocation de *St.-Genest*; elle a été incendiée en 1798. On y venait en pélerinage pour la guérison des enfants. Depuis la ruine de cette chapelle, un pélerinage a lieu dans l'église paroissiale, le 25 août et le jeudi avant le dimanche des Rameaux [1].

CLXXX. *Eglise de Margny-sur-Matz.* — D'après une lettre autographe de Louis de Villiers l'Isle-Adam, qui occupa le siége épiscopal de Beauvais de 1497 à 1521, l'église de Margny paraîtrait remonter à la fin du xve siècle. Dans cette lettre, qui servait d'enveloppe à une petite relique, le prélat constate, en effet, la bénédiction et la consécration du maître-autel de cette église. Les piliers sont ornés de chapiteaux sur lesquels sont sculptés des feuilles de vigne et de chêne. On remarque une pierre représentant la Ste-Vierge, tenant *le Christ descendu de la Croix*. Les restes des vitres peintes offrent *le Père éternel*, *des Anges*, *Ste-Geneviève*, patronne de Paris, et d'autres figures. Derrière l'autel de la Ste-Vierge, se trouve une peinture où parait un jardin fermé, au-dessus duquel on lit ces mots :

HORTUS CONCLUSUS.

Puis ceux-ci :

AMICA MEA. COLOMBA MEA.

Le 6 février et le 15 juillet, jours de la fête du patron de l'église, on

---

[1] Renseignements communiqués par M. Lerondelle, curé-doyen à Lassigny.

apporte tous les enfants des environs pour demander que Dieu les bénisse ou les guérisse par l'intercession du saint [1].

CLXXXI. *Eglise d'Orvillers-Sorel.* — Cette église est en forme de croix latine et construite en pierres de grand et de moyen appareil. On rapporte que Louis XIV, revenant de Flandre en 1678, s'arrêta à Orvillers et que ce grand roi visita l'église avant de déjeuner. On voit dans le sanctuaire, côté nord, une tombe en pierre avec cette inscription :

Cy gist Messire Antoine de la Viefville,
En son vivant chevalier, seigneur d'Orville
Et Popellicourt, scieur et baron de Sermoize ;
Lequel desseda l'an mil six cent xvii, le xi.e de juin.
Cy gist, aussy, Madame Marie de Belloy,
Femme et espouze de Messire Antoine de la Viefville
Et dame de Rouville, laquelle desseda
Le xvii.e jour de juin, jour de la Sainte-Trinité,
Mil six cent douze.
Priés Dieu pour leurs ames !

Il n'y a point de pélerinage dans cette église [2].

CLXXXII. *Eglise de Pont-l'Evêque.* — La nef de cette église semble la partie la plus ancienne ; elle remonte, dit-on, au xi.e siècle. Le clocher passe pour être du xiv.e ou xv.e ; les bas-côtés sont d'une époque plus récente. Selon quelques historiens, Calvin aurait joui du revenu de la cure de Pont-l'Evêque. Cependant, on possède la liste de tous les curés depuis 1512 et nulle part il n'est fait mention de cet hérétique.

CLXXXIII. *Eglise de Ressons-sur-Matz.* — Cette église qui n'a point de portail, la nef étant tronquée, offre un mélange de style roman, de l'architecture ogivale et du style de la Renaissance. La corniche du toit de la nef se compose de guirlandes de demi-trèfles attachés à la nervure, par une pomme de pin. Les contre-forts du transept sud ont, à leur sommet, une balustrade qui se détache très-bien sur l'azur du ciel, des dais ciselés à jour et des niches dépouillées des saints qu'elles contenaient. Le fronton aigu de ce transept porte l'empreinte de projectiles qui ont dû être lancés par des mousquets ou des couleuvrines. On pense, mais rien ne le prouve, que ces traces de guerre remontent à l'époque de la bataille de Saint-Quentin (1557). Il est de tradition dans le pays qu'au xv.e siècle, temps où vivait Jeanne d'Arc, les Anglais s'étant avancés vers Ressons jusqu'à une image de la Vierge suspendue aux branches d'une épine, la reine des anges descendit elle-même des Cieux, étendit les bras et chassa les *Soudards épouvantés*. Les habitants

---

[1] Renseignements communiqués par M. l'abbé Braux, desservant à Margny-sur-Matz.

[2] C'est sans doute à tort que M. Graves a dit que l'autel de Saint-Blaise, à côté du chœur, donnait lieu à un pélerinage.

de Ressons élevèrent une chapelle sur le lieu même. Elle a été reconstruite en 1830 [1].

CLXXXIV. *Eglise de Saint-Germain.* — L'église de Saint-Germain, qui forme une croix latine bien prononcée, date, dit-on, de la fin du xv.ᵉ siècle. Elle a remplacé une ancienne église, bâtie vers 800 et dédiée à St.-Germain d'Auxerre. On a fait disparaître, à l'intérieur, les poutres qui existaient sous le plafond de la voûte et dont quelques-unes offraient de curieuses sculptures. On remarque beaucoup de pierres sépulcrales dans l'église de Saint-Germain. Elles y ont été rapportées de l'abbaye de Royal-Lieu, lors de la suppression de ce monastère en 1791. La duchesse d'Angoulême, au mois de mai 1828, et la duchesse de Nemours, en 1841, ont visité l'église de Saint-Germain [2].

CLXXXV. *Eglise de Vauchelles.* — Cette église offre, à l'entrée, une tête de mort et un serpent à gueule béante, image du serpent tentateur mis à mort par la mère du Christ. Le chœur se termine carrément ; deux chapelles l'environnent. Celle de la Ste-Vierge est élevée d'environ 10 mètres ; elle a deux grandes croisées de 3 mètres de largeur sur 5 mètres de hauteur. La *Passion du Sauveur* se trouve représentée sur les vitraux peint de la seconde chapelle. La chaire était ornée des figures des quatre pères de l'Église latine. Ces sculptures ont été détruites par des mains impies [3].

CLXXXVI. *Eglise de Villeselve.* On ne sait rien de bien certain sur l'origine de l'église paroissiale de Villeselve et sur ses reconstructions successives. Il existait dans ce village, en 1136, une église à la nomination du prieur du même lieu. La duchesse de Bourgogne fit don à cette église de précieuses reliques en 1430. En 1628 on y fit des réparations partielles. Depuis, on y a encore exécuté divers travaux qu'il serait trop long de rappeler ici. Une partie de la chapelle de l'abbaye ou plutôt du prieuré de *Ste-Madeleine de Villeselve* a été conservée ; on y célèbre la messe le jour de la fête de cette sainte et l'on y vient en pélerinage des villages voisins. Le prieuré de Villeselve avait été fondé par la reine Berthe, femme de Pépin ; le fameux Théodore de Bèze en fut abbé commandataire par suite de la résignation de son oncle Nicolas de Bèze, prieur de Villeselve en 1528 et mort en 1532 [4].

CLXXXVII. *Eglise de Borest* (arrondissement de Senlis). — Il existe à Borest une église et les restes d'une très-ancienne chapelle de Ste-Geneviève ;

---

[1] Renseignements communiqués par M. le curé de Ressons-sur-Matz.
M. Graves, canton de Ressons pag. 82, dit que la chapelle dont nous venons de parler fut démolie en 1832.

[2] Renseignements communiqués par M. l'abbé Boudeville, desservant de Saint-Germain.

[3]   Id.   par M. l'abbé Fernet, desservant de Vauchelles.

[4]   Id.   par M. le desservant de Villeselve.

cette chapelle se trouve comprise dans une ferme appartenant autrefois aux Génovéfains. L'église, en forme de croix latine, est placée sous l'invocation de *St.-Martin*. Ses voûtes en pierre ont des arêtes saillantes. Les fenêtres du sanctuaire sont en plein cintre et celles de la nef en ogive. Sur la fenêtre au centre de l'abside, on voit un vitrail peint représentant le *Père Eternel*, le *Soleil* et la *Lune*. Sous le badigeon des murs, apparaissent çà et là des traces d'anciennes peintures. On remarque aussi quelques dalles en pierres sur lesquelles sont tracées des figures de religieux [1].

CLXXXVIII. *Eglise de Boularre.* — Cette église date du XIIe siècle, mais elle a été reconstruite en grande partie à la fin du XVe ou au commencement du XVIe siècle. Les piliers qu'on y voit sont surmontés de chapiteaux ornés de volutes, de feuilles de chêne et de vignes, de figures grotesques et de divers animaux. La corniche offre à peu près les mêmes ornements. Une tour, placée à l'entrée de l'édifice, s'élève au-dessus du seul bas-côté qu'il renferme. La forme de cette église est carrée; une pyramide à quatre pans la surmonte. Le patron de l'église de Boularre est *St.-Etienne*, 1.er martyr [2].

CLXXXIX. *Eglise de Creil.* — L'église paroissiale de Creil, sous l'invocation de St.-Médard, appartient à différents styles. La porte en ogive est soutenue par plusieurs rangs de colonnes. La tour se termine en plate-forme, fermée par une belle galerie à jour surmontée d'une flèche en pierre. Le pavé offre quelques épitaphes ornées de figures d'hommes et de femmes, d'ecclésiastiques et de chevaliers. Une grosse cheminée placée dans l'intérieur de l'église attire les regards. Elle est près de l'emplacement d'anciens fonts où l'on baptisa long-temps par immersion.

Une autre église, celle de *Saint-Evremont* de Creil, est actuellement en ruines. C'était autrefois une collégiale importante dont la fondation remontait au VIIIe siècle. Elle fut restaurée dans le XIIIe La tour, les portes et d'autres parties de l'édifice n'existent plus [3].

CLXL. *Eglise de Gillocourt.* — Aucun titre ne fait connaître l'origine de cette église. Le pignon de la nef est du XIIe ou XIIIe siècle; le reste du monument date du XVe ou XVIe siècle. La porte principale en ogive est soutenue par une rangée de colonnettes s'élargissant au-dehors et dont les chapiteaux sont ornés de feuillages. Trois statues en pierre, représentant l'une *St.-Martin*, patron de l'église, l'autre un *Ecce Homo* et la troisième la *Mère de douleurs*, décorent le pignon. A l'intérieur, deux rangs de piliers séparent la nef des bas-côtés. Les fenêtres étaient garnies de beaux vitraux peints; mais ils ont été vendus et décorent aujourd'hui l'église de Saint-Antoine de Compiègne. Depuis cette vente, il ne reste de bien curieux à voir dans l'église de Gillocourt qu'un devant d'autel représentant *la Cène* et deux petits tableaux peints sur bois que des chérubins semblent tenir ouverts. Il

---

[1] Renseignements communiqués par M. le desservant de Borest.
[2] Id. par M. l'abbé Biet, desservant à Boularre.
[3] Id. par M. le curé de Creil.

se fait dans cette église un pélerinage où l'on amène les jeunes enfants ; on les fait passer sous une table sur laquelle reposent les reliques de Saint-Prix [1].

CLXLI. *Eglise de la Chapelle-en-Serval.* — L'église de la Chapelle semble avoir été construite au xvi.ᵉ siècle. Un des culs-de-lampe de la voûte du bas-côté droit porte la date de 1581 ; un autre placé dans la nef, celle de 1685. Le clocher, qui a une galerie et une balustrade, et le portail qui n'offre rien de curieux sont modernes. La plupart des fenêtres ont perdu leurs vitraux peints ; il ne reste au fond du chœur qu'une verrière, où l'on distingue plusieurs personnages se détachant sur des couleurs très-foncées [2].

CLXLII. *Eglise de Lamorlaye.* — Cet édifice fut presque entièrement brûlé par la foudre dans le siècle dernier ; c'est alors qu'on le reconstruisit comme on le voit maintenant. On conserva quelques parties des anciens bâtiments qui semblent appartenir au gothique secondaire. Il existe deux petites chapelles à l'extrémité des deux bras de la croix que forme ce monument. Au-dessus du maître-autel, on voit les statues de St.-Nicolas et de Ste-Catherine. Les vitraux peints de l'unique croisée du fond du chœur représentent *l'Annonciation*. On lit au bas ces mots :

Ave, Maria, gratia plena.

CLXLIII. *Eglise de Lagny-le-Sec.* — Cette église remonte à deux époques bien distinctes. La voûte du chœur porte le millésime de 1574 ; le clocher est évidemment du xii.ᵉ ou xiii.ᵉ siècle. La corniche de ce clocher, formée de petites pierres carrées, représente des bouts de solives, terminées par des têtes humaines. Les ouvertures sont en plein cintre. A droite et à gauche du chœur se trouvent deux chapelles voûtées et en saillie. Les chapiteaux des piliers qui adhèrent à la muraille sont ornés de rosaces de perles et d'oves. L'église de Lagny reconnaît *St.-Pierre* et *St.-Paul* pour patrons [3].

CLXLIV. *Eglise de Montataire.* — L'église de Montataire, placée sous l'invocation de la Sainte-Vierge, paraît avoir été bâtie à deux reprises différentes, mais à des époques très-rapprochées. Les portes sont en ogive et reposent sur plusieurs rangs de colonnes surmontées de chapiteaux que décorent des feuillages. Au-dessus de l'une de ces portes se trouve un bas-relief représentant *l'Annonciation*. Une tour carrée et terminée en plate-forme existe sur l'un des bas-côtés du chœur. Des contre-forts ornés de sculptures soutiennent les murs de l'édifice. La corniche est supportée par des consoles ornées de moulures, de feuillages et de draperies. La chaire et le banc d'œuvre offrent de riches sculptures [4].

CLXLV. *Eglise de Nanteuil-le-Haudouin.* — Le portail de cette église est

---

[1] Renseignements communiqués par M. l'abbé Demouy, desservant à Gillocourt.
[2] Id. par M. l'abbé Clin, desservant de la Chapelle.
[3] Id. par M. l'abbé Pasquier, desservant de Lagny-le-Sec.
[4] Id. par M. le desservant de Montataire.

flanqué de deux magnifiques tours octogones, surmontées d'une plate-forme et couronnées par une corniche composée de consoles, de modillons et de quelques figures à têtes plates. On remarque au milieu de ces deux tours une fort belle fenêtre en ogive, garnie de colonnettes ; cette fenêtre et les tours semblent remonter au xiii.e siècle. Un petit porche précède le portail. La chaire de l'église de Montataire était ornée de diverses sculptures qui ont disparu sous le marteau révolutionnaire [1].

CLXLVI. *Eglise de Plailly.* — On n'a sur l'origine de cette église que des notions vagues et incertaines. L'édifice a la forme d'un carré long; mais le toit de deux chapelles, qui accompagnent le sanctuaire et qui viennent découper le toit principal, donne la forme d'une croix à cette église. La tour qui s'élève sur le transept méridional est percée de fenêtres géminées à plein cintre. La flèche octogone qui la surmonte a ses angles garnis de crochets appelés *ossements* dans le pays; quatre clochetons décorent le bas de cette belle flèche. La corniche existant autour du chœur et du sanctuaire se compose de petites arcades fort curieuses. La nef et les bas-côtés sont séparés par deux rangs de piliers. Ces piliers, à socles carrés, ont leur fût cylindrique. Il faut en excepter deux placés au fond du sanctuaire et qui sont composés d'un faisceau de colonnes. Les quatre piliers du chœur offrent en ce genre quelque chose d'assez remarquable. Les chapiteaux de ces colonnes servent comme de base à un faisceau de colonnettes qui ont aussi leurs chapiteaux. C'est de ces derniers chapiteaux que s'élancent en groupe, de chaque côté, de légers cordons qui, en se rapprochant et se croisant, forment les arceaux de la voûte. Tous les piliers sont ornés de chapiteaux remarquables par la variété et l'élégance de leurs ornements. On y voit sculptés, des perles, des broderies, des enroulements, des coquillages et des feuillages, parmi lesquels on peut distinguer des feuilles de trèfle, de fougère, de palmier, de vigne et d'acanthe. Les seconds chapiteaux des piliers du chœur ont seuls des têtes saillantes au milieu de leurs feuilles entablées. La voûte de la nef est fort belle. La chaire et le banc d'œuvre offraient autrefois divers écussons et des armoiries; ils ont été arrachés avec violence pendant le règne de la Terreur. Le vandalisme a été poussé plus loin: on a gratté les lettres des inscriptions qui ornaient trois grandes dalles placées à l'entrée du chœur et sur lesquelles paraissent encore des personnages en habits du temps de François Ier. Au-dessus des quatre colonnes en marbre qui ornent l'autel, se trouvent deux statues en pierre, tenant un livre à la main et revêtues d'une tunique longue et bien drapée. Ces statues, dans l'attitude de la prière, paraissent être *St.-Gervais* et *St.-Protais;* les mêmes figures sont sculptées sur les fonts de l'église de Plailly. Cette paroisse a vu naître trois pontifes vénérables qui occupèrent le siége de Senlis [2].

CLXLVII. *Eglise de Saint-Firmin,* près Chantilly. — Cette curieuse église

---

[1] Renseignements communiqués par M. l'abbé Thouret, desservant à Montataire.
[2] Id. par M. l'abbé Moret, desservant à Plailly.

est en forme de croix grecque. La porte principale n'offre rien de remarquable, mais la petite porte ou porte latérale, en arc surbaissé, est très-riche. L'archivolte est décorée de guirlandes et de griffons; une niche qui la surmonte indique le temps de François Ier. Un seul rang de piliers cylindriques forme la séparation de la nef et des bas-côtés. Les voûtes, en ogive, sont soutenues sur des arcs doubleaux, terminés par des rosaces où paraissaient naguères les armes des Montmorency. A l'intérieur, on remarque treize statues représentant les saints de cette famille illustre. Deux de ces statues sont en marbre, quatre en pierre et les autres en bois. Toutes les fenêtres du chœur sont ornées de superbes vitraux peints, que les paroissiens de Saint-Firmin ont eu le bon esprit de conserver, malgré le haut prix qui leur en avait été offert. Ces braves gens ont fait plus; ils se sont généreusement cotisés pour la restauration des parties qui menaçaient de tomber. On dit qu'une partie des vitraux a été donnée par le cardinal de Boissy, qui fut grand-aumônier de France; ses armes, celles de Guillaume Gouffier et de Philippe de Montmorency se voient sur ces vitraux qui portent la date de 1543. On remarque quelques pierres tombales sur lesquelles sont tracées des figures d'hommes et de femmes de la famille de Montmorency. Cette maison étant devenue propriétaire de la terre de Saint-Firmin, fit orner l'église qui avait été bâtie par les moines de St.-Nicolas d'Acy [1].

CLXLVIII. *Eglise de Saint-Vast.* — L'église de Saint-Vast remonte au XIe ou au XIIe siècle. Le chœur qui se termine en hémycicle n'est pas entouré de chapelles. Des faisceaux de colonnes composent les piliers servant de séparation à la nef et aux bas-côtés. Les chapiteaux de ces piliers offrent divers animaux, des feuillages et des plantes d'une belle exécution. Au haut de la porte, à l'intérieur, on remarque une peinture représentant *la Ste-Vierge*, tenant l'enfant Jésus dans ses bras [2].

CLXLIX. *Eglise de Verneuil-sur-Oise.* — Cette église possède quelques vitraux qui ne sont pas sans mérite. Ceux qui éclairent le maître-autel représentent plusieurs traits des saintes écritures; ici c'est *la Cène*, là *Jésus-Christ expirant sur la croix*, etc. La chaire est enrichie de panneaux sculptés sur ses cinq faces. Ces panneaux offrent les quatre évangélistes et St.-Jean-Baptiste. A l'extérieur de l'édifice, on remarque un beau clocheton à jour qui surmonte le pilier séparant la porte en deux parties. Le clocher existe à l'angle nord-ouest de l'édifice; c'est une tour carrée couronnée par une plate-forme et une galerie en pierre. Une très-belle flèche s'élève au-dessus de cette tour [3].

CC. *Eglise de Versigny.* — St.-Martin est le patron de cette église. On ignore l'époque de sa construction, mais elle ne doit pas remonter à une

---

[1] Renseignements communiqués par M. l'abbé Simon, desservant à Saint-Firmin.
[2] Id. par M. l'abbé Duval, desservant à St-Vast.
[3] Id. par M. le desservant de Verneuil-sur-Oise.

époque bien reculée. La porte est formée de deux pilastres corinthiens avec fronton circulaire surbaissé et brisé. Des niches, des culs-de-lampe, des figures et des feuillages décorent le haut du portail. Le chœur est de forme circulaire. La flèche du clocher, en pierres sculptées en écailles jusqu'au sommet, fixe les regards par son élégance et son élévation. Le fond de l'autel, qui rappelle le style de la Renaissance, se compose de plusieurs colonnes corinthiennes entre lesquelles on voit des petits cubes en pierres dorées, ornés de sculptures. Ces sculptures représentent *la Naissance de Jésus-Christ* et *l'Adoration des Mages*. Le haut du portique est surmonté à droite d'une statue de sainte de grandeur naturelle et tenant un livre à la main, à gauche d'une autre statue en pierre, représentant *St.-Martin à cheval*, partageant son manteau pour en donner la moitié à un pauvre. Les voûtes de la chapelle de la Ste-Vierge sont très-remarquables. Leurs nervures se détachent en forme de couronne fermée et se terminent par des culs-de-lampe qui ont été malheureusement gratés. Les portes des grilles qui ferment le chœur et les deux chapelles sont fort délicatement travaillées. On remarque dans le chœur quatre tombes sur lesquelles paraissent des chevaliers armés et des ecclésiastiques revêtus de leurs habits sacerdotaux. Les écussons et les inscriptions qui ornaient ces tombes ont été gratés [1].

P. ROGER.   H. DUSEVEL.

LOUIS XI
ET LES BOURGEOIS D'ARRAS.

APRÈS la mort de Charles-le-Téméraire, Louis XI prit sur le champ possession des places de l'Artois. Il ne prétendait pas les garder, disait-il, et les rendrait tout aussitôt que la princesse Marie, fille de Charles-le-Téméraire, aurait fait au roi de France hommage de suzeraineté. Pendant ce temps, les agents de Louis XI préparaient toutes choses pour que l'Ar-

[1] Renseignements communiqués par M. l'abbé Dumas, desservant à Versigny.

tois demeurât à la France et Commines gagnait à la cause royale le célèbre d'Esquerdes, gouverneur de la province.

Cependant les bourgeois d'Arras, dont le dévouement à la maison de Bourgogne était à toute épreuve, se déterminèrent à envoyer vingt d'entre eux vers la princesse Marie pour l'éclairer sur les projets de Louis XI et sur les intrigues de ses agents [1]. Mais le roi, instruit de leurs résolutions, prit si bien ses mesures qu'ils furent arrêtés à Lens et conduits à Hesdin. Là le roi les interroge et, semblant faire taire tout ressentiment, il ordonne qu'un banquet soit préparé. Revenus de leur effroi, les bourgeois croient voir dans les dispositions de Louis XI une pensée de réconciliation, et sans nulle défiance ils s'asseyent à la table royale. Louis XI eut pour chacun d'eux les plus douces paroles et il avait fait cesser leurs dernières appréhen-

---

[1] Les vingt bourgeois furent choisis le 18 avril 1477 (v. st.) Le chef de la députation était Oudart de Bucy, procureur-général de la province, homme d'un éminent savoir et d'une grande vertu. On voit dans une lettre écrite par Louis XI au sire de Bressuire que ce prince cherche à justifier la mort d'Oudart de Bucy par le prétexte que ce magistrat avait accepté de lui *une seigneurie* en parlement. Les chroniques rapportent qu'après le meurtre d'Oudart de Bucy, le roi avait fait recouvrir sa tête d'un chapeau d'écarlate fourré d'hermines qu'il fit exposer aux railleries de la foule sur la principale place d'Hesdin.

Parmi les bourgeois députés on remarquit aussi Baudouin de Caulers, échevin, et M.ᵉ Clérembaut Couronnel, avocat de la ville. On ne trouve pas quels furent leurs compagnons d'infortune. Le commandant du détachement qui les arrêta à Lens s'appelait Guérard Asset, sergent royal. Guérard Asset sut mettre à profit pour ses enfants et pour lui le dévouement dont il avait fait preuve dans cette occasion. On le fit prévôt royal de Beauquesne. Son second fils, Martin Asset, devint abbé de Saint-Vaast d'Arras; Pierre Asset, son petit-fils, fut président du conseil d'Artois. (*Notes de M. le baron de* HAUTECLOCQUE, *ancien maire d'Arras*).

(1477)

LOUIS XI ET LES BOURGEOIS D'HESDIN.

sions lorsque, vers la fin du repas, Tristan, le grand-prévôt parut! Aussitôt l'effroi glace tous les visages; car l'aspect de cet homme commandait la terreur et on savait bien que ses paroles étaient des arrêts de mort. « Messieurs, — dit-il enfin, en promenant son » regard sur les bourgeois atterrés, — mettez-vous en » paix avec Dieu; je vais vous dépêcher à lui. » Cependant les bourgeois se jetèrent aux pieds du roi implorant sa pitié; mais Louis XI fut inflexible et, sur son ordre, les Écossais de sa garde conduisirent les malheureux bourgeois sur la place publique d'Hesdin où ils furent décapités.

P. ROGER.

NOTICES
SUR QUELQUES FAMILLES D'ANCIENNE NOBLESSE ÉTABLIES EN PICARDIE OU EN ARTOIS.

III.ᵉ ARTICLE.

CACHELEU. Ancienne famille de Picardie, habituée en Ponthieu. Claude de Cacheleu était capitaine de Saint-Riquier pour la Ligue, en 1589. Un autre Claude de Cacheleu, comte de Thoiras, comte et pair de Villers, figure comme premier pair du comté de Ponthieu en 1714; il exerça la charge de contrôleur de la gendarmerie. Famille alliée aux maisons de Gomer, Louvencourt, Manneville, Poix, Sericourt d'Esclainvilliers, Tourville, etc. Les Cacheleu portent *d'azur, à trois pattes de loup d'or*.

COSSART D'ESPIÈS. Famille considérable du Beauvoisis, distinguée dans l'Église et dans la carrière des armes. André Cossart, chanoine de Gerberoy, devint le confesseur de Charles VIII et d'Anne de Bretagne. Cossart d'Espiès, gentilhomme picard et maréchal-de-camp, fut tué au premier siège de Valenciennes en 1656 (*Mémoires d'Artagnan*). Louis-François Cossart d'Espiès était chevalier de Saint-Lazare en 1704. Le marquis et le comte d'Espiès, lieutenants-généraux à la fin du siècle dernier, servirent avec distinction et devinrent tous deux cordons-rouges. Maison alliée à celles de L'Aubespin, de Vendeuil, de Villepoix, etc. Les Cossart d'Espiès portent *de gueules, à la croix d'or, chargée de cinq ancres de même.*

FLAVIGNY. Très-ancienne maison habituée en Cambrésis et en Picardie, dès le commencement du XIII.ᵉ siècle. Diverses chartes des abbayes de Saint-Aubert, d'Honnecourt et de Foigny font mention à cette date des premiers seigneurs connus de la maison de Flavigny, à laquelle appartenait Nicolas de Flavigny, doyen de Langres, évêque de Besançon, puis archevêque, mort en 1235. On trouve, depuis cette époque, plusieurs Flavigny, gouverneurs du Cambrésis; Étienne de Flavigny, chevalier d'honneur du roi Charles VI; Jacquemart de Flavigny, seigneur de Ribeauville, gouverneur de Guise en 1398 pour Louis de France, duc d'Anjou, comte de Guise, roi de Naples et de Sicile. La maison de Flavigny a eu des services militaires continuels. On trouve dans ces derniers temps: Louis Agathon, comte de Flavigny, vicomte de Renansart, lieutenant-général des armées du roi, grand-croix de l'ordre de St.-Louis, ministre plénipotentiaire de France à la cour de Parme, mort en 1800; Charles-François, comte de Flavigny, mort maréchal-de-camp en 1803. La famille de Flavigny compte encore des représentants en Picardie, en Champagne et à Paris. M. le vicomte Maurice de Flavigny, pair de France, est de cette maison. Alliances avec les d'Amerval, Bérulle, Boulainvilliers-Dammartin, Hervilly, La Personne-Verloing, Montesquiou-Fezensac, etc. Armes: *échiqueté d'argent et d'azur, à l'écusson de gueules posé en abîme.*

GANAY. Maison originaire du Nivernais, fixée en Bourgogne dès le XV.ᵉ siècle. Une de ses branches s'établit en Beauvoisis. Jean de Ganay, premier-président au parlement de Paris, garde-des-sceaux en 1494 et chancelier de France en 1507, possédait la seigneurie de Persan. Germain de Ganay, son frère, conseiller-clerc au parlement de Paris, devint doyen du chapitre de la cathédrale de Beauvais, évêque de Cahors et d'Orléans. Les descendants du chancelier Jean de Ganay remplirent d'importantes charges dans la magistrature ou se distinguèrent dans la carrière des armes. La branche établie en Beauvoisis est représentée par M. le comte Ernest de Ganay; deux autres branches sont fixées en Bourgogne et en Franche-Comté. Alliances avec les maisons Des Courtils de Merlemont, de Rougé, de Montholon, de Virieu, etc. Les armes du chancelier Jean de Ganay étaient *d'argent, à la fasce de gueules, chargée de trois roses d'or, 2 et 1, accostées de deux coquilles aussi d'or.* Ses descendants portent *d'or, à l'aigle désarmé de sable.*

GOUY D'ARCY. Ancienne famille du Beauvoisis, originaire d'Artois. Louis de Gouy, chevalier au service de Charles-le-Téméraire, prit du service dans les armées françaises après la mort de ce prince. La terre d'Arcy en Beauvoisis entra alors dans cette maison. François de Gouy d'Arcy, conseiller d'État, eut la charge de grand-maître des eaux-et-forêts en 1678; le marquis de Gouy d'Arcy, maréchal-de-champ, se couvrit de gloire à la bataille de Fontenoy ; il mourut lieutenant-général. Son fils, le marquis Louis de Gouy d'Arcy, colonel des dragons de la reine et grand-bailli d'épée de Melun, présida l'assemblée de la noblesse de son bailliage lorsque les États-généraux furent convoqués. La maison de Gouy d'Arcy, admise aux honneurs de la Cour en 1744, s'est alliée aux Halluin, aux Melun, aux Sermoises, etc. Divisée en plusieurs branches, elle porte *fascé d'or et d'azur de six pièces, au lambel de gueules.*

Hédouville. Cette famille prit le nom de la terre seigneuriale d'Hédouville, située dans le voisinage de Chambly en Beauvoisis. Louis de Hédouville, chambellan de Louis XII, fut gouverneur d'Arques et bailli d'épée de Caux. Il épousa Françoise de Rouvroy Saint-Simon et fonda avec elle le couvent des Minimes de la ville d'Amiens. Le château de Sandricourt leur appartenait lorsqu'eut lieu le célèbre pas d'armes de Sandricourt. Les terres de Hédouville et de Sandricourt passèrent, au commencement du xvi.ᵉ siècle, dans la maison de Rouvroy Saint-Simon. La maison de Hédouville a fourni à nos armées plusieurs officiers-généraux. Joseph de Hédouville est mort maréchal-de-camp en 1820. Gabriel-Joseph-Théodore, comte de Hédouville, sénateur et plus tard pair de France, mort en 1825, commanda en chef l'armée des côtes de Cherbourg en 1795, et fut en 1801 ministre plénipotentiaire de France à Saint-Pétersbourg. Cette maison compte encore des représentants et porte *d'or, au chef d'azur, chargé d'un lion léopardé d'argent.*

L'Escalopier. Famille établie depuis le xv.ᵉ siècle en Santerre, où elle a possédé les seigneuries de Crémery et de Liancourt-Fosse. La maison de l'Escalopier, distinguée par ses alliances et par ses services parlementaires, est encore en possession du vieux manoir de Liancourt-Fosse. César-Charles de l'Escalopier fut successivement conseiller au parlement de Paris, maître des requêtes, intendant de Champagne et conseiller d'État. Son fils Gaspard de l'Escalopier, maître des requêtes, devint intendant de Montauban. La maison de l'Escalopier a fourni plusieurs chevaliers de Malte. Alliances avec les maisons de Bailly-Fresnay, Béthune-Charost, Courson de la Thuilerie, Le Clerc de Lesseville, etc. Armes: *de gueules, à la croix ancrée d'or cantonnée de quatre croissants de même.*

Runes. Ancienne maison de Picardie. Jean de Runes commandait à Amiens en 1567. Jacques de Runes, chevalier de l'ordre de Saint-Lazare, servait dans la maison du roi en 1673. François-Léonor de Runes fut admis en 1750 aux États d'Artois à cause de sa terre d'Azincourt. Les preuves de noblesse de cette maison, faites devant l'intendant Bignon, remontent à 1467. La famille de Runes s'est alliée aux maisons de Boulainvilliers, Clermont-Tonnerre, Gourlay, Humières, Lameth, Querecques, Tramecourt, etc. Ses armes sont : *d'argent, au sautoir d'azur, accompagné de quatre aiglettes de gueules.*

Wignacourt. Maison illustre de Picardie. Elle prit le nom de la terre de Vignacourt en Amiénois et s'habitua en Flandre, en Artois, en Champagne et en Alsace. Cette maison a donné deux grands-maîtres à l'ordre de Malte. Le premier, Aloph de Wignacourt, fit fortifier Malte et donna par des victoires sur les Turcs beaucoup d'éclat à sa maîtrise ; Aloph de Wignacourt mourut en 1622. Adrien de Wignacourt, son petit-neveu, premier-gentilhomme de la chambre du roi Henri IV, fut élu grand-maître en 1690. Il avait été titulaire de la commanderie d'Oisemont en Ponthieu. Voici l'épitaphe latine placée à Malte sur son tombeau : *Si generis splendorem quæris, habes in solo nomine, habes in affinitatibus pene regiis;* « *si vous cherchez la splendeur de sa race, vous la trouverez dans son nom, vous la trouverez dans ses alliances presque royales.* » Simon de Wignacourt accompagna Philippe-Auguste dans la troisième croisade ; son nom et ses armes sont au Musée de Versailles. Le marquis de Wignacourt fut tué à Fontenoy ; Louis-Daniel, marquis de Wignacourt, périt à la bataille de Minden, à l'âge de 27 ans. La maison de Wignacourt, admise dans les chapitres nobles des Pays-Bas, s'est alliée aux familles d'Aremberg, Berghes-Saint-Winock, Carnin, Clermont-Tonnerre, Cossé-Brissac, Créquy, Croy, Ghistelles, Ligne, Mailly, Mérode, Renty, Sainte-Aldegonde, etc. Le chef de nom et d'armes de cette illustre maison est aujourd'hui M. Louis-Marie-Balthasar, marquis de Wignacourt, fils du marquis de Wignacourt, lieutenant-général des armées du roi et grand'croix héréditaire de l'ordre de Malte. Armes : *d'argent, à trois fleurs de lis de gueules au pied nourri.*

ANVIN DE HARDENTHUN. Famille d'origine chevaleresque. Le château de Hardenthun, dont elle prit le nom, était situé en Boulonnais. Les titres de l'abbaye de Cercamp, conservés dans les archives départementales du Pas-de-Calais, font foi qu'en 1149 Simon d'Anvin était au nombre des barons de Flandre. Une charte de 1191, datée d'Acre, et portant le sceau de Raoul, comte de Soissons, dépose que Pons ou Poncet d'Anvin fut du nombre des chevaliers de la troisième croisade. En 1232, Baudouin d'Anvin est pair du comté de Saint-Pol ; en 1276, Enguerrand d'Anvin figure dans les chartes en qualité de chevalier et bailli de Saint-Omer. L'*Histoire de la maison d'Auvergne,* par Baluze, et celle *de la maison de Châtillon,* par André Du Chesne, font mention de Moriaux d'Anvin, baron du Boulonnais. En 1298, Moreau d'Anvin est châtelain de Calais. Philippe d'Anvin de Hardenthun, chevalier, baron du Boulonnais et seigneur de Sarriquier, prévôté de Montreuil-sur-Mer, remplit la charge de grand-fauconnier de France, depuis 1337 jusqu'en 1353. Laurent de Hardenthun, *premier écuyer du corps du roi Jean,* donna quittance en cette qualité en 1354 (*Biblioth. Roy. Cabinet des Titres*). Le 1.er mars 1379, Robert de Hardenthun fit montre à Ardres avec sept écuyers de sa compagnie : Robert Baillet, Jehan de Nédonchel, Testart de Saranviller, Rifflard de Cameronne, Jehan d'Eseilmen, Lancelot La Personne et Alyaume de Gaspanes (*Tit. de la Bib. Roy.*) Jean et Oranglois d'Anvin de Hardenthun moururent à Azincourt. — Le château de Hardenthun fut très-fortifié et les sires de Hardenthun qui y tenaient garnison à leur solde rendirent, dans le moyen-âge, de grands services au roi de France. A la fin du xiv.e siècle, ou au commencement du xv.e, la famille d'Anvin de Hardenthun s'établit à Ochancourt en Vimeu où habite encore M. le baron d'Anvin de Hardenthun, chef de nom et d'armes de sa maison.

Dans les xvi.ᵉ et xvii.ᵉ siècles, les d'Anvin de Hardenthun ne dégénérèrent pas et servirent avec distinction dans nos armées. Alliances avec les maisons d'Auxy, Boubers, Bournonville, Brandt, Courteville d'Hodicq, Fléchin, Longueval, Mailly, Monchy, Quiéret, Sainte-Aldegonde, Renty, Wignacourt, etc. Armes: *de sable, à la bande d'or chargée d'une molette de sable et accompagnée de six billettes d'or, trois en chef, trois en pointe.* Le nombre des billettes a varié. L'armorial de Bignon et un titre de 1354 portent huit billettes ; on en trouve quelquefois sept.

Aoust. Cette maison, habituée en Artois depuis plusieurs siècles, a fourni des sénéchaux du Ponthieu, des baillis d'Abbeville, un gouverneur de Douai, un lieutenant-général à nos armées et plusieurs chevaliers de Malte. Autrefois en possession du marquisat de Jumelles, des baronnies de Rémy et de Cuincy, la maison d'Aoust compte encore des représentants. Elle s'est alliée aux familles de Bacquehem, Belvalet, Divion, Gantès, Le Josne de Contay, Trazégnies, Villers-au-Tertre, etc. Armes: *d'azur, à trois gerbes d'or liées de même.*

Bassecourt. Pierre et Charles de Bassecourt furent anoblis par lettres du roi Philippe II, à la date de 1579. Pierre de Bassecourt, l'un d'eux, commandait 200 chevau-légers sous le comte de Willerval, au siége et à la prise de Saint-Pol. Antoine de Bassecourt eut le gouvernement de Douai, dans le xvi.ᵉ siècle. La terre de Grigny fut érigée en marquisat, le 27 juillet 1690, pour Catherine-Jean-Baptiste de Bassecourt-d'Huby lieutenant-général des armées du roi d'Espagne, Charles II, et commandant-général de sa cavalerie dans les Pays-Bas. Cette maison a fourni plusieurs officiers-généraux au service d'Espagne, un commandeur de l'ordre d'Alcantara, etc. Elle a aujourd'hui pour chef de nom et d'armes M. Emmanuel Procope marquis de Bassecourt, qui habite Béthune. Alliances avec les maisons de Belvalet, Contes, Du Riez, Fléchin, Hauteclocque, Le Clerc de Bussy, Thieulaine, Salperwick, Servins, etc. Armes: *d'azur, à la bande d'argent chargée de trois sautoirs écotés et alésés de gueules.*

Bernard de Calonne. Famille sortie de l'ancienne bourgeoisie de Tournai, anoblie par l'archiduc Philippe, en 1499, fort distinguée par ses services et ses alliances. La terre de Calonne-Ricouart, située près de Béthune, fut érigée pour elle en comté. La maison Bernard de Calonne a fourni un bailli à l'ordre de Malte et compte encore des représentants en Artois. Elle s'est alliée aux maisons de Berghes-Saint-Winock, Bryas, Esclaibes, Landas, Lannoy, etc. Armes: *de gueules, à l'épée d'argent garnie d'or, la pointe en bas posée en pal et accostée de deux molettes d'éperon, d'or* [1].

P. ROGER.

---

[1] (Extrait de *Noblesse et Chevalerie du comté de Flandre, d'Artois et de Picardie* publié par P. ROGER, sous-préfet de Ploërmel, membre de la Société des Antiquaires de Picardie.)

FÊTES HISTORIQUES
D'ARRAS.

JOYEUSE ENTRÉE
DE CHARLES-LE-TÉMÉRAIRE,
DUC DE BOURGOGNE ET COMTE DE FLANDRE,
ET RÉCEPTION DE SIGISMOND, ARCHIDUC D'AUTRICHE, EN 1469.

Aucune époque de l'histoire d'Artois n'offre plus d'intérêt pour nous que le temps de la domination de la maison de Bourgogne. Quels hommes, en effet, méritèrent mieux du pays que ces princes auxquels tout artésien instruit voue un respect traditionnel? C'est qu'ils furent grands et généreux, favorisèrent le développement de l'industrie, nous ouvrirent les débouchés d'un immense commerce, protégèrent les arts, accrurent nos franchises.

Ces éloges, un rapide aperçu les justifiera.

Philippe-le-Hardi, le premier de cette noble famille, dota la ville d'une halle aux draps, encouragea les corporations industrielles, obtint du roi la remise d'une rente de 1,000 livres, somme énorme pour le temps et bien onéreuse pour la commune.

Son fils, Jean-sans-Peur, donna à l'institution communale un caractère démocratique, en rendant élective la charge du maïeur. Il institua la compagnie des archers.

Philippe-le-Bon, prince magnifique qui aimait le faste, la pompe des fêtes et les nobles jeux de la chevalerie, fut long-temps l'arbitre de l'Europe. Il dicta les conditions de la célèbre paix d'Arras qui, seule, consolida le trône de Charles VII. Sous son administration paternelle, l'Artois jouit d'une tranquillité profonde tandis que le reste du royaume était en proie aux horreurs de la guerre.

Sous le dernier duc, Charles, que son caractère aventureux fit surnommer le Téméraire, la puissance et la gloire de la maison de Bourgogne furent à leur apogée. Sa cour, la plus splendide de l'Europe, fut l'asile de tous les princes malheureux. L'Artois ne put oublier que ce grand justicier, la terreur des méchans, assura sa tranquillité en débarrassant le pays des bandes de malfaiteurs qui l'infestaient, en affermissant le règne des lois. L'histoire, prise au point de vue français, a jugé trop sévèrement ce prince, dont une grande infortune expia les fautes, dont l'esprit chevaleresque fut toujours dupe de l'ignoble astuce, des ténébreuses perfidies de son ennemi Louis XI. Plus impartiaux, les mémoires contemporains, sans justifier quelques-uns de ses actes, ne dissimulent pas au moins ses belles qualités. Ils dépeignent Charles comme un homme laborieux, infatigable, aumônier, généreux avec discernement, poursuivant la gloire avec passion, protecteur des faibles et poussant l'amour de la justice jusqu'à l'extrême sévérité. Aussi, dit Olivier de la Marche, fut-il aimé autant qu'estimé de ses sujets des dix-sept provinces.

Tel fut Charles-le-Téméraire, cette dernière grande figure du moyen-âge. Ce prince vint à Arras le 16 mars 1469, pour recevoir Sigismond, archiduc d'Autriche, et traiter avec lui d'une importante affaire, la cession de l'Alsace, du comté de Ferrette, du Brisgaw, etc. etc. La ville reçut ces deux grands personnages avec beaucoup de solennité et toutes les magnificences de la cour de Bourgogne furent déployées par le duc pour fêter Sigismond.

PROGRAMME ET DÉTAIL DES DIVERSES CÉRÉMONIES DE LA FÊTE [1].

Le lundi 23 août, à 6 heures du soir, les Hérauts d'Armes de la ville d'Arras, escortés des sergents du Châtelain, vont proclamer sur les différentes places de la ville la solennité du lendemain; ils donnent lecture du programme de la fête, de la marche du cortège du Prince dans les différentes rues de la ville, et invitent les habitants à orner leurs maisons et à pavoiser leurs fenêtres d'étendards, bannières ou banderoles aux armes du Prince, de la province ou de la ville.

Les habitants sont également invités à illuminer les façades de leurs maisons pour le cortége de nuit du mercredi.

Le lendemain mardi à 8 heures du matin cette proclamation est répétée dans les mêmes lieux.

A une heure de l'après-midi, la première partie du cortège (composée des compagnies d'Arbalétriers, Archers, Piquiers; les Corporations, l'Échevinage de la Cité, les dignitaires de l'Abbaye Royale de St.-Vaast, les Députés des États, etc., etc., etc.,) réunis et organisés, part du Jardin Botanique et vient à l'Hôtel-de-Ville, en passant par la place St.-Vaast, rue des Jongleurs, place du Théâtre, rues Ernestale et St.-Géry, Petite-Place, prendre l'Échevinage d'Arras, le Gouverneur de la ville et celui de la province.

En ce moment les quêteurs réunis se dispersent et vont par toute la ville remplir leur généreuse mission.

L'Échevinage et ses officiers ayant pris rang dans le cortège, on se rend en bon ordre près la porte St.-Michel pour y recevoir le Prince qui s'est obligeamment détourné de sa route pour faire son entrée par cette porte affectée de toute ancienneté aux joyeuses entrées des comtes et comtesses d'Artois et de leurs premiers-nés.

Le cortége, pour arriver au lieu ci-dessus indiqué, poursuit sa marche par

([1] Extrait des Registres mémoriaux de l'Hôtel-de-Ville.)

(1469)

JOYEUSE ENTRÉE À ARRAS DE CHARLES-LE-TÉMÉRAIRE

les rues des Trois-Visages, Marché-aux-Filets, place Sainte-Croix, rue Sainte-Croix, Grand'Place.

La tête de la colonne se place vers la rue de la Taillerie.

A deux heures, un Poursuivant d'Armes de la maison du Prince ayant annoncé l'arrivée de S. A., le corps de la ville députe vers lui le Conseiller-Pensionnaire, revêtu de son épitoge, et deux Échevins pour lui adresser les remontrances ordinaires relatives aux Bannis et à la prestation de serment.

A peine cette députation est-elle de retour que déjà le Gouverneur d'Arras, Louis Lejosne sire de Contay, Robert de Markais, son lieutenant, Philippe de Crévecœur, Gouverneur-Général d'Artois, le Maïeur d'Arras et le Corps de la ville tous à cheval, accompagnés des Archers assermentés de la ville, et leur Connétable en tête vont au devant du Prince vers la porte St.-Michel. Ils descendent de cheval et Ricard Pinchon, Conseiller-Pensionnaire, après avoir fait une harangue, ouvre le livre aux Serments et en lit la formule au Prince qui prête ce serment en étendant les mains vers la ville et prenant la main du Maïeur.

A son tour celui-ci, en touchant la main du Duc, prête le serment de fidélité au nom de la Communauté des habitants d'Arras; il lui présente les clés de la ville que le Duc remet au Bâtard de Bourgogne, son premier Chambellan.

Cependant le peuple fait éclater sa joie et crie *Noël*, et la bancloque de sa grosse voix et toutes les cloches des églises et des chapelles sur tous les tons saluent la bonne arrivée du Prince. Puis le Châtelain et les Barons de St.-Vaast, représentant l'Abbaye Royale de ce nom, viennent présenter leurs hommages.

Après les présentations, le Duc fait son entrée à Arras et se dirige en cortége vers l'Hôtel-de-Ville et l'église N.-D., en passant par les rues et places dont les noms suivent: la Grand'Place, la Taillerie, Petite-Place, station vis-à-vis l'Hôtel-de-Ville.

La tête de la colonne se déploie vers la rue des Balances.

En ce moment un chevaucheur de la maison de Sigismond, archiduc d'Autriche, vient annoncer l'arrivée de ce Prince au gouverneur d'Arras. Celui-ci rend compte de cet évènement à Charles-le-Téméraire qui charge Antoine, bâtard de Bourgogne, son premier chambellan, et Pierre de Gouy, son chancelier, d'aller recevoir l'Archiduc à la porte Méaulens.

Ces deux seigneurs, suivis d'une compagnie d'Archers à cheval, partent au galop pour aller remplir leur mission.

Au même instant un Héraut d'Armes de la ville vient annoncer au maïeur d'Arras l'arrivée des princesses qui sont arrêtées à la porte Ronville.

Le maïeur ayant informé le Prince de l'arrivée de LL. AA. Charles, duc de Bourgogne, donne les ordres nécessaires pour aller à leur rencontre immédiatement après la réception de l'Archiduc.

L'archiduc Sigismond, précédé des gentilshommes qui étaient allés au-devant de lui, accompagné d'un Conseiller Aulique, de son premier Écuyer, de plusieurs Chevaliers de l'Ordre Teutonique, des Gentilshommes de sa maison et d'une compagnie de Croates Allemands, arrive sur la Petite-Place et se présente au Duc qui le reçoit cordialement.

Les Princes, ayant fait entre eux un échange de félicitations, partent en cortége pour aller recevoir les Princesses en passant par les rues des Balances, des Trois-Faucilles, de Ronville et s'arrêtent à la Porte.

Immédiatement après l'entrée et la réception des Princesses qui prennent place au cortége et complètent son organisation, on se remet en marche dans l'ordre suivant:

La Bannière de la Fête Historique escortée de quatre Commissaires à cheval. — Un Poursuivant d'Armes du Prince. — Trompettes à cheval, leur pavillon est aux armes de la Ville. — Hérauts d'Armes. — Tambours. — Compagnie d'Arbalétriers. — Musique bourgeoise, 45 musiciens. — Compagnie des Archers assermentés de la ville, leur connétable en tête. — La Corporation des Sayetteurs. — Bannière des Présents. — Brancard des Présents porté par huit Sergents à Verge. — Tambours. — Bannière de la Ville. — Compagnie de Piquiers, représentant les quinze Compagnies bourgeoises de la Ville. — La Confrérie de N.-D. des Ardens. — Le Mayeur d'Arras, (Jehan Lejosne). — Le Conseiller-Pensionnaire (Ricard Pinchon). — Le Procureur de la Ville. — L'Argentier (Jehan de Henau l'aîné). — Les Échevins. — Le Clerc de la Ville (Florent Muette). — Les Commis aux ouvrages. — Sergents à Masse. — Bannière de la Cité. — Hérauts d'Armes. — Le Bailli de l'Évêque. — Le Capitaine de la Cité. — Le Lieutenant de la Cité. — Le Prévôt de la Cité (Nicolas Oudard), Conseiller du duc. — Les Échevins de la Cité. — Hommes d'Armes. — Bannière de St.-Vaast. — Le Châtelain d'Arras. — Les Sergents du Châtelain. — Les Barons de St.-Vaast. — Bannière d'Artois. — Le Gouverneur d'Arras, Louis Lejosne, sire de Contay. — Le Lieutenant du Gouverneur (Robert de Markais). — Le Procureur-Général d'Artois (Pierre Caulier). — Le Greffier, (Jean de Raincheval). — Philippe de Crèvecœur, Gouverneur d'Artois, Chevalier de la Toison-d'Or. — Les Députés des trois Ordres des États d'Artois. — Gens du Serment du Jeu d'Épée. — Sergens d'Armes. — Chevaucheurs de l'écurie du Prince. — Tambours. — Compagnie d'Archers. — Musique à pied de la maison de S. A. (45 Musiciens). — Hérauts d'Armes. — Bannière de Bourgogne, au centre d'une compagnie de Hallebardiers. — Gentilshommes d'honneur, désignés pour accompagner la Duchesse. — Philippe Pot, Pierre de Hennin, Seigneur de Bossut, Jean de Neufchâtel, Seigneur de Montaigne, Chevaliers de la Toison-d'Or. — Marguerite d'York, Duchesse de Bourgogne, accompagnée de son premier écuyer. — Pages de la Duchesse. — Dames d'Honneur et leurs Écuyers. — Marie, Princesse de Bourgogne et sa Gouvernante. — Leurs Écuyers. — Gentilshommes de la maison de la Duchesse de Bourgogne. — Musique de la maison du duc, (20 Musiciens à cheval). — Écuyers du Duc de Bourgogne. — Écuyers porte-épée du Duc, porte-casque et porte-lance. — Charles, Duc de Bourgogne, ayant à sa gauche Sigismond, Duc d'Autriche, et les Pages et Damoiseaux des Princes. — Antoine, bâtard de Bourgogne, premier Chambellan. — Baudouin, bâtard de Bourgogne. — Pierre de Gouy, Chancelier de Bourgogne.

— Jacques de Luxembourg, Chevalier de la Toison-d'Or. — Jean de Luxembourg, sire de Roucy, Chevalier de la Toison-d'Or. — Philippe de Savoie, Chevalier de la Toison-d'Or. — Jacques de Bourbon, Sire de Carency, Chevalier de la Toison-d'Or. — Rodolphe de Hochberg, Marquis de Rhotelin. — Louis de Châlons, Seigneur de Château-Guyon, Chevalier de la Toison-d'Or. — Guillaume de Châlons, Prince d'Orange, Seigneur d'Argueil. — Charles de Châlons, comte de Joigny, Chevalier de la Toison-d'Or. — Philippe de Montmorency-Neuville, Seigneur de Courrières, Conseiller et Chambellan du Duc, Gavenier de Douai. — Marc de Montmorency-Croisilles. — Jean V Sire de Créquy, Chevalier de la Toison-d'Or, Conseiller et Chambellan du Duc. — Antoine de Château-Neuf, Baron du Lau, ancien Grand-Bouteiller de France et Sénéchal de Guyenne. — Philippe de Croy, Baron de Quiévrain, Chevalier de la Toison-d'Or. — Philippe de Cohen. — Jean de Melun, Châtelain de Gand, Seigneur de Boubers. — Thibaut de Neufchâtel, Maréchal de Bourgogne, Chevalier de la Toison-d'Or. — Pierre de Berghes, Seigneur de Cohen, Gouverneur d'Aire. — Antoine, Sire de Hallewin, Conseiller et Chambellan du Duc. — Jean de Bailleul, Grand'Queux du Duc. — Antoine Rollin, seigneur d'Eymeries, Maréchal et Grand-Bailly du Hainaut. — Alard de Rabodenghe, Chevalier, Seigneur de Moulle, Bailli de Saint-Omer. — Jean Sire de Sailly, Châtelain de Péronne. — Jacques du Bois, Seigneur d'Annequin (de la maison de Fiennes). — Robert de Thiennes, Conseiller et Chambellan du Duc. — Jean de Houchin, Seigneur de Longastre. — Le Bon de Rely. — Le Sire de Beaumetz, Châtelain de Bapaume. — Pierre de Miraumont, Seigneur de la Bouteillerie. — Le Conseiller Aulique de l'Archiduc Sigismond.— Plusieurs Gentilshommes Artésiens. — Les Écuyers de l'Archiduc. — Les Chevaliers de l'Ordre Teutonique. — Une compagnie de Croates Allemands.— Poursuivants d'Armes, portant les cotes d'armes des Juges du Tournoi. — L'Écuyer Grand-Échanson, gentilhomme de la maison du Duc. — Le roi d'armes, Gilles Gobert. — Le Chevalier d'Honneur. — Les Juges Dizeurs précédés de leurs Écuyers. — Jean de Bournonville, Baron d'Ordre, Gouverneur d'Hardelot. — R. de Mauville. — Rasse de Rivière. — Jacques de Hames. — Gentilshommes de la maison du Chevalier d'Honneur. — Compagnie d'Archers à cheval de l'escorte du Duc de Bourgogne. — Cent Porte-Torches, escortant le Cortége.

Le Cortége, organisé ainsi qu'il vient d'être expliqué, poursuit sa marche en passant par les rues St.-Jean-en-Ronville, Ernestale, place du Théâtre, St.-Aubert, St.-Jean-en-Lestrée, Pont de Cité, Baudimont, Cloître.

Arrivé au Cloître vis-à-vis l'Église, les Mareurs et Prévôts des Ville et Cité d'Arras font l'offre des Présents.

Les Présents acceptés par le duc de Bourgogne, le Cortége continue sa route par les rues des Chanoines, d'Amiens, Sainte-Claire, Quai des Casernes, rues de l'Arsenal, des Capucins, du Collége, Ernestale, place du Théâtre, rue des Jongleurs, place St.-Vaast, rue des Teinturiers, de l'Abbaye, Marché aux Filets, place Ste-Croix, rue Ste-Croix, Grand'Place et Petite Place. Station et séparation à l'Hôtel-de-Ville. (*Extrait du Programme de la Fête de* 1841).

REVUE
HISTORIQUE ET ARCHÉOLOGIQUE
DES ÉGLISES DE PICARDIE ET D'ARTOIS.

6.e ARTICLE. — DIOCÈSE DE SOISSONS.

CCI. *Eglise d'Etreux* (arrondissement de Vervins.) — On ne sait rien de positif sur l'origine et sur la première construction de cette église. Plusieurs personnes croient qu'elle remonte au temps des guerres de partisans et qu'elle était alors un fort où se réfugiaient les habitants pendant les invasions. Les quatre tours qui flanquaient ses angles et dont deux existent encore semblent justifier cette tradition. L'église d'Etreux, placée sous l'invocation de la Ste-Vierge, fut brûlée en 1793 lors du siége de Landrecies par les Autrichiens. Elle a été reconstruite en partie quelque temps après ; on a diminué un peu la hauteur des murs [1].

CCII. *Eglise d'Oisy.* — cette église a été reconstruite en 1823 ; une tour carrée surmonte le portail. Les ouvertures de cette tour sont cintrées par le haut et garnies d'ouies. St.-Nicolas est le patron de l'église d'Oisy [2].

CCIII. *Eglise de Ribeauville.* — Cette église a une nef plus large que le chœur ; ses bas-côtés se terminent par deux chapelles adossées au mur du sanctuaire. La principale porte est accompagnée de deux pilastres en pierre bleue supportant un fronton surmonté d'une croix également en pierre bleue. Une petite tour carrée s'élève au-dessus du portail; elle renferme un escalier par lequel on arrive à l'intérieur. Cette tour se termine par une flèche en bois recouverte en ardoises. A l'intérieur on voit deux rangs de colonnes en pierre bleue de Marbay, au nombre de quatre, accompagnées d'autant de demi-colonnes. Les voûtes sont cintrées, en bois, et peintes en couleur bleu céleste. La chaire à prêcher offre un évangéliste sur chacun des quatre panneaux ; la cuve est supportée par un Samson ; l'ange du Jugement surmonte les consoles de l'abat-voix. On remarque deux grandes dalles en pierre servant de pavé dans cette église; elles recouvrent la sépulture de deux anciens curés de la paroisse. St.-Jean-Baptiste est le patron de l'église de Ribeauville. On ne sait rien de positif sur l'époque de sa construction, tous ses

---

[1] Renseignements communiqués par M. l'abbé Creveaux, curé de Wassigny.
[2]   Id.   Id.

titres ayant été perdus ou brûlés en 1793. La nef fut reconstruite en entier en 1776 ; le curé se rendit adjudicataire des travaux et les habitants coopérèrent généreusement à sa réédification, en faisant toutes les corvées sans rien exiger [1].

CCIV. *Église de Saint-Martin-Rivière.* — L'église de Saint-Martin-Rivière n'a qu'une nef. La flèche est placée sur le mur qui sépare la nef du chœur ; le chœur se termine en hémicycle. Cette partie de l'édifice date du xv.ᵉ siècle ; la nef remonte à peu près au milieu du xvııᵉ. A l'intérieur, on remarque contre les murailles des statues et des bustes d'une assez grande dimension peints au naturel et chargés d'or. Le plancher, formant la voûte, est d'une exécution très-soignée. On l'a couvert d'une couleur bleu de ciel et d'étoiles, pour figurer le firmament. Plusieurs peintures décorent ce plancher. On y remarque principalement un écusson accompagné d'une rose et de cette devise : SUAVEM MITTIT ODOREM. Des vieillards assurent que l'abbé de La Rose, supérieur de l'ancienne abbaye du Câteau, avait fait bâtir le chœur de cette église, ce qui expliquerait cet emblème et cette inscription. La chaire fixe l'attention des étrangers ; elle a quatre petites colonnes torses ornées de chapiteaux corinthiens. L'escalier est garni de colonnes semblables. L'abat-voix se fait remarquer par la richesse et la beauté de ses sculptures [2].

CCV. *Église de Tupigny.* — Cette église était en forme de croix latine ; mais un des bras de la croix a disparu. Le chœur semble fort ancien ; ses arcades appartiennent au xı.ᵉ siècle et rappellent le style lombard. La nef est moderne et paraît avoir été bâtie peu de temps avant la révolution de 1789. Les bases des colonnes qui soutiennent la nef sont élevées et ornées de cordons. Une tour, placée à droite contre la chapelle, surmonte l'église ; cet édifice a Ste-Madeleine pour patronne. Il dépendait, autrefois, de l'abbaye de Coïncy. On s'y rend en pélerinage à la fête de St-Antoine patron secondaire de Tupigny [3].

CCVI. *Église de Wassigny.* — Tout indique que cette église a été construite à diverses reprises, car il n'y a point d'ensemble entre la maçonnerie de la nef et celle du chœur. Les guerres, surtout celles de Flandre, auront sans doute occasionné bien des destructions. Le chœur de l'église de Wassigny se termine en hémicycle. La principale porte a quelques moulures autour du cintre. Une flèche élevée surmonte le portail. L'intérieur offre deux nefs latérales terminées chacune par un autel adossé au mur du chœur. Les piliers sont carrés et sans chapiteaux. Vers la porte d'entrée, se trouvent deux massifs en pierre avec voûtes supportant la poutre et le plancher d'une tribune. L'église de Wassigny est sous l'invocation de la Ste-Vierge [4].

---

[1] Renseignements communiqués par M. l'abbé Creveaux, curé de Wassigny.
[2]   Id.   Id.
[3]   Id.   Id.
[4]   Id.   Id.

CCVII. *Église de Vervins.* — L'église de Vervins est construite presque entièrement en grès. Le style primitif de ce monument, placé sous l'invocation de la Ste-Vierge, a été altéré par des réparations successives. On remarque avec surprise au grand portail des colonnes à chapiteaux grecs qui contrastent d'une manière bizarre avec le reste du monument. Une tour carrée surmonte le portail; cette tour est lourde quoique assez élevée. Le plan de l'édifice offre une croix latine; sa longueur est de 56 mètres, sa largeur de 27. Ses voûtes ne sont pas sans hardiesse. La chaire, qui était ornée de sculptures d'un travail remarquable, a perdu une partie de sa riche décoration pendant la Terreur. On fut, dit-on, forcé alors de transformer les mitres d'abbés qu'on y remarquait en bonnets phrygiens, pour calmer certains démagogues qui voulaient à toute force briser ces emblèmes du *fanatisme* et du *pouvoir sacerdotal*. Cette belle chaire vient de la chartreuse du *Val-Saint-Pierre*. Ce n'est point la seule dépouille dont l'église de Vervins se soit enrichie aux dépens de ce monastère. Elle a aussi recueilli ses orgues, aux sons si harmonieux, et plusieurs tableaux de prix. Celui qui représente le *repas de Simon* a 9 mètres de largeur sur 6 de hauteur. On le doit au pinceau de Jouvenet; il est signé de cet habile artiste et porte la date de 1699, année où il l'exécuta. Il offre des beautés de premier ordre et mérite d'être conservé avec soin. On doit souhaiter, surtout, qu'il n'éprouve pas le sort fatal d'un autre tableau attribué aussi à Jouvenet et représentant *Jésus-Christ au jardin des Oliviers*. Un inepte barbouilleur a rendu ce tableau méconnaissable, au moyen des couches épaisses de couleur dont il l'a recouvert [1].

CCVIII. *Église de Berny-Rivière* (arrondissement de Soissons). — L'église de Berny présente dans son portail une grande ressemblance avec celle de *Vic-sur-Aisne* [2]. Le porche a la même forme générale; peut-être offrait-il les mêmes détails, avant qu'une main barbare ne l'eût récemment *rhabillé à la Grecque*, sous prétexte de le consolider et de le restaurer. La fenêtre centrale est soutenue par deux colonnes à chapiteaux réticulés; leurs fûts sont diversement décorés; celui de droite d'une torsade, celui de gauche d'un zigzag, parsemés l'un et l'autre de perles. L'archivolte offre un double quart de rond denticulé et disposé en échiquier; au-dessus est un bandeau plissé, le même que celui du porche de Vic-sur-Aisne. Sur le premier pilier butant latéral gauche, on remarque un lion accroupi, antique souvenir de la justice seigneuriale qui se rendait *inter leones* [3]. A côté, on trouve une porte carrée surmontée d'un plein cintre. Les trois nefs se terminent par autant d'absides arrondies et en application. Celle de droite a été supprimée. Celle du centre est ouverte à droite par une fenêtre remarquable en plein cintre, soutenue par deux colonnes annelées et surmontées d'un fronton triangulaire.

---

[1] Notes de M. H. Dusevel.

[2] Voy. la *Description de l'église de Vic-sur-Aisne*, pag. 200.

[3] On sait qu'il existait à Berny-Rivière une maison royale du temps des rois des deux premières races. Voy. les *Archives Historiques et Ecclésiastiques de Picardie et d'Artois*, tom. II pag. 12.

Le clocher, placé sur le portail, ressemble à celui de Vic-sur-Aisne; il est ouvert par les mêmes ouïes et décoré du même ordre ionique. Dans l'intérieur, des piliers carrés cantonnés crucialement de colonnes rondes soutiennent la nef; les arcs sont en plein cintre ainsi que les fenêtres; la colonne antérieure montait jusqu'à la voûte qui n'existe plus; on a cru bien faire en rasant au dedans, comme au-dehors, les chapiteaux et les moulures qui fournissaient de précieuses indications. On voit, à l'entrée du chœur, la date de 1552, époque où l'édifice aura subi un remaniement qui a beaucoup altéré son caractère. A droite du portail est l'épitaphe de M. Louis Guermon de La Rozière, ancien avocat au parlement, mort en 1777. Il fut le bienfaiteur de l'église à laquelle il donna le tableau qui décore la chapelle de droite [1].

CCIX. *Eglise de Courmelles.* — On voyait jadis trois églises à Courmelles; deux sont maintenant converties en grange. L'église paroissiale actuelle est en forme de croix romaine dont les bras étaient autrefois terminés en hémicycles servant de chapelle; mais on les a fait disparaître en 1557 et on n'en aperçoit plus que les traces. Le chœur a cinq ouvertures en plein cintre; l'une de ces ouvertures forme l'hémicycle. L'unique porte de l'église est en plein cintre, mais l'archivolte du portail a la forme ogivale. Cet archivolte est soutenu par trois rangs de colonnes surmontées de chapiteaux représentant des plantes grasses ou des feuilles de chêne. On voit encore une autre porte supprimée au XV.e siècle; cette porte était ornée de roses et d'étoiles. On remarquait autrefois un porche en pierre à l'extérieur; mais on en fit un autre en bois beaucoup plus grand en 1557. Ce porche ressemble à une halle et nuit à l'aspect et à la beauté du portail. La corniche de la nef offre une espèce de draperie; celle de l'abside, qui est double et superposée, représente dans sa partie inférieure des figures grimaçantes d'hommes et d'animaux, des modillons et des étoiles; au haut se trouvent aussi des figures grimaçantes desquelles sortent des guirlandes de feuillages. Les murs sont soutenus par des contre-forts adhérents. Ces contre-forts sont ornés de figures grotesques, d'aigles, de vipères, etc. La tour, dont la flèche était primitivement couverte en pierres, a une dimension énorme. Elle occupe toute la largeur du chœur. Ses ouvertures sont au nombre de huit. Les sculptures ont disparu lors de sa dernière reconstruction. Une autre tour existe près du portail de l'église; elle est ronde et sert d'escalier au clocher. On croit que l'abside et le chœur ont été bâtis par la princesse Rotilde, fille de Charles-le-Chauve, en 926 et la nef par Mathilde, petite-fille du roi Louis-le-Gros, en 1136. Les bras de la croix ont été voûtés et la façade du bras droit refaite par la princesse Catherine de Bourbon, fille de Charles de Bourbon, duc de Vendôme, et de Françoise d'Alençon, tante du roi Henri-le-Grand. Ces princesses étaient abbesses de Notre-Dame de Soissons dont l'église de Courmelles dépendait. Il y a deux

[1] Renseignements communiqués par M. A. Goze.

rangées de piliers dans l'intérieur de l'édifice. On aperçoit aux angles des griffes ou pattes. Des chapiteaux décorent ces piliers ; les uns sont ornés de feuilles d'acanthe ou de chêne ; les autres représentent ici un évêque la mitre en tête ayant à ses pieds un duc ou prince qui porte une couronne, là des religieux recevant la discipline que leur administrent généreusement leurs confrères ; plus loin un lion sur lequel est monté un enfant qui lui ouvre la gueule [1]. Ces chapiteaux étaient peints et, malgré les trois badigeons successifs dont on les a couverts, on distingue encore des couleurs dans lesquelles le bleu et le rouge semblent dominer. Toutes les croisées sont en plein cintre et ornées à l'extérieur de quatorze colonnettes surmontées de chapiteaux sculptés. On dit que c'est de ces nombreuses colonnes que la commune tire son nom qu'on traduit en effet par Columelle, *petite colonne*. Les voûtes du chœur et de l'abside sont à plein cintre ; celles des bras de la croix, reconstruites en 1557, sont chargées de pendentifs ou de culs-de-lampe. On trouve dans l'église quinze grandes pierres tumulaires à la mémoire de cinq ecclésiastiques et de dix chevaliers. Elles ne remontent pas au-delà du xve siècle et semblent appartenir à la même famille, aux seigneurs de Meclinois et Ploizy, baillis des pays et ville de Guise .

CCX. *Eglise de Coucy* (arrondissement de Laon). — L'église de Saint-Sauveur de Coucy date en grande partie des premières années du xiiie siècle, époque où l'on vit s'élever le magnifique château des seigneurs de ce nom. La révolution de 1793 détruisit le clocher construit à l'entrée de la nef ; on en reconnait la place au peu de soin avec lequel on répara le dommage, sans se conformer au style des parties voisines. Le portail, en plein cintre, est soutenu de chaque côté par trois colonnes à chapiteaux, à larges feuilles d'eau et à bases munies de griffes aux angles. L'archivolte mutilé était d'un dessin riche et élégant. Les colonnes qui portent la fenêtre à plein cintre de la façade sont annelées ; celle de gauche a un sphynx dans son chapiteau. Au-dessus est une jolie galerie aveugle formée de six arcs tréflés. Le tympan du pignon que parcourt une doucine est ouvert par un *oculus*, bordé d'une rangée d'étoiles et de zig-zags et percé au centre par un trèfle renversé. L'abside a trois pans ; ses fenêtres sont étroites, ogivales et environnées d'un double biseau ; elles étaient autrefois soutenues par des colonnes annelées. La litre dont l'église est entourée porte encore les armes de la famille d'Orléans qui posséda le domaine de Coucy. L'intérieur de l'édifice est peu remarquable ; presque tout a été reconstruit dans le style prismatique du xve siècle. On ne retrouve de vestiges des anciennes constructions qu'à l'entrée du chœur dont les piliers sont formés de colonnettes rondes et carrées. A droite, sur une corniche, on voit parmi des feuillages deux animaux renversés, couverts d'écailles et semblables à des lézards qui dévorent des fruits. Les fonts baptis-

---

[1] Ce prétendu enfant n'est autre que Samson qui déchire un lion. Voy. l'*Eglise de Berteaucourt*, ouvrage publié par M. H. Dusevel, grand in-8.º Amiens 1844.

[2] Renseignements communiqués par M. l'abbé de Guise, desservant de Courmelles.

maux, en marbre noir, sont anciens et fort beaux. Le rétable de l'autel de droite est soutenu par des colonnes torses, décoré de frontons circulaires brisés, dans le style de la fin de la Renaissance. On voit quelques restes de pierres tombales, entre autres à droite celle de Messire *Charles Maurice Brodard de Vaudesson, chevalier, sieur du Faux, Hammancourt et autres lieux, chevalier de St.-Louis, ancien premier capitaine au régiment d'Orléans - cavalerie, lieutenant des ville et château de Coucy, capitaine des chasses du gouverneur de ladite ville et capitaine des châteaux royaux de Follembray et Saint-Albin, décédé le 2 juillet 1772.* Ce monument fut érigé à sa mémoire par les soins de dame Anne-Marie-Thérèse d'Origny, son épouse. En haut sont des armoiries fascées d'argent et d'azur, au sautoir de gueules brochant sur le tout. Des lions pour supports, couronne de comte et croix de St.-Louis. Les armoiries d'en bas sont d'azur, à deux bars adossés d'or, couronne de comte [1].

CCXI. *Eglise d'Urcel.* L'édifice est en forme de croix latine. Des chapelles formant une saillie demi-circulaire entourent le chœur. L'hémicycle du sanctuaire est orné, à l'extérieur, de sculptures d'une perfection admirable. On voit en dehors du portail un porche dont les ouvertures à plein cintre attirent l'attention des connaisseurs. Il est ceint, comme le clocher, d'un cordon de billettes en damier et en relief. La corniche offre une suite immense de figures monstrueuses d'hommes et d'animaux entremêlées de trèfles et de feuillages exécutés avec beaucoup de soin. La tour du clocher remonte, dit-on, au XIe siècle et peut-être au-delà; c'est un mélange d'architecture romane et du style bizantin rapporté à la suite de la première croisade. Quatre rangs de piliers supportent la nef et les bas-côtés de l'édifice. Ces piliers sont ornés de chapiteaux très-richement sculptés. La multitude, la bizarrerie, la variété et l'air antique des sculptures attirent l'attention des connaisseurs et ont de quoi exercer la science des antiquaires. La plupart de ces sculptures représentent des hommes, des femmes, des quadrupèdes, des oiseaux, des êtres fantastiques, tels que chimères, sphynx, etc. Le sanctuaire et les chapelles latérales sont seuls voûtés. Les murailles et les piliers offrent des traces d'anciennes peintures sous la chaux qui les recouvre. L'entrée du sanctuaire est ouverte par une grande arcade ogivale ornée d'un triple et même d'un quadruple cordon de sculptures; ces sculptures présentent un coup d'œil grandiose et imposant. Le maître-autel, à la romaine et en forme de sépulcre, est sculpté avec goût. On a trouvé dans l'église d'Urcel, que la tradition du pays signale comme ayant appartenu aux *Templiers* ou *Moines rouges*, une pierre sépulcrale portant en relief une croix de Malte avec les insignes de cet ordre. M. le curé conserve religieusement cette pierre que l'ignorance a un peu mutilée. Il pourrait se faire qu'il existât dans cette église d'autres tombes fort intéressantes cachées ou perdues sous les 60 centimètres au moins de terre qu'on a eu la déplorable idée de rapporter à l'intérieur et qui couvrent la

---

[1] Renseignements communiqués par M. Gore.

base des piliers dans toute la longueur de l'édifice. L'église d'Urcel est placée sous l'invocation de la Ste-Vierge. Si ce monument eut été plus connu et mieux apprécié, il est probable que les amis de nos antiquités nationales n'auraient point la douleur de le voir dans l'état de ruine et de dégradation où il se trouve maintenant [1]. P. ROGER. H. DUSEVEL.

NOTICES
SUR QUELQUES FAMILLES D'ANCIENNE NOBLESSE ÉTABLIES EN PICARDIE OU EN ARTOIS.

IV.ᵉ ARTICLE.

Blocquel de Wismes. Famille d'Artois, distinguée par ses services et par ses alliances. Adrien-Antoine de Blocquel de Croix, baron de Wismes, fut député à la Cour par les États d'Artois dans le siècle dernier. Cette maison a fourni un chevalier à l'ordre de Malte et s'est alliée à celles d'Allonville, Coupigny, Polignac, Pracomtal, Rougé, etc. Ses armes sont: *d'argent, au chevron de gueules, accompagné de trois merlettes de sable.*

Blondel. Maison d'origine chevaleresque et l'une des plus anciennes de la province d'Artois. Guillaume de Blondel était au tournoi d'Anchin en 1096. Monstrelet fait mention de Jean de Blondel, seigneur d'Estrepy, qui fut fait prisonnier des Anglais en 1421 et eut une grande célébrité militaire. Louis de Blondel était gouverneur de Bapaume dans le XVI.ᵉ siècle. Maison alliée aux Beauffort, Bonnières, Du Carieul, La Motte, Lannoy, La Viefville, Ricametz, Saint-Venant, Tenremonde, Yedeghem, etc. Armes: *de sable, à la bande d'or.*

Cardevac d'Havrincourt. Le premier auteur connu de cette maison, d'origine chevaleresque et l'une des plus anciennes du pays d'Artois, est Gérard Kardevacke qui vivait en 1240; Huart Kardevacke, son fils, tenait la charge de sergent d'armes du roi en 1249, selon les mémoires généalogiques de dom Le Pez, et l'on sait que les sergents d'armes, dans le XIII.ᵉ siècle, appartenaient au corps de la noblesse. On trouve ensuite: Adam de Cardevacke, gouverneur de Bapaume en 1317 et grand-bailli de Cambrai; Ferdinand de Cardevacq, jurisconsulte célèbre; François-Dominique de Cardevac, marquis d'Havrincourt, colonel du régiment d'Artois, gouverneur héréditaire d'Hesdin, député des États d'Artois pour le corps de la noblesse en 1697, 1722 et 1732; Louis de Cardevac, marquis d'Havrincourt, conseiller d'État

[1] Renseignements communiqués par M. l'abbé Janniaux, desservant à Urcel.

d'épée, lieutenant-général des armées du roi, ambassadeur de Louis XV en Suède et en Hollande; Charles-Gabriel-Dominique de Cardevac d'Havrincourt, bailli grand-croix de l'ordre de Malte en 1783; Charles-François de Cardevac de Gouy, dit l'*abbé* d'Havrincourt, évêque de Perpignan; Anne-Gabriel-Pierre de Cardevac, marquis d'Havrincourt, colonel au corps des grenadiers de France, mort lieutenant-général. La maison de Cardevac d'Havrincourt a joui des honneurs de la Cour le 23 avril 1770 et a fourni plusieurs chevaliers de Malte. M. le marquis Alphonse d'Havrincourt, gendre de M. le duc de Mortemart, est de cette maison et possède encore l'ancienne terre d'Havrincourt, située au pays d'Artois. Alliances avec les maisons de Béthisy, Blondel, La Myre, La Motte-Barafle, Mortemart, Osmond, Prudhomme d'Ailly, Rubempré, Saint-Venant, Tascher, etc. Armes: *d'hermine, au chef de sable.*

CONTES. Ancienne famille d'Artois que divers mémoires généalogiques font descendre de l'illustre maison de Créquy, dont elle a toujours porté les armes pleines. Quoiqu'il en soit, la famille de Contes est fort distinguée par son ancienneté dans la province, ses services et ses alliances. Michel de Contes était du nombre des 121 gentilshommes qui siégèrent aux États d'Artois en 1414. La terre d'Esgranges fut érigée en baronnie pour cette maison qui compte encore des représentants en Artois. Alliances avec les Courteville d'Hodicq, Fléchin, Harchies, Hauteclocque, Partz de Pressy, Van der Gracht, etc. Armes: *d'or, au créquier de gueules.*

CROIX. Très-ancienne maison d'Artois, d'origine chevaleresque, portant le nom de la terre de Croix, située dans la châtellenie de Lille. Le premier sire de Croix dont l'histoire fasse mention est Eustache de Croix, mort en 1202, dans la cinquième croisade. Cette famille a fourni un grand nombre d'officiers de distinction, deux lieutenants-généraux au service de la maison d'Espagne, un évêque de Tournai, des chanoinesses dans presque tous les chapitres nobles des Pays-Bas, etc. Charles-Lidivine-Marie de Croix, marquis d'Heuchin, dit *le comte de Croix*, fut créé sénateur par Napoléon et plus tard pair de France. La maison de Croix, divisée en plusieurs branches, compte encore des représentants et s'est alliée aux familles d'Assignies, Halluin, Landas, Lannoy, Roisin, Rosimbos, Sainte-Aldegonde, Vassé, Warluzel, etc. Ses armes sont: *d'argent, à la croix d'azur.*

CUNCHY. Très-ancienne maison d'Artois. Des lettres-patentes de Louis XVI concédant le titre de comte à Philippe de Cunchy, gentilhomme du corps de la noblesse des États d'Artois, parlent d'Étienne de Cunchy, l'un de ses ancêtres, convoqué à une assemblée des grands du royaume, sous le règne de Philippe-Auguste. Les alliances de cette maison sont avec les familles de Bacquehem, Bryas, Ollehain, etc. Ses armes sont *d'or, à la fasce vivrée d'argent.*

DION. Maison d'ancienne chevalerie, originaire du Brabant où se trouvait la seigneurie de Dion-le-Val et fixée en Artois depuis le commencement du xv.ᵉ siècle. Les armes qu'a toujours portées cette famille **paraissent appuyer sa** prétention de descendre des ducs de Brabant; on voit encore ces armes gravées sur quatre mausolées en marbre, élevés pendant le moyen-âge dans l'église de Dion-le-Val, à la mémoire de plusieurs chevaliers de Dion. Le nom et les armes de cette maison sont au Musée de Versailles, Jean de Dion ayant pris part à la cinquième croisade. Une charte, à la date de 1218, constate qu'il emprunta, pendant le siége de Damiette, 100 livres tournois à des marchands de Gênes. La maison de Dion a fourni des officiers-généraux au service des rois de France et d'Espagne; des gouverneurs de Boulogne-sur-Mer, de Cambrai et de la Guadeloupe; des chevaliers de Malte et des chanoinesses aux chapitres nobles de Nivelle, Maubeuge et Bourbourg. Elle entrait aux États d'Artois et a joui des honneurs de la cour en 1784, en vertu des preuves faites au cabinet des ordres du roi. La seigneurie de Wandonne en Artois fut érigée en baronnie en 1761, en faveur de Louis-François-Jérôme de Dion, et celle de Maifiance en marquisat, dans l'année de 1787, pour Charles-Joseph de Dion, lieutenant-colonel aux gardes-wallonnes. La maison de Dion compte encore des représentants en Artois, à Paris, à Reims et à Fribourg. Alliances avec les maisons d'Aremberg, Bryas, Créquy, Du Hamel, Hennin-Liétard, Lalaing, Mérode, Montmorency-Robecque, Salperwick, etc. Armes: *d'argent, à l'aigle éployée de sable, chargée d'un écu d'azur au lion d'or à la bordure du même émail.*

Hinnisdal, Hinnisdael. Très-ancienne famille originaire du pays de Liége établie en Artois depuis plusieurs siècles et illustrée par ses alliances comme par ses services militaires. Elle avait obtenu le titre de comte du Saint-Empire qui fut confirmé en 1723 par lettres-patentes de l'empereur Charles VI. La maison d'Hinnisdal a fourni des mestres-de-camp de cavalerie, un lieutenant-général au gouvernement de la ville de Namur, des brigadiers et maréchaux-de-camp et un gouverneur-général de Saint-Domingue. Elle a joui des honneurs de la cour en 1776, en vertu des preuves faites au cabinet des ordres du Roi. Son nom et ses armes sont dans les salles des croisades du Musée de Versailles. Le chef de nom et d'armes actuel de cette maison est M. le comte Hermant d'Hinnisdal. Alliances avec les maisons de Bryas, Bournel, Villeneuve de Vence, Carnin, Schulemburg, Van der Gracht, etc. Armes: *de sable, au chef d'argent chargé de trois merlettes de sable.*

Hoston. Louis de Hoston fut créé chevalier par lettres-patentes de Philippe V, de l'an 1627. Jehan de Hoston, seigneur de Hauteville, fut bailli de Brugelette, au xvi.ᵉ siècle; Louis de Hoston, chevalier, seigneur de Frezignies, était lieutenant d'une compagnie d'hommes d'armes en 1626. Maison admise aux États d'Artois en 1723. Alliée aux Bacquehem, Bersacques, Villers-au-Tertre, Wignacourt, etc. Armes: *d'azur, à trois étoiles d'or, au chef d'or chargé de deux faisceaux consulaires d'azur posés en sautoir.*

La Forge. Maison distinguée par son ancienneté. Les seigneurs d'Hermin, Cuvigny et Rebreuve, du nom de La Forge, ont servi les ducs de Bourgogne et l'empereur Charles-Quint. Antoine de La Forge fut gentilhomme de la maison de Ferdinand, roi de Hongrie, en 1542. Alliances avec les Beaulaincourt, Hauteclocque, Montbertaut, Mont-Saint-Éloi, etc. Armes: *de gueules, à trois trèfles d'or, 2 et 1.*

PARTZ DE PRESSY. Famille ancienne et fort distinguée de la province d'Artois, originaire d'Allemagne. François-Joseph de Partz, chevalier, capitaine au régiment wallon d'Isenghien, obtint en 1712 l'érection en marquisat de la terre seigneuriale d'Équire, au comté de Saint-Pol. Des lettres-patentes, données en 1768 par l'empereur Joseph II, concédèrent plus tard le titre de marquis de Devenisch à Léopold-Joseph-François de Partz. François-Joseph Gaston de Partz de Pressy, sacré évêque de Boulogne-sur-Mer en 1743, était de cette maison. Sa piété et son savoir sont encore cités dans le diocèse. M. le marquis de Partz de Pressy est aujourd'hui le chef de nom et d'armes de cette maison qui a fourni plusieurs gouverneurs de places et des officiers de distinction au service des rois d'Espagne et de France. Alliances avec les familles d'Alsace Hennin-Liétard, Beauffort, Blondel, Contes, Fontaines, Willeman, etc. Armes: *d'argent, au léopard de sinople armé et vilené de gueules.*

SAINTE-ALDEGONDE. Ancienne maison d'Artois, originaire de Saint-Omer, illustrée par ses services militaires, ses charges et ses alliances. Jean de Sainte-Aldegonde fonda en 1298, à Saint-Omer, le monastère des Chartreux du Val de Sainte-Aldegonde. On trouve encore: Jean de Sainte-Aldegonde, seigneur de Noircames, conseiller d'État et chambellan de Charles-Quint; Jean de Sainte-Aldegonde, son fils, gouverneur de Saint-Omer; Maximilien de Sainte-Aldegonde, chevalier de la Toison-d'Or, gouverneur de Namur et plus tard d'Arras, maître d'hôtel des Archiducs, capitaine-général de la province d'Artois. La seigneurie de Sainte-Aldegonde fut érigée pour lui en comté avec union des terres de Noircames, de Wisque et de Zudausque, par lettres des archiducs Albert et Isabelle, du 4 mai 1605. Le chef de nom et d'armes de cette illustre maison est aujourd'hui M. le comte Camille de Sainte-Aldegonde, maréchal-de-camp. Alliances avec les familles d'Aumont, Halluin, Hornes, Lannoy, Lens, Ongnies, Montmorency, Mortemart, Roisin, Sourches-Tourzel, etc. Armes: *d'hermine, à la croix de gueules, chargée de cinq roses d'or.*

TRAMECOURT. Maison d'origine chevaleresque qui tire son nom de la terre de Tramecourt, au comté de Saint-Pol, qu'elle possédait dès le xii.ᵉ siècle et qu'elle conserve encore. Cette famille réunit l'ancienneté à l'illustration. Le cartulaire du monastère de Saint-Silvain d'Auxy mentionne Jean de Tramecourt, chevalier en 1220. Renaud de Tramecourt fit partie de la troisième croisade. Ses armes sont au Musée de Versailles. Jean et Renaud de Tramecourt siégèrent aux États d'Artois, en 1415. Jean de Tramecourt était guidon d'une compagnie d'hommes d'armes sous Charles V; Antoine de Tramecourt fut créé chevalier par lettres des Archiducs de l'an 1612. N. de Tramecourt assista à Arras en 1404, le samedi 23 juin, à l'exhibition des lettres de Marguerite d'Artois, relatives aux offices du bailliage de cette ville, laquelle fut faite par le gouverneur Jehan de Noyelles. Georges-Léonard-Bonaventure de Tramecourt fut créé marquis le 6 janvier 1815 et plus tard pair de France. Cette maison compte encore des représentants et s'est alliée aux Beaulaincourt, Buissy, La Forge, Mailly, Monchy, Nédonchel, Quiéret, Saint-Venant, Wavrin, etc. Armes: *d'argent, à la croix ancrée de sable.*

P. ROGER [1].

QUITTANCE

DONNÉE PAR LE DAUPHIN PENDANT LA CAPTIVITÉ DU ROI JEAN POUR LA RANÇON DE RENAUD HIBON, SIRE DE FROHEN, FAIT PRISONNIER AVEC PIERRE D'ARDRES ET GILLES DE FLINES EN DÉFENDANT CALAIS CONTRE LE ROI D'ANGLETERRE.

(*Du 20 janvier 1363*).

De par le duc de Normandie, Delphin de Viennois, Gens de nos Comptes nous vous mandons que vous allouez ès comptes de notre amé et féal chevalier maistre Nicolas Martin, maistre de notre Chambre aux Deniers, la somme de soixante et dix livres parisis qu'il a fait bailler de par nous à Pierre DARDRES, Guilles de FLINES et Regnault HIBON, escuiers, prins à Calais, cinq ans a passés ou environ, par les Anglais lors ennemis de Monsieur et de nous, et par eux despuis detenus prisonniers por parfoire leur rançon. Ce faittes sans en demander aultre lettre de recognoissance ou mandement fors seulement ces présentes. Car ainsi nous plaist estre fait nonobstant ordonnances, mandements ou deffenses à ce contraires. Donné à Paris le xx.ᵉ jour de janvier l'an mil ccc soixante-trois.

Par Monseigneur le duc,
M. DE VENES.

SUPPLÉMENT A LA
REVUE HISTORIQUE ET ARCHÉOLOGIQUE
DES ÉGLISES DE PICARDIE ET D'ARTOIS.

Les diverses églises que nous allons ajouter à celles déjà décrites dans la *Revue historique et archéologique des monuments religieux de Picardie et d'Artois* ne sont ni les moins remarquables ni les moins intéressantes des diocèses d'Amiens, d'Arras et de Beauvais.

---

[1] (Extrait de *Noblesse et Chevalerie du comté de Flandre, d'Artois et de Picardie*, publié par P. ROGER, sous-préfet de Ploërmel, membre de la Société des Antiquaires de Picardie.)

I. *Saint-Jacques d'Abbeville* (diocèse d'Amiens). Cette église fut rebâtie en 1482. Le grand clocher, séparé du reste de l'édifice, date de l'an 1542. La cause de cette séparation vient, dit-on, de la force de la première sonnerie qui aurait pu ébranler l'église construite sur un terrain mouvant. Ce clocher renferme la plus grosse cloche d'Abbeville; la tradition affirme qu'on fut obligé d'en relever trois fois la porte, parce qu'elle s'enfonçait en s'inclinant un peu, sans toutefois se lézarder [1].

II. L'église de *Curlu* est remarquable par les peintures qui enrichissent la voûte en bois de sa nef, par les statues des apôtres qui surmontent sa corniche, par sa chaire que supporte une figure de Samson et par sa cloche qui est fort ancienne. Le long des murs se trouvent des tables de pierre couvertes de figures et d'inscriptions curieuses. L'une d'elles porte la date de 1376; une autre fait connaître que Nicolas Watin, maître et principal du collége de Fortet de Paris, abbé de Saint-Yved de Braine, natif de Curlu, avait fondé deux bourses dans ce collége pour deux enfants du village où il avait reçu le jour [2].

III. L'église d'*Harbonnières* qu'un pieux évêque d'Amiens, M,gr de La Motte, appelait *la petite Cathédrale du Santerre* est extrêmement remarquable. Le grand portail a malheureusement été obstrué par un porche moderne qui prive le voyageur du plaisir d'examiner à son aise ses divers ornements. Il n'en est pas ainsi du petit portail placé au midi. L'œil peut embrasser toutes ses richesses et jouir du beau point de vue que présentent, de ce côté, et ce portail et le superbe clocher en dôme qui surmonte l'édifice. Les sculptures de l'ogive du porche sont fort curieuses : on voit au premier cordon un ornement contre-chevronné qui s'étend du haut en bas; au second cordon se trouvent des feuilles et des fleurs de diverses espèces; au troisième des salamandres; au quatrième plusieurs niches sous lesquelles étaient placés de petits bas-reliefs représentant les principaux traits de l'Histoire Sainte et de la vie du patron de l'église. Le tympan offre dans le haut un buste du Père Éternel entouré de rayons sinueux; plus bas paraît le St.-Esprit et les restes d'un lys. On remarque à gauche un ange et à droite une statue de la Ste-Vierge qui rappellent le mystère de l'*Annonciation*. Mais cette représentation a cela de particulier qu'à droite et à gauche du St.-Esprit se trouvent les quatre symboles des Évangélistes. Des piliers butants, naguères décorés de niches et d'images de saints, enrichissent de ce côté le monument. L'intérieur forme la croix latine. Deux rangs de piliers, composés d'un faisceau de colonnes, soutiennent les voûtes. Les chapiteaux, ou la corniche qui les surmonte à la hauteur de chaque arcade, sont ornés de guirlandes, d'arabesques et de figures dans le style du xvi.ᵉ siècle. La chaire est magnifique; on y remarque des bas-reliefs représentant *la prédication de*

---

[1] Renseignements communiqués par M. le curé de Saint-Jacques d'Abbeville.
[2] Id. par M. l'abbé Brassart, desservant à Curlu.

Saint - Jean et les quatre Évangélistes. De belles grilles servent de clôture au chœur et aux chapelles qui terminent les bas-côtés. La voûte des transepts et celle du sanctuaire sont fort élevées. De superbes boiseries décorent cette dernière partie de l'édifice. A droite et à gauche de l'autel on remarque les statues en bois de *St.-Jean-Baptiste* et de *St.-Martin*, plus grandes que nature. Le tableau d'autel représente *la Résurrection*. Un rétable à colonnes torses enrichit *la chapelle de la Ste-Vierge* placée à l'extrémité du bas-côté gauche. *La chapelle de St.-Tranquillin* se trouve de l'autre côté. Le tableau qui décore l'autel représente ce saint qu'on lapide au moment où il priait près du tombeau des saints apôtres. Une partie considérable de ses reliques est conservée dans une belle châsse posée sur l'autel. On vient en pélerinage dans cette église pendant 9 jours, au mois de juillet. Contre le mur, à droite de cette chapelle, on voit l'épitaphe d'un pieux et zélé missionnaire du pays, appelé le P. Augustin, mort à Harbonnières comme il finissait de prêcher le carême dans ce bourg où il était né, la nuit même de Pâques 1698. Son corps fut inhumé vis-à-vis une verrière donnée par ses ancêtres à l'église d'Harbonnières. Malheureusement cette verrière et plusieurs autres sur lesquelles on remarquait une foule de personnages et d'écussons aux armes de la puissante maison de Lorraine n'existent plus. Le clocher soutenu en l'air par les quatre maîtres piliers qui semblent près de s'écrouler sous le poids énorme qu'ils supportent, contient une belle cloche appelée *Pauline;* cette cloche fut bénite par M. Billot en 1736. Le parrain fut M. de Soyecourt, marquis de Feuquières, et la marraine Pauline de Pas, marquise de Feuquières, sa femme [1].

IV. L'église de *Marcelcave* est assez belle, mais de construction moderne; la nef et la tour placées au côté gauche du grand portail semblent les parties les plus anciennes. A l'un des piliers extérieurs du chœur on voit, sous une niche surmontée d'ornements en trèfles, une belle statue de la Ste-Vierge qui paraît remonter au xv.e siècle [2].

V. L'église de *Rœux* (diocèse d'Arras), placée au centre de la commune et sur l'emplacement d'une ancienne ferme, fut bâtie en 1770 au moyen d'une somme de 20,000 fr., donnée par M. Xavier Leroux du Châtelet, et des sacrifices que s'imposèrent généreusement les habitants. On remarque, à l'intérieur, au-dessus du porche principal, un beau groupe représentant *l'Ange Gardien*, dû au ciseau du sculpteur Letoquart. Le tableau du maître-autel dont le sujet est le *Crucifiement* a, dit-on, été exécuté sous les yeux et d'après le tableau original du célèbre Van Dick. Deux reliquaires, voisins du maître-autel, fixent aussi les *regards* [3].

VI. *Locon* a une église du xvi.e siècle dont les vitraux font l'admiration de

---

[1] Notes de M. H. Dusevel.
[2] Renseignements communiqués par M. l'abbé Porquez, desservant à Marcelcave.
[3] Id. par M. l'abbé Demory, desservant à Rœux.

tous les connaisseurs. On y remarque les scènes suivantes: 1.° *le Martyre de St.-André*, *de Ste-Barbe* et *de Ste-Catherine;* 2.° *le Jugement dernier;* 3.° *l'Assomption de la Vierge;* 4.° *la Résurrection;* 5.° *le Couronnement de Marie;* 6.° *la Rencontre de St.-Hubert avec le Cerf dans une Forêt*, etc. etc. Plusieurs personnages offrent une touche si riche et si fine qu'on les prendrait pour des miniatures. On doit la conservation de ces beaux vitraux à M. le curé de Locon. Ce respectable ecclésiastique sut déjouer le projet qu'avaient conçu plusieurs Anglais d'en dépouiller son église en les achetant. La chaire passe pour un chef-d'œuvre de sculpture; elle est de forme hexagone et offre sur ses panneaux plusieurs bas-reliefs sculptés parmi lesquels on distingue l'*Assomption* et la *descente du Saint-Esprit*. Le tableau d'autel est une copie de la *descente de Croix* de Rubens. L'*Assomption de la Ste-Vierge*, autre tableau fort détérioré qu'on voit à l'autel sous l'invocation de la mère du Sauveur, est regardé comme une peinture excellente. Le reliquaire où se trouve un fragment de la vraie croix rapportée de Jérusalem par les RR. P. Marie et Ange de Béthune est d'un travail exquis. Ce reliquaire se compose d'une croix en cristal haute d'environ un mètre, ornée de dorures et s'élevant sur un piédestal où l'on voit quatre anges [1].

VII. L'église de *Blandecques* a deux nefs d'inégales dimensions, séparées par quatre arcades demi-circulaires. A l'extrémité de la plus grande se trouve le dessous de la tour ou du clocher. La corniche est fort remarquable. Son style appartient au *Roman Secondaire*. Elle offre plusieurs cordons supportés par une série de petites arcades reposant sur des modillons qui représentent des têtes bizarres et monstrueuses. L'ensemble et les détails de l'intérieur du monument rappellent la période ogivale primitive. On y voit des arcs en tiers points autour des fenêtres et des faisceaux de colonnes annelées reposant sur des soubassements rectangulaires. La grande chapelle à gauche du chœur date d'une époque postérieure; c'est une construction du xvi.° siècle au plus. Les nefs et cette chapelle ont des voûtes en bois, peintes en bleu et parsemées d'étoiles. Les fonts baptismaux sont formés par un bloc de marbre de Boulogne à huit pans; sur l'une des faces on lit la date de 1559. Dans la sacristie, dont l'architecture solide est fort remarquable, se trouve une pierre tumulaire couverte d'armoiries, portant une inscription assez difficile à lire. On voit cependant encore par les principaux passages que sous cette pierre gît le corps d'André de Houchin, seigneur de Monchicourt-Watines. L'église de Blandecques renferme plusieurs tableaux de prix, représentant l'*Assomption, Joseph vendu par ses frères, le Christ mis au tombeau* et *la Vierge tenant l'enfant Jésus*. Ce dernier tableau, peint sur bois, est fort estimé des connaisseurs. Deux reliquaires en bois et d'un beau travail attirent également les regards de ceux qui visitent l'église de Blandecques. Ce monument est placé sous l'invocation de Ste-Colombe, vierge et martyre. On ignore l'époque à laquelle remonte sa première construction. Les habitants du

---

[1] Renseignements communiqués par M. l'abbé Flageollet, desservant à Locon.

village montrent beaucoup de dévotion pour *la Ste-Chandelle;* c'est un tableau posé au-dessus de l'autel de la nef latérale, sur lequel paraissent une sainte tenant une chandelle à la main et deux personnages prosternés à ses pieds [1].

VIII. On voit à *Diéval* une église qui forme un carré long, terminé par une tour assez élevée. On remarque, à l'intérieur, six grandes dalles décorées d'armoiries et de figures qu'on peut à peine distinguer. L'une de ces dalles passe pour recouvrir la sépulture de M.gr Augustin-César d'Hervilly de Devise, évêque de Boulogne-sur-Mer, conseiller du roi en tous ses conseils, abbé de Valoires, etc., mort au château de Diéval, le 11 octobre 1742 et inhumé dans un caveau voisin de l'autel. On regarde comme fort précieux le petit tableau sur bois, représentant la *descente de Croix*, qui existe dans cette église [2].

IX. *Église d'Autrèches* (diocèse de Beauvais). — Cette église, dédiée à St.-Victor, est vaste, bâtie en forme de croix avec des bas-côtés; les pignons de la façade et des transepts et les quatre arcs-butants du clocher sont parcourus par une dentelle tréflée et renversée qui produit un bel effet. Les fenêtres de la nef sont dans le style flamboyant, comme celles de l'église de St.-Germain d'Amiens. La porte principale est décorée de même avec une balustrade élégante, surmontée d'une rose à huit divisions. Au transept droit, une fenêtre divisée par deux lancettes et une rose ronde accusent le XIII.e siècle. A gauche de la façade, s'ouvre une jolie porte du style de la Renaissance; sur son fronton circulaire est un écusson parti du lion de Bosebecq et du duché de Bar dont les premiers seigneurs d'Autrèches étaient châtelains.

Ces armoiries ont pour cimier deux bars agencés avec de riches ornements. On remarque à gauche une inscription qui rappelle une fondation pieuse et sur les murs de l'église des épitaphes assez intéressantes.

Le clocher, situé à l'entrée du chœur, fait la gloire du pays. Sur une tour carrée, bien décorée d'ouies tréflées, de clochetons angulaires, de gargouilles et d'une balustrade, s'élève une magnifique pyramide octogone, en pierre, de plus de 25 mètres d'élévation à elle seule; ses faces sont couvertes d'écailles et découpées à jour et ses angles ornés de crochets; c'est l'exacte copie du clocher de droite de St.-Jean-des-Vignes de Soissons.

La cloche fondue en 1662 porte les armoiries des Gédoyn et des Gonnelieu, anciens seigneurs d'Autrèches.

L'intérieur de l'église offre un style simple et grave; des piliers ronds, dépourvus de chapiteaux, soutiennent les voûtes d'arrête à moulures prismatiques. Le chœur terminé carrément est enrichi de pendentifs et de consoles sur l'une desquelles on lit la date de 1541. A la voûte de la chapelle de gauche, on voit un écusson écartelé de Hennin-Bossut aux 1 et 4; aux 2 et 3 parti

---

[1] Renseignements communiqués par M. l'abbé Selingue, desservant à Cormeilles.
[2] Id. par M. l'abbé Petin, desservant à Lignereuil.

de Béthune et de Coucy. Devant le chœur, est la tombe presque effacée d'un membre de la famille de Gonnelieu, mort en 1572.

Une crypte s'étend sous tout le chœur et les transepts. Le style est en partie roman, en partie de la Renaissance. A droite, un chapiteau curieux représente un archer ajustant un oiseau ; à gauche, un pourceau dévore les glands d'un chêne qui décore une corniche. On voit dans l'intérieur de l'église, sous le clocher, un pareil motif d'ornement qui se retrouve aussi dans l'église de Coucy. Les trois absides de cette crypte renferment d'anciens autels de pierre auxquels étaient affectés des bénéfices sous le nom de Notre-Dame des Croûtes, dénomination dérivant par corruption de cryptes. On voit dans cette chapelle souterraine la tombe d'un membre honorable de la famille de Lupel, autrefois Louvel, attachée par les liens du sang aux anciens ducs de Normandie, et en particulier à Robert-le-Diable et à Guillaume-le-Conquérant [1]. Elle prit part à la conquête de l'Angleterre en 1066 et vint se fixer en Picardie dans le XII.e siècle. Jean Louvel, écuyer du duc d'Orléans, fut fait prisonnier avec ce prince à la bataille d'Azincourt. Le célèbre Dunois épousa Jeanne de Louvel, dont les richesses furent employées à chasser l'ennemi de France. La maison de Louvel fournit des maïeurs à la ville d'Amiens, des officiers distingués à nos armées et des chevaliers à l'ordre de Malte. Les Lupel succédèrent, en 1730, dans la possession de la seigneurie d'Autrèches, aux Châtillon-Nanteuil, Béthune de Locres, Bosebecq, Hennin-Bossut, Gédoyn, Gonnelieu, Devicq, La Fontaine-Solare et des Essars de Lignières [2].

X. *Blanc-Fossé* a une église qui passe pour avoir été rebâtie presque entièrement en 1785 et 1787 ; le clocher de cette église offre cette particularité qu'il est supporté par quatre piliers de bois existant dans l'intérieur et non par quatre colonnes en pierre, comme dans la plupart des églises de Picardie. Le peu de ressources de la commune peut seul expliquer cette bizarre parcimonie [3].

XI. L'église de *Jonquières*, sous l'invocation de St.-Nicolas, fut construite au commencement du XVI.e siècle. Elle a subi depuis cette époque des reconstructions partielles qui ont fait supprimer un des pignons du chœur et les deux murs des bas-côtés. Le maître-autel avait été consacré par Jean de Pleurs, évêque de Riom, en 1522 [4].

XII. On croit que l'église de *Béthisy-St.-Martin* existait au X.e siècle ; mais l'édifice actuel est plus moderne. La nef n'offre aucun vestige d'ancienneté et le bas-côté droit a été reconstruit en 1811. Le latéral gauche paraît remonter au XV.e siècle au plus ; sa voûte est à nervures croisées et ornées

---

[1] Voyez *Noblesse et Chevalerie du comté de Flandre, d'Artois et de Picardie*, page 265.

[2] Une notice étendue sur Autrèches et la famille de Lupel paraîtra dans l'ouvrage sur les *Châteaux, Eglises, Beffrois et Hôtels-de-Ville de Picardie*. (Art. comm. par M. Goze.)

[3] Renseignements communiqués par M. l'abbé Batelier, desservant à Blanc Fossé.

[4] Id. par M. l'abbé Deligny, desservant à Jonquières.

d'écussons. On se rend en pèlerinage dans l'église de Béthisy le 3 février, jour de *St.-Blaise*. Les pèlerins assistent ordinairement à la messe de la confrérie et s'en retournent aussitôt après, sans s'arrêter dans la paroisse [1].

XIII. L'église d'*Attichy* est due à la munificence de la famille Marillac. Cet édifice religieux appartient à la seconde moitié du xvi.ᵉ siècle. La chaire à prêcher et le contre-rétable du maître-autel sont l'œuvre d'un habile sculpteur. Henri IV en 1590 et, plus tard, le digne auxiliaire de St.-Vincent de Paul, Louise de Marillac veuve Degras, vinrent s'agenouiller et prier dans l'église d'Attichy [2].

XIV. Il existe dans l'église d'*Orrouy* des restes de vitraux peints qui fixent les regards des voyageurs. Ces vitraux représentent les diverses scènes de la Passion et les miracles dont elle fut suivie jusqu'à la Pentecôte. On voit au bas ces dates : 1542—1642.

Les noms des donateurs s'y trouvent également inscrits [3].

XV. L'église de *Tricot* fut brûlée en 1636 par les Espagnols commandés par Jean de Werth et Piccolomini. Cette église est placée sous l'invocation de la Sainte-Vierge; elle a une voûte assez remarquable, ornée d'écussons et de fleurons peu saillants aux nervures. Un incendie a calciné une partie de cette belle voûte qui menace ruine aujourd'hui [4].

P. ROGER.   H. DUSEVEL.

---

[1] Renseignements communiqués par M. l'abbé Baudin, desservant à Béthisy.
[2] Id.   par M. l'abbé Lefebvre, curé d'Attichy.
[3] Id.   par M. l'abbé Danguillecourt, desservant à Orrouy.
[4] Id.   par M. l'abbé Beaude, desservant à Tricot.

TABLE.

	PAGES.
Avant-Propos	5.
Dessein de l'histoire de Picardie, par Du Cange.	7.
Joyeuse entrée de François I.er à Amiens, (document communiqué par M. Dusevel).	9.
Le chapitre de la cathédrale d'Amiens présenté à Louis XIV, par M. P. Roger	14.
Correspondance des ministres de Louis XIV avec M. de Breteuil, intendant de Picardie et d'Artois	17.
xiv.e siècle. Cartel envoyé par Gilles de Caulaincourt.	19.
Collégiale de Saint-Vulfran d'Abbeville, par M. Dusevel	20.
Mémoire adressé à Colbert sur les manufactures de la ville de Saint-Quentin	31.
Prospectus de l'histoire de Picardie projetée par dom Grenier	33.
Lettre de Du Cange à dom Luc d'Achéry	35.
Philippe de Valois au château de Labroye, par M. P. Roger	36.
Lettre du duc de Chaulnes au maïeur de la ville de Saint-Quentin.	38.
Chronique de l'abbaye de Cercamp	39.
Documents relatifs aux ôtages du roi Jean et à la rançon de ce prince.	45.
Funérailles de Louis d'Halluin, gouverneur de Picardie.	46.
Chroniques Artésiennes, par M. le baron de Hauteclocque	53.
Avis du père Daire à la noblesse de Picardie	60.
Lettres de Louis de Bruges la Gruthuse au maïeur de Péronne	60.
Avis aux Naturalistes et aux Antiquaires de la province de Picardie, par dom Grenier	61.
Anciennes épitaphes en langue picarde recueillies dans la ville d'Amiens.	65.

Compte-rendu, par dom Grenier de son voyage diplomatique en Picardie et en Artois . . . .   64.
Dévouement des bourgeois de Calais, par M. P. Roger. . . . . .   70.
Princes et chevaliers de Picardie et d'Artois dont les blasons sont placés dans les salles des Croisades du musée de Versailles. . . . .   77.
Extrait d'un mémoire du comte de Provence (depuis Louis XVIII) sur quelques places de l'Artois . . . .   83.
Lettre du père Daire à dom Grenier . . . .   84.
Hommage du comté de Boulogne fait par Louis XI à la Vierge, par M. Dusevel. . . . .   85.
Mélanges historiques sur Amiens . . . .   89.
Revue historique et archéologique des églises de Picardie et d'Artois. — Premier article. Diocèse d'Amiens. — *Arrondissement d'Abbeville* : Description des églises d'Acheux, Bellencourt, Monflières, Brutelle, Chépy, Crécy, Miannay-Lambercourt, Noyelles-sur-Mer, Quend, Quesnoy-le-Montant, Regnière-Ecluse. — *Arrondissement de Doullens* : Agenville, Barly, Berneuil, Bus, Canaples, Fieffes, Grouches, Havernas, Humbercourt, Pernois. — *Arrondissement de Péronne* : Bécourt-Bécordel, Buire-Courcelles, Chaulnes, Ennemain, Irles, Manancourt, Miraumont, Montauban, Suzanne, Tincourt, Chapelle de Moyen-Pont. — *Arrondissement de Montdidier* : Bouchoir, Cayeux-en-Santerre, Faverolles, Fransart, Fresnoy-lez-Roye, Saucourt, Liancourt, Mébaricourt, Sourdon, Villers-lez-Roye. — *Arrondissement d'Amiens* : Andainville, Cachy, Croy, Fourdrinoy, Hangest, Querrieux, Saint-Gratien, Saint-Maulvis, Villers-Bocage, Villers-Campsart . . . .   90.
Quittance des gages de Brougniars de Hauteclocque pour la journée de Saint-Omer . . . . 108.
Lettre de Catherine de Médicis à M. de Caulaincourt. . . . . . . 109.
Notions sur le sculpteur Blasset, d'après les manuscrits de dom Grenier. . . . . 110.
Lettre de M. de Haussy de Robécourt, relative au siége de Péronne . 114.
Pèlerinages des environs d'Abbeville . . . . 115.
Bonaparte, premier-consul, à Amiens. Par M. P. Roger . . . . . 117.
Documents historiques conservés dans les archives du château de Merlemont en Beauvoisis. . . . . 121.
OEuvres de M.gr de Bachimont, abbé de Cercamp . . . . , 123.
Bibliothèque de la ville de Calais. . . . . 127.
De quelques droits et devoirs féodaux en Artois, par M. Dusevel . . 132.
Vêtements et meubles d'une femme noble au xvi.ᵉ siècle . . . . . 134.
Notions archéologiques sur les monuments religieux de la ville de Roye, par M. l'abbé Jules Corblet. . . . . 136.

Bibliothèque d'un magistrat picard au commencement du xvii.e siècle . 147.

Passage du gué de Blanque-Taque. . . . . 150.

Revue historique et archéologique des églises de Picardie et d'Artois.— Second article. Diocèse d'Amiens. — *Arrondissement d'Abbeville* : Description des églises d'Ailly-le-Haut-Clocher, Canchy, Citerne, Coulonvillers, Hautvillers, Huppy, Liercourt, Mérélessart, Moyenneville, Ochancourt, Villers-sur-Authie, Vron. — *Arrondissement de Doullens* : Beauquesne, Candas, Fienvillers, Forceville, Halloy-lez-Pernois, Senlis. — *Arrondissement de Péronne* : Cartigny, Driencourt, Grandcourt, Hardecourt-au-Bois, Herleville, Longueval, Morcourt, Templeux-la-Fosse, Vauvillers, Villers-Faucon. — *Arrondissement de Montdidier* : Andéchy, Beaufort, Champien, Crécy - lez - Roye, Erches, Etelfay, l'Echelle, Merville-aux-Bois, Parvillers, Warvillers. *Arrondissement d'Amiens* : Le Bosquel, Camps-en-Amiénois, Contay, Contre, Flesselles, Flixecourt, Frettemolle, Gentelles, Molliens-Vidame, Montières, Oisemont, Remiencourt . . . . 155.

Notes d'un voyage en Artois, par M. de LA QUERRIÈRE. . . . . 170.

Inventaire du mobilier de maître Claude Leboucher et de Marie Thierry sa femme (1622) . . . . 179.

Trahison descouverte de Henry de Valois, sur la vendition de la ville de Bologne à Jesabel, royne d'Angleterre . . . . 181.

Recherches sur la bataille d'Azincourt . . . . 184.

Feu de Villers et de Morlancourt. . . . . 190.

Archives de la ville de Béthune, par M. le comte d'HÉRICOURT . . . 194.

Entrée du Prince-Cardinal dans la ville d'Arras en 1636 . . . . . 198.

Lettre de l'abbé de Saint-Sauve de Montreuil aux maïeur et échevins d'Amiens. . . . . 199.

Vic-sur-Aisne, par M. GOZE . . . . 200.

Archives départementales du Pas-de-Calais. . . . . 206.

Louis XIII vouant son royaume à la Vierge dans l'église des Minimes d'Abbeville, par M. DUSEVEL. . . . . 215.

Lettre de la duchesse d'Angoulême au gouverneur de Péronne, à l'occasion de la bataille de Marignan . . . . 218.

Bibliothèque de la ville d'Arras, par M. le comte d'HÉRICOURT . . . 219.

Déclaration des pertes faites par les habitants d'Ervillers à cause de la guerre de 1595. . . . . 224.

Camps Romains de la Picardie et de l'Artois, par M. le comte d'ALLONVILLE . . . . 225.

Thérouanne, son évêché et son chapitre, par M. P. ROGER . . . . 241.

Archives départementales de la Somme . . . . 244.

Notices sur quelques familles d'ancienne noblesse établies en Picardie ou en Artois. — Premier article: Maisons de Beauffort, Hauteclocque, Riencourt, Bryas, Louvel aujourd'hui Lupel, Nédonchel, Morel, Bertoult, Gomer, Beaulaincourt, Hinnisdal, Moullart, Sarcus, Valenglart, Louvencourt, Monet de Lamarck, Des Courtils de Merlemont. 249.

Louis XI et Charles-le-Téméraire au château de Péronne . . . . . 258.

Examen de quelques publications historiques sur la Picardie et l'Artois: *Histoire de Laon*, par M. DEVISMES. — *Lettres sur le département de la Somme*, par M. DUSEVEL. — *Histoire d'Abbeville*, par M. LOUANDRE. — *Histoire de la ville d'Amiens*, par M. DUSEVEL. — *Mémoires de la Société des Antiquaires de la Morinie*. — *Description historique et pittoresque du département de la Somme*, par MM. SCRIBE et DUSEVEL. — *Archives historiques et ecclésiastiques de la Picardie et de l'Artois*, par M. P. ROGER. — *Mémoires de la Société des Antiquaires de Picardie*. — *Le Puits Artésien*. — *Histoire des comtes d'Amiens* de DU CANGE, publiée par M. HARDOUIN. — *Archives de Picardie*. — *Mémorial historique et archéologique du Pas-de-Calais*, par M. HARBAVILLE. — *Coutumes de l'ancien bailliage d'Amiens*, par M. BOUTHORS. — *Histoire de la ville de Beauvais*, par M. DOYEN. — *Noblesse et Chevalerie de Picardie, d'Artois et du comté de Flandre*, par M. P. ROGER. — *Une cité picarde au moyen-âge*, par M. de LA FONS. — *Les Stalles de la cathédrale d'Amiens*, par MM. JOURDAIN et DUVAL . . . . 263.

De l'importance des archives communales de la ville d'Amiens et de la nécessité de leur classement . . . . 269.

Revue historique et archéologique des églises de Picardie et d'Artois. — Troisième article. — Diocèse d'Arras: Description des églises de Laventie, Lestrem, Neuve Chapelle, Sailly-sur-la-Lys, Eperlecques, Saint-Denis à Saint-Omer, Tatinghem, Wismes, Avesnes-le-Comte, Erin, Grand-Rullecourt, Pernes . . . . 273.

Coup-d'œil sur la rédaction des coutumes, l'administration de la police et de la justice dans quelques communes de l'Artois, par M. DUSEVEL. 284.

Lettres-patentes portant érection du comté de Brandt. . . . . . . 288.

Notices sur quelques familles d'ancienne noblesse établies en Picardie ou en Artois. — Second article. — Maisons d'Aumale, Biencourt, Bracquemont, Calonne, Caulaincourt, Chambly, Cossette, Du Blaisel, Du Passage, Du Tertre, Fransures, Gaudechart, Gueuluy de Rumigny, Guillebon, Hervilly, La Fontaine-Solare, La Myre, Mornay, Valenglart . . . . 289.

Jeanne Hachette . . . . 297.

Description de la carte historique et ecclésiastique de la Picardie et de l'Artois, publiée par M. P. ROGER. . . . . 299.

Revue historique et archéologique des églises de Picardie et d'Artois.
— Quatrième article. — Diocèse d'Arras : Description des églises de
Baralle, Ecoust-Saint-Mein, Gouy-en-Artois, Haucourt, Hébuterne,
Inchy, Izel-lez-Equerchin, Mont-Saint-Eloy et Ecoivres, Neuville-
Saint-Vaast, Oisy, Wancourt, Ames, Choques, Courrières, Houdain,
Lillers, La Couture, Loison, Neux, Rely, Audrehem, Audruick,
Fléchin, Landrethun, Nielles-lez-Ardres, Nordausque, Saint-Folquin,
Upen d'Aval, Anvin, Bailleul-lez-Pernes, Camblain-l'Abbé, La Com-
té, La Thieuloy, Lignereuil, Lisbourg, Rebreuviette, Sachin,
Wail, Warluzel, Willeman . . . . 302.

Insurrection de Laon, meurtre de l'évêque Gaudry. Par M. P. Roger. 314.

Revue historique et archéologique des églises de Picardie et d'Artois.—
Cinquième article. Diocèse de Beauvais : Description des églises d'Auchy-la-Montagne, Brunvillers-Lamotte, Bury, Camberonne, Conteville, Cormeilles, Doméliers, Gannes, Hondainville, Maignelay, Méry, Noroy, Plessier-sur-Saint-Just, Rotangy, Saint-Martin-au-Bois,
Saint-Just-en-Chaussée, Sarron, Wavignies, Berneuil-sur-Aisne,
Caisne, Carlepont, Crisolles, Croutoy, Grand-Rû, Guiscard, Jaulzy, Lassigny, Margny-sur-Matz, Orvillers-Sorel, Pont-l'Evêque, Ressons-sur-Matz, Saint-Germain, Vauchelles, Villeselve, Borest, Boularre, Creil, Gillocourt, Chapelle-en-Serval, Lamorlaye, Lagny-le-
Sec, Montataire, Nanteuil-le-Haudouin, Plailly, Saint-Firmin, Saint-
Vast, Verneuil-sur-Oise, Versigny . . . . 316.

Louis XI et les bourgeois d'Arras, par M. P. Roger . . . . 333.

Notices sur quelques familles d'ancienne noblesse établies en Picardie
ou en Artois. — Troisième article. — Cacheleu, Cossart d'Espiès,
Flavigny, Ganay, Gouy d'Arcy, Hédouville, L'Escalopier, Runes,
Wignacourt, Anvin de Hardenthun, Aoust, Bassecourt, Bernard de
Calonne . . . . 336.

Fêtes historiques d'Arras . . . . 340.

Revue historique et archéologique des églises de Picardie et d'Artois.—
Sixième article. — Diocèse de Soissons : Description des églises d'E-
treux, Oisy, Ribeauville, Saint-Martin-Rivière, Tupigny, Wassigny,
Vervins, Berny-Rivière, Courcelles, Coucy, Urcel . . . . 346.

Notices sur quelques familles d'ancienne noblesse établies en Picardie
ou en Artois. Quatrième article. — Maisons de Blocquel de Wismes,
Blondel, Cardevac d'Havrincourt, Contes, Croix, Cunchy, Dion,
Hinnisdal, Hoston, La Forge, Partz de Pressy, Sainte-Aldegonde,
Tramecourt . . . . 352.

Quittance donnée par le Dauphin pour la rançon de Renaud Hibon,
sire de Frohen . . . . 356.

Supplément à la Revue historique et archéologique des églises de Picardie et d'Artois. *Diocèse d'Amiens*: Saint-Jacques d'Abbeville, Curlu, Harbonnières, Marcelcave. *Diocèse d'Arras*: Rœux, Locon, Blandecques, Diéval. *Diocèse de Beauvais*: Autrèches, Blanc-Fossé, Jonquières, Béthisy-Saint-Martin, Attichy, Orrouy et Tricot. . . . 356.